中国少数民族设计全集

The Design Collection of Chinese Ethnic Minorities

纳西族

中国少数民族设计全集编纂委员会 编

图书在版编目（CIP）数据

中国少数民族设计全集 . 纳西族 / 中国少数民族设计全集编纂委员会编；余强，马蓉等著 . —太原：山西人民出版社，2019.9
ISBN 978-7-203-11043-9

Ⅰ . ①中… Ⅱ . ①中… ②余… ③马… Ⅲ . ①纳西族 – 民族文化 – 研究 – 中国 Ⅳ . ① K28

中国版本图书馆 CIP 数据核字（2019）第 201217 号

中国少数民族设计全集 . 纳西族

编　　者：	中国少数民族设计全集编纂委员会
著　　者：	余　强　马　蓉　等
责任编辑：	郭向南
复　　审：	武　静
终　　审：	阎卫斌
装帧设计：	谢　成

出 版 者：	山西人民出版社　人民美术出版社
地　　址：	太原市建设南路 21 号
邮　　编：	030012
发行营销：	0351 - 4922220　4955996　4956039　4922127（传真）
天猫官网：	https://sxrmcbs.tmall.com　电话：0351 - 4922159
E — mail：	sxskcb@163.com　发行部
	sxskcb@126.com　总编室
网　　址：	www.sxskcb.com
经 销 者：	山西出版传媒集团·山西人民出版社
承 印 者：	山西出版传媒集团·山西新华印业有限公司
开　　本：	889mm×1194mm　1/16
印　　张：	30
字　　数：	380 千字
印　　数：	1—1 000 册
版　　次：	2019 年 9 月　第 1 版
印　　次：	2019 年 9 月　第 1 次印刷
书　　号：	ISBN 978-7-203-11043-9
定　　价：	370.00 元

如有印装质量问题请与本社联系调换

中国少数民族设计全集编纂委员会

总 主 编 （按年龄排序）
张夫也　王立端　戴晋明　廖　军　王　琥　李豫闽　过伟敏　顾　平
王　强　李　岗
执 行 主 编　王　琥
编 务 统 筹　张明山

中国少数民族设计全集编辑工作委员会

主　　任　刘伟冬
编　　委　（排名不分先后）
王　琥　王　峰　王　强　王立端　王浩滢　白　波　过伟敏　许　星
许边疆　李　岗　李　丽　李豫闽　成光虎　肖　飞　余　强　汪传跃
罗　力　杨明朗　陈　述　陈见东　邱　珂　胡万明　顾　平　郑　静
郭立忠　姬　莹　张夫也　张泽国　张明山　张秋平　张耀引　梁盛平
樊　进　谢　玮　熊　伟　熊　微　熊建新　蔡克中　葛　芳　鞠　斐
魏　洁　廖　军　戴晋明

中国少数民族设计全集出版工作委员会

主　　任　胡彦威　周　伟
执 行 主 任　姚　军　欧氶海
编 务 统 筹　阎卫斌　周小龙
编　　辑　（排名不分先后）
王新斐　史美珍　冯　昭　冯灵芝　吉　昊　吕绘元　刘小玲　任秀芳
孙　琳　孙宇欣　李广洁　李建业　李　靖　员荣亮　张小芳　张志杰
张书剑　何赵云　陈俞江　吴春华　武　静　周小龙　柳承旭　郝文霞
赵　玉　赵晓丽　席　青　秦继华　高　雷　郭向南　阎卫斌　崔人杰
傅晓红　蔡咏卉　翟丽娟　樊　中　薛正存　魏　红　魏美荣
整 体 设 计　谢　成

中国少数民族设计全集·纳西族

本册著者　余　强　马　蓉　李佳怡　石永欣　赵卫东
参与撰写　张　琼　刘晓蓉　李　秋　李　超　张旻雯
　　　　　　余美槿　毛宸霞　梁　婷　杨万豪　程琼博
　　　　　　王雅楠　张新宇　程　珊　李雪婷　舒闻洋
　　　　　　雷　霞　张新鸽　王　刚　曾　舒　苏　婷
　　　　　　刘慧君　易亚运　王璐璐　叶　宇　何江妮
　　　　　　张立源　何瑞萍　高云曦　左琳炫　江显豪
　　　　　　陈黎黎　李爱莲　朱跳跳　郝　秘　安星霖
　　　　　　芦　颖　杨成龙（纳西族摩梭人，又名：阿七尼玛次尔）

求同存异　和合共荣

刘伟冬

中华民族，是一个由56个民族组成的大家庭。在漫长的文明发展史中，汉族和各少数民族都为中华文明的繁荣发展贡献了自己的聪明才智。纵观中华文明史，其实就是一部各族群之间"求同存异，和合共荣"的文化演进史。

从根子上讲，4000年前的"中国"，仅指北方中原地区，居住在这里的相传是上古时期黄帝部落和炎帝部落的后裔，故而自称"炎黄子孙"。其时的"中国"，不过是黄河中下游（西起陇山，东至泰山）区域。在千年发展与民族融合之后，尤其是晋末"衣冠南渡"，南迁的中原汉族与南方百越民族彻底融合，来自北方的鲜卑等民族融入汉族，使汉族前所未有地壮大发展，逐渐形成后来疆域辽阔、人口众多、物产繁盛、文化昌明的中华民族的主体族群。特别值得强调的是，自从作为一个民族整体之后，中华民族就从未中断过自己的民族发展史——这在世界历史上是硕果仅存、独一无二的。

中华民族具备兼容并蓄、虚心好学的民族天性。仅以设计学范畴的事例讲：在数千年文明发展历史中，中华民族在不断向外输出优秀的文明成果（如烧造之陶瓷砖瓦、营造之榫卯斗拱、织造之丝绸刺绣、锻造之"失蜡"分模等），影响全人类的日

常生活与生产方式的同时，也不断地吸纳域外各民族的优秀文明成果，如汉魏之印度佛教和西域音乐、隋唐之西亚服饰和家具、宋元之东洋印染和漆艺、明清之西洋机器与建筑……在中华民族内部，这样的文化交流更是从未停止过，而且是风生水起、枝繁叶茂，愈发流畅、深入，中华民族各族群之间"求同存异，和合共荣"的文化大演进，共同创造了中华民族极为灿烂辉煌的造物文明历史。仍以设计学范畴为例：原本是匈奴人发明的单足绳圈，被晋代的汉族人设计成铁质双镫；最早是鲜卑人原创的毡毯卷边，被晋代的汉族人改造成"高桥马鞍"，这宗中国式马具设计案例，被誉为"13世纪中国传入欧洲的最重要文化成果"（李约瑟语）。再如，西域（今新疆地区）是全世界最早的皮靴生产地，哈尼族为主的红河地区出现了全世界最早的梯田。再如，全世界最早的"干栏式建筑"和全世界最早的稻米人工育种、栽培，均起源于长江中下游的百越地区；全世界最早的竹藤编结器物起源于闽越地区……由中华民族共同创造、发明，后来又影响了全人类文明进程的优秀造物设计案例很多，不胜枚举。几千年中华民族的文明史，就是各种文化多元融合、共同发展的最好例证。不了解中华民族内部各族群的文明交流史，就无法真正理解中国文化史，也不能理解为什么中华民族总是能在逆境中成长强大。甚至可以说，能否完整地理解中华民族的文化史，是检验每一个当代中国知识分子（特别是文史哲专业的学者）文化立场的"试金石"。

随着改革开放的逐渐深入，各民族地区的经济与社会状态已发生了天翻地覆的变化。令人遗憾和担心的是，由于各地区政策执行力度不平衡，保护措施不得力，少数民族的文化特性正在逐步衰退，有些地区的少数民族文化特征甚至已经消失殆尽，仅仅存在于徒具形式，充满口号、标语的民族文化村旅游景点中。有学者预言，再不加快整理抢救工作，中国的少数民族可能在物质形态和文化内涵的特征上，若干年后将不复存在。

从少数民族地区反映古代中国社会某些面貌的文化遗存看，这些少数民族之所以一直与汉族地区差距巨大，存在多方面的原因，其中历代汉族统治者对少数民族的歧视政策是主要原因。此外这些地区本身就处于偏僻荒地，不是沙漠就是山区，自然条件远不及汉族聚集地区，社会发展水平滞后。20世纪50年代，有相当比例的少数民族在当时仍处于原始农耕社会或奴隶制社会，不要说通电、通水、通汽车，不少人一辈子连铁器长什么样都没见过。部分少数民族聚集地的各种自然条件也较差，缺肥少水，基本生活来源，一靠老天爷恩赐的"望天收"农作物；二靠家庭手工作坊制作些竹藤编结物和土织、土陶等土特产来换取粮食；三靠养猪、兔、羊和鸡、鸭、鹅等家禽来换取日用品，如灯油、农具、衣物和油盐酱醋等；四靠为土司、头人和大户们出卖劳力（社会底层奴隶身份），年老即被抛弃。中华人民共和国成立后，党和政府在这些地区实行社会主义改造，打倒以土司、巫师和头人为首的剥削阶级，将土地和生产资料一律收归集体所有，解放了全体少数民族民众，使他们历史上第一次有了自由劳作和生活的权利。

中华人民共和国成立之初，党和政府就高度关注民族事务问题，为如何保护、关心各少数民族制定了一系列方针、政策，也为当代中国社会处理民族问题、保护民族文化树立了光辉典范。中央人民政府政务院于20世纪50年代初发布了《关于民族事务的几项决定》，为新中国民族政策奠定了最初的思想基础，其主要内容是：一、各大行政区军政委员会（人民政府）须指导各有关

省、市、行署人民政府认真推行民族区域自治及民族民主联合政府的政策和制度，并随时向政务院报告推行经验，请示者须事前向政务院请示。二、各大行政区军政委员会（人民政府）须指导各有关省、市、行署人民政府认真并有计划地实行政务院在1950年颁发的《培养少数民族干部试行方案》，并将该项工作进行情况定期加以检查，每半年向政务院报告一次。中央民族学院及西北、西南、中南各军政委员会和新疆省人民政府的民族学院，必须依计划实行，并向政务院报告。三、政务院于1951年下半年适当时间将同时召开有关少数民族的卫生、教育及贸易三个专业会议，责成政务院文教委员会、中财委指导中央卫生部、教育部、贸易部开始筹备，并责成中央民族事务委员会协助进行。有关部门如农业部、文化部也须派人参加。四、责成中央人民政府各委、部、会、院、署、行注意建立有关民族事务的业务。五、在政务院文教委员会内设民族语言文字研究指导委员会，指导和组织少数民族语言文字的研究工作，帮助尚无文字的民族创立文字，帮助文字不完备的民族逐渐充实其文字。六、扩大中央民族事务委员会委员名额，责成中央民族事务委员会提出补充名单的建议，并于1951年下半年召开中央民族事务委员会扩大会议，检查与总结关于推行民族区域自治及民族民主联合政府的经验。

20世纪50年代，中央人民政府和政务院，曾多次组织"中央慰问团""土改工作队"和"普查工作队"等，花费大量人力和物力，深入各少数民族地区，进行了大量较为翔实的社会历史调查。50年代这轮由政府统筹、由中央民委组织行政领导和人类学、社会学专家学者以及民族同志组成工作队与考察队的少数民族大考察活动，1953年正式启动，1956年结束（个别地区延期至1958年才结束）。直接成果之一，就是为1956年国务院公布的55

个少数民族的正式定名和划分，提供了可靠的依据。

从当时考察的资料看，各少数民族的社会发展水平参差不齐，不少民族呈现类似汉族曾经历过的各种历史发展状况，为我们今天考察、了解并研究过去的历史以及各学术分支问题，提供了绝好的活体范本。比如以"设计发生学"研究为例，以山寨（村落）为主的初级社会组织形态，原始手工业在农耕环境中的地位，原始造物的手工技艺与设备、工具等，都是我们极感兴趣的研究对象。

在西北、西南和东北各少数民族聚集地区，有些古时流传下来的本民族手工造物技术，迄今仍保存良好。其吸收了汉族和其他兄弟民族的技术长处之后演变出来的各时段手工造物技术，则印证了各民族互相融合、取长补短的史实。更有些原始手工艺，特别具有艺术和历史研究价值。以维吾尔族人为例，本世纪初，笔者在新疆喀什城艾格孜艾日克老街看到几样手工艺绝活：其一是整条街的维吾尔族乐器店，除了热瓦普、曼陀林和冬不拉等少数维吾尔族知名乐器外，全是些笔者叫不上名来却似曾相识的弹拨乐器和拉弦乐器，于是从心里认可了"西域古乐成就了中国传统民乐"这句话所言不谬。其二是亲眼所见一个拖着鼻涕的不到10岁的维吾尔族小男孩，拿着电砂轮在铜壶上信手飞快地刻着精美细腻的图案，一不要底稿，二没有图纸，真是佩服得五体投地，也相信了"汉族人长于热铸，西域人长于冷锻"这个说法。其三是在喀什近郊著名的大巴扎"金器一条街"上看见近百家金店生意红火，家家门前毡毯上都围坐着一群金店伙计和顾客，正在热烈讨论、共同设计着花样繁多的未来金饰嫁妆，感受到了"中国传统样式的金银首饰工艺，最富有创意的设计和最先进的工艺制作，原来在维吾尔族人手里"这句大实话。还有，笔者

在云南景洪县城集市上，曾亲眼见过景颇族老乡用古老的"焖烧法"烧出的红彤彤的土陶——跟笔者一知半解的仰韶彩陶的烧制工艺几乎一模一样。还有，笔者在大西北甘陕宁各省亲眼所见的回族、保安族、裕固族和东乡族老乡巧手做出的那些花样繁多、样式复杂的面塑造型，真是个个精妙绝伦。这方面的事例实在太多了。

50年代的少数民族地区社会大普查，以及半个多世纪以来社会各界对其丰富而珍贵的考察、研究，意义深远，价值极为重大。这些地区客观上保存的较为完整的、与数千年前中国原始社会最初形态近似的许多社会特征，为我们研究社会的最初形态形成和当时的经济、文化、政治的基本状况以及"设计发生学"的相关课题，提供了珍贵的类型学"活化石"范本，价值非凡。改革开放以来，这些少数民族地区也获得了前所未有的巨大发展，人民生活日新月异；但与此同时，少数民族地区的民族性在不可避免地愈发衰减、退化，甚至消失。如果我们再不采取保护措施，若干年后，各少数民族的许多宝贵民族文化遗产将无法挽救地彻底消亡，这部分同属于全人类精神财富和中华民族集体智慧的宝藏，我们将再也看不到了。

在"设计发生学"问题上，我们一向秉持文化多元论的观点，认为人类文明是全世界人民共同创造的，各国家、地区、民族均做出过大小不一、形态各异的贡献；同理，中华民族的灿烂文明是中国的各族人民共同创造的，每个民族都对中华传统文化做出过贡献，也都应当得到尊敬和肯定。中国的各少数民族在中华文明漫长的演化过程中，都曾经以自己独特而充满智慧的文明成果，补充、完善甚至改良着中华文明。比如，古代西域的龟兹古国各民族创造或引自西亚的弹拨乐器和拉弦乐器以及音律、曲式，彻底改造了中国古代音乐，新创作出代表中国古乐精髓的江南丝竹；南疆的维吾尔族和北疆的哈萨克、塔塔尔、塔吉克等族首创了制革术，并引进古波斯革皮书籍装帧术和制靴术、制毡术、毛衣编结术；海南岛的黎族率先种植棉花并纺织棉布，传入内地后棉织业逐渐形成中国古代手工行业的"天下第一营生"……保护少数民族的民族文化特性，就是保护我们的历史遗产，就是传承我们的文明。我们应进一步发扬文化兼容的优良传统，把振兴中华的百年民族复兴梦，逐步落实为将大中华建设成为中国各民族共同拥有的美好家园。

由上千名来自全国各高等艺术院校的教授、研究生组成的55支团队参与编撰的《中国少数民族设计全集》（55卷），正是有识之士基于对各少数民族的民族文化特性正在快速衰减、消亡的严重现实问题的深切忧虑而进行的抢救、发掘、整理中国少数民族文化遗产的重要文化工程。经过两年精心筹划，六年努力写作，在国家出版基金管理部门的支持下，在山西人民出版社和人民美术出版社的策划和组织下，目前《中国少数民族设计全集》的书稿编撰工作已基本完成，即将付梓。在长达八年的漫长过程中，全国兄弟院校各团队涌现出的各种可歌可泣的事迹经常感动着笔者，并不时鞭策着全体作者克服千难万险，一路向前。有的分卷作者身患绝症仍不眠不休地忘我工作，有的分卷作者遭遇各种意外仍坚持工作。特别是，很多民族同志公而忘私、不计较个人得失，有人不惜将自己赚钱的企业关张歇业，全身心地投入各自所负责分卷的繁重编撰工作中；有人义无反顾地将自己珍藏多年的本民族实物、资料和研究成果无偿提供给相关分卷作者。大家万众一心，克服各种复杂得难以想象的困难，以确保这部凝聚了众人八年心血的巨著，能按计划如期完成。借此机会，笔者谨

代表本丛书编委会全体成员，向领导、编辑和作者们表示衷心的感谢！

作为一项文化创举，笔者深信《中国少数民族设计全集》必将在未来岁月的长期检验中，愈发显现其非凡的、独特的文化价值。

2017年夏季于南京

前言

一、民族概况

(一) 族源与族群构成

纳西族是我国有悠久历史和文化的少数民族之一,主要聚居于云南省丽江纳西族自治县,其余分布在维西、中甸、宁蒗、德钦和四川盐边、盐源、木里及西藏的芝康等县。据史学家考证,纳西族原是中国西北古羌人的一个支系,大约在公元3世纪迁徙到丽江地区定居下来。

纳西族,源于古代氐羌。他们自称"纳西""纳汝"和"纳日"。在纳西语中,"纳"的含义是"大"与"黑",而"西""汝"和"日"的含义是"人"和"族"。所以,"纳西""纳汝"和"纳日"的含义是"尚黑的人"。

(二) 家庭基本构成

在丽江,传统的基本生产单位是父系制家庭,而宁蒗永宁的基本生产单位却是母系制家庭。此外,"合心组"也是常见的农业生产互助组织,一般由关系较为亲密的邻居或亲戚朋友自发组成。这种小规模的组织是纳西人在农忙时临时成立的,多则十来户,少则四五户。

丽江纳西族的父系制家庭,一般包括三至四代成员,子女随父亲姓氏。在纳西族父系制的社会中,妇女没有财产继承权。父亲去世后,其财产由儿子继承。在分配财产的过程中,幼子有优先选择权,可以得到祖房和最好的一份田地。其他儿子则要另外选择地方盖房。有女无子的或无子女的家庭,可过继兄弟的儿子继嗣。假如要为女

儿招赘，必须经过兄弟们的同意，赘婿才能获得财产继承权。绝嗣家庭的财产，则由本族近亲继承。但在保留传统文化较多的香格里拉三坝等地纳西族中，虽然同样是父系制社会结构，妇女在家庭中却有比较大的权力。如儿女的婚事，决定权不在父亲而在母亲；女子出嫁时，可以将自己积累的所有个人财物带走，甚至还可以带走一块田地；在无儿子的家庭中，女儿有财产继承权，可以获得父母的全部财产，其他人无权干涉。

丽江纳西族的母系制家庭，一般包括两至四代成员，纳西语为"衣杜"。旧时，泸沽湖地区的摩梭人（纳西族的一支）实行母系制，以宁蒗县永宁地区为代表。在这种社会结构中，妇女拥有较高的社会地位，有权管理家庭经济。家庭成员共同享有财产继承权，并实行阿注婚姻，其特点：除遵守母系血缘近亲不婚的原则外，一般不受年龄、辈分、等级及民族的限制；女方在结交阿注中所生的子女概属女方，由女方负责教养，有的人只知其母，不知其父，世系按母系计算，财产按母系继承。母系家庭的传统观念认为：女子是根种，缺了就断根。某个家庭一旦没有女继承人，便要过继养女。一个母系家庭的成员一般都在十人以上，多的达三四十人。如今，该地区也出现了母系父系并存家庭和父系家庭，阿注婚姻也逐渐被一夫一妻制取代。

（三）地理位置

纳西族分布于云南省的西北部和四川省的西南部，主要聚居在丽江，其他散居在维西、中甸、木里、盐边、德钦、永胜、剑川、鹤庆等县。纳西族居住的川滇交界地区，群山耸峙，平均海拔约2700米。

（四）气候特征和物产资源

纳西族聚居区地处康藏高原，气候有寒、温、热三种类型，具有"一山分四季，十里不同天"的立体特征，江边河谷区气候炎热，坝区四季如春，玉龙雪山则常年积雪。

纳西族聚居的山区是西南地区的著名林区，山间分布有云南松、红松、华山松、云杉、冷杉、红杉、铁杉等优质木材，还有众多珍稀动物、名贵中草药。丽江市地处西南季风气候区域，属低纬度高原季风气候，日照充足、冬暖夏凉、降雨适中。由于湖水的调节功能，年温差较小。

摩梭人聚居的泸沽湖地区自然资源同样丰富，有丰富的森林资源、矿产资源、动物资源、药材资源等。植被主要有冷杉、丽江云杉、黄背栎、白桦、云南松、杜鹃灌丛、高山枸子灌丛、小果垂枝柏等。还有丰富的铁矿、云母矿、铜矿等矿产。另外还有虫草、天麻、贝母、猪苓等药材资源，一般在端午前后采摘药材。

（五）水源

在纳西族聚居区内有怒江、澜沧江、金沙江等河流，丽江地区有玉龙雪山作为主要水源，玉龙县水能资源潜力巨大，境内江河天然水量充沛，落差大，水能蕴藏量丰富。宁蒗纳西族摩梭人聚居区内的泸沽湖是一个高原淡水湖泊，属金沙江水系。湖面面积55平方千米，其中，水域面积48平方千米，草海7平方千米。湖水库容量19.53亿立方米。水质达国家地面水 I 类标准。湖水主要靠溶洞暗河和雨水补给。该地区多年平均降水量约为1000毫米。该湖是一个产流条件较好、湖水补给比较充沛，而水量损耗相对较少的半封闭湖泊。

（六）生产方式与生活方式

纳西族人民古代以牛肉、羊肉、牦牛肉、荞麦、稗子、圆根（蔓菁）为主食。后来，在汉、白族生产技术的影响下，农业发展较快，生活习俗也发生了一些变化。丽江地区以玉米、小麦、大米为主食，也吃大麦和豆类。宁蒗、中甸、盐源、木里等县的纳西族，以稗子、

青稞、玉米为主食，辅以大米、小麦和土豆。纳西族的传统节日、集会反映了本民族多姿多彩的淳朴生活。其清明节、中秋节与汉族相似，纳西族本民族的传统节日主要有春节大祭天、正月农具赛会、二月三朵节、三月龙王庙会与交流会、六月火把节、七月"烧包"节、朝拜狮子山会以及十月祭祖等。不同区域的传统节日也有差异，这正是纳西族生活方式多样化的体现。

农业是纳西族的主要经济部门，主要种植大米、玉米、土豆、麦类、豆类、棉、麻。金沙江"河套"地带，是著名的林区。玉龙山区植物种类繁多，享有"植物仓库"之美誉。在抗日战争时期，中缅之间的交通为日本帝国主义所破坏，中印贸易活跃起来，丽江成为印度与中国贸易的枢纽，于是丽江城区出现了一些拥有巨资的商业资本家，其中有的是纳西族地主兼工商业者。这些地区的手工业比较发达，有铜器、铁器、皮革制造及纺织、造纸、缝纫、建筑、雕塑等行业，其铜器和皮革制品销往相邻的地区。他们生产的藏鞋、包银木碗、铜锁等民族手工业产品，畅销各个藏族地区；劳保皮手套、各类皮褥子、虎牌猪鬃、窖酒等名牌产品，已成为外贸物资，享有盛名。过去，纳西族地区没有公路，只有羊肠小道，运输靠人背马驮；现在，丽江地区70%以上的村都通了公路，90%的乡都通了公共汽车。

二、纳西族传统民居

（一）丽江地区

纳西族是西北高原古羌人部族中向南迁的一个支系。纳西族有悠久的文化传统，形成自己特有的文化形态。纳西族善于学习，不断地吸收其他民族的优秀文化。纳西族的建筑设计鲜明地反映了纳西族与其他民族的文化交流与融合。纳西族的民居因各地的自然地理条件、社会经济条件、文化技术发展情况不同，有多种不同的类型。

其中丽江地区纳西族建筑的风貌颇具代表性，主要因自然环境因素与人文环境因素相互结合，形成了以村寨为中心，与山林、农田、水源等生产生活资源相适应的一体化格局，具有鲜明的地方特色与民族风格。其基本形态多为土木结构的三坊一照壁的三合院、四合五天井的四合院等，多以木构架为主体，色调和谐而素雅，形成朴实的风格。有序的街道规划、环保节约的水系、高低有序的空间组合、细腻精致的装饰，与丽江的秀美山川，共同构成丽江地区独特的建筑文化。

1. 平面布局与建筑特色

纳西族民居的平面布局多呈正方形或长方形，主要形式有三坊一照壁、四合五天井、两重院、两坊、一坊。最典型的民居形式是三坊一照壁，一般为两层或三层的木结构楼房。正房一坊，左右厢房两坊，加上正房对面的一照壁，合围成一个院。正房较高，位于院落主轴线的上端，每层一般为三间，多为坐北朝南，供长辈居住；东西两房低于正房，也为三开间，多为两层，也有一层的，供晚辈居住。正房下均设有厦子，供吃饭、会客、休息。漏角屋是转角处的辅助用房，设于正房两侧，较低，一般作为书房或厨房。大门一般设在整个院落的东南角，朝南开。

2. 建筑结构

传统的抬梁式和穿斗式木构架是纳西族民居的主要形式。梁的下部设有替木，可增加搭接长度。墙体多为土冲墙或乱石墙。纳西族民居在结构上十分灵活，将承重结构与围护结构分开，梁架、厚重土墙注意从两个方向收分，屋檐下三分之一墙体改为轻质墙体以减轻自重，主要受力桁条下部有加强措施等等，使得纳西民居有较好的抗震防震性。

3. 民居庭院局部特色

丽江民居非常注重房屋的装饰，其重点是门楼、照壁、外廊、门窗隔扇、天井、梁枋等。门楼的形式有砖拱式、木过梁平拱式及木构架式三种。照壁是丽江民居的重点装饰部位，有三滴水、一字平式两种。门窗多雕刻有精致的鸟兽花卉镂空图案。梁头多设置雀替，并以雕刻或彩绘作装饰。悬山式屋顶中间高两侧低，悬挑一米，中间以悬鱼掩盖封檐裙板之间的缝隙。此外，还有瓦猫等装饰构件。

4. 庭院铺装

古城民居的庭院采用卵石、瓦片、花砖作铺装，镶嵌成花鸟鱼虫等吉祥图案，常见的有五福捧寿、四季平安、八仙过海、麒麟望月等。天井的铺地图案具有向心性，而厦子的铺地较随意，通常为几何图案。纳西族人喜爱花草，家家户户的庭院中都种植有花卉或盆景。有的庭院还引入泉水，把庭院装饰成小型的花园。

（二）宁蒗泸沽湖地区

摩梭人依山傍水而居。其传统住宅独具风格，房屋皆用圆木或方木垒墙，以木板覆顶（现多已盖瓦），一般由四栋单体合围成四合院，分为祖母屋、花楼、经堂、门楼。其建筑结构与宗教信仰、婚姻形态和家庭组织相适应。

1. 聚落选址及成因

由于地处川滇交界地区，交通不便，摩梭人学会根据自身所处的特定环境，从已有条件出发，根据自己固有的习俗与现有资源，充分合理地利用本地现有资源来构筑自己的家园。摩梭人大多喜欢靠山而居，在生产和生活上有很多方便之处：一边是平坝，是农业生产和放牧的场所；另一边是山，烧水煮饭和冬季取暖用的木柴要到上面去砍，另外也可以方便地得到一些山珍野味，建造房屋的木材、石料也可以比较容易得到。摩梭人的祖先古代氐羌曾经长期居住在

山顶，摩梭人迁徙到滇西北高原的初期，很可能也是居住在山顶，所以在摩梭人的文化里，山占据重要的地位，在摩梭人的原始崇拜里，山神也是主要崇拜对象之一。后来，虽然摩梭人从山顶迁到平坝上，但他们依然选择把聚落建造在靠山的地方。这种行为体现了摩梭人对山的崇拜和眷恋，也可以理解为摩梭人对祖先的生活方式的记忆和对摩梭传统文化的尊重。聚落建在山脚可以提高聚落的安全性。背靠神山居住，山成为聚落的天然屏障，在战乱年代，靠山可以避免聚落在遇到攻击时四面受敌，使聚落比较容易防守。

2. 建筑空间布局

摩梭民居的空间布局与其社会形态、家庭结构是相适应的，一般都是一个母系衣杜住在一个四合院里。一座完整的四合院由正房、经楼、花楼、牲畜棚合围而成。在同一个摩梭聚落里，四幢房屋的方位都是固定的，不同的摩梭聚落却不一定相同，因为四幢房屋的方位是和聚落的神山有对应关系的。摩梭人的正房要有一面山墙正对聚落的神山，这是摩梭人建造住房一定要遵循的原则。整个院落的入口则设在花楼一侧或者牲畜棚一侧，一般用花楼或者牲畜棚底层的一个开间或用两幢房屋相夹的空间建造独立的院落大门。

3. 单体建筑空间

正房是摩梭住房中神人共居的地方，也是摩梭人与神灵沟通的媒介空间。正房，也叫祖母房，摩梭语叫一梅，是一家之中最年长的女性居住的地方。在摩梭家庭中，正房是居住、生活的核心，也是精神的核心，是最为神圣、最为重要的建筑。正房内设火塘，以火塘为中心的空间是一个大家庭会餐、待客、议论家事的核心场所；正房也是摩梭人与神灵接触、沟通的场所。

大部分摩梭人虔诚地信奉藏传佛教。经楼，摩梭语叫嘎拉日，在民居里的地位仅次于正房。经楼多是两层，背靠村子的神山而建。

一层作为居住或者贮藏空间，二层设经堂和供喇嘛居住的房间，二层朝向内院一侧有一米多宽的檐廊。朝向内院一侧的墙是木板墙，其余三面都是夯土墙。

花楼，也叫阿肖房。花楼与正房相对，是家中成年女性居住的地方，尤其是已达婚龄女性。花楼的结构和经堂一样，上层用木板分隔成数间独立的小房间，每人一间，供走婚用。摩梭女孩子年满13岁，举行成年仪式之后，就会在花楼上拥有一间屋子，从此离开正房移居自己的花房，可以开始接待自己的阿肖。花楼通常与祖母房相对而建，装饰精巧秀丽。

牲畜棚，也叫门楼，多数是与经堂相对而建，也是木结构，两层。牲畜棚较为低矮简陋，所用的木料也较小，上层堆放草料，下层圈养牲畜。摩梭人喜欢饲养动物，往往一座院子里有牛、马、鸡、猪、狗等多种动物杂处。

4. 摩梭人的民居结构和构造体系

摩梭人民居所用的建筑材料大部分是木材，房屋各个构件之间基本上都是用桦口连接。木材本身就是柔性较好的建筑材料，加上用桦接作为木构件之间交接的节点构造形式，用原木垒成的"井"字形构造的维护体系，所以摩梭人住房具有良好的抗震性能。滇西北高原是地震多发地带，震级不高，但是地震的频率非常高。地震时，当地的摩梭人一般没有异常的反应，对他们来说，这种微震是常见的现象。

三、纳西族传统服饰

服饰习惯是一个民族区别于其他民族的显著特征之一，它的形成和发展，受该民族生活地域的自然条件、生产生活方式、生产力发展水平、周边民族、民族共同的审美观等因素的影响。纳西族与汉族、

藏族等民族经济文化交流频繁，关系日益密切。在中华人民共和国成立前，纳西族服饰已有了很大变化。丽江城镇地区男子服饰与汉族十分相似，边远地区传统服饰保留较多，女装的改变较男装要少，且女装富有特色。

（一）丽江地区

丽江是多民族聚居区，因而丽江地区民族服饰也就呈现出千姿百态的面貌。以丽江古城大研镇为代表的纳西族未婚女子一般梳长发或扎长辫，已婚妇女喜戴蓝色帽子。纳西族女子一般内穿立领右衽上衣，衣为布纽扣、长袖、宽腰，前幅短，后幅长，用蓝色、白色等颜色的布料制成，也穿宽袖及肘右衽长衫。外罩一件用浅湖蓝色、蓝色、紫红色、大红色、黑色等颜色的棉布、毛质布料或灯芯绒缝制成的圆领坎肩，系围腰或搭裙，下着黑色或蓝色、灰色长裤或长裙，脚穿绣花鞋、布鞋或胶鞋，背披七星羊皮背饰。这种羊皮背饰是纳西族女子服饰中最具特色的部分，做工精美，造型别致。其上七星图案用彩线绣制，呈两排缀饰在羊皮背饰的表面。丽江地区男子平时穿对襟蓝布衣，外披羊皮褂子，脚穿布鞋或皮鞋，腰上系宽大布腰带，佩短刀，头戴毡帽。

（二）宁蒗泸沽湖地区

由于地处高原，古代，永宁、泸沽湖地区的摩梭人一般头戴牦牛帽，身披羊毛毡毯。13岁以下的儿童均穿长衫，系腰带。13岁时，儿童举行成人礼，开始穿成人服饰。成年妇女服饰为短衫搭配百褶长裙，腰部配以彩色宽腰带，胸前系双须银链，脚穿青布绣花鞋；成年男子服饰为麻布长褂，腿部裹以绑腿，腰部配以白色腰带，头戴瓜瓣帽或皮帽。成年妇女的发式也较为讲究，通常是将牦牛毛作为假发盘于头顶，再配以黑色丝线。

四、纳西族传统饮食与器具

（一）纳西族主食与特色菜式

纳西族早餐一般为馒头或水焖粑粑，午餐和晚餐较为丰富。牛肉汤锅和干巴是纳西族人喜爱的菜肴。肉食以猪肉为主，家家户户都会制作腌肉。"琵琶猪"远近闻名，可存放数十年不变质。麦面粑粑和糌粑香脆可口，是丽江的特色食品，外出劳动的丽江纳西族人一般都会将其作为干粮随身携带。此外，酿松茸、清蒸虫草鸭、雪莲花拼盘、天麻贝母鸡、丽春铜火锅也是丽江地区的特色菜式。"八大碗"是丽江纳西族人请客时的必备菜肴。按东巴教要求，纳西族禁食猫、狗、马、蛙。

摩梭人以玉米、米饭、糌粑、麦面为主食，但他们善于安排生活、制作美食。摩梭人早餐喜食酥油茶和糌粑，每户农家都备有打酥油茶的工具。煮茶的罐用陶制成，酥油桶则多用竹子或木头制成。他们掌握了优良的酿酒技术，制作出的苏里玛酒和咣当酒远近闻名。从古至今，摩梭人都喜欢制作猪膘肉，猪膘肉也是其待客送礼的必备之物。泸沽湖地区鱼类资源丰富，他们利用自制的渔网和用大树凿成的木船来享用大自然的恩惠。摩梭人除了将打捞起来的鱼制作成鱼干以外，还将其腌成酸鱼，以便储存。

五、纳西族传统手工技艺

在纳西古籍东巴经书中就有纳西先民织麻布，做羊毛披毡，打制银器、铜器和制造陶器的记载。元明时期，丽江古城逐渐形成，手工业开始起步。清末官府设"劝业场"工业品展览馆，以鼓励手工业发展。1941年中国工业合作协会在此先后创办了36家手工业生产合作社，有纺织、首饰、铜器、造纸、皮毛制作等生产合作社。丽江逐渐成为中国与印度贸易的交通枢纽之一，成为滇西北重要商业城镇。

（一）纺织与刺绣工艺

清道光二十二年（1842），丽江大研镇初设织布作坊。民国初年纺织门类和作坊增多，生产彩色的条纹布和纯毛彩色花粗呢，其中传统产品彩色四鹿图案毛毡十分抢手。1940年前后丽江毛纺织产业红火，一度成为云南毛纺织业中心。纳西族的刺绣工艺主要体现在纳西族传统服饰上，其传统服饰七星羊皮披肩上的飘带与七星绣盘上都有精美的刺绣。飘带，在传统的纳西族婚俗中，姑娘出嫁时都要陪嫁两幅。飘带由白布制成，在尖端绣上一段约30厘米长的图案。纹样内容多表现农耕文化，也有舞蹈、吉祥花果等。飘带纹饰是在白底的棉布上用黑线绣成，黑白相宜，使得纹饰特别醒目。这些纹饰设计全凭经验，不画草图，一气呵成。七星绣盘是先剪出日月星辰状纸片，再在其上蒙上白布，然后由内而外地用多色彩线绣制，多用平绣。之所以绣七枚圆盘，是因为纳西族崇拜单数，同时也象征多子多福，它来源于东巴经中"开天九兄弟，辟地七姐妹"的传说。三层垒叠的绣盘用红黄青白黑五色线绣成。

（二）纳西族传统皮革加工及工具

纳西族属游牧民族，长期在雪山、草地交替生活，素有"四时羊裘""男女皆披羊皮"之说。在明代，随着茶马古道商业贸易兴盛，各地能工巧匠不断涌入丽江，使当地原始的皮革加工业有了根本的改观。束河，自明代起便成为滇西北地区著名的皮革加工中心。

清朝中叶，毛皮行引进米浆硝制法加工皮。清末民初，一批生产规模较大的皮毛皮革作坊在丽江城镇开业，制作皮袍、皮袄、领褂等，还有专门加工狐狸皮等名贵皮制品的作坊。1954年丽江五一皮革生产合作社成立。1982年，丽江皮靴、藏钱包被选为莱比锡国际博览会展品。纳西族的皮革加工工艺很复杂，从生皮到熟皮需数道工序方可完成。工序一：泡皮、洗皮，将生皮在清水中浸泡12个

小时，使其变软，再用清水洗净备用。工序二：用铲刀将皮上的枯肉、油脂铲除，使皮料更均匀。工序三：将皮料放于灶上熏烤，并适当洒水，以免皮被烤焦，此工序需要3~4小时。工序四：将熏熟的皮子用脚揉搓，使之更加柔软。工序五：摔皮，将揉搓好的皮料进行摔打，增加其柔韧度。工序六：晒皮，把皮料放在木板上并置于烈日下暴晒2~3天，使残留的水分蒸发。工序七：修皮，对干燥后的皮料做最后的修剪。工序八：上色，根据产品需要决定是否上色，用皂矾加适量黄栗叶水作为色料在皮料上均匀涂抹。纳西族皮具作为茶马古道上驰名的贸易品，深受滇藏地区各兄弟民族喜爱，故有"束河皮匠，一根锥子走天下"之说。在宁蒗、中甸、德钦，至今还有以束河皮匠聚居而成的皮匠村。

（三）纳西族传统造纸及工具

最能体现纳西族造纸技艺特色的就数东巴纸了。东巴纸是一种纳西族东巴自制的土纸，用于书写经书和绘制东巴画。它作为一种宗教文化用品，不但承载了东巴教文化，也传承了纳西族文化。纳西族东巴造纸工艺是东巴沿用他们本民族最原始的方法并加以改进的造纸工艺，极富民族特色，既有汉族抄纸法的活动纸帘，又有典型的浇纸法，此工艺于2006年入选第一批国家级非物质文化遗产名录。

纳西族东巴造纸工序中所使用的工具主要有煮料锅、舂料桶、木水槽、活动纸帘、晒纸木板、砑磨棒等。制作一张东巴纸要经过采集原料、剥皮、晒干、浸泡、煮料、洗涤、舂料、搅拌、造纸、取纸、贴纸、晒纸、砑光、揭纸等十几道工序，所以其产量低、适用范围窄。制作东巴纸的原料一般为生长于金沙江河谷两岸的荛花。将采摘的原料剥去黑色外皮并晒干，然后放入水中浸泡2~3天，将泡软的原材料放入大锅中蒸煮。一种煮料锅是类似蒸米饭用的大号木甑子，

将木甑子架在装有水的铁锅上,将泡软的原料放入蒸桶中蒸煮,另一种是将泡软的原料放入铜锅中蒸煮(使用铜锅能增加纸的白度),一般煮两个小时。将蒸煮好的原料进行漂洗后就开始舂捣,有用脚碓将蒸煮过的原料进行舂打的,有用木杵在舂料桶中上下舂打的,现在也有直接用打制酥油的木桶来捣料的。将捣碎的纸料揉成一个个料团,一个料团就是一张纸的原料。下一步是使用水槽和活动纸帘,但水槽里并没有纸料,每次只将一张纸的纸料浇注在纸帘里,借助水槽中漫过纸帘的清水荡匀纸料,然后提起滤水,再将湿纸倒扣在一片木板上,把木板端到太阳下晒干,用砑磨棒对纸张进行砑磨,最后将晒干的东巴纸从木板上揭下,一张东巴纸就被完整地呈现出来了。

(四)纳西族传统铜器制作及工具

丽江铜器早在滇藏茶马古道的贸易中就很驰名,成为纳西族与藏汉等民族贸易中的主要商品,同时铜器在纳西族习俗中也是女儿出嫁时必不可少的嫁妆,它承载着父母的祝福。

过去丽江古城有许多打铜人家,在 20 世纪 80 年代之前都是自己从矿石中炼铜,制成铜饼,炼成粗铜,经过三次冶炼成精铜。上品铜器的材料则需要进行四次炼制,通过反复冶炼来提高铜的纯度和品质。将材料冶炼后制成铜饼。打制器物的粗坯时会把 3~5 个铜饼叠起来用电动的空气锤打制,并且要在每层铜饼之间铺上少许木炭灰,以防止加热时粘在一起。这种方式不易打坏粗坯,若单个打制粗坯,易把坯体打烂或打制得不均匀。粗坯打好后,要依次取出,用剪子将边缘修剪均匀。下一步是对粗坯进一步"打形",将单个粗坯放置在木墩上,用奶钉锤进行打制,每打一番就要进行一次烧制,时间控制在 2~3 分钟,温度控制在 800~900 摄氏度。接下来是根据器形的需要选择不同的工具,一般底座需要回修,要用折边锤对器

物进行回修，回修后的器物基本已经成形。而喇叭状的器物需要用盘锤，以扩大器物的边。最后是用光锤对已成形的器物点冷。纳西族传统工艺里没有抛光工艺，使用光锤，可以让铜器变硬，并且使铜器不易变形，有光泽，更美观。值得称道的是，纳西族铜器的成形过程中不使用焊接工艺，都采用组装、套接、扣接等方式，将各部位相连，以折叠两次的方法使之固定。这种制铜的工艺一般适用于制作较大的器皿，比如火锅、瓢、盆等。

六、纳西族传统宗教与礼俗

纳西族是一个信仰多种宗教的民族，既信仰本民族的本土宗教——东巴教，也信仰藏传佛教、汉传佛教和道教，各种宗教相容共存，各行其道，都有各自的信众。

东巴教对纳西族的社会生活、民族精神、文化习俗有重大影响，是在纳西族处于氏族和部落联盟时期的原始信仰基础上发展起来的，其后，在不同的历史时期逐渐吸收了藏族的苯教、藏传佛教等的一些内容，形成一种独具特色的民族宗教形态。它有自己的仪式系统，庞大的鬼神体系，与各种仪式相配套的经典。泛灵信仰，大自然崇拜，祖先崇拜，重卜，以及"大自然和人是兄弟"这一基本理念，是东巴教的主要特征。

在当代纳西族社会中，东巴教的信仰和各种祭仪一般保留在比较偏远的乡村，虽然东巴教文化在当代已经闻名遐迩，但东巴教已经不再是过去由纳西族全民信仰的本土宗教。

纳西东巴教宗教艺术的主要形式是绘画与雕塑。东巴画的题材多为经书中的神话故事、教程、法事、法器等。"东巴画大致可分为以下几种：①木牌画：分尖头形和平头形。尖头木牌画，一般画神的形象，插于上方鬼坛前；平头木牌画画鬼的形象，插于下方鬼寨中。②经书绘画类：经书封面装饰画，经书扉页画，题图和画谱'冬模'等。③纸牌画：绘五方（东、南、西、北、中）各战神，神鹏'休曲'斗恶'署'，金色巨型蛙、孔雀，各优麻神和五佛冠，占卜打卦用的各类画等。④卷轴画：每幅主要绘一尊大神或战神，表现的是某个神祇及其所居的神界。⑤神路图：用于丧仪和超度亡灵之仪式的大型纵向连续画卷。"（费孝通主编、郭大烈卷主编《中国少数民族大辞典·纳西族卷》，广西民族出版社，2002，第202页。）有的画还有专门的画谱摹本，供后人临摹。

宗教是人类文明的一种形式，宗教的很多重要内容都以多样的艺术形式表现出来。纳西族几乎全民信教，丽江地区的纳西族信奉的宗教是历史悠久的东巴教，宁蒗泸沽湖地区的摩梭人则信奉本土的原始宗教达巴教和藏传佛教，还有少数人信奉苯教。

纳西族人认为一切宗教均是平等的，应当共存，不应对任何信仰歧视。这反映了纳西族文化的包容性，同时也体现出纳西族人宽容的处世观，正因为如此，纳西族才会拥有如此丰富的宗教艺术形式。

东巴文化是纳西文化的重要组成部分。纳西族东巴在做仪式时，要画各种各样的神、人物、动物、植物以及妖魔鬼怪的形象，并对它们进行膜拜与祭祀，这些服务于宗教活动的绘画，统称为东巴画。东巴画主要表现古代纳西族信仰的神灵鬼怪和各种理想世界，其中也反映了古代纳西族社会的各种世俗生活。

在纳西族东巴教的仪式中，除用到大量的东巴画外，还要根据不同的仪式制作神、鬼和动物面偶，纳西语称其为"多玛"。"多玛"为面偶的总称，代表神灵的叫神偶，称为"恒多玛"；代表鬼的叫鬼偶，称为"楚多玛"；代表自然精灵的面偶，如体现神山、神海的面偶，纳西语称为"俚多""构多"。每个面偶都有固定的形象，面偶参考的是木头雕刻而成的木偶。用面塑的形式取代真正的供品进行献

祭，是东巴祭祀的一个特点，因为东巴教提倡"人与自然和谐相处"，加之东巴祭祀是广泛分布在民间而又经常举行的。

随着社会发展，纳西族的婚嫁习俗也赶上时代潮流，他们开始追求现在的婚礼模式。过去所谓的"父母之命，媒妁之言"的婚姻几乎不存在了。经过调查，我们对丽江地区传统的纳西族婚礼流程做了一些整理，其大概有以下几个环节：拜神、压床、娶亲、入门、拜堂、闹房、认亲、回门、送喜神。

而泸沽湖畔的摩梭人有三种婚姻形式：异居走婚、同居走婚、结婚。如今受外来文化冲击，很多年轻人逐渐放弃传统的走婚，开始自由恋爱并组建家庭。结婚和走婚一样慢慢渗透到摩梭人的文化潜意识中。摩梭人的结婚是指经过一定的迎娶（或招赘）仪式建立婚姻关系。结婚的过程复杂，大致可分为五个程序：托媒人说媒、请对方斯日喝酒、送彩礼、婚礼、回门。如今摩梭人的婚姻形式正悄然发生变化，但在摩梭婚典上的抢亲、篝火晚会以及民族盛装等等证明其在很大程度上还保持了浓厚的传统气息。

目录

第一章 纳西族传统建筑

大研古镇 002
纳西族三坊一照壁 007
纳西族四合五天井 011
纳西族一进两院·赵宅 017
方国瑜故居 021
纳西族摩梭人木楞房 025
纳西族三眼井 032
白马龙潭 036
署古井 041
纳西族石拱桥·青龙桥 046
纳西族石拱桥·万子桥 051
纳西族石拱桥·百岁坊桥 056
纳西族石拱桥·大石桥 061
纳西族木雕支摘窗 067
纳西族瓦猫 071
纳西族悬鱼 074
纳西族柱础 078
纳西族四蝠拜寿 082
纳西族撑拱 085
纳西族雀替 089
纳西族厦子铺地 093
纳西族隔扇 097
纳西族木雕窗 101
纳西族瓦当 105
纳西族铺首 109

第二章 纳西族传统服饰

纳西族摩梭人长袍　114
纳西族羊皮褂　120
纳西族牛肋巴马甲　125
纳西族七星羊皮披肩　132
纳西族七星绣盘　135
纳西族百褶裙　139
纳西族摩梭人百褶裙　144
纳西族百褶围腰　148
纳西族摩梭人腰带　153
纳西族坎肩　156
纳西族摩梭人短衫　162
纳西族布鞋　167
纳西族勾尖布鞋　175
纳西族草鞋　180
纳西族摩梭人窝格　185
纳西族蓝布女帽　191
纳西族羊绒帽　199
纳西族七星圆盘　204
纳西族长衫　209

第三章 纳西族传统餐饮

纳西族储碗竹篮　214
纳西族铜勺　217
纳西族煮茶陶罐　220
纳西族铜烧锅　223

　　纳西族铜锣锅　226
　　纳西族铜水壶　229
　　纳西族铜火锅　234
　　纳西族小型石杵臼　238
　　纳西族锅刷子　242
　　纳西族木礤子　246
　　纳西族三脚架　249
　　纳西族稻草锅盖　253
　　纳西族酒坛　257
　　纳西族酥油桶　260

第四章　纳西族传统生活用具

　　纳西族苏古笃　266
　　纳西族红白喜事竹篓　270
　　纳西族洗面盆　274
　　纳西族马镫　277
　　纳西族箭筒　280
　　纳西族供奉桌　285
　　纳西族等子秤　289
　　纳西族陶灯　294
　　纳西族摩梭人皮褡子　297
　　纳西族铜锁　301

第五章　纳西族传统生产工具

　　纳西族六齿耙　306
　　纳西族丽江锄头　310
　　纳西族两头锄　314

　　纳西族扬场木锨　318
　　纳西族面粉筛　321
　　纳西族竹筛　324
　　纳西族连枷　328
　　纳西族粮架　331
　　纳西族编带机　334
　　纳西族鸡笼　338
　　纳西族竹编簸箕　341
　　纳西族石磨　345
　　纳西族碓窝　348
　　纳西族打铜锤　351
　　纳西族斧头　355

第六章　纳西族传统手工艺
　　纳西族月饼制作　360
　　纳西族月饼模具　365
　　纳西族飘带刺绣　369
　　纳西族制皮工艺　373
　　纳西族东巴造纸工艺　383
　　纳西族铜器制作工艺　392

第七章　纳西族传统民俗和宗教造像
　　纳西族摩梭人婚礼　398
　　纳西族摩梭人葬礼　403
　　纳西族摩梭人成人礼　410
　　纳西族黄蜡帽　413
　　纳西族五佛冠　420

纳西族东巴教木牌画　425
纳西族东巴教纸牌画　429
纳西族东巴面偶　432
纳西族竹笔　436
纳西族扳铃　439
纳西族摇鼓　442

第一章 纳西族传统建筑

大研古镇

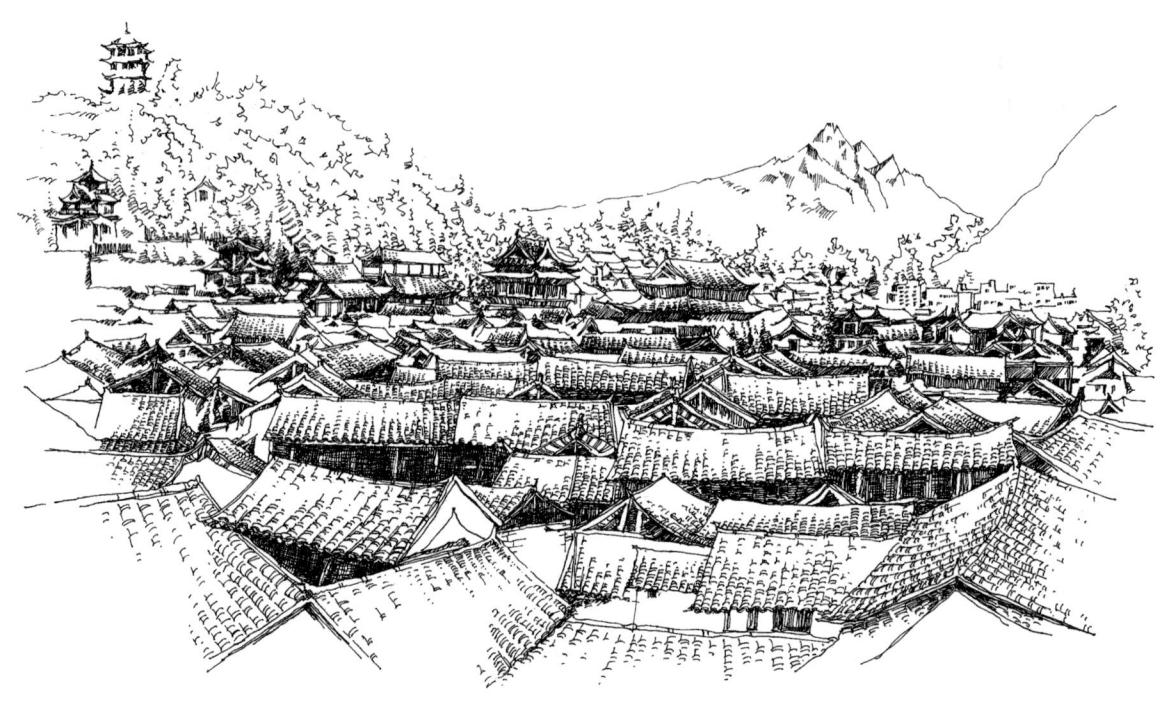

图一　大研古镇主图

　　大研古镇位于中国云南省丽江市，又名丽江古城。古镇地处云贵高原，海拔2400余米，始建于南宋，兴盛于明代，距今约有800年的历史。由于地处滇川康藏交通要道，大研古镇自古以来便是物资集散的重镇。古城背靠西北面向东南，四周青山围绕，形成天然的屏障。城内有鳞次栉比的传统民居、古朴的石板桥、清澈的天然水系，形成了别具一格的高原水乡风貌，古城因而有"东方威尼斯"之称。城内现有居民6200多户，25000余人。其中70%的居民为纳西族人。1997年，联合国教科文组织世界遗产委员会将丽江列入世界文化遗产名录。

　　明末徐霞客在《滇游日记》中曾写丽江古城区"居庐骈集，萦城带谷""民房群落，瓦屋栉比"，可见当时的古城已非常有名。丽江古城的布局未受"方九里，旁三门，国中九经九纬，经涂九轨"的中原建城体制影响，城中无规矩的道路网，无森严的城墙。从民族文化的角度来看，没有城墙的大研古镇反映了纳西族的文化中所具有的开放融通、兼收并蓄的特质，以及纳西族人崇尚自然、热爱生活的心态。古城水系设计独具匠心，主水系为象山脚下的玉泉河，支流贯穿全城大街小巷，既方便居民用水，又可防止火灾。除了天然的水系，城内修建的三眼井更体现了节约环保的理念。古城保留了明清时期的建筑风貌。以四方街为中心，街道布局采用经络设置和"曲、幽、窄、达"的风格。道路系统的放射状格局和自由生长的形态特征除了出于对河流走向和地形的顺应外，也与纳西族崇尚自由与开放的传统文化心态息息相关。建筑物依山就水、错落有致的设计在中国现存古城中极为罕见，这是纳西族先民根据其民族传统和环境创造的民居典范。

从设计的角度分析，古城的选址就充分展现了纳西族人面对自然环境善于扬长避短的聪明才智。丽江处于地震带，因而城中建筑多采用土木结构，在房屋的设计上注重抗震性能，并总结出有效的抗震构造措施。在1996年"2·3"地震中，古城民居墙体大量倒塌，但主体框架仍保持完好。城中民居无不是取材自然，尊重自然，这是纳西人朴素美学观最真实的反映。

图片来源
图一至图八　张琼　制图

参考文献
严爱琼，李和平.丽江古城的建城环境特色探讨.工业建筑，2002, 32（8）.
张天新，山村高淑.丽江古城的日常生活空间结构解析.北京大学学报，2003, 39（4）.
白庚胜，等.纳西文化.北京:新华出版社，1993.

图二　大研古镇平面图

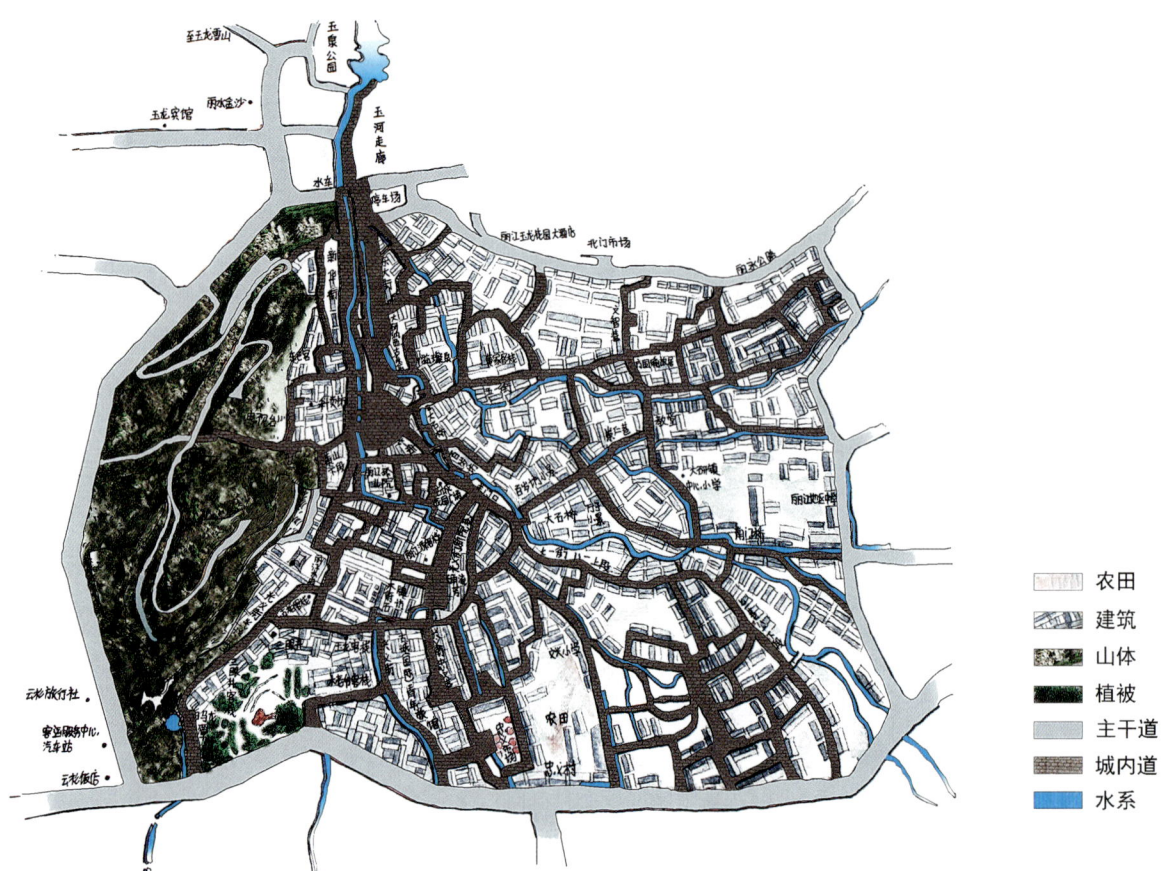

图三　大研古镇地形图

图四　大研古镇节点分析图

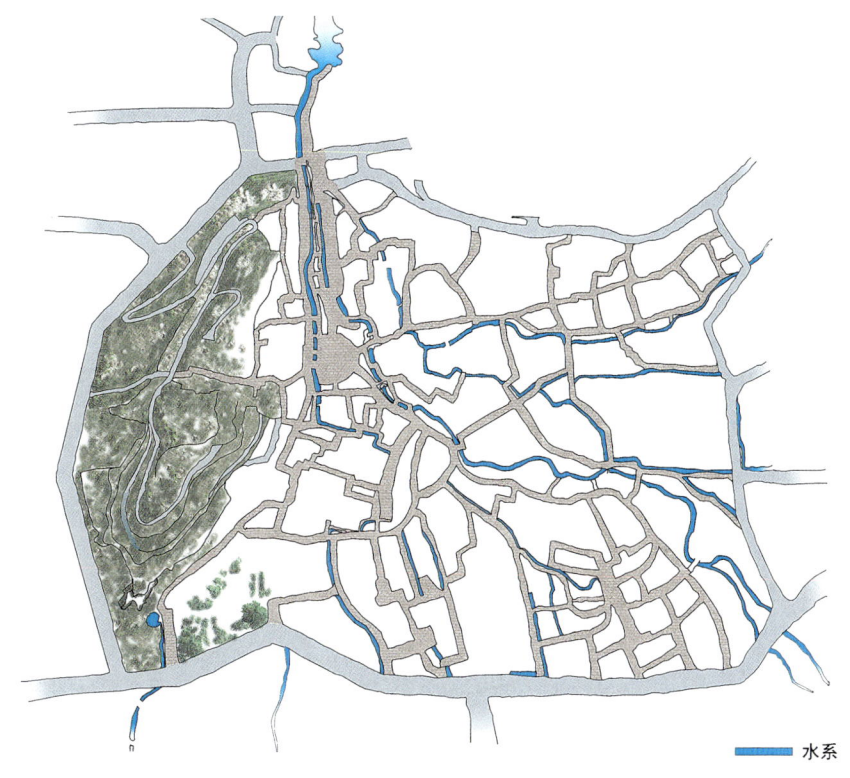

图五 大研古镇水系图

图六 大研古镇民居与水系关系平面图

图七　大研古镇交通示意图

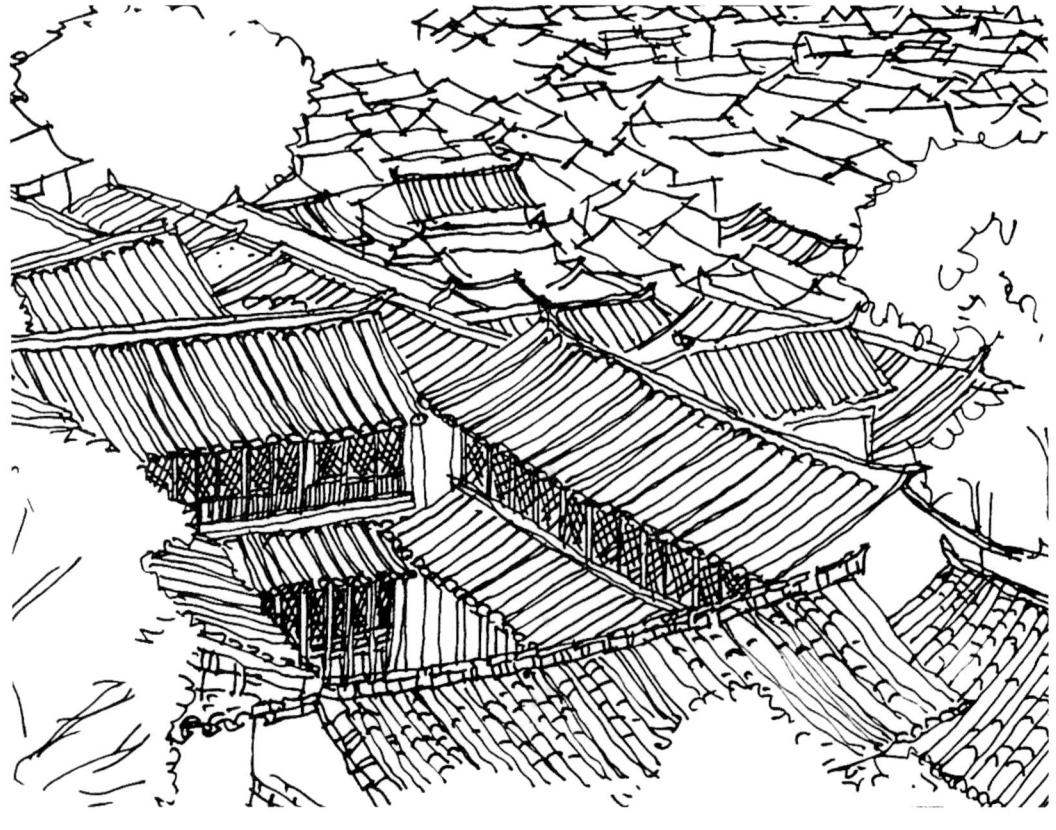

图八　大研古镇手绘局部图

纳西族三坊一照壁

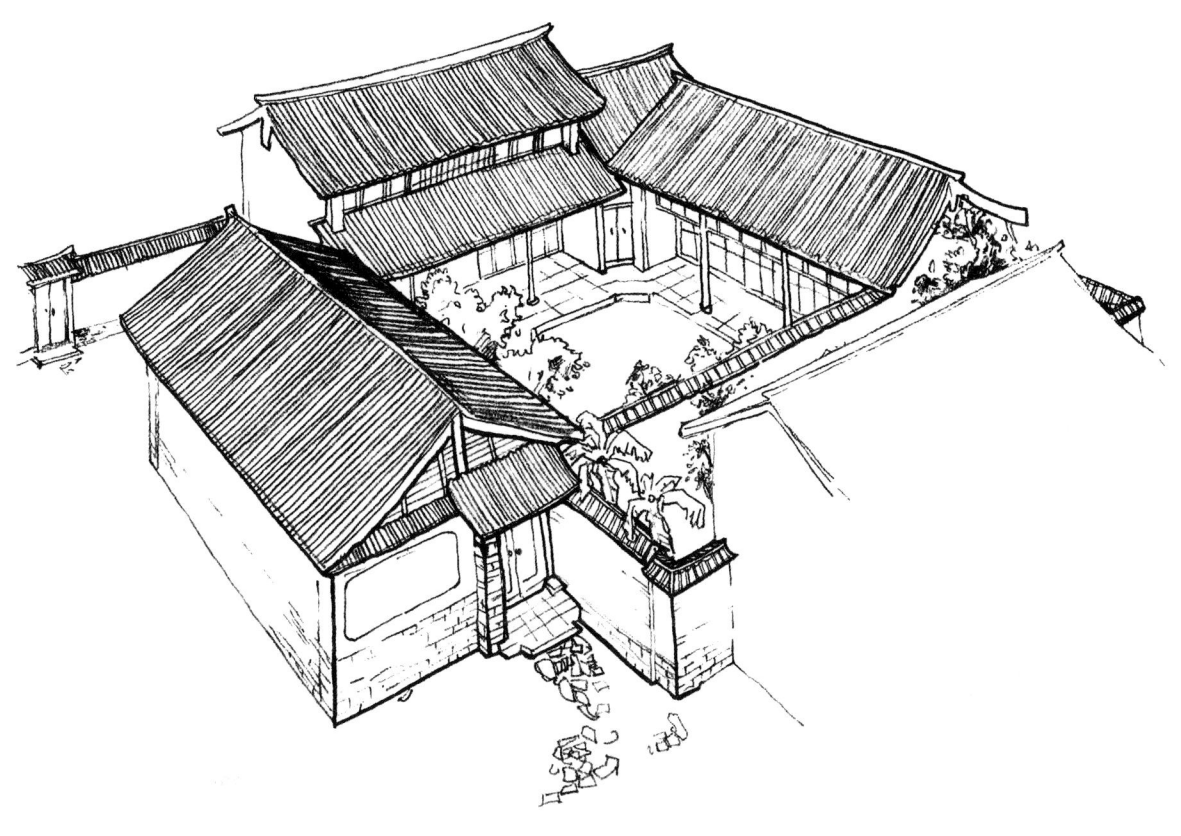

图一　纳西族三坊一照壁主图

三坊一照壁是丽江地区纳西族典型民居形式，多为高约7.5米的两层木结构楼房，也有少数三层楼房。宋末元初丽江地区纳西族民居初步成形，当时元军驻扎地已有村落，此后不断发展，到明初已具相当规模。

三坊一照壁的地基由石头堆砌，地基以上用木材建造。木材上的色彩本来是大红，时间长了变成暗褐。三坊一照壁即正房一坊，左右厢房二坊，加上正房对面的一照壁，合围成一个三合院。正房较高，位于院落主轴线的上端，上下各三间，多为坐北朝南，供长辈居住；东西二房低于正房，也为三开间，多为两层，也有一层的，供晚辈居住。"正房两侧各有漏角屋两间，也是二层，但进深与高度比正房稍小，前面形成一个小天井或'一线天'以利采光、通风及排雨。通常，一边的漏角屋楼上楼下作卧房或书房、杂物间，另一漏角屋作厨房，高为二层但不设楼层，以便排油烟。漏角屋入口一般在厢房厦子的端墙上，设门控制。正房与厢房相交处有的用'同梁合抱柱'相连，有的用照面梁榫卯相接组成'跑马角楼'。"（费孝通主编、郭大烈卷主编，《中国少数民族大辞典·纳西族卷》，广西民族出版社，2002，第278页。）大门一般设在整个院落的东南角，朝南开。三坊一照壁具体形式不拘一格，有的因地段紧张等因素因地制宜将天井改小（面阔两间）。在农村地区尤其灵活，结构上没有按照严格的建筑程式来建造。三坊一照壁布局合理，平面特色鲜明。

丽江地区三坊一照壁的民居，注重纳西族文化传统、民族特征、地域特色，采用非常典型的中国传统木结构，木板之间很少用钉子，自然和谐。

图片来源
图一、图七　张琼　制图
图二、图五、图六　徐又辉　制图
图三、图四　徐又辉、张新宇、李超　制图

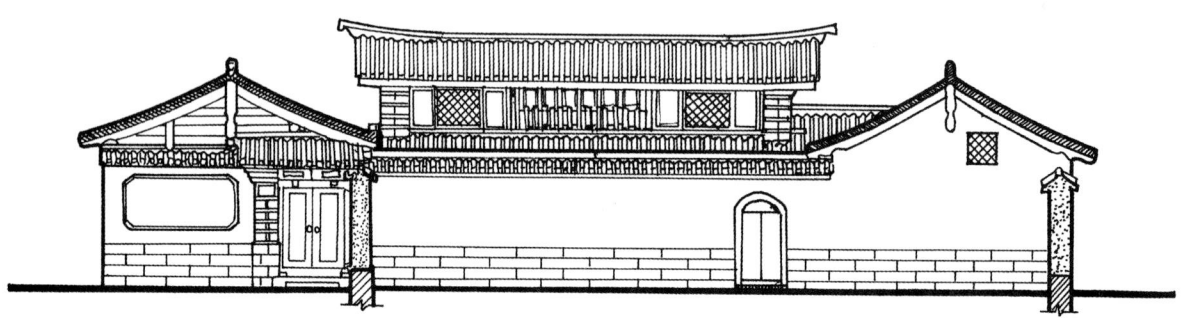

图二　纳西族三坊一照壁总立面图

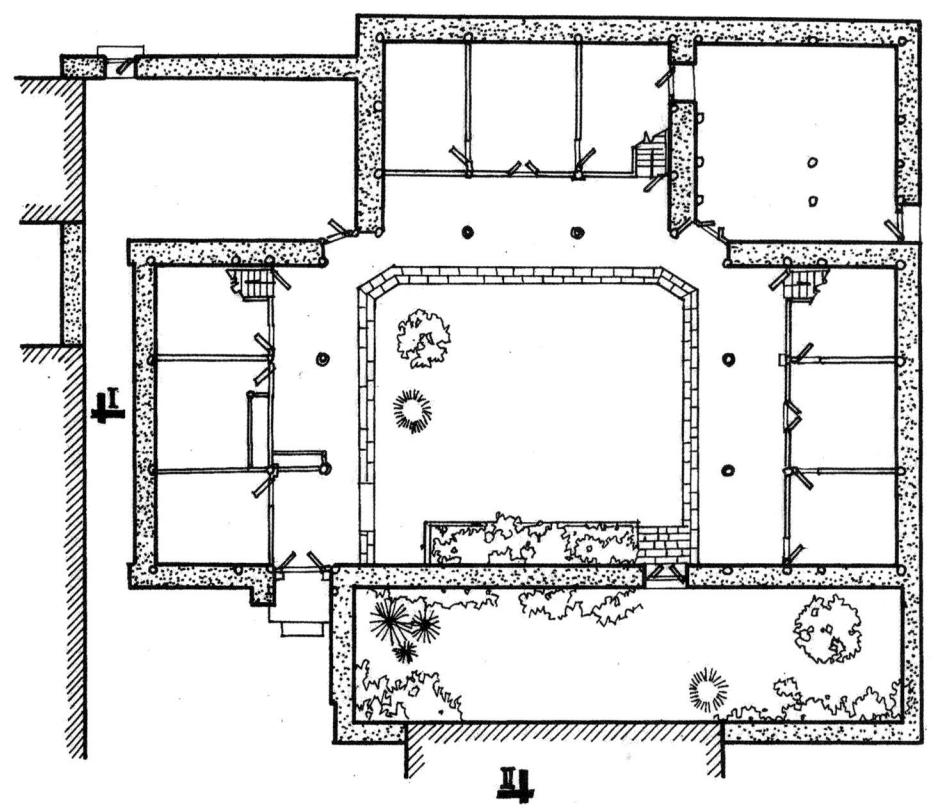

图三　纳西族三坊一照壁首层平面图

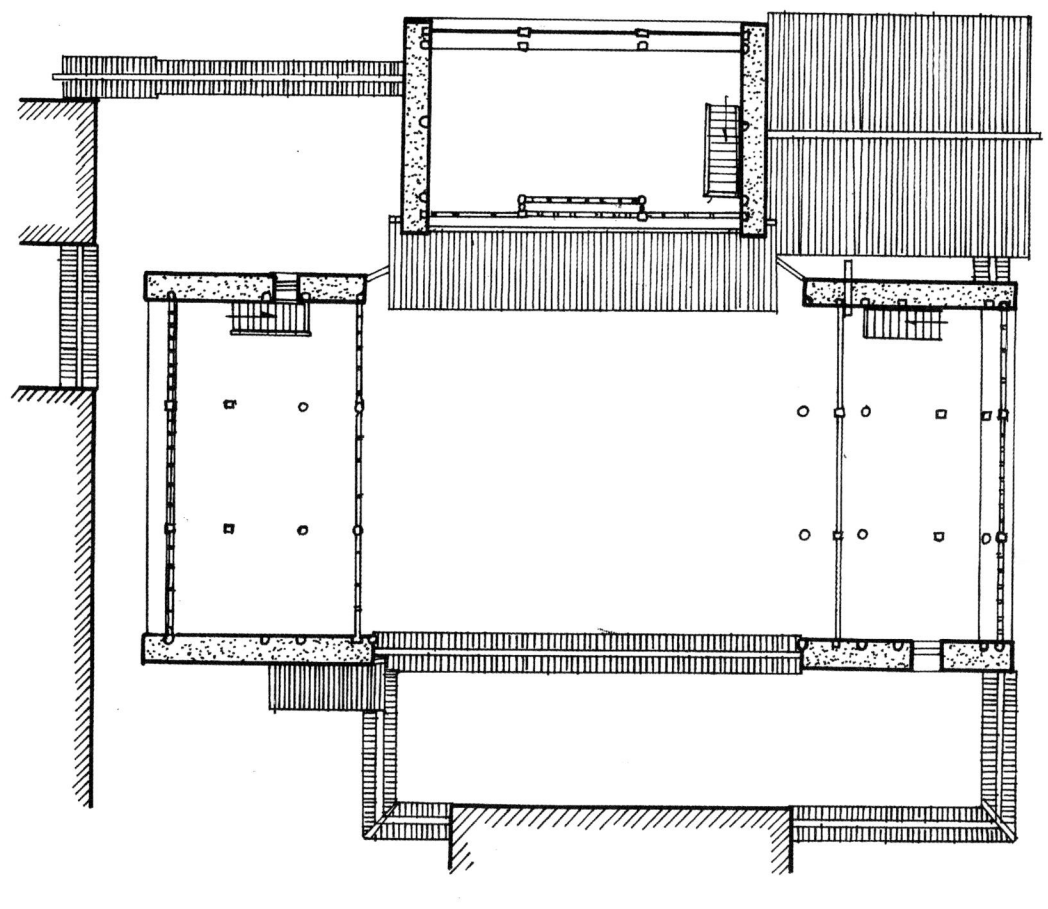

图四 纳西族三坊一照壁二层平面图

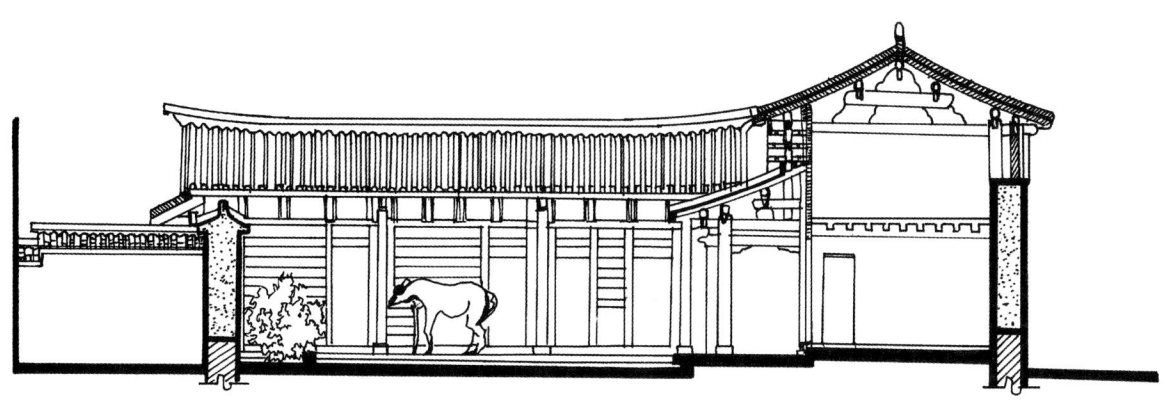

图五 纳西族三坊一照壁剖面图1

图六　纳西族三坊一照壁剖面图2

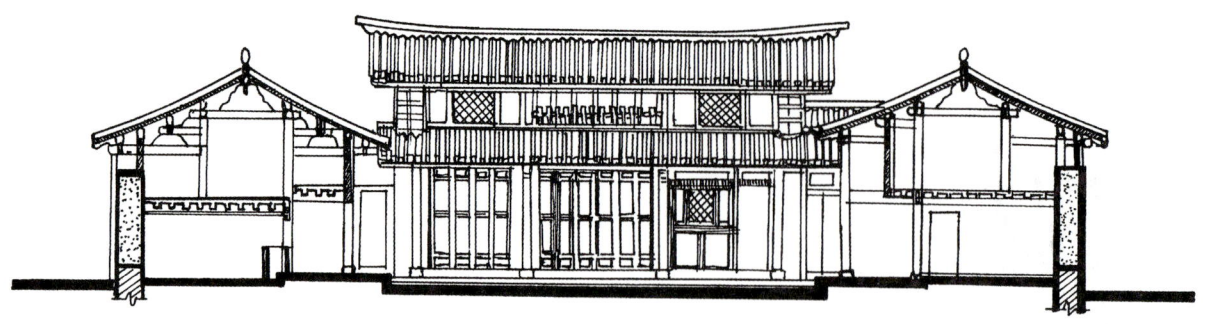

图七　纳西族三坊一照壁局部图

纳西族四合五天井

图一　纳西族四合五天井主图

四合五天井是丽江地区纳西族民居的一种常见的建筑形式，通高7.5米，一般为两层，多在明清时期建成，后逐渐流行。

在滇西北高海拔地区，冬季干冷，春夏太阳照射强烈，早晚温差很大，当地民居在建造中必须考虑冬季保温和春夏隔热的问题。因此，在院落建筑的方位上，多选择北向、西向和东向。墙体多厚重，由夯土、土坯、石材砌筑而成，保温和蓄热性能较好。而面向院落的南向一般为正房，四合五天井与三坊一照壁的主要区别是由一坊代替正房对面的照壁，围成一个封闭的四合院。此外，四合五天井除中间有一个大院之外，四角（即四坊相连接的部位）还增加了一个独立的漏角天井，即形成大小共五个院子，故名为四合五天井。四坊多为三间两层（厢房、下房也有一层的），但正房一坊的进深与层高大于另三坊，地坪也略高，且装饰较多，多朝东、南，是整个庭院的重点。位于整套住宅东南角（或东北角）

的漏角天井和漏角屋合并成入户院落，设门楼，大门朝南（或朝东）开。四合五天井还有一种变种平面形式，称为四合头，即除了中间大天井外，四角的小天井全部（或大部分）取消；正房一坊由三开间变成五开间，称五间跑马楼（下房一坊也可如此）；不做漏角屋，正房（及下房）两端的开间向厢房靠拢。

丽江地区纳西族民居注重从自然中选材，因地制宜地进行设计，它为当代人在建设住宅时提供了"崇自然、求实效、尚率直、善兼容"等可以借鉴的理念。

图片来源
图一　石永欣　摄影
图二至图四　易亚运、张新宇、李超　制图
图五、图六　易亚运　摄影
图七　张琼　摄影

参考文献
陆元鼎.中国民居建筑.广州：华南理工大学出版社，2004.

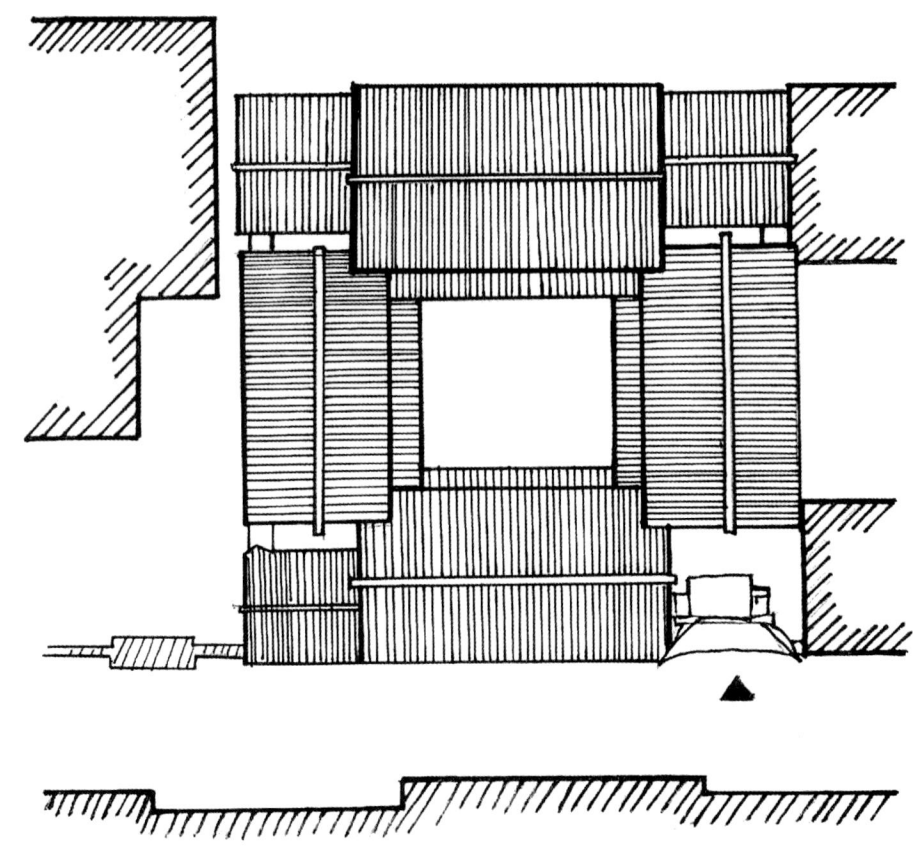

图二　纳西族四合五天井总平面图

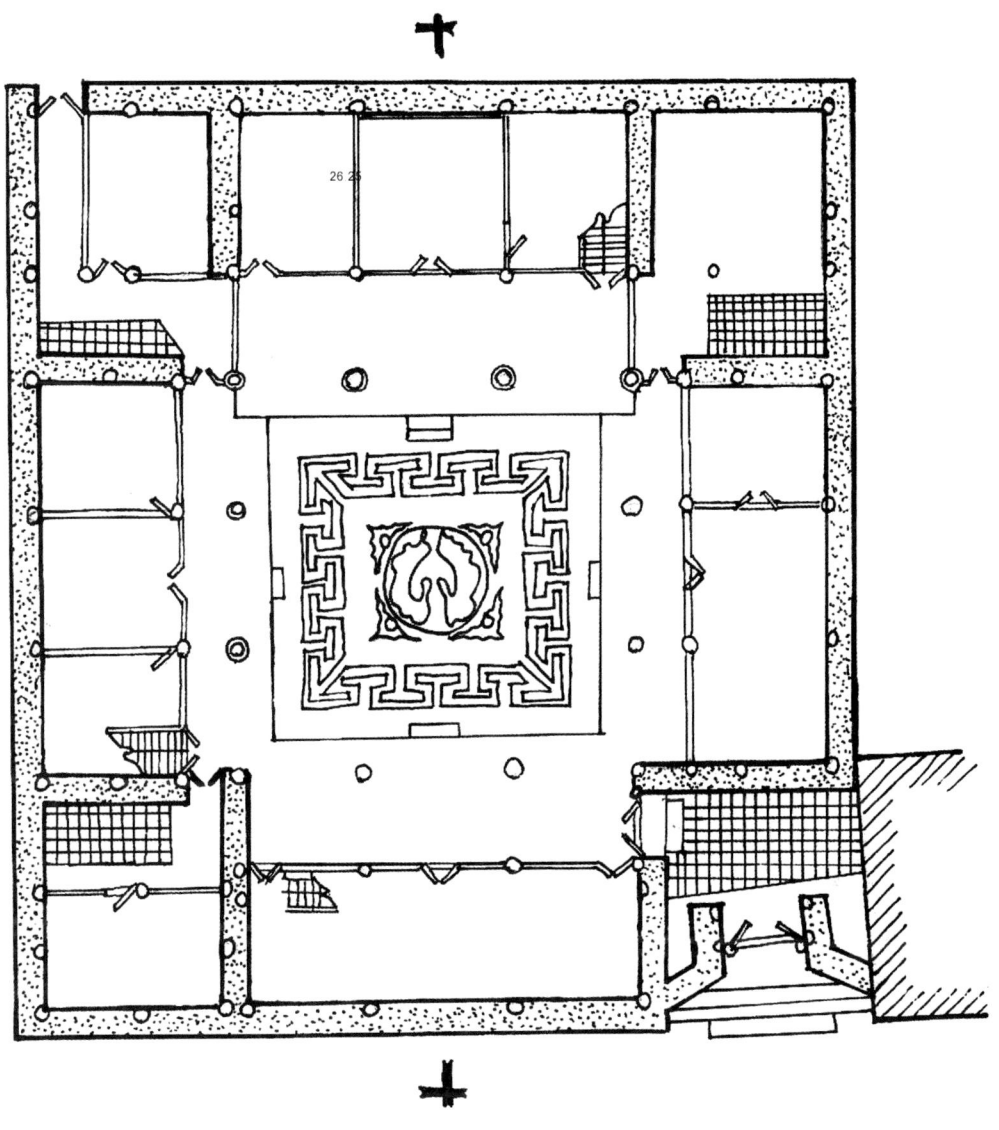

图三 纳西族四合五天井一层平面图

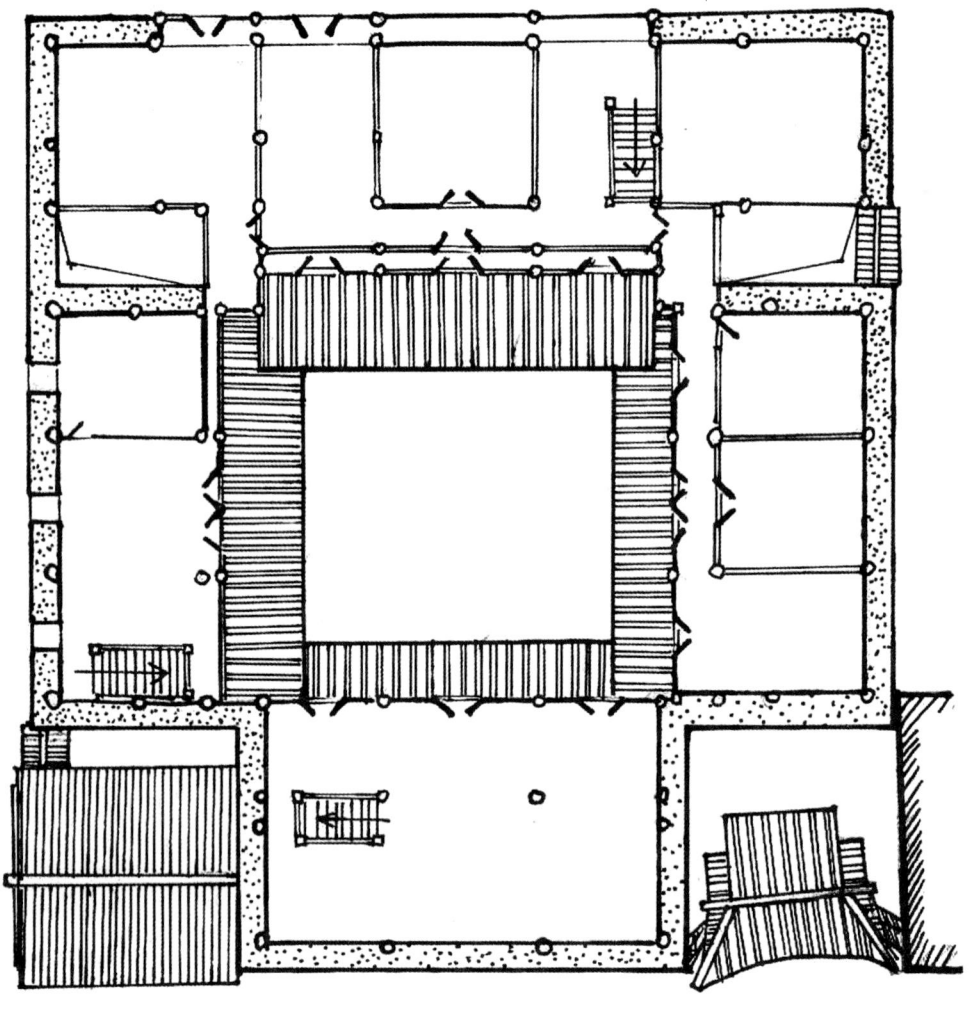

图四　纳西族四合五天井二层平面图

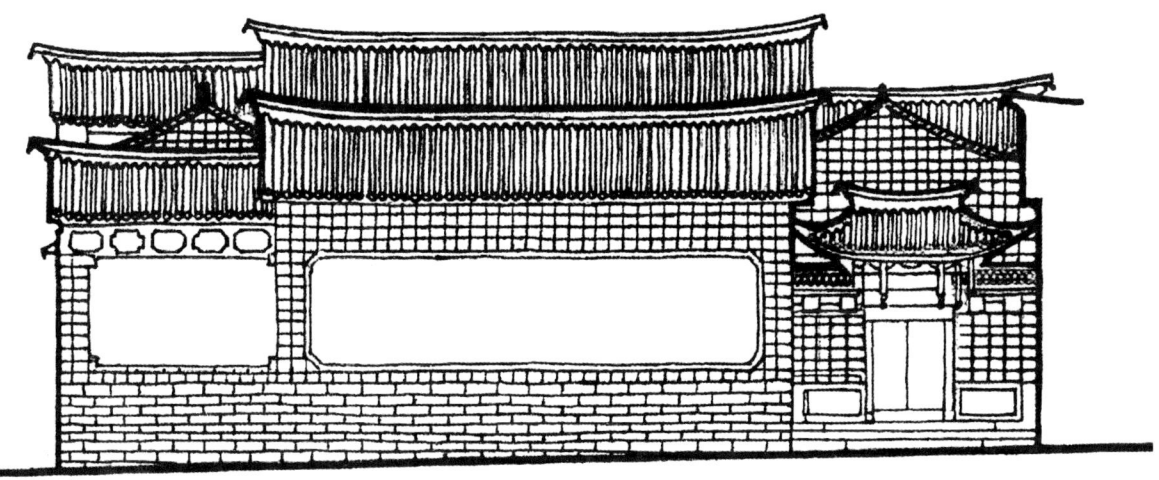

图五 纳西族四合五天井立面图

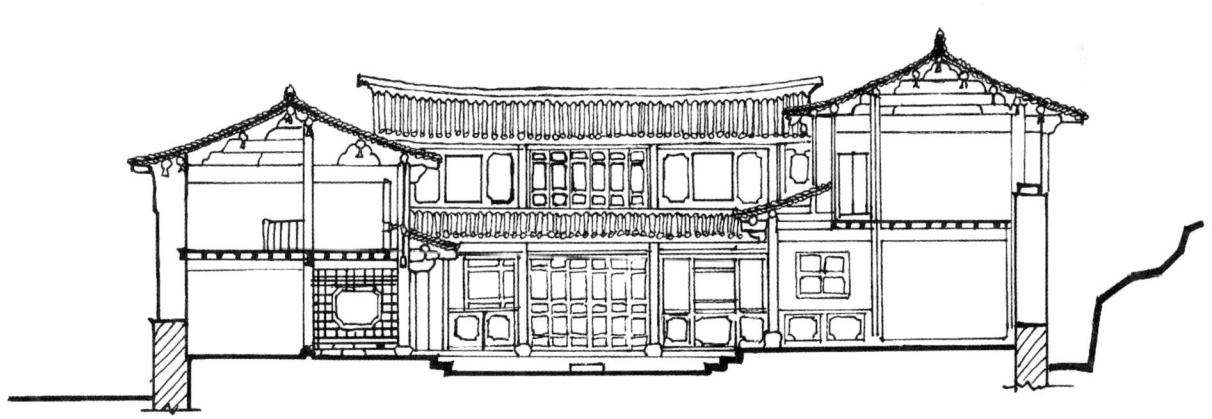

图六 纳西族四合五天井剖面图

天井

雕镂

蛮楼

庭院

图七　纳西族四合五天井局部图

纳西族一进两院·赵宅

图一　赵宅主图

一进两院，是在正房一院的左或右侧设一个附院，形成两条纵轴线。

赵家大院（赵宅）位于光义街光碧巷58号，始建于1925年，平面布局为一进两院，两院并列相通。左院为四合五天井，正房朝东南，骑厦楼，北面一坊骑厦楼，南面一坊两间房，东面一坊为明楼带厦两间房，前有花园。右院为三坊一照壁，正房朝东面，冲天蛮楼，东面一坊为蛮楼带厦，前有小花园，照壁对面为花厅。天井拼花"麒麟望月"。大门朝北，大门造型为三滴水式木构架贴砖挑檐大门，呈"八"字形。大研古镇历来集市贸易发达，纳西族人也有较强的商品经济意识，民居中如有临街的房屋，房主常常将其作为铺面。赵家大院门前有丽江古城最具特色的三眼井，现赵家大院左院为三眼井客栈。

一个民族的文化和生活常常混杂着异质文化，你中有我，我中有你，密不可分。院子、铺地、厦子中真实、朴实、自然的生活造就了纳西人平和、淡泊的文化心态。身处这样的建筑中，人们会感到纳西族文化真切的存在。

图片来源
图一　石永欣、李佳怡　制图
图二、图三　张琼、张新宇、成章恒　制图
图四、图五　张琼　制图

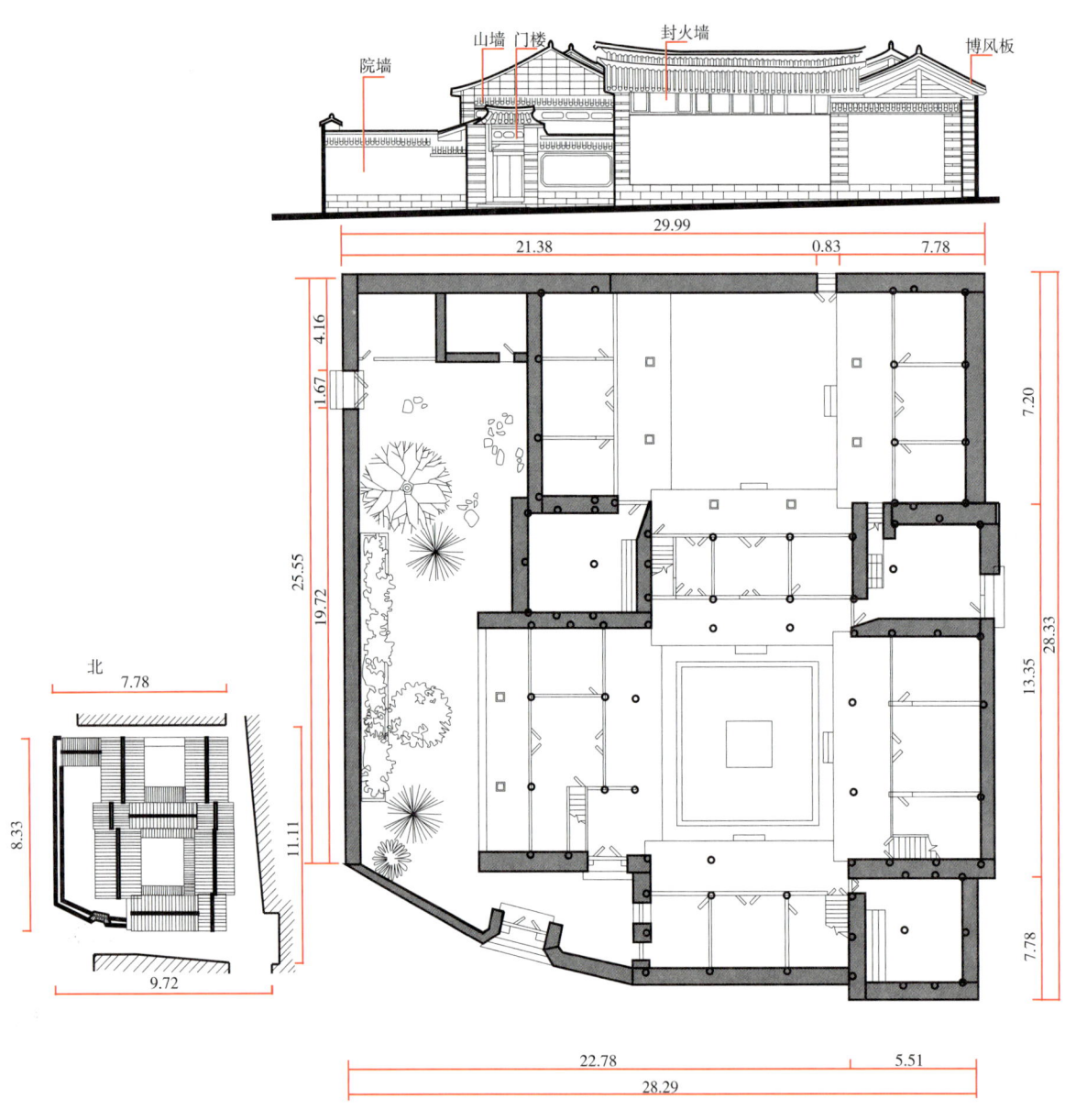

图二 赵宅立面图、首层平面图、总平面图（单位：m）

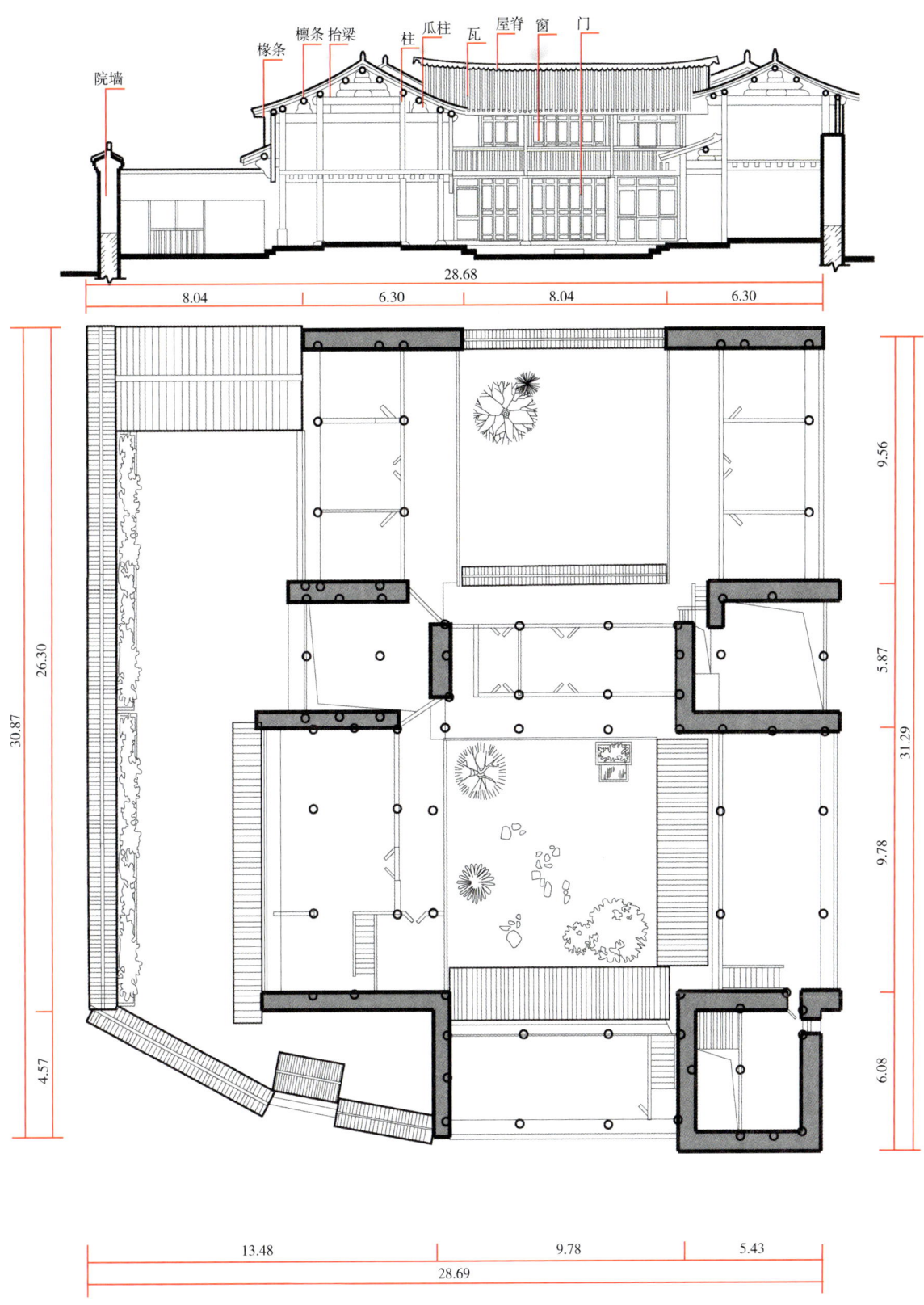

图三 赵宅剖面图、二层平面图（单位：m）

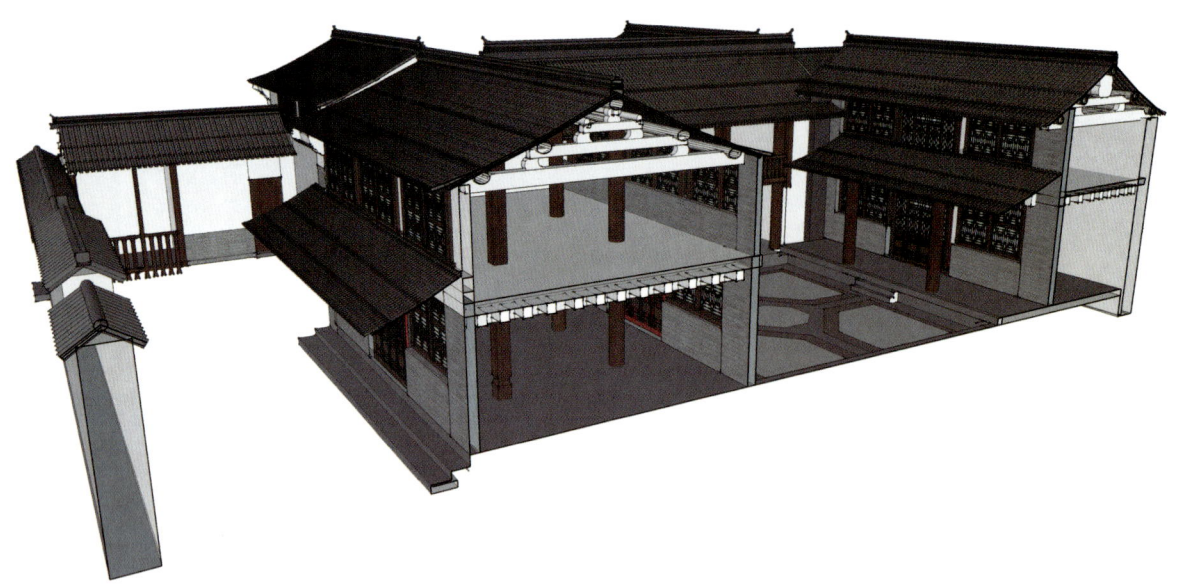

图四 赵宅剖面效果图

图五 赵宅手绘效果图

方国瑜故居

图一 方国瑜故居主图

方国瑜故居位于丽江市大研古镇东北边的五一街文治巷，以著名学者方国瑜先生的名字命名。方国瑜（1903—1983），是著名纳西族历史学家、民族学家、教育家，被誉为"南中泰斗，滇史巨擘"。

方氏是古城大户，该故居占地1.98亩，

共70余间房，系三进套院式建筑。第一院为四合院，坐北一坊为骑厦楼，东西两坊为蛮楼，其中坐东一坊为两间房。第二套院为四合院，坐北一坊与第一院为两间房，坐北、坐西、坐东三坊为骑厦楼。第三院是三坊一照壁，南北两坊为吊厦楼，坐东一坊为两间房，并有后花园。第一院大门为一进二门式建筑。20世纪50年代后该院为丽江地区医院职工宿舍，2003年丽江古城管委会本着尊重传统、尊重历史的原则，斥资百万元，对该民居进行修缮，将故居恢复原貌，已辟作方国瑜纪念馆。如今方国瑜故居由求学之路、困而好学斋、方氏家族、故居建筑、学术成果、社会活动、吊唁缅怀、方氏家塾等8个部分组成。

方国瑜先生是20世纪云南最了不起的民族史学大师之一。他在中国民族历史、中国西南边疆历史地理、云南史料目录、东巴文化等方面都做出了杰出的贡献。现方国瑜故居已成为云南省丽江市青少年教育基地。

图片来源
图一至图三　张琼　摄影
图四、图五　舒闻洋、张新宇、李超　制图
参考文献
樊炎冰.中国丽江古城.北京：中国建筑工业出版社，2005.

图二　方国瑜故居外墙彩照

图三　方国瑜故居天井彩照

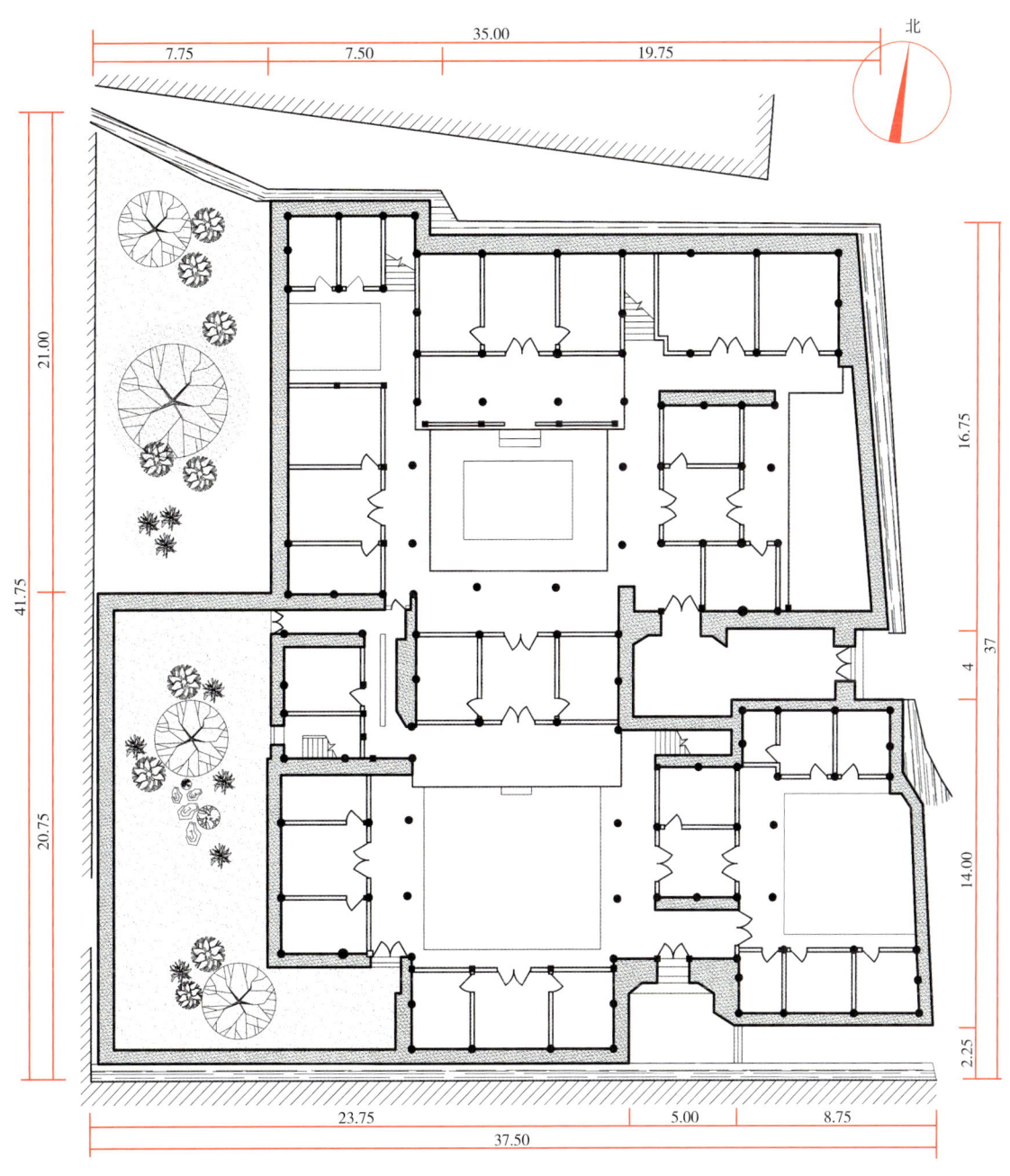

图四 方国瑜故居总平面图（单位：m）

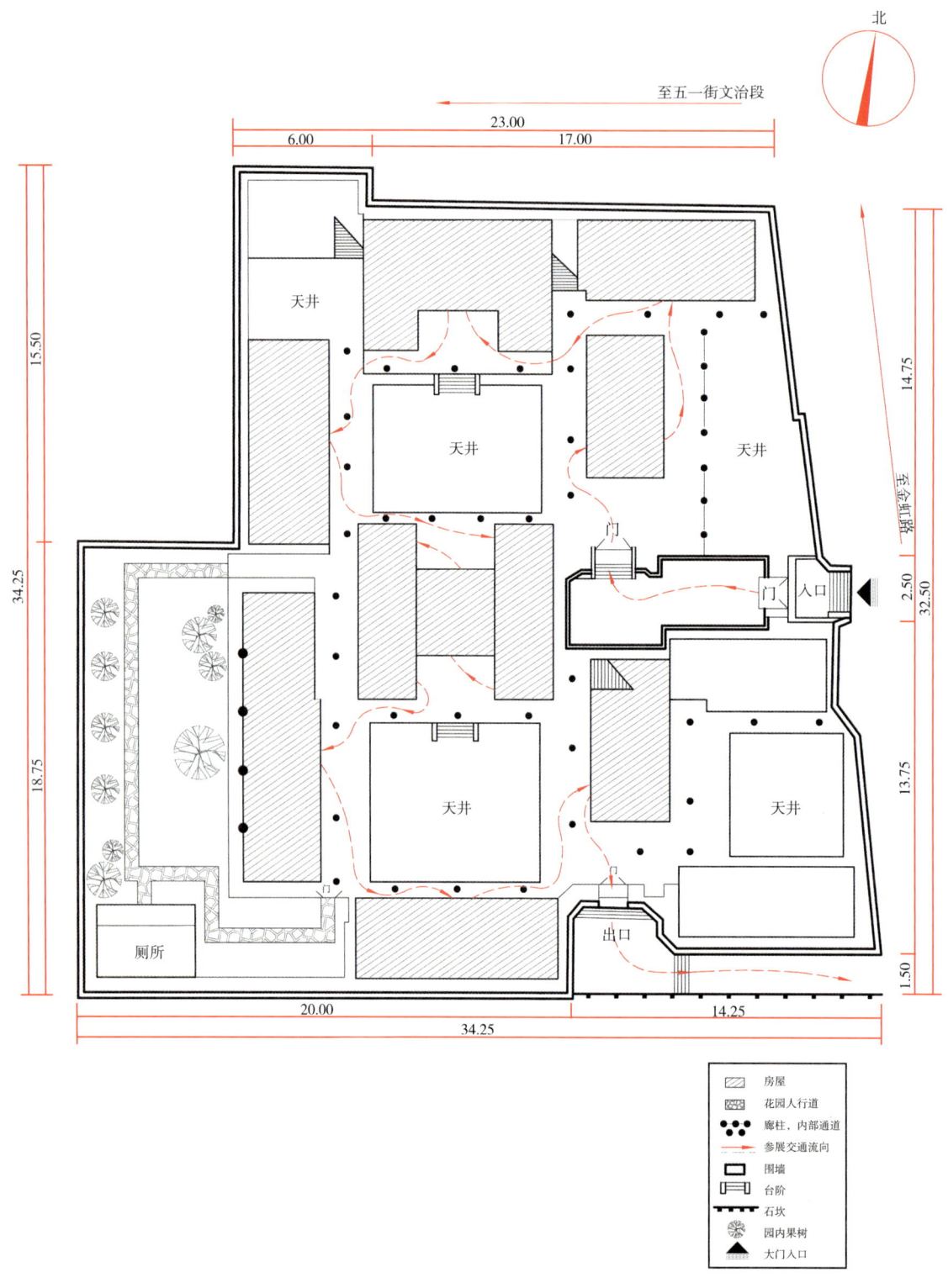

图五　方国瑜故居参观路线图（单位：m）

纳西族摩梭人木楞房

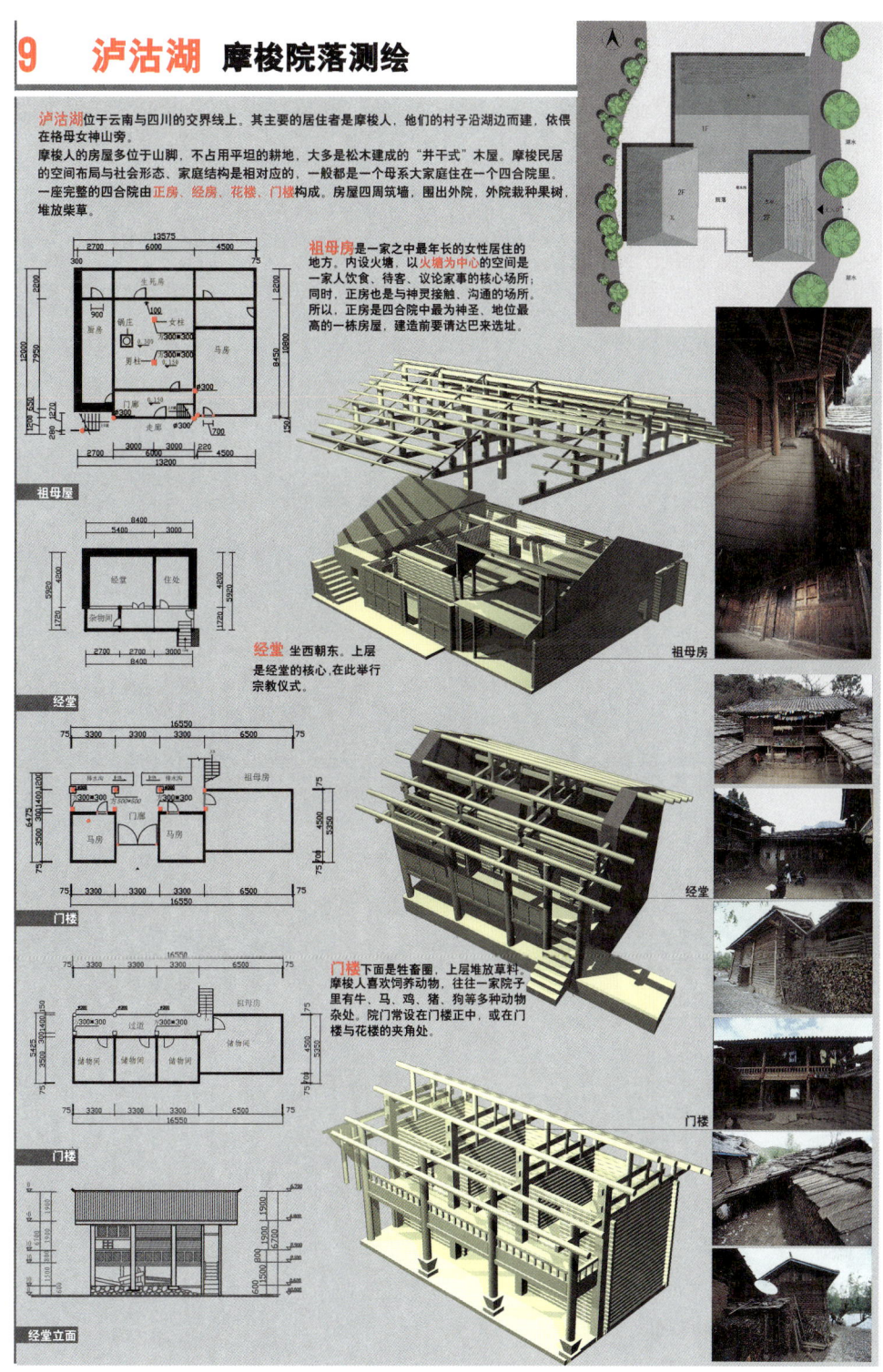

图一　纳西族摩梭人木楞房主图（单位：mm）

木楞房是聚居于滇西北的纳西族摩梭人的传统建筑，多依山傍水而建，以木材为原料，四壁用削过皮直径5~6厘米的圆木垒成，圆木两端开凹榫，组成矩形木框，并层层相叠；多以四合院形式围构，少数也采用三合院形式。过去，屋顶用斧劈的木板错落搭叠，并辅以青石压制而成，以防风雨。如今，森林资源减少，木料匮乏，且当地已有成熟的制瓦技术，现仅偏远地区还使用木板瓦的结构，多数地区已使用瓦片。

传统的摩梭建筑分正室、经堂、花楼和畜厩四个部分。其中正房是整个家庭的中心，是母系氏族家庭成员居住、议事、待客、祭祀、敬神和举行各种重要仪式的场所。白天，以长妇为家长，全体家族成员在此用餐、聊天；晚上，年长的女性和未成年的孩子在此就寝。正房是摩梭人活动最为频繁的区域。经楼位于正房的右侧上层（这里讲的左右皆以人立于正房、面朝外的方位为准）。摩梭人信奉藏传佛教和达巴教，几乎家家设有经堂，专供喇嘛诵经。经堂下层一般堆放杂草。左侧厢房上层为花楼，供男女阿夏偶居，下层为畜厩，圈养

图二　纳西族摩梭人木楞房结构分解图1

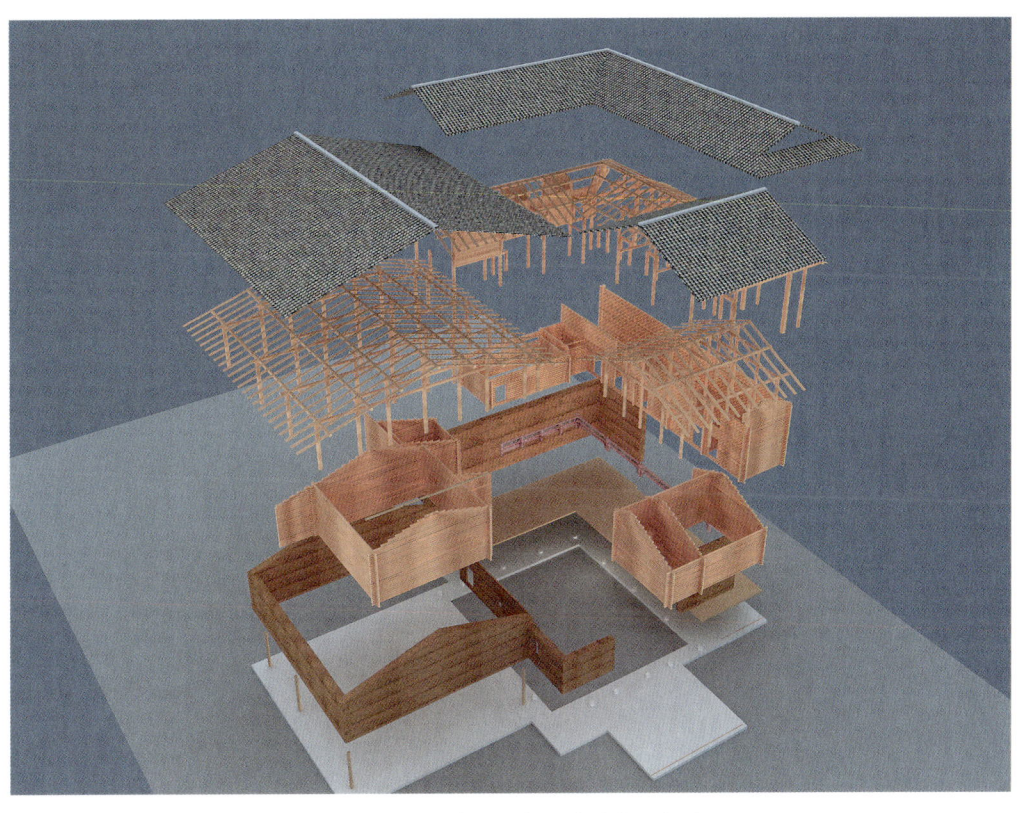

图三　纳西族摩梭人木楞房结构分解图2

图四　纳西族摩梭人木楞房局部图1

图五　纳西族摩梭人木楞房局部图2

图六　纳西族摩梭人木楞房局部图3

牛、羊、猪等牲畜。

摩梭人的住宅结构与宗教信仰、母系氏族婚姻形态和家庭组织相适应，具有独特的民族风格。摩梭人聚居之地交通不便，建筑均就地取材，其构造简单、结构密实，利于抗震，是所谓"一把斧头、一把锯"建成的建筑。

图片来源
图一至图十二　朱跳跳、郝秘　制图

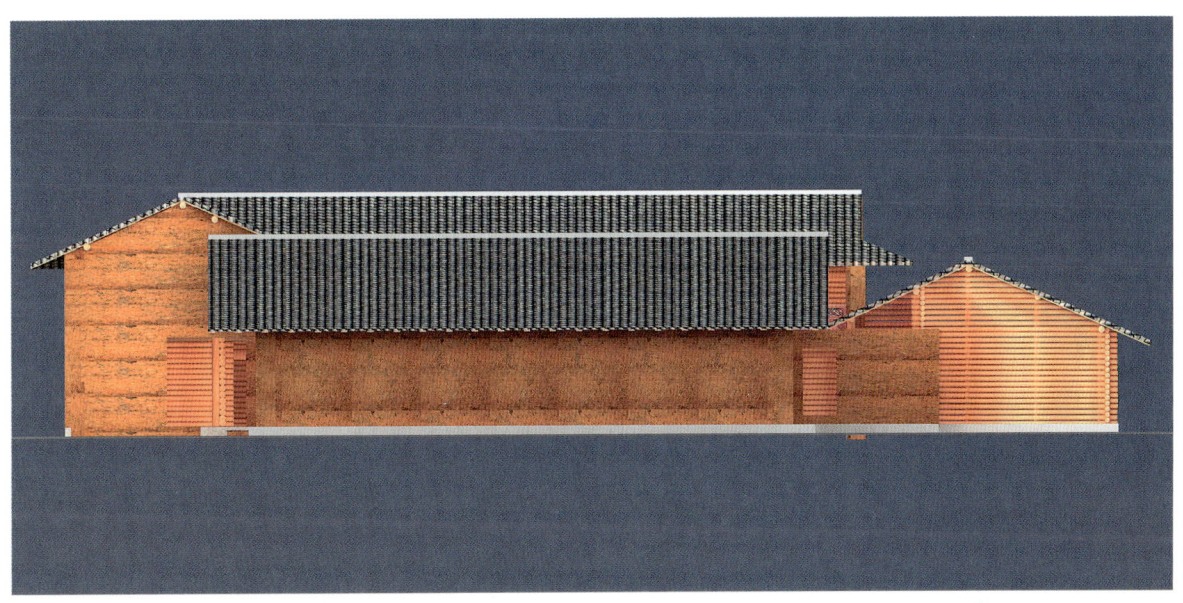

图七　纳西族摩梭人木楞房侧面图1

图八　纳西族摩梭人木楞房侧面图2

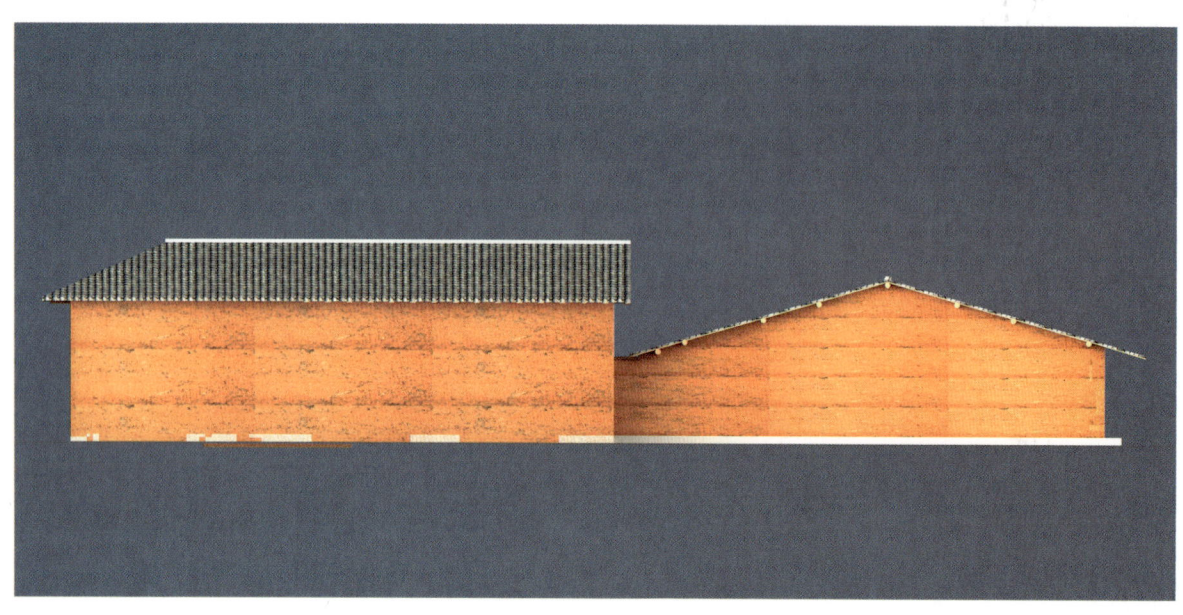

图九　纳西族摩梭人木楞房侧面图3

图十　纳西族摩梭人木楞房侧面图4

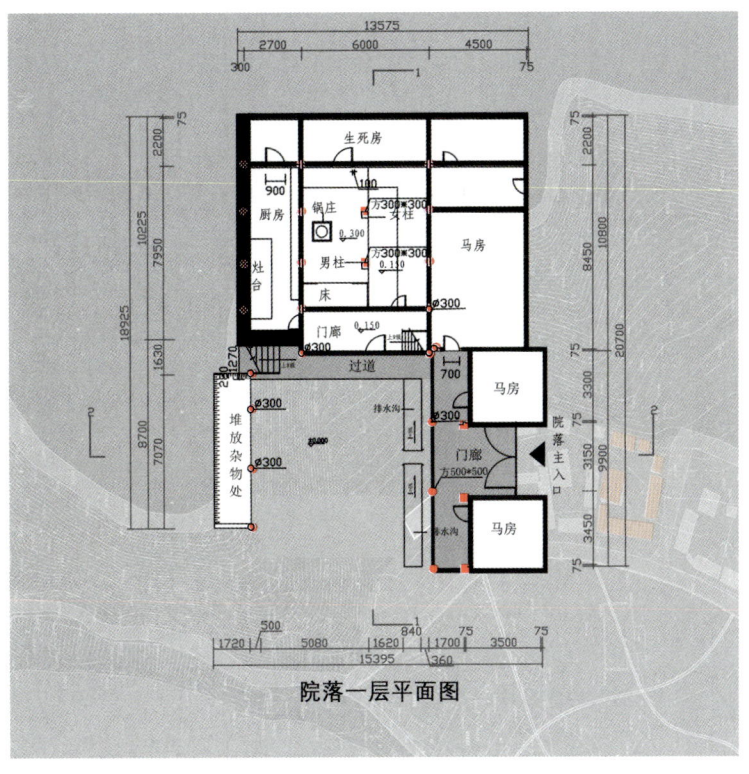

图十一　纳西族摩梭人木楞房一层平面图（单位：mm）

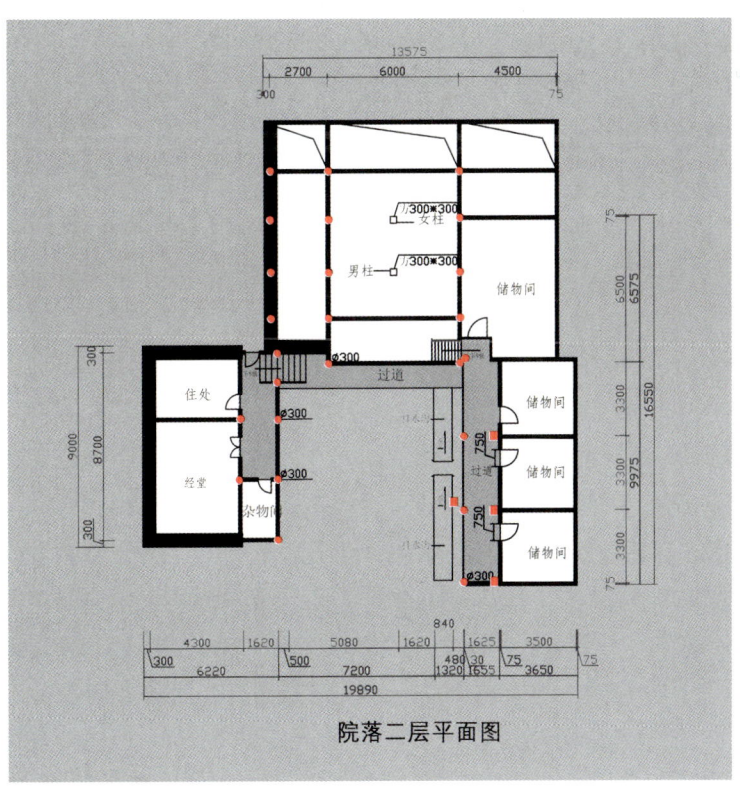

图十二　纳西族摩梭人木楞房二层平面图（单位：mm）

纳西族三眼井

图一　纳西族三眼井主图

三眼井又称三叠泉或三叠水，是丽江古城一种特有的取水装置。与北方三眼井以品字形分布且井水深、井口小、共有三个井口供三人同时取水不同，丽江三眼井从一个泉眼出水，从高到低分三级流淌。丽江古城中共有大大小小的三眼井五个，即白马龙潭三眼井、义尚甘泽泉三眼井、光碧巷三眼井、格宝坞三眼井、寄宝坞三眼井。规模比较大的三眼井有三口，分别是白马龙潭三眼井、石榴井和溢璨井。

丽江地区的三眼井由三个高度差约为10厘米的水潭组成，这三个水潭的用途有着严格的区分：第一潭为泉水源头，清冽洁净，专供饮用。第二潭水质洁净，可淘米、洗菜。第三潭为漂洗衣物专用。由于地势差异，第三潭的水不会流入其他两潭，污水从这里流入排水沟中。在丽江古城，三眼井成为当地人聚集的活动场所，周围栽有古树。洗菜洗衣的妇女、嬉笑玩闹的小孩、憩息闲聊的老人，共同构成了古城悠闲舒适的生活图景。

丽江古城纳西族先民虽然生活在水资源丰富的丽江，但依然对自然怀着一种合理使用、物尽其用的美好自然理念。三眼井不仅代表着丽江纳西人的用水理念，而且具有科学、卫生、合理、方便的特点，体现了人与自然和谐相处的理念。

图片来源
图一至图三、图五　张琼　制图
图四　张琼　摄影

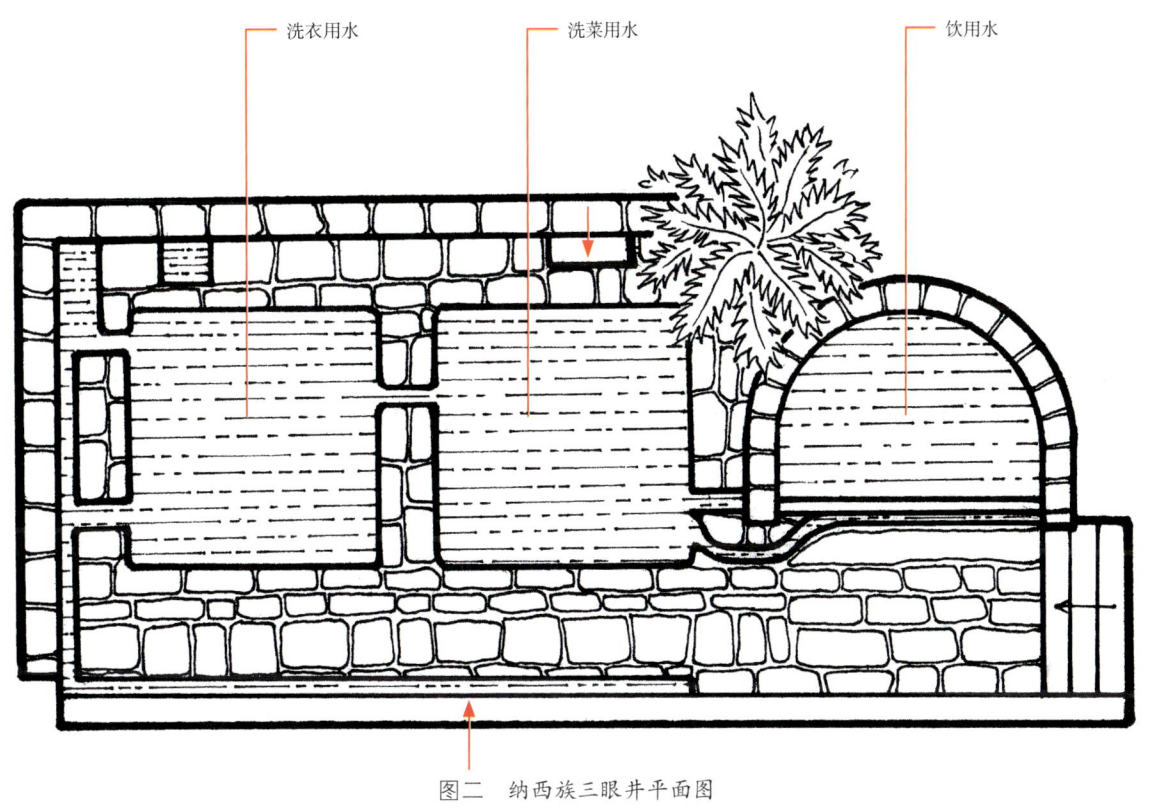

图二　纳西族三眼井平面图

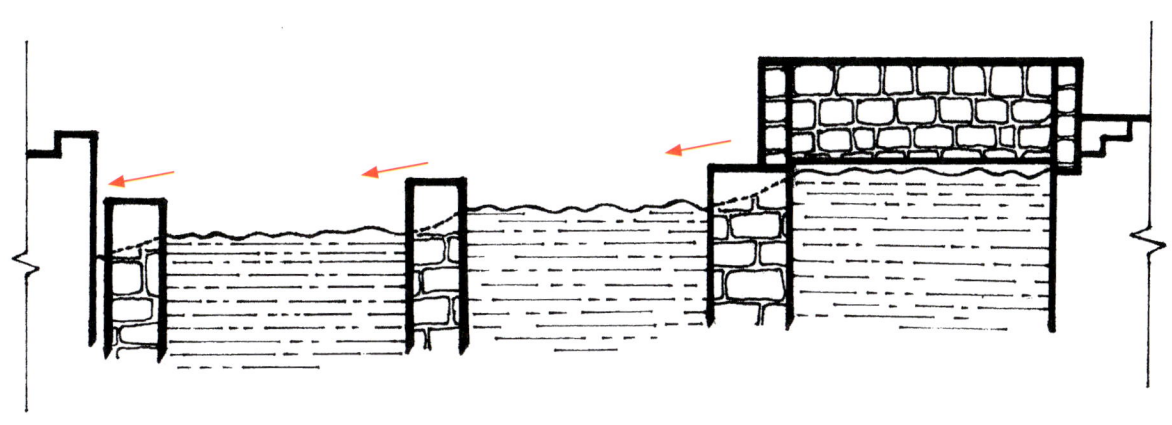

图三　纳西族三眼井剖面图

图四　纳西族白马龙潭三眼井

图五　纳西族三眼井使用情境图

白马龙潭

图一　白马龙潭主图

　　白马龙潭，位于丽江古城光义街光碧巷的西南入口处，是丽江城内有名的三眼井之一。因其所在区域在清代属白马里，潭壁上又饰有龙首，故得名。潭畔有建于乾隆十九年（1754年）之白马龙头寺。此井的水源位于狮子山南麓，水从山脚岩石间涌出，泉水由人工围砌的面积100多平方米的圆潭中流出，潭中有鱼，潭水清澈如镜，出水量为0.028立方米/秒，旱岁亦充沛如故。特别是1983年4月至1984年9月，黑龙潭连续干涸一年半，而白马龙潭却依然出水，成为古城唯一的饮水水源，因此，此泉也被人们视为神泉。

　　"一潭一井三塘水"，三塘水相连通，水口为头塘，居民在此汲取饮用水；头塘水从溢水口流至第二塘，居民在此洗瓜果蔬菜；此塘之水又流至第三塘，为洗涤衣物之用水。民间称这种形式的井为三眼井。潭水经三眼井沿渠流向南，灌溉古城郊区的农田。这种连环井的用水方式在丽江古城有井泉的地方皆然，体现了古城人独具匠心的用水、爱水传统。在丽江古城，基于对水的崇拜，对水的管理和使用已形成一种与社区生活密切相关的良好习俗。母亲会告诫自己的孩子不能在水源头大小便，不能往饮用的水源里扔脏东西，也不要在上午十点以前去井旁洗衣服和脏东西，因为这是人们汲取饮用水的时间。此外，白马龙潭周围的空间比较宽敞，形成小广场似的社区活动空间，周围有各种当地的古树名木。平时，人们除了来这里取水、洗涤之外，在劳作之余和茶余饭后也会在此纳凉憩息，谈天说地。

三眼井的设计，十分符合当今"节约和环保"的生态理念。三眼井的巧妙设计是根据纳西族民族传统和自然环境再创造的结果，显示了纳西族先民独特的用水之道。

图片来源
图一　石永欣、李佳怡　摄影
图二至图七　张琼　制图
图八　张琼　摄影

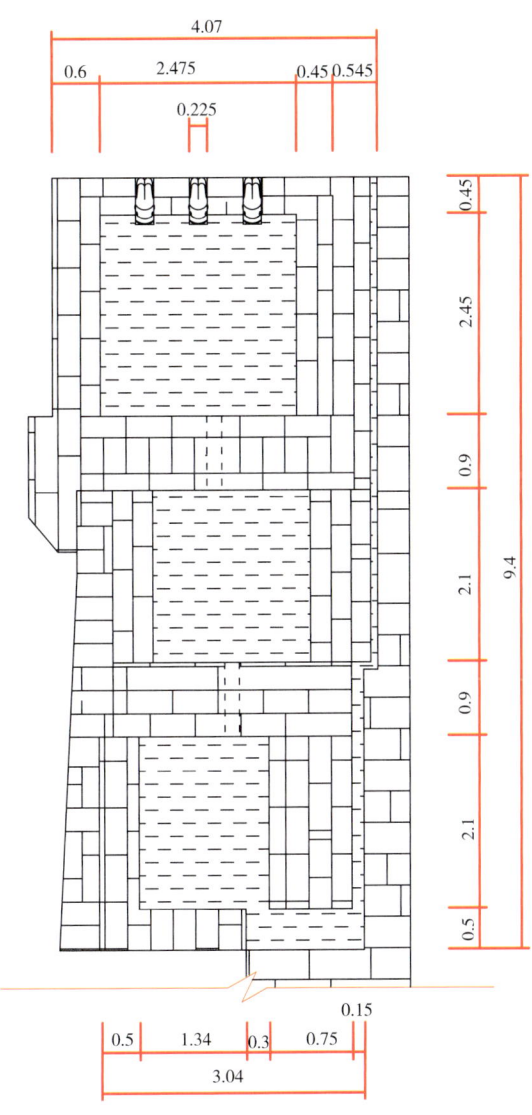

图二　白马龙潭平面尺寸图（单位：m）

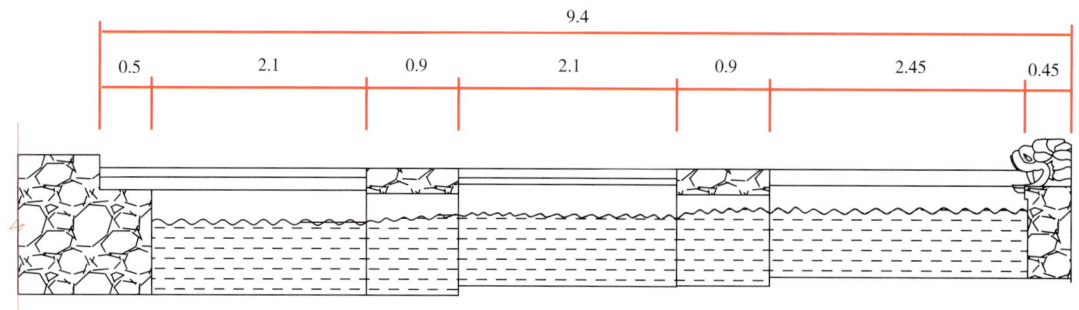

图三　白马龙潭剖面尺寸图（单位：m）

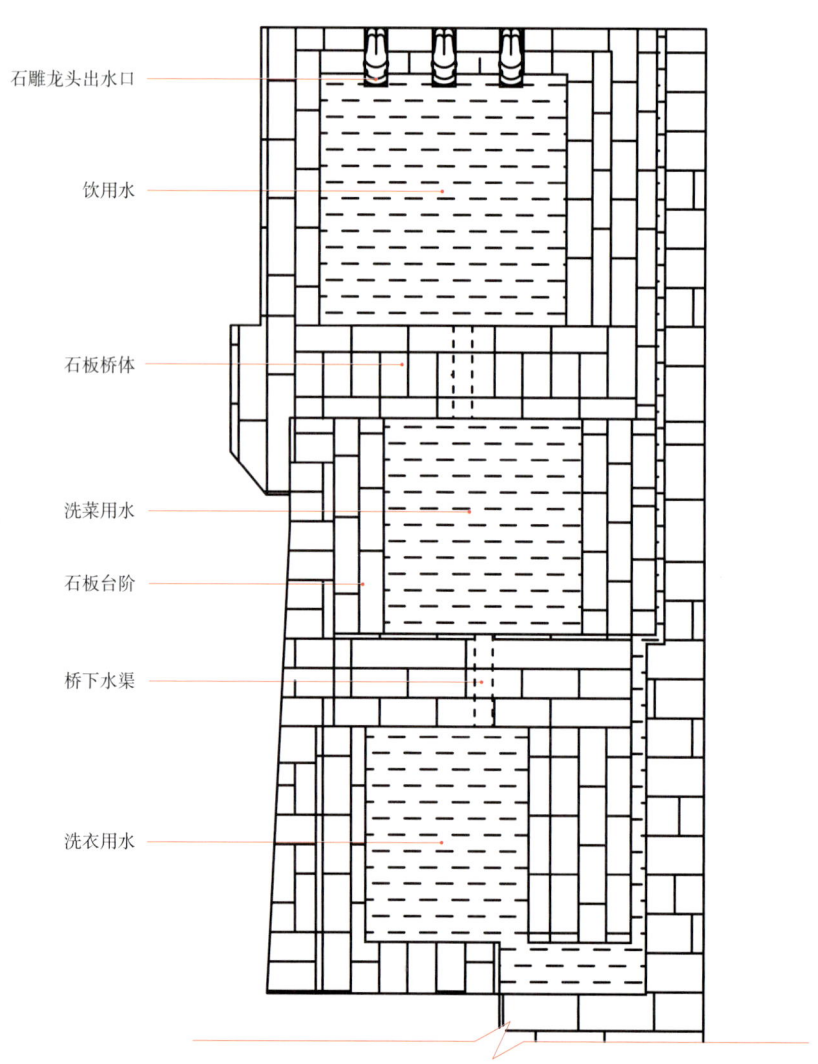

图四　白马龙潭平面示意图

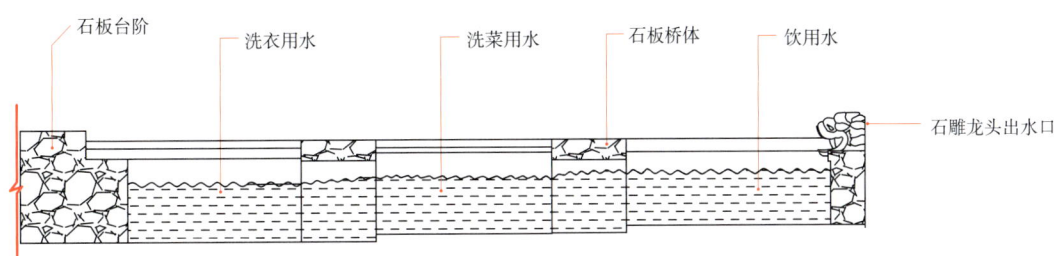

图五　白马龙潭剖面示意图

图六　白马龙潭手绘效果图

图七　白马龙潭3D效果图

图八　白马龙潭使用情境图

署古井

图一　署古井主图

　　署古井，位于丽江市大研古镇七一街八一上段，为三眼井。"署古"，是东巴教中一个规模宏大的祭祀仪式，即祭"署"仪式。"署"是东巴教中的大自然之神，掌管山林河湖、野生动物等，纳西人对其顶礼膜拜。纳西人把泉水源头视为大自然之神"署"的居住之地，绝对禁止污染水源、砍伐水源林，甚至禁忌在水源处高声喧哗。

　　署古井的前端用木板搭建了一个小型祭台，上有彩绘的署神和彩云，下方立有几块木牌画。井一侧立有石碑，上面分别用东巴文和汉字写道："东巴经'署古'曰：人与署乃同父之兄弟，为履行与署之合约，特立此公约：一则不能污染署之井、泉、河、海；二则不能在水源周围吐痰、大小便及倒垃圾、脏水等；三则不能在水源周围杀牲，洗不洁之物，污血水不得流入水中；四则早十时前系取饮用水之时间，十时后方可洗菜及衣物，洗衣物者先在盆中洗净方可在井中漂洗；五则饮用、洗菜、洗衣按水头、中间、水尾之顺序。"纳西人用勒石刻碑的方式，互相监督并遵守着《护水公约》。

　　纳西族先民对大自然的尊重和保护，规范着历代纳西人开发利用自然资源的生产活动。基于这一点的三眼井十分符合当今的绿色环保和可持续发展观念，其设计为现代水资源的合理利用提供了参考。

图片来源

图一　李佳怡　摄影
图二至图十　王刚　制图
图十一　何瑞萍　制图

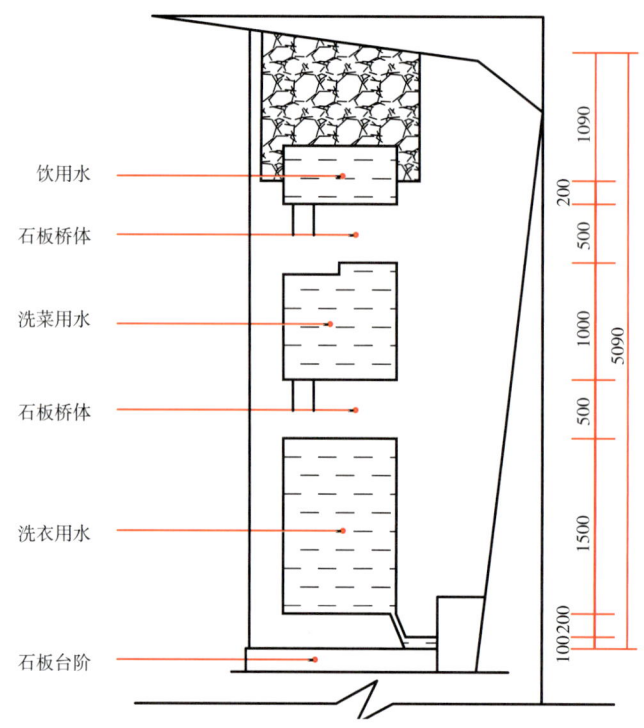

图二　署古井平面尺寸图（单位：mm）

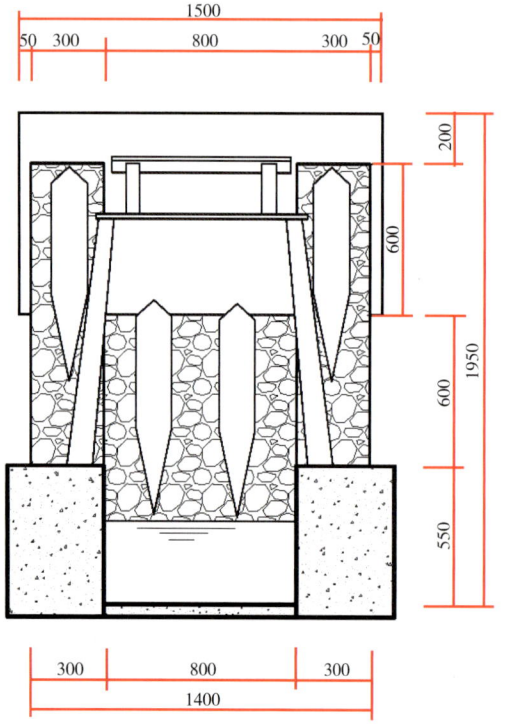

图三　署古井剖面尺寸图（单位：mm）

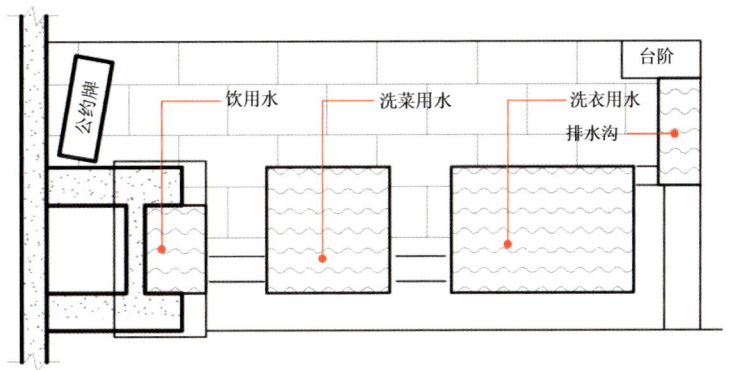

图四 署古井平面图

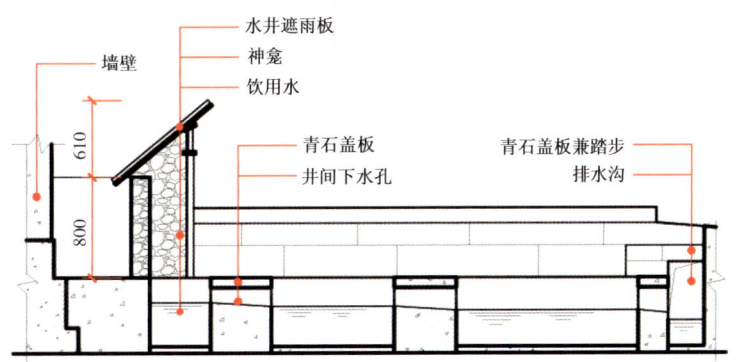

图五 署古井剖面图1（单位：mm）

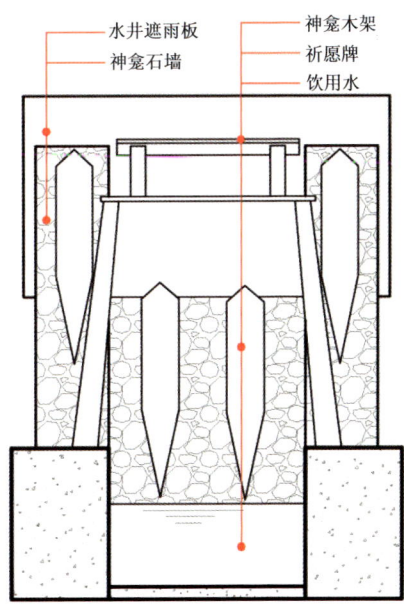

图六 署古井剖面图2

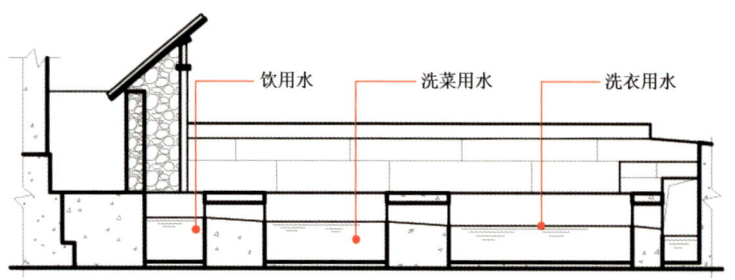

图七 署古井使用说明图

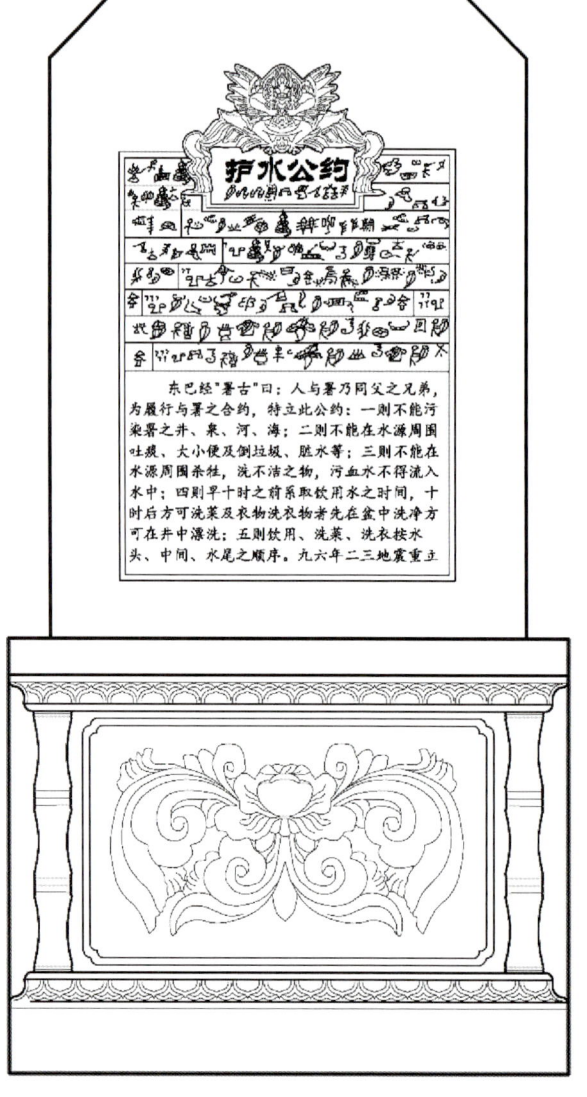

图八 署古井公约碑正立面图

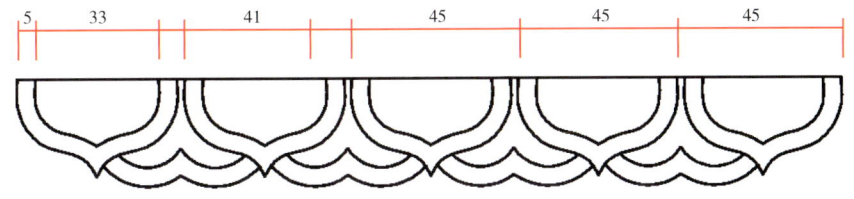

图九　署古井公约碑装饰纹样图1（单位：mm）

图十　署古井公约碑装饰纹样图2

图十一　署古井使用情境图

纳西族石拱桥·青龙桥

图一 青龙桥主图

  青龙桥，又称"烟柳平桥"，坐落于丽江玉龙纳西族自治县束河古镇，因其架设在青龙河上，故得名。该桥由木氏土司于明代万历年间建造，距今已有400多年的历史，是丽江城内现存较为完整的石拱桥。

  该桥为敞肩单孔圆弧石拱桥，桥身全部由石块垒砌，桥长25米有余，净跨16米，宽4.5米，高4米多。桥面东西两侧均用大石板作护栏，在保障行人安全的同时，也可作休憩、观赏之用。拱之上端置有龙头石雕，龙首伸出桥身，神采飞扬，龙头色白，与桥通体的青灰色形成鲜明对比，石雕细部精工，造型考究。该桥所处的束河古镇是纳西族先民在丽江最早的聚居地之一，亦为茶马古道重镇，由于舟车云集、商旅际会而异常繁华，是旧时丽江坝子最重要的物资集散中心之一。青龙桥作为贯通束河古镇南北两带的交通要塞，其重要性不言而喻。

  青龙桥虽为石拱桥，但桥面平缓，坡度适宜，便于马帮、商旅行走。桥身通体由石块垒成，桥体敦实，承重性良好。该桥造型简约，整体并无过多装饰，这也体现了当时设计理念对功能性的强调。束河古镇交通繁忙，然而该桥虽历经数百年风雨沧桑，依然英姿不减，这足以证明当时的工匠在造桥时非常重视桥梁的性能，展现了当时工匠高超的桥梁设计和建造水准。

图片来源

图一　石永欣、李佳怡　摄影
图二至图十　张琼　制图

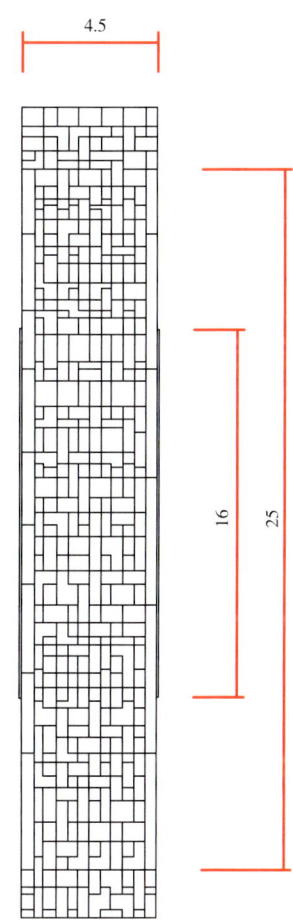

图二　青龙桥桥面尺寸图（单位：m）

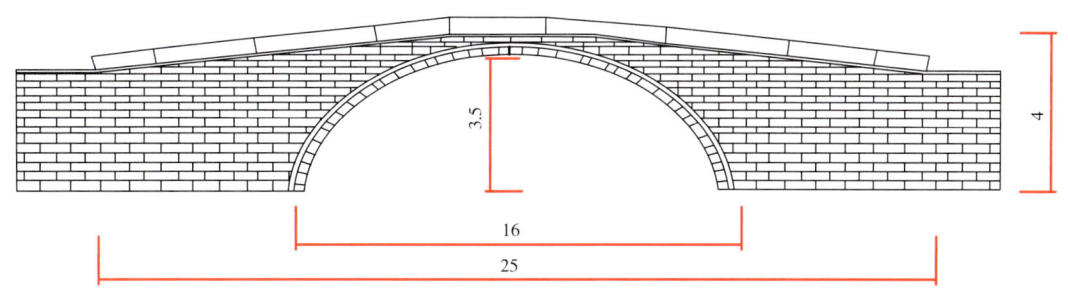

图三　青龙桥侧面尺寸图（单位：m）

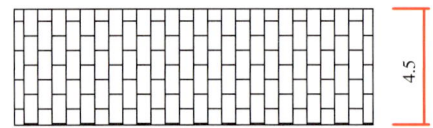

图四　青龙桥桥洞铺砖尺寸图（单位：m）

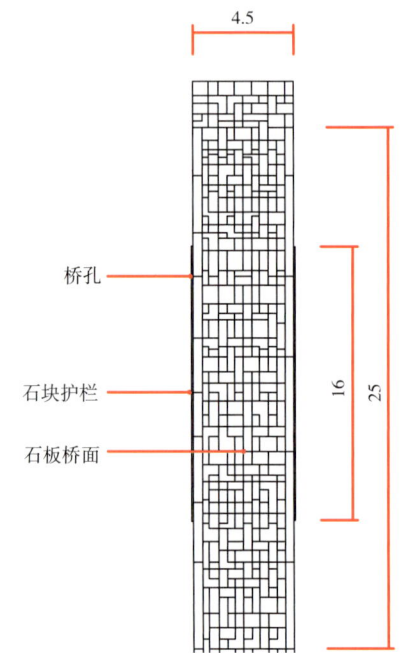

图五　青龙桥平面结构示意图（单位：m）

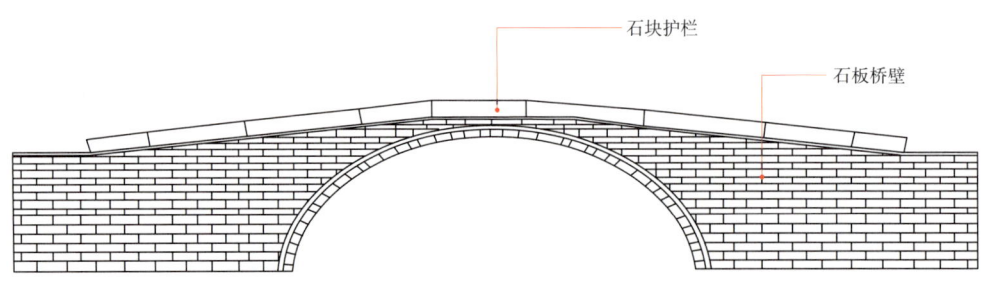

图六　青龙桥侧面结构示意图

图七　青龙桥3D效果图1

图八　青龙桥3D效果图2

图九　青龙桥手绘效果图1

图十　青龙桥手绘效果图2

纳西族石拱桥·万子桥

图一 万子桥主图

万子桥，位于丽江市大研古镇七一街关门口中河上，是连接七一街和崇仁巷的主要通道。该桥是明代一位杨姓富商捐资修建的，其因无子嗣，望修桥积功德求子。修桥用的石料特选由远方运来的、千百砂粒胶结而成的砂岩，以寄寓子孙兴旺之意、世昌家盛之愿，故名。

该桥为单孔石拱桥，全长9米，宽4.2米，高3.4米，桥上无石阶，以缓坡与两头的路相连。桥面两侧的石板护栏高约半米，为行人提供了安全保障。虽经数百年雨水侵蚀，桥体早已斑斑驳驳，留下许多孔洞缝隙，但桥身依然结实、敦厚。作为贯通七一街和崇仁巷的交通要道，万子桥从早到晚都是一片繁忙景象。万子桥在这里不仅起到交通要道的作用，还是人们进行商业贸易的场所，时常有小商贩在桥上售卖时令水果、烟草等，形成了颇具特色的"桥市"。与万子桥齐名的还有六座明代建造的石拱桥，它们分别是双石桥、大石桥、小石桥、修文桥、万均桥和锁脉桥。这七座桥在平面分布上恰如北斗七星，故又得名"北斗七星石拱桥"。

万子桥历经百年风雨仍屹立不倒，足见

我国古代造桥匠人的高超技术和智慧，为我们进一步研究古代造桥技术以及其中所蕴含的文化内涵提供了珍贵的历史资料和现实的研究对象。

图片来源
图一　石永欣、李佳怡　摄影
图二至图八　张琼　制图

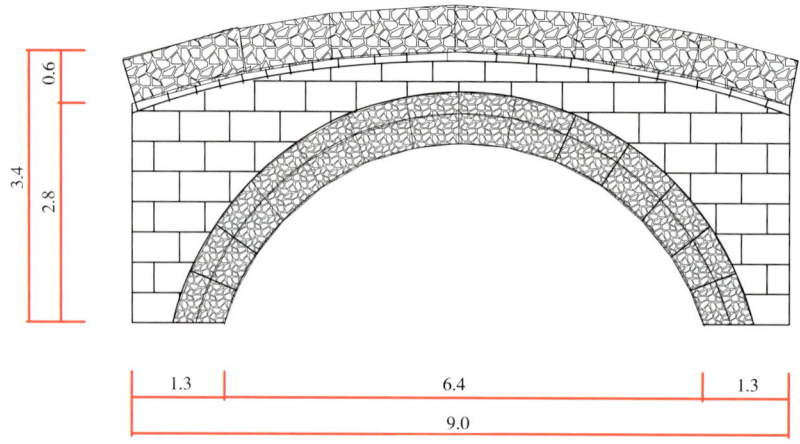

图二　万子桥侧面尺寸图（单位：m）

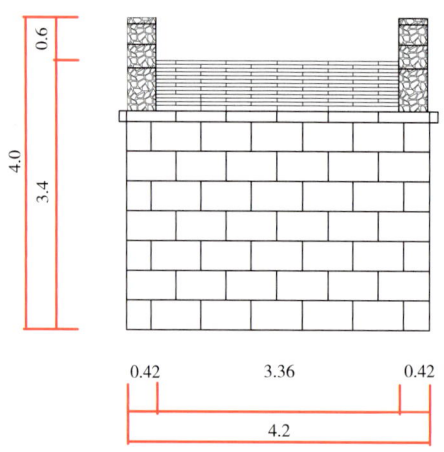

图三　万子桥剖面尺寸图（单位：m）

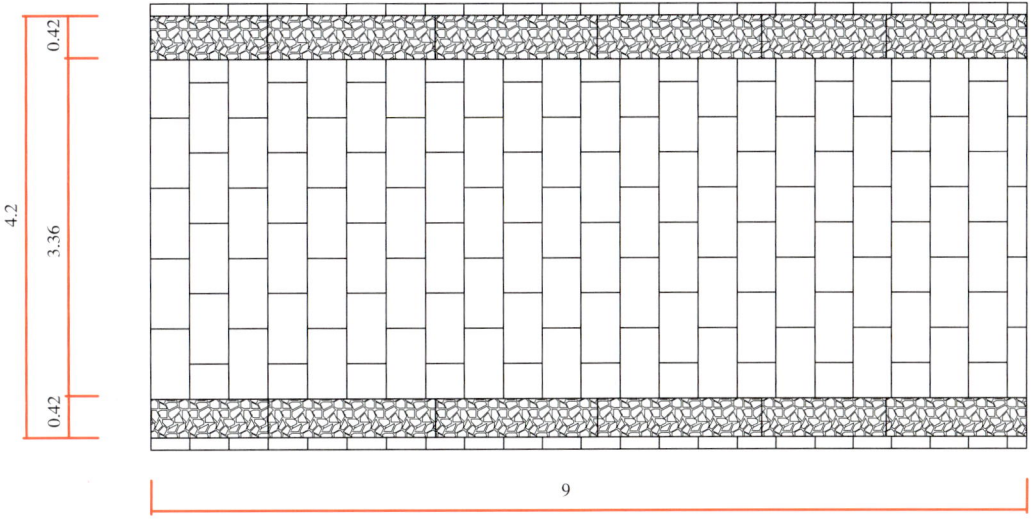

图四　万子桥桥面尺寸图（单位：m）

图五　万子桥3D效果图

图六　万子桥手绘效果图1

图七　万子桥手绘效果图2

图八　万子桥手绘效果图3

纳西族石拱桥·百岁坊桥

图一　百岁坊桥主图

百岁坊桥,又名仁寿桥,以纳西语音译为"激鲁瀑",即"在水一方"。该桥位于玉龙纳西族自治县大研镇玉泉中河百岁坊巷口。该桥始建于明代。相传,清代丽江年氏家族中的年世光历经乾隆、嘉庆、道光三朝,享年108岁。地方官员奉旨为其树立百岁牌坊,并在玉河上建一石桥,命名为仁寿桥。现牌坊无存,石桥仍在。明代,此桥为栗木板桥,清代改建为石拱桥。

百岁坊桥为单孔石拱桥,桥身长4.4米,宽4米,矢高2.2米,桥面平直,两侧安坐凳式厚石板矮墙护栏,一则方便行人休憩,二则确保桥面上行人的安全。桥身外拱券上方安有石雕龙首。同侧砌有石阶,方便居民在中河内取水、洗衣。

桥以老人长寿的故事取名,不仅寄寓了纳西人对健康长寿的向往,也反映了该民族强烈的尊老、爱老意识。从设计角度分析,桥面铺设平缓,适宜各年龄段的人行走。百岁坊桥的地理位置设置合理,紧邻大石桥,横跨中河,为人们提供了更便捷的交通。

图片来源

图一　李佳怡　摄影
图二至图八　王刚　制图
图九　左琳炫　制图

参考文献

陈云峰（摄），张俊（文）. 云南古桥建筑. 昆明：云南美术出版社，2008.

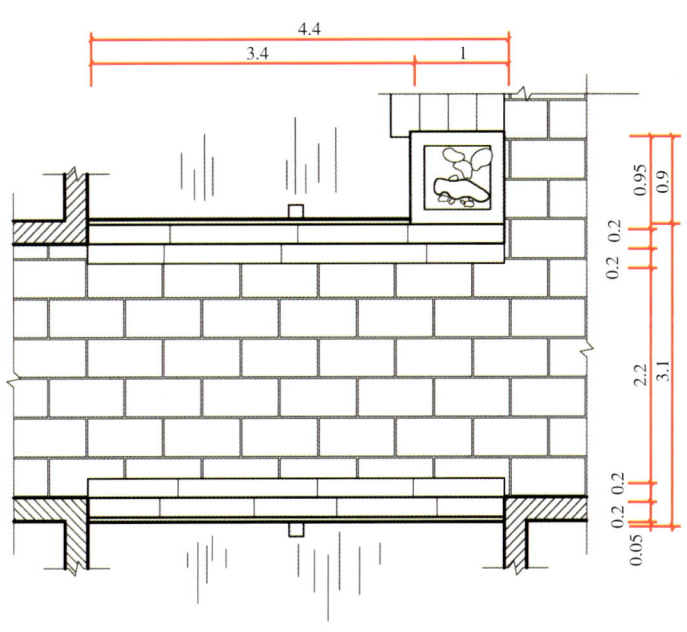

图二　百岁坊桥平面尺寸图（单位：m）

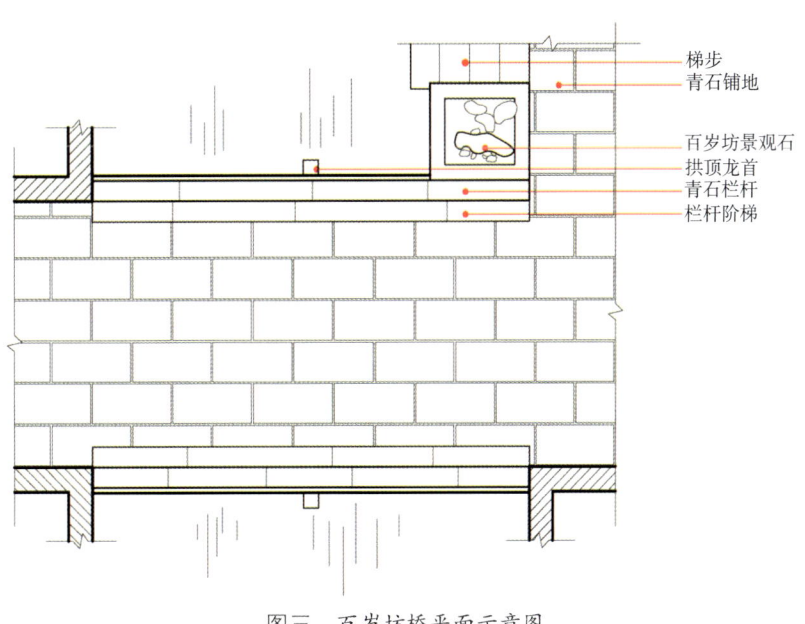

图三　百岁坊桥平面示意图

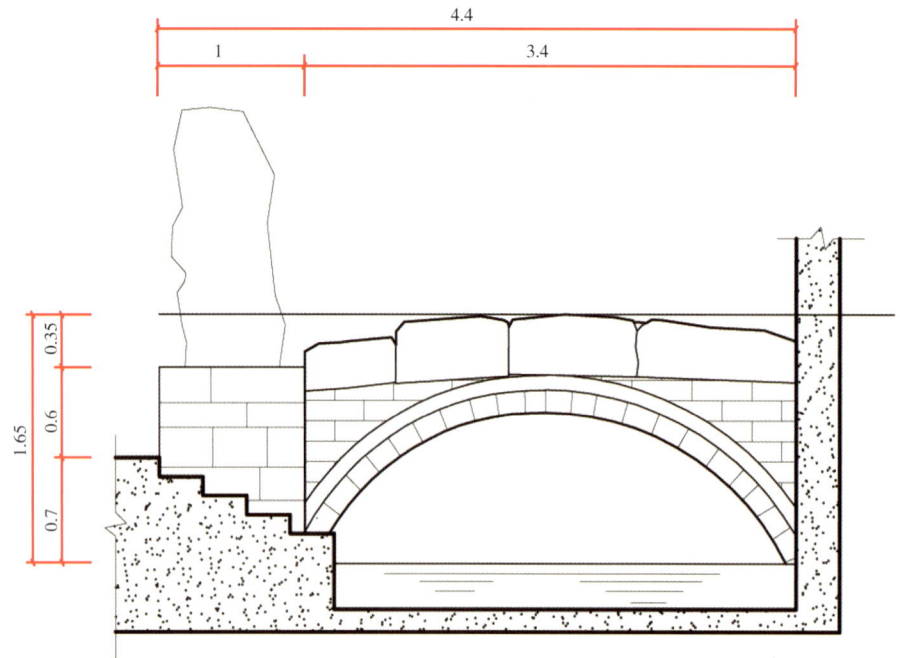

图四 百岁坊桥侧面尺寸图（单位：m）

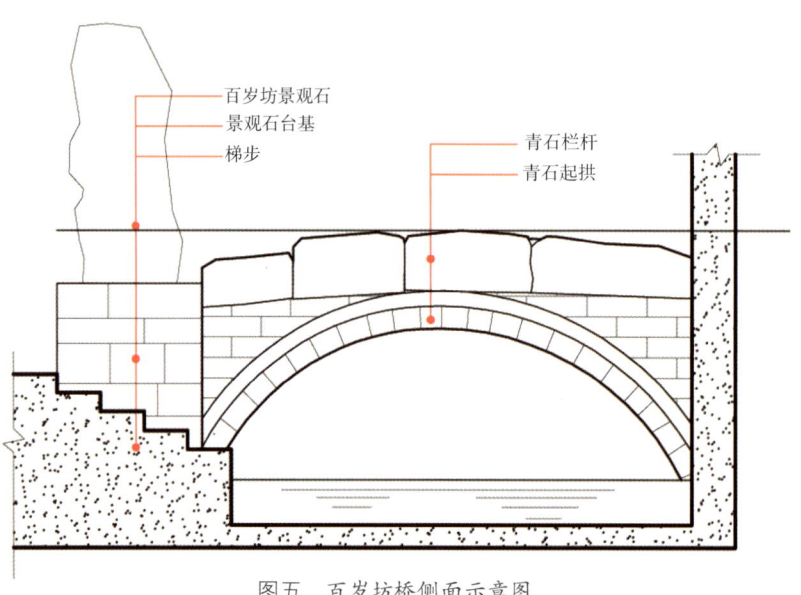

图五 百岁坊桥侧面示意图

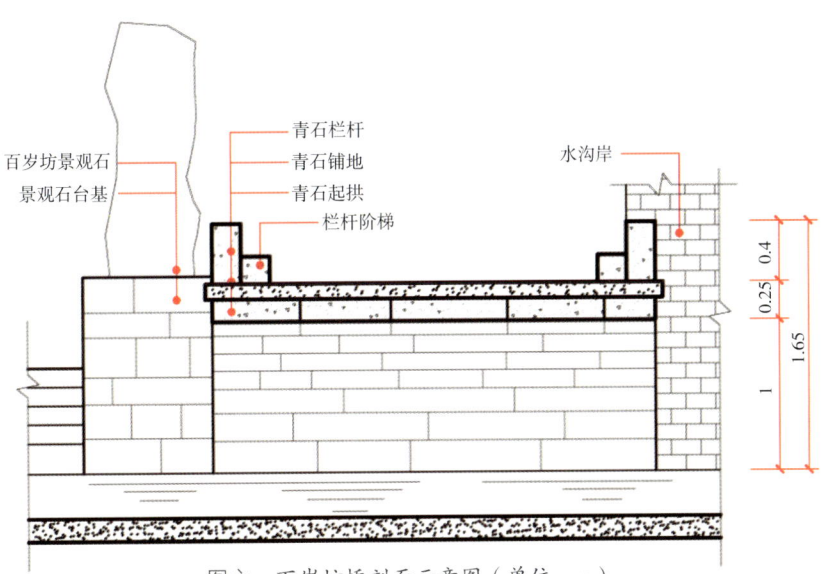

图六　百岁坊桥剖面示意图（单位：m）

图七　百岁坊桥3D效果图1

图八　百岁坊桥3D效果图2

图九　百岁坊桥手绘效果图

纳西族石拱桥·大石桥

图一 大石桥主图

大石桥，清代称大研桥，位于玉龙纳西族自治县大研镇四方街东侧的玉泉中河上，昔日因桥下能看到玉龙雪山的倒影，故又名映雪桥。因地处古城中心，密士巷、五一街与四方街交汇于此，旧时曾是麻布专卖地，所以也称卖麻布桥，纳西语为"培期笮"。大石桥负载了几百年古城的商旅往来、市井交流，为古城区内最大的石拱桥，故有"众桥之首"之称。

该桥由明代木氏土司修建，系双孔石拱桥。桥面及拱券皆用传统的五花石料并列铺砌，桥身高于地面，两端引桥加高，成为缓坡，与路面衔接，使桥面平缓，利于人畜通行。桥面两侧设有约半米高的石护栏，常有过往行人于此休憩。

桥梁特色：①防洪意识强。每逢雨季，古城的雨水汇集于中河，导致中河易发洪水。为防止洪水冲击，对桥梁本身及周围街区造成破坏，建造者在拱桥中桥墩两面分设分水墩，以防止洪水对桥墩造成过大的冲击。这体现出古代的纳西族工匠已经可以有意识地用设计来避免自然灾害带来的损失。②独特的桥市。作为贯穿古城东、西两大区域的重要通道，大石桥上常有农副产品出售，形成独特的桥市。

图片来源
图一　李佳怡　摄影
图二至图八、图十　王刚　制图
图九　何江妮　制图
图十一　张立源　制图
图十二　王刚　摄影

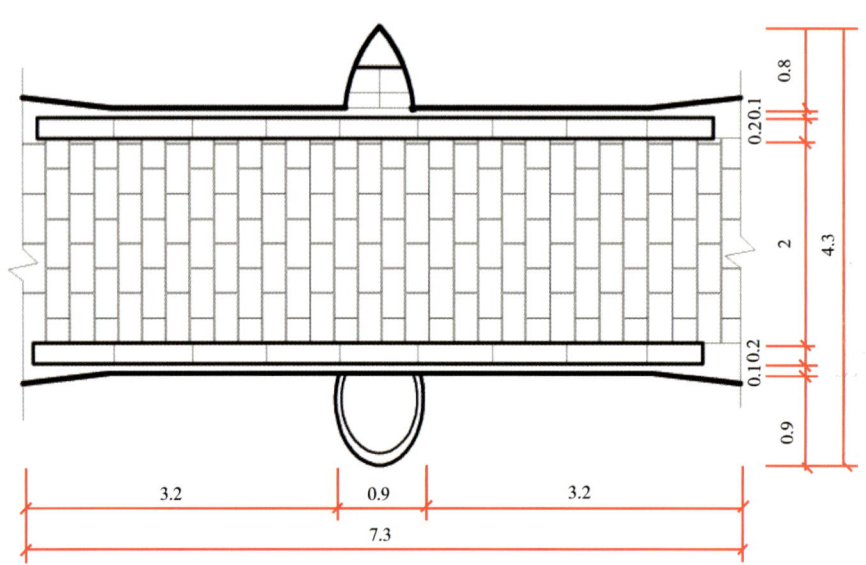

图二　大石桥平面尺寸图（单位：m）

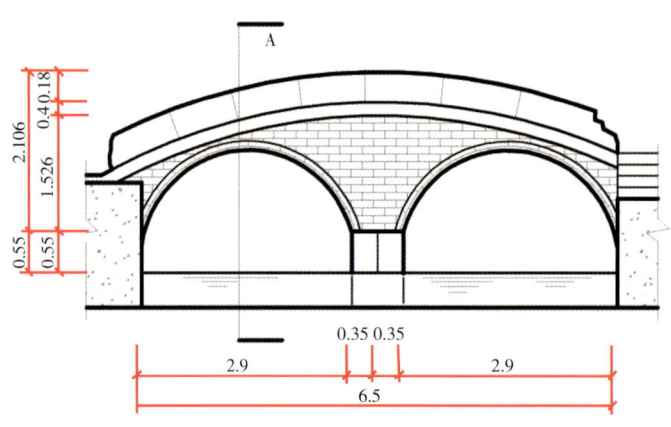

图三　大石桥侧面尺寸图（单位：m）

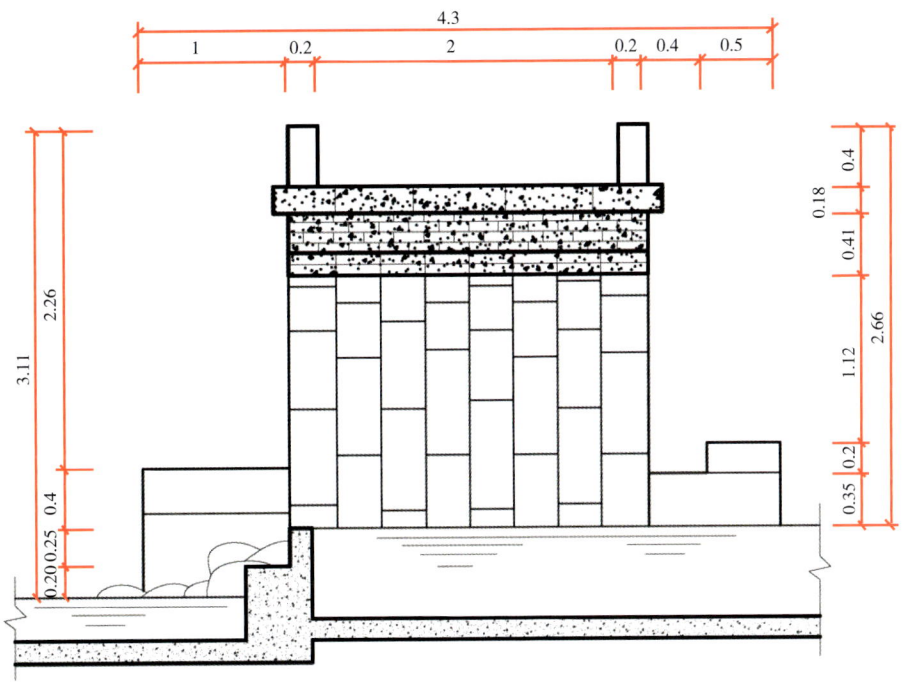

图四 大石桥剖面尺寸图（单位：m）

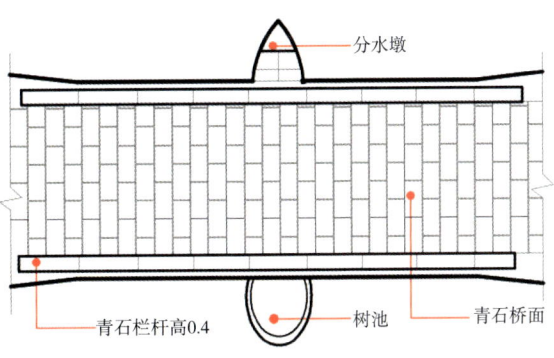

图五 大石桥平面图（单位：m）

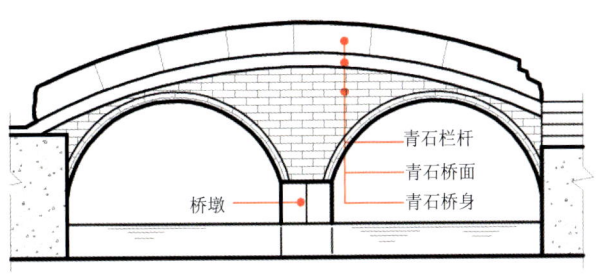

图六 大石桥立面图1

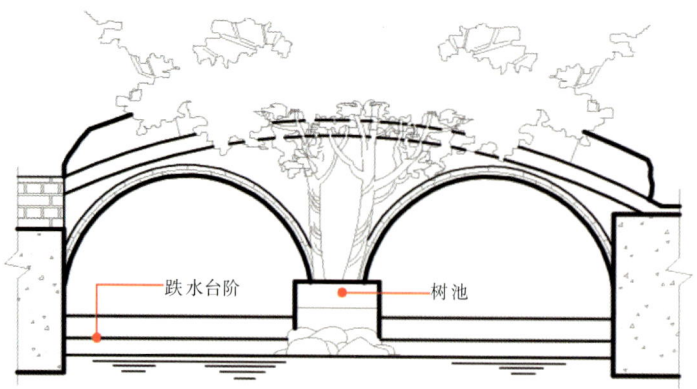

图七 大石桥立面图2

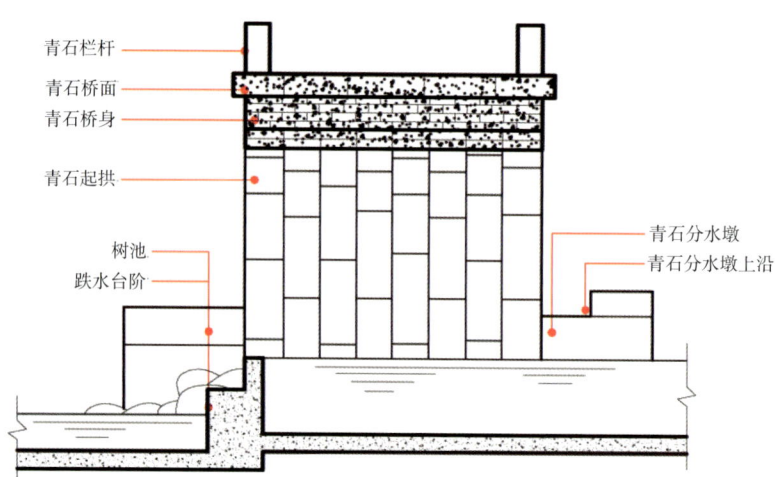

图八 大石桥剖面图

图九 大石桥手绘效果图

图十 大石桥3D效果图1

第一章 纳西族传统建筑

图十一　大石桥3D效果图2

图十二　大石桥夜景图

纳西族木雕支摘窗

图一 纳西族木雕支摘窗主图

支摘窗,由支窗与摘窗组成,又名"和合窗"。这种窗安装在檐柱间,一般分为上下两段,中间隔开,每组四扇。上两扇可由支杆支起,并可调节支起的角度,下两扇可摘下来。这种窗户的优点是可自由组合,支起时可以通风,摘下后可以保温。云南地区的支摘窗一般是支窗大于摘窗。本案例采集自云南丽江大研古镇纳西族重点保护民居李家大院,为明末清初所造的支窗长于摘窗的形式,已有300多年历史。

该支窗高112厘米,宽118厘米,厚5厘米,支窗的底部边框与摘窗的顶部边框宽度同为6厘米,其余各边框宽度均为8厘米。该支窗选用了具有吉祥寓意的镂空梅花格纹,以双交四椀的形式呈现出来,并用阴阳刻双施的工艺突显主体纹饰的灵动，支窗的背面斜钉有数根粗细约1.5厘米的木条，以加固窗体。摘窗为镂空的万字纹，对于南方夏季闷热的气候而言，大面积的镂空形式更利于室内通风、采光。

支摘窗设计的巧妙之处是其本身构建形式的灵活性。实体的墙面与雕花的窗户对比，虚实相生，消除了墙体所带来的封堵感，并营造出多层空间的视觉感受。支摘窗属于庭院建筑附件，它的应用表明明清时期的人们对居住环境已有较高的审美要求，并设法通过设计来改变建筑环境中的不利因素，使之既有维护隐私的功能，又有良好的透气、采光的功能。

图片来源
图一　石永欣、李佳怡　摄影
图二至图七　张琼　制图

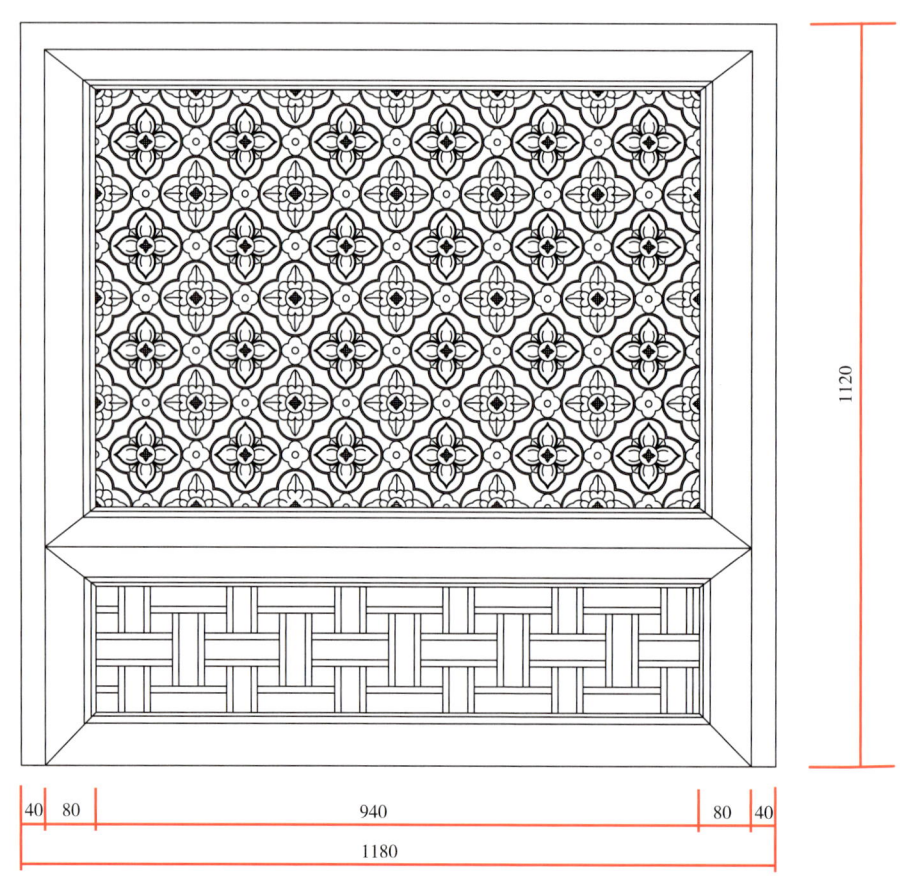

图二　纳西族木雕支摘窗正立面尺寸图（单位：mm）

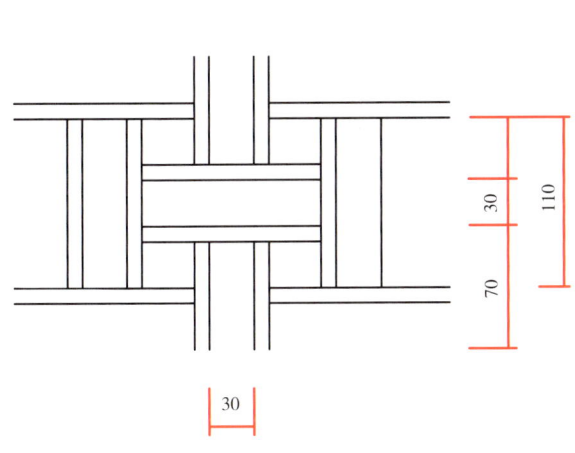

图三 纳西族木雕支摘窗局部尺寸图（单位：mm）

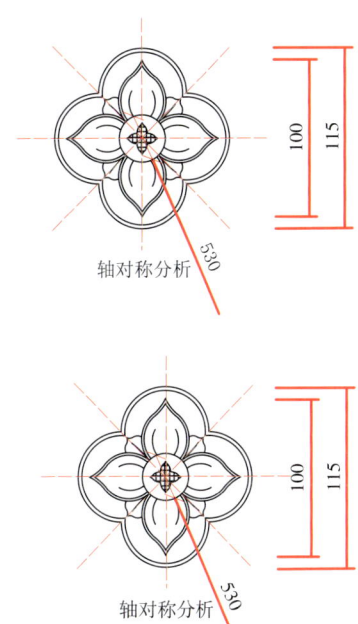

图五 纳西族木雕支摘窗局部轴对称分析图（单位：mm）

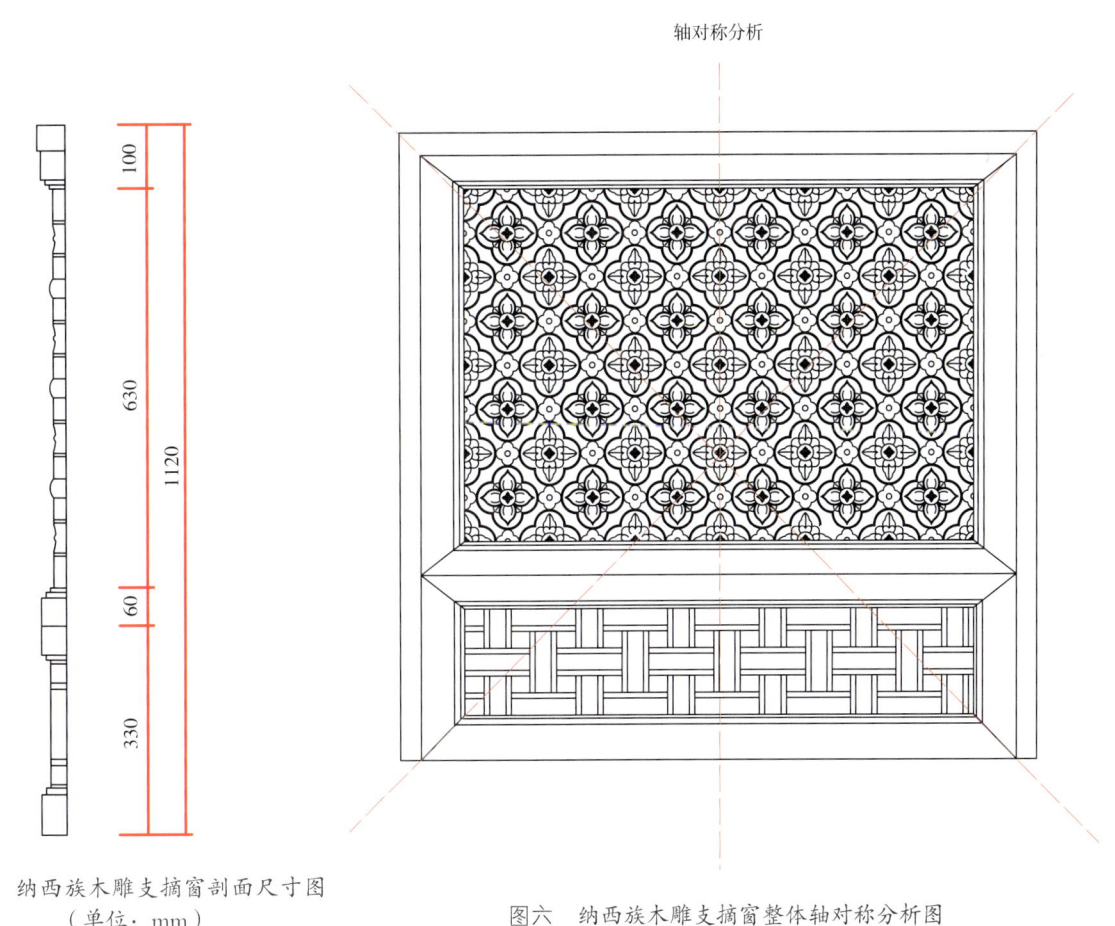

图四 纳西族木雕支摘窗剖面尺寸图
（单位：mm）

图六 纳西族木雕支摘窗整体轴对称分析图

图七　纳西族木雕支摘窗操作示意图

纳西族瓦猫

图一　纳西族瓦猫主图

瓦猫，也称"镇脊虎""降脊虎"，立于民宅正脊，迎向辟邪方位，是一种以虎为原型，融宗教文化、建筑装饰和民间艺术为一体的传统陶制工艺品，因其形象颇似蹲于屋脊上的家猫而得名。其原型则是能食鬼的老虎，古代有"神荼郁垒执鬼以饲虎"的传说，而纳西族人自古也有尚虎的习俗。

瓦猫的制作材料是瓦泥，有上釉和无釉之别，大多就地取材，烧制方法简单。从造型上看，丽江地区的瓦猫嘴巴非常大，舌头向外伸出，上颚极其大，下颚显得很小，尾巴直立上翘，身上有鳞纹，四肢粗壮有节，嘴里有几颗尖利的牙齿，眼睛圆睁且外鼓，耳朵竖立，怒目而视，神气十足。它雄伟地立在屋檐正脊之上，显得庄严肃穆。瓦猫一般是尾向院内，头朝外，屁股朝里。它张口吞"财"，而拉"屎"（"财"）向内，从而"财"不外流而越积越多。因此，瓦猫的嘴形做得极为夸张，这是为了表现瓦猫能够聚财纳祥，寓意大吃妖魔鬼怪、大口吃四方之财；将瓦猫的肚子做成空心，寓意空能容物、聚财；屁股通洞，表示有进有出从而将财气聚到自己家里。瓦猫纳福招财的寓意，反映出纳西族人对美好生活的憧憬。

夸张怪诞的瓦猫造型具有强烈的视觉冲击力，表达了纳西族迎祥纳福的文化诉求。这些用于镇宅的瓦猫，与半圆形瓦连接在一起，成为纳西族民居屋顶装饰的一部分。

图片来源
图一　石永欣、李佳怡　摄影
图二至图五　张琼　制图
图六　石永欣　制图

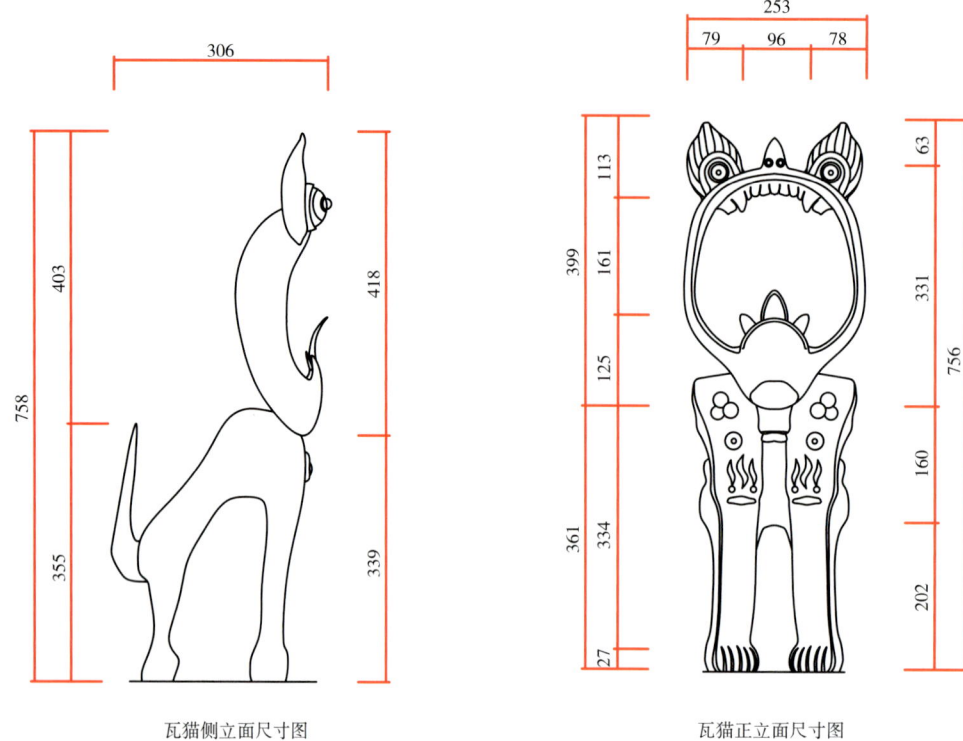

图二 纳西族瓦猫尺寸图（单位：mm）

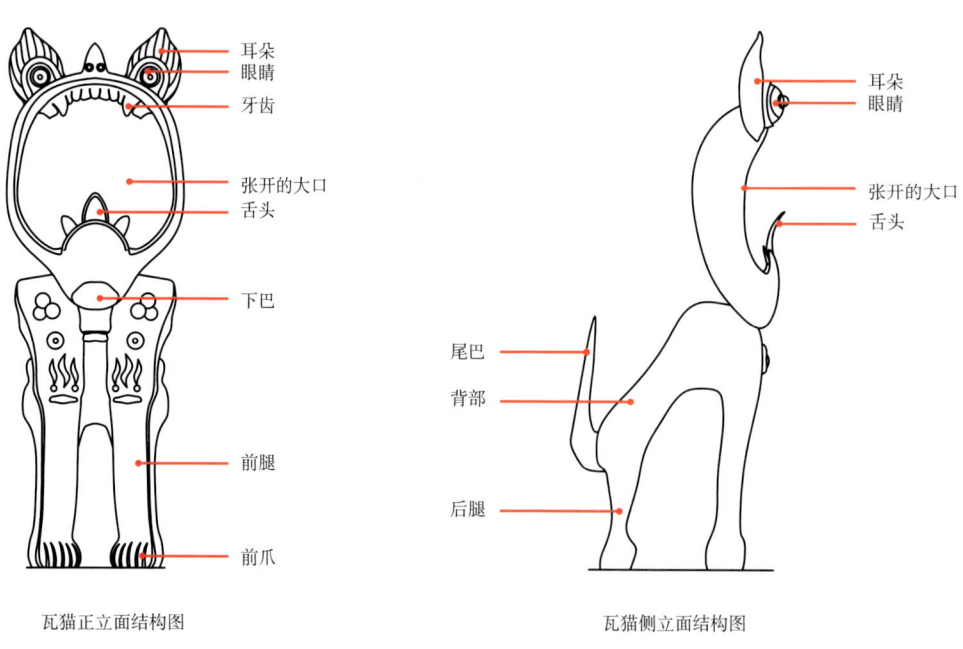

图三 纳西族瓦猫结构示意图

图四　纳西族瓦猫正立面3D效果图　　　　　　　　图五　纳西族瓦猫背立面3D效果图

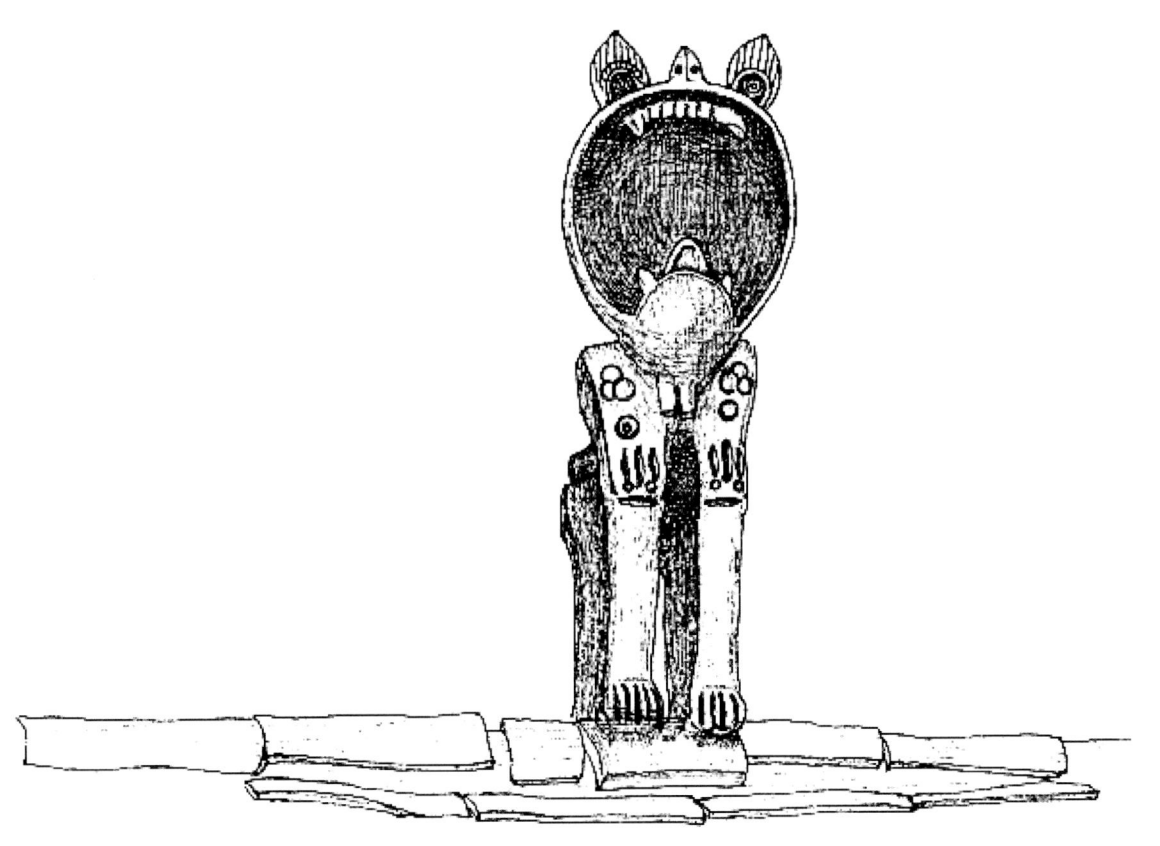

图六　纳西族瓦猫手绘效果图

第一章　纳西族传统建筑

纳西族悬鱼

图一　纳西族悬鱼主图

悬鱼，又称垂鱼，是位于纳西族建筑两端的博风板下、垂于正脊的一种建筑装饰构件，主要应用于悬山顶和歇山顶建筑屋檐的下部、山墙的上部。宋代李诫所著《营造法式》中曾对悬鱼尺度有以下规定："垂鱼版：每长一尺，则广六寸，厚二分五厘。"纳西族当地居民将悬鱼称为"鱼纹板"。因为最初为鱼形，并从山面顶端悬垂，所以称为悬鱼。

悬鱼采用木料雕刻而成，基本形式为直线和弧线，略施雕饰，轮廓分明。因墙体上部基本上呈幽暗黑深色，故悬鱼显得格外醒目，明暗对比十分强烈。纳西族悬鱼与墙壁对比而产生的深度感，使其显得灵动而深邃，在国内各民族民居悬鱼装饰中独具一格、别具风味，同时也成为分辨纳西族民居与邻近的白族民居、藏族民居的符号标志。木材是丽江纳西族建筑的主要材料，丽江夏季多雨，为了使山墙部分的木结构不受雨水侵蚀，减缓木材的腐朽，当地人多在屋顶两端的山面上使用比较宽大的博风板作隔离保护，而悬鱼钉在博风板的两部分中间的连接处，既可以加固博风板又起到保护山墙部分的木结构的作用。

悬鱼作为一种符号，有配偶、合欢、生殖和繁衍的寓意，在民间是人们祈福纳祥的象征之一。纳西族传统民居上的悬鱼装饰，就是以鱼作为象征，既有吉庆有余的寄托，也蕴含着种族繁衍、生殖崇拜的观念，其设计彰显了丰富的人文内涵和鲜明的特色。

图片来源

图一　石永欣、李佳怡　摄影
图二至图六　张琼　制图

参考文献

刘淑婷.中国传统建筑悬鱼装饰艺术.北京:机械工业出版社，2007.
王其钧.中国传统建筑屋顶.北京:中国电力出版社，2009.

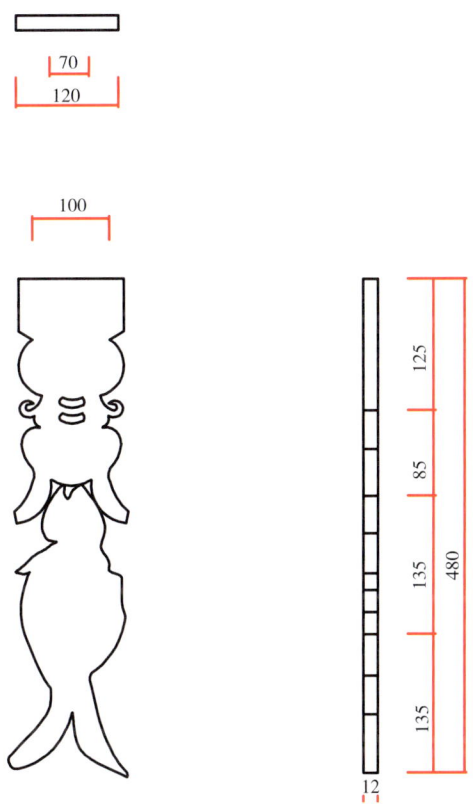

图二　纳西族悬鱼尺寸图（单位：mm）

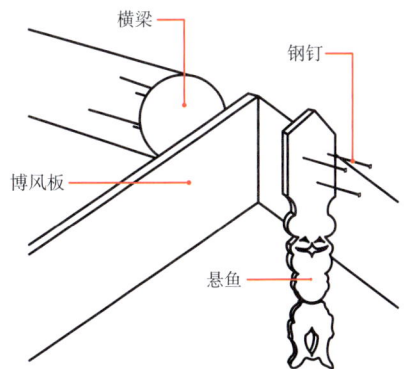

图三　纳西族悬鱼桥穿插结构示意图

图四　纳西族悬鱼 3D效果图

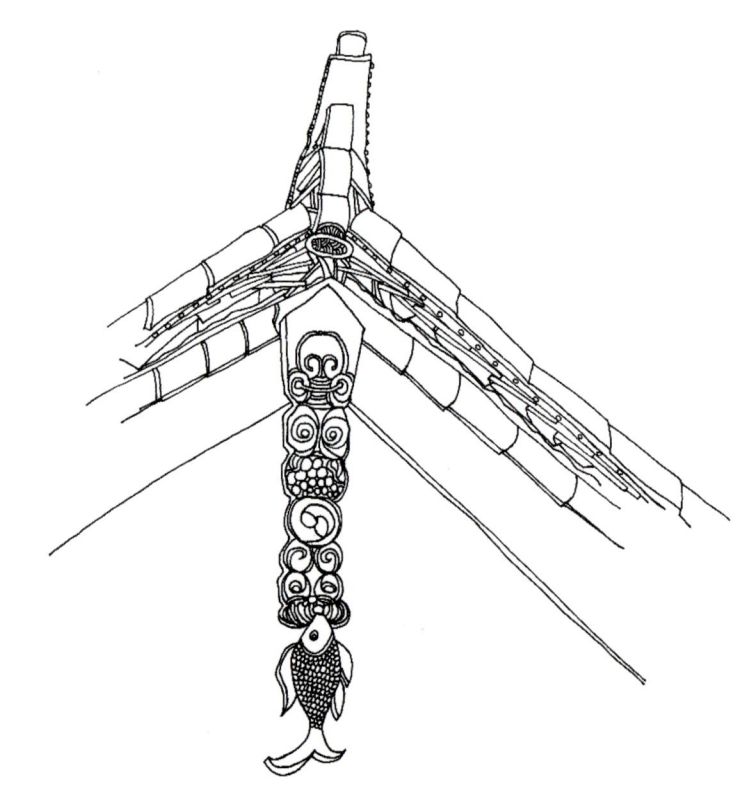

图五　纳西族悬鱼手绘效果图1

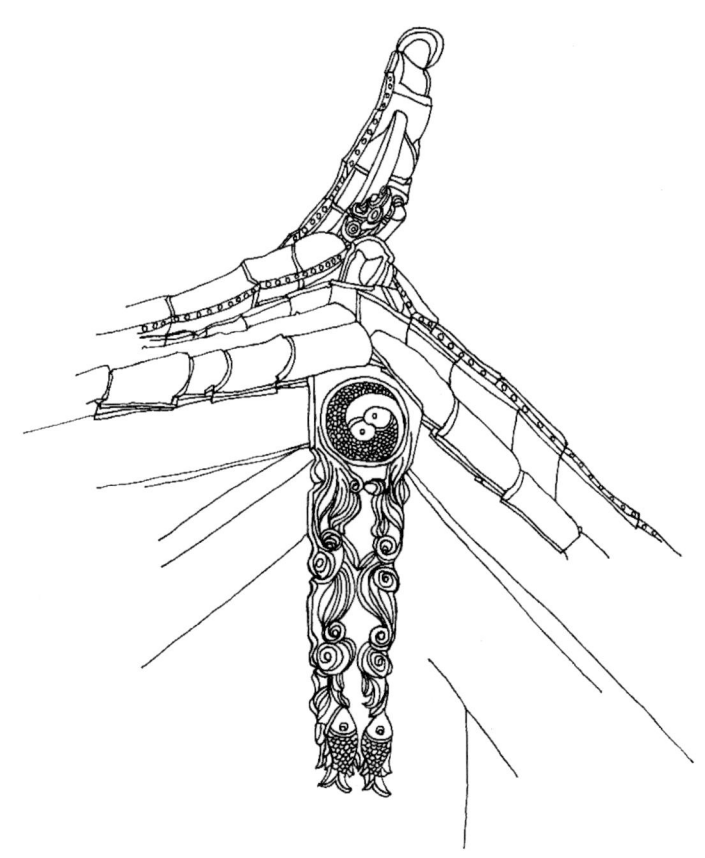

图六 纳西族悬鱼手绘效果图2

纳西族柱础

图一　纳西族柱础主图

柱础，是中国传统木构架体系中独具特色的建筑构件之一，具体是指建筑物木柱脚下垫的石墩。据宋《营造法式》第三卷所载："柱础，其名有六，一曰础，二曰礩，三曰舄，四曰踬，五曰碱，六曰磉，今谓之石碇。"其主要功用：使木柱体与地面隔离；防止木柱柱脚受潮腐蚀；承载与传递立柱上部的负荷；减弱地震对上部构架体系的破坏。本案例采集自丽江市束河古镇茶马古道博物馆。

丽江地区雨季多雨潮湿，为使其坚固耐用，并阻断湿气对柱体的腐蚀，柱础大多采用石料。该案例为覆盆底式鼓形柱础。柱础分础顶、础肚、础腰和础脚四个部分。础顶承担柱础与柱子之间的承接作用。础肚是整个柱础造型最为丰富的位置，本案例础肚上雕刻有莲花双龙纹。础腰是础肚之下向内收缩之处，其作用是突出础肚，故此处甚少装饰。础脚为柱础的最下部位，比上部略宽，以此增大柱础的承压面，将荷载均匀地扩散到地面，该做法符合增大承压面从而减小压强的科学原理。

柱础从最初仅满足建筑本身的实用功能，逐渐演化成集技术与艺术为一体的特殊建筑构件，为纳西族民居增添了艺术气息，也成为房主展现其尊贵地位的地方。

图片来源

图一　李佳怡　摄影

图二、图四　王刚　制图

图三、图五、图六　高云曦　制图

参考文献

高端阳. 丽江纳西族民居的演变与更新研究. 昆明：昆明理工大学，2011.

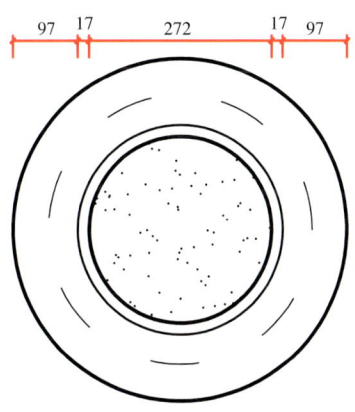

柱础剖面尺寸图

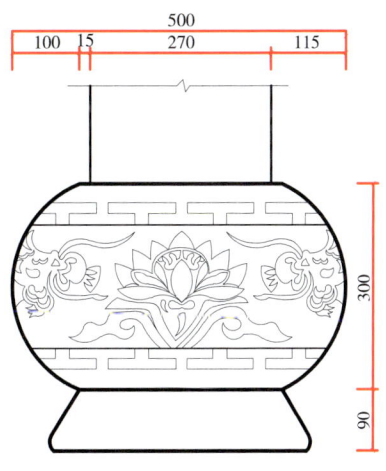

柱础立面尺寸图

图二　纳西族柱础尺寸图（单位：mm）

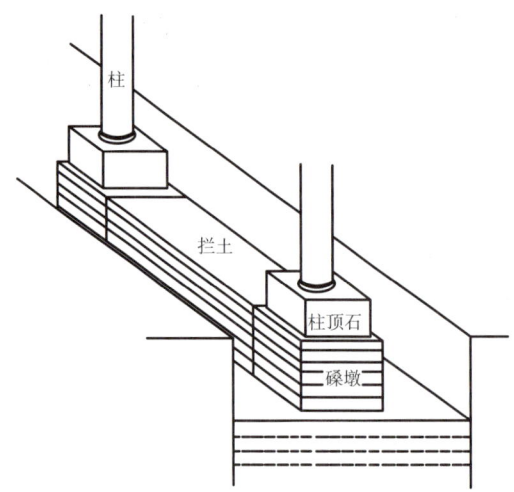

图三　纳西族柱础地基构造示意图

图四　纳西族柱础榫卯关系示意图

图五 纳西族柱础 3D效果图

图六 纳西族柱础手绘效果图

纳西族四蝠拜寿

图一　纳西族四蝠拜寿主图

纳西族人往往在活动频繁的院落里用鹅卵石、红色角砾岩和碎瓦片等材料铺成各式图案，既可以防滑防水，也可以美化地面。本案例为四蝠拜寿图样，采集自丽江大研古镇五一街文治巷的方国瑜故居。

四蝠拜寿是纳西族最典型的铺地图案之一，寿字用小篆写成圆形，其四角排列着四只展翅的蝙蝠，周围则用回纹铺成连续的图形，蝙蝠、寿字、回纹是用常见的铺地材料——瓦片铺砌而成，其余空隙处用大小不一的卵石填充。图案的寓意：蝙蝠，"蝠"与"福"谐音，被看作福的象征，四蝠拜寿体现了纳西族民间对福寿之向往。这种庭院铺装不仅具有装饰作用，还有保护环境、改善微气候的功能。丽江地区夏季多雨，地面容易积水，普通的砖石不利于透水、排水，而卵石与碎瓦的结合正好适应了丽江的气候，卵石、瓦片与地面形成自然的缝隙，使雨水能从小缝隙很快渗入地下，地面不留多余积水，人在上面走也不易滑倒。春夏时节，苔藓和小草从缝隙中发芽，为庭院增添了一份生机和绿意。

这种传统民居铺地采用卵石这种天然优质的材料，因地制宜，取材方便，且基本不用加工。它的密度高，坚硬耐腐，耐水性和耐磨性强，不易风化。

图片来源
图一　石永欣、李佳怡　摄影
图二至图四　张琼　制图

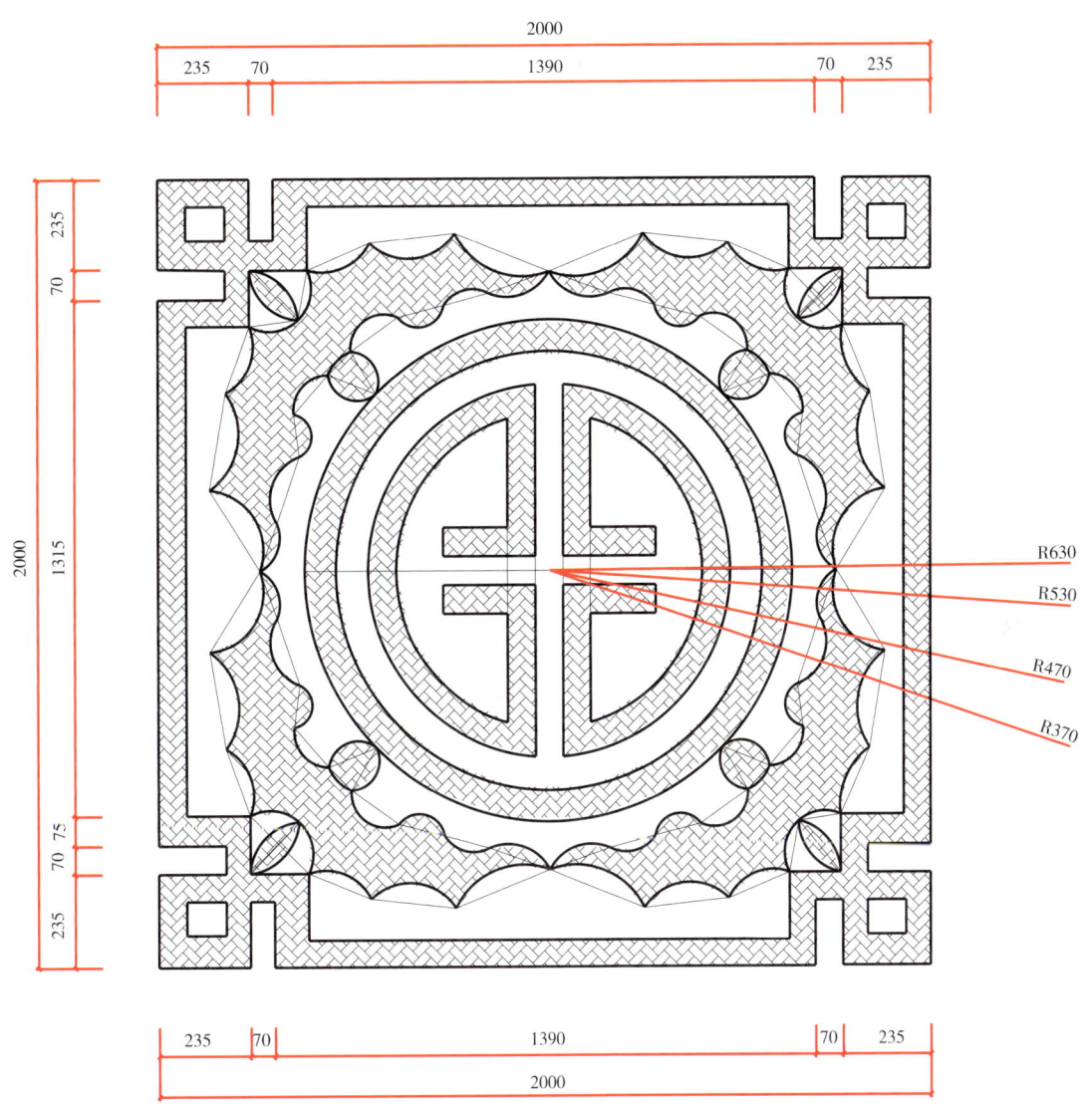

图二　纳西族四蝠拜寿尺寸图（单位：mm）

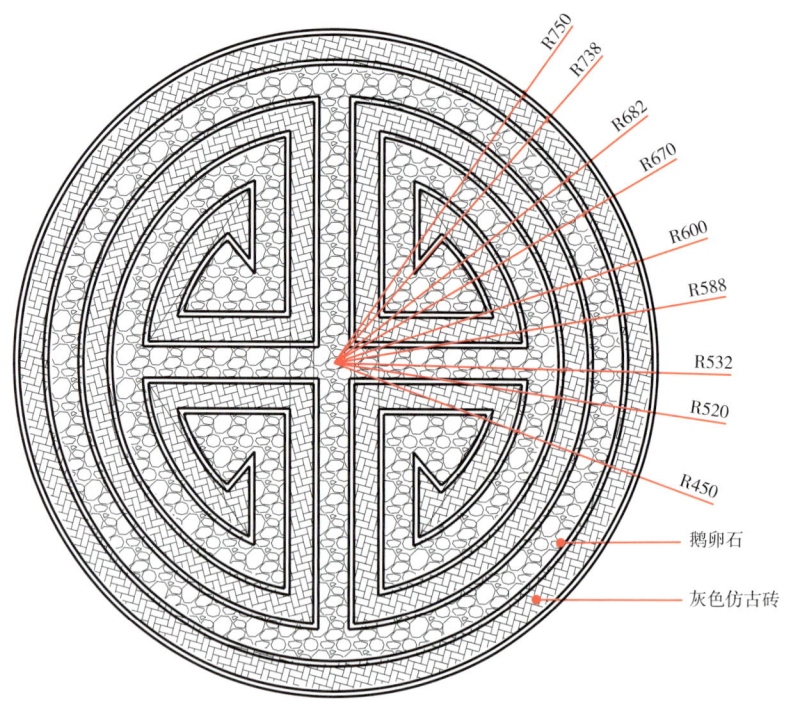

图三　纳西族四蝠拜寿局部尺寸图（单位：mm）

图四　纳西族四蝠拜寿手绘效果图

纳西族撑拱

图一　纳西族撑拱主图

撑拱是在檐柱外侧用以支撑挑檐檩或挑檐枋的斜撑构件，其上部是由柱子伸出的挑枋，以承托挑檐檩或挑檐枋。撑拱主要起支撑作用，将檐与檩的部分重力传到檐柱上，使其更加稳固。云南丽江纳西族民居以木构架为主，采用木构架为骨架的构造方式。木材轻韧，便于雕琢，民居中大、小木作制作考究，细部雕刻精美，丽而不俗。由于撑拱处于檐廊梁架的显眼位置，因而要作为装饰的重点。该案例采集自丽江市大研古镇新华街李家大院。本案例横向尺寸为60厘米，纵向尺寸为66厘米。

本案例位于门楼面向一进院天井的房檐下方，在院落中位置极为重要，因此也得到建造者精工雕琢。撑拱由两个龙首组成，中间衔接如意纹，选材考究，既要质地细密，又要结实，一般用当地特产的杉木和柏木。本案例为双面雕刻的撑拱，雕刻手法有圆雕、浮雕、透雕等，表面涂有漆料，使其形象更生动，富有层次感且能防腐防蛀。

撑拱的雕饰由世代民间手工艺者的创作经验凝结而成，它提升了建筑物的精巧程度，同时也极大地提升了纳西族传统民居建筑艺术的表现力和感染力。

图片来源
图一　舒闻洋　摄影
图二至图五　舒闻洋　制图

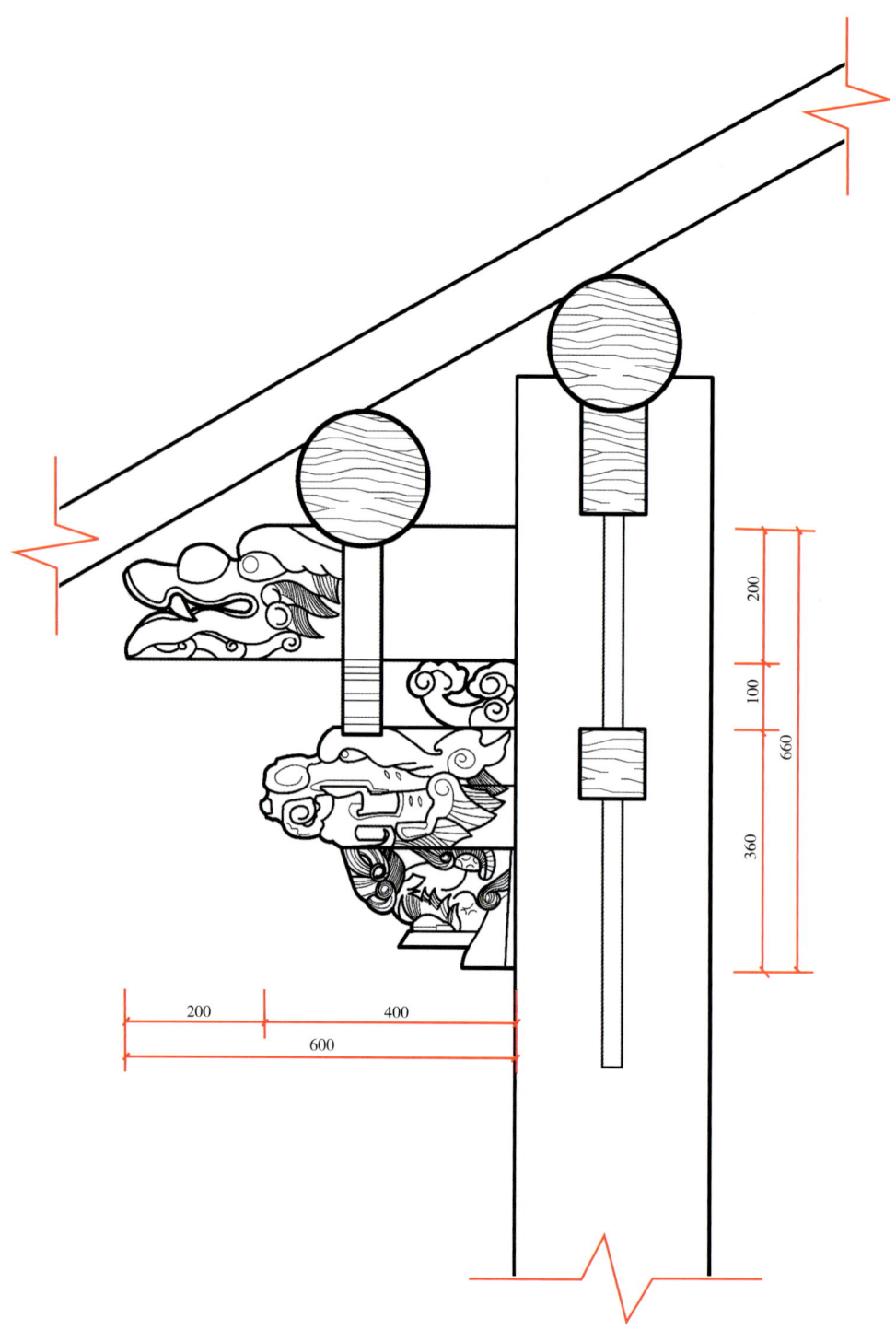

图二　纳西族撑拱尺寸图（单位：mm）

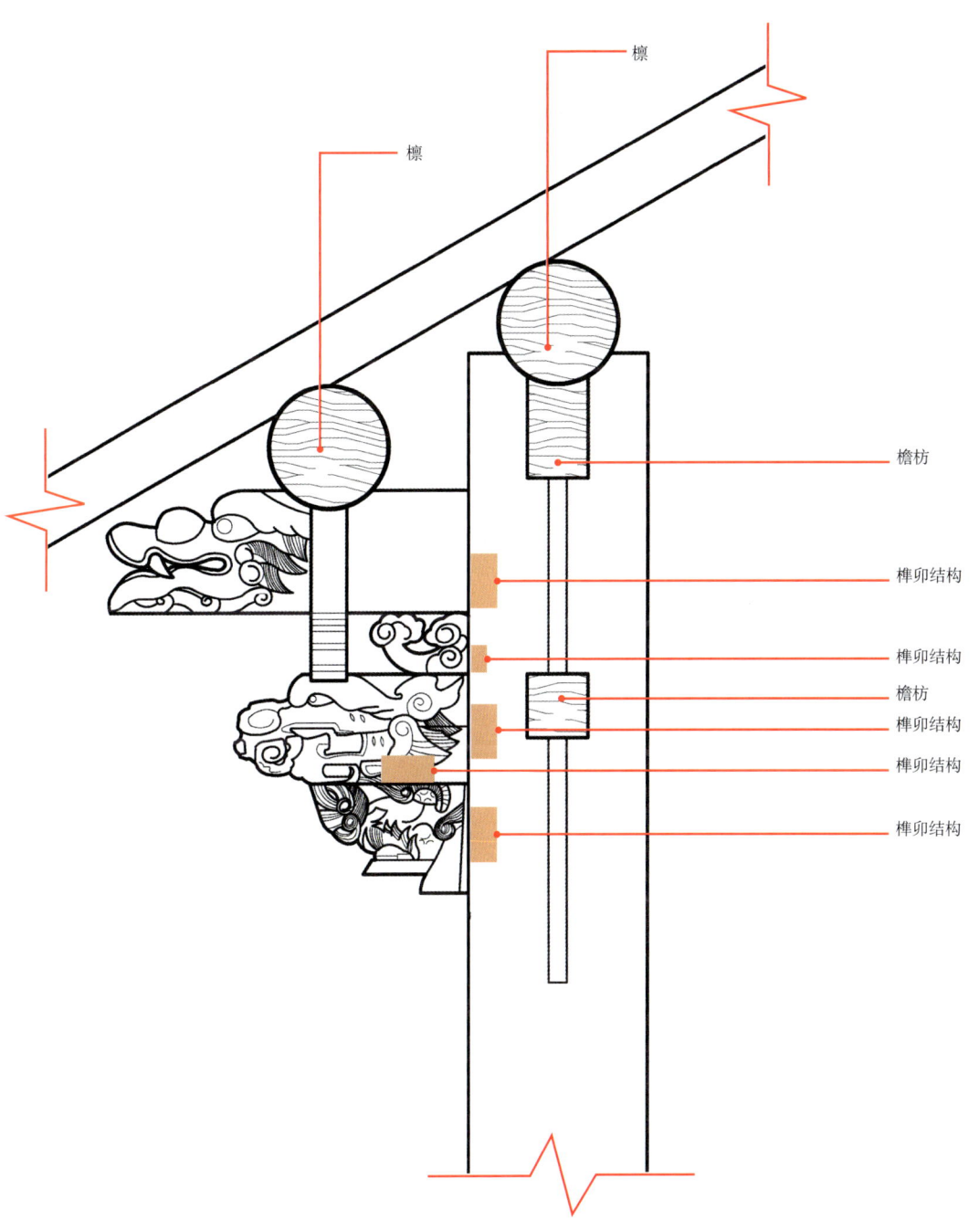

图三 纳西族撑拱榫卯结构示意图

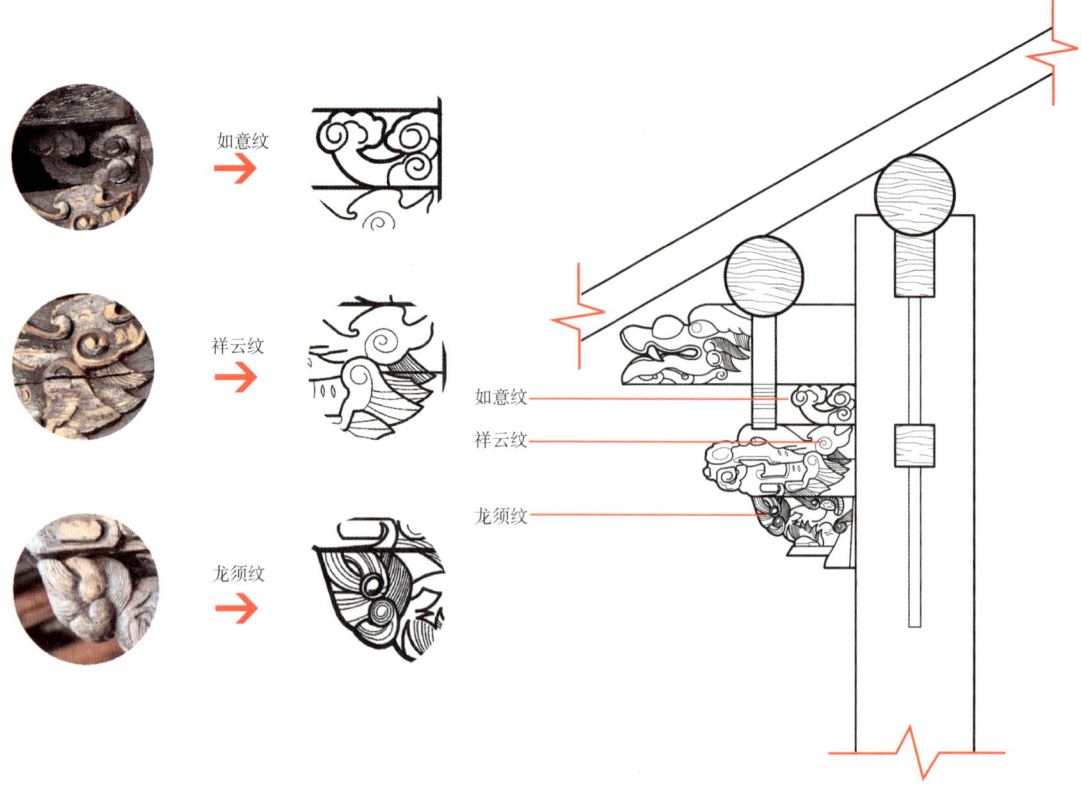

图四 纳西族撑拱纹样图

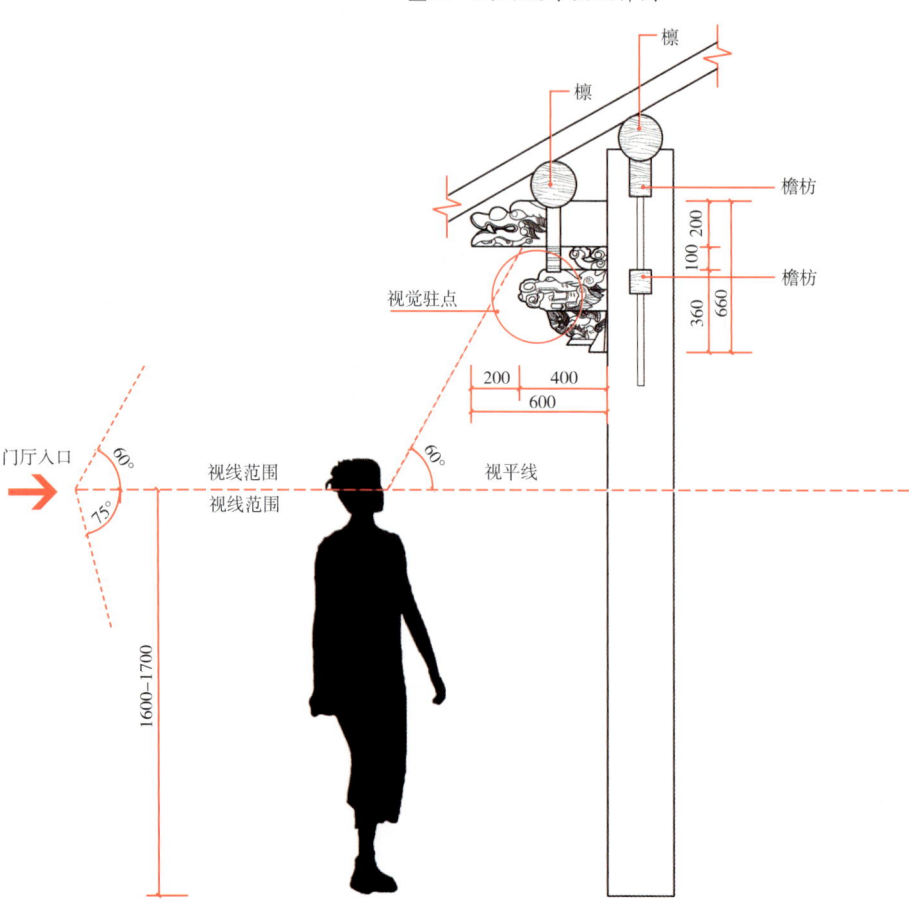

图五 纳西族撑拱效果示意图

纳西族雀替

图一　纳西族雀替主图

雀替又称"角替""替木""撑拱"，是一种传统的中国建筑构件，位于建筑中纵横木构件的交接处。其作用：一是缩短梁枋的净跨度从而增强梁枋的荷载力，二是防止梁柱发生倾斜，加固梁柱的结合。雀替的使用让建筑更加稳固。雀替的种类较多，按形制大致可分为大雀替、小雀替、龙门雀替、通雀替、骑马雀替和花牙子。本案例采集自丽江市大研古镇新华街李家大院，为花牙子雀替，也称镂空雀替，其长宽均为40厘米。

花牙子即有雕饰的牙子，亦可简称花牙。花牙子是具有雀替外形的一种纯装饰性构件，多雕刻成镂空状的穿透花纹。其力学上的使用价值并不大，但因其形制多样、千变万化，所以具有良好的观赏性。花牙子的图案多为几何纹或花草，精巧别致。本案例位于该院正房檐柱与檐枋之间，其上雕刻有镂空菊花纹。

装饰精美的雀替成为纳西族民居中不可缺少的重要组成部分，极大地丰富了纳西族民居传统建筑装饰的形式和内容，是房屋主人财富和地位的象征。

图片来源
图一　李佳怡　摄影
图二至图五　舒闻洋　制图

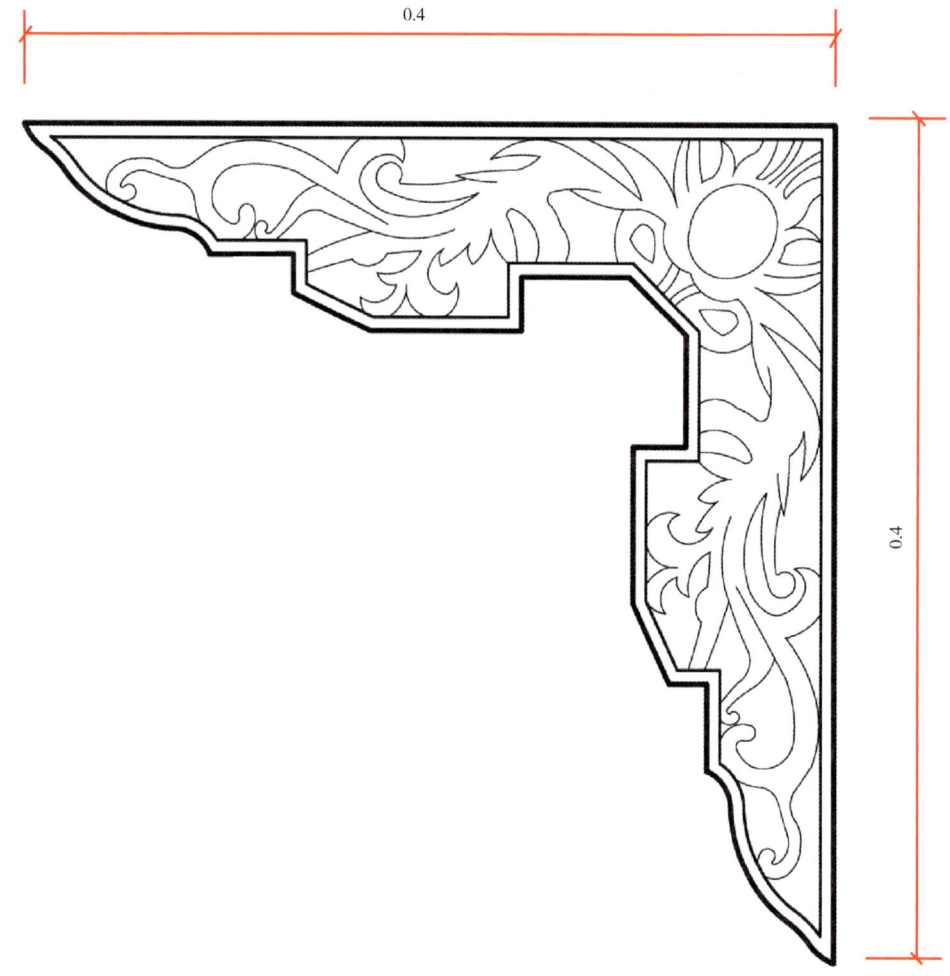

图二　纳西族雀替尺寸图（单位：m）

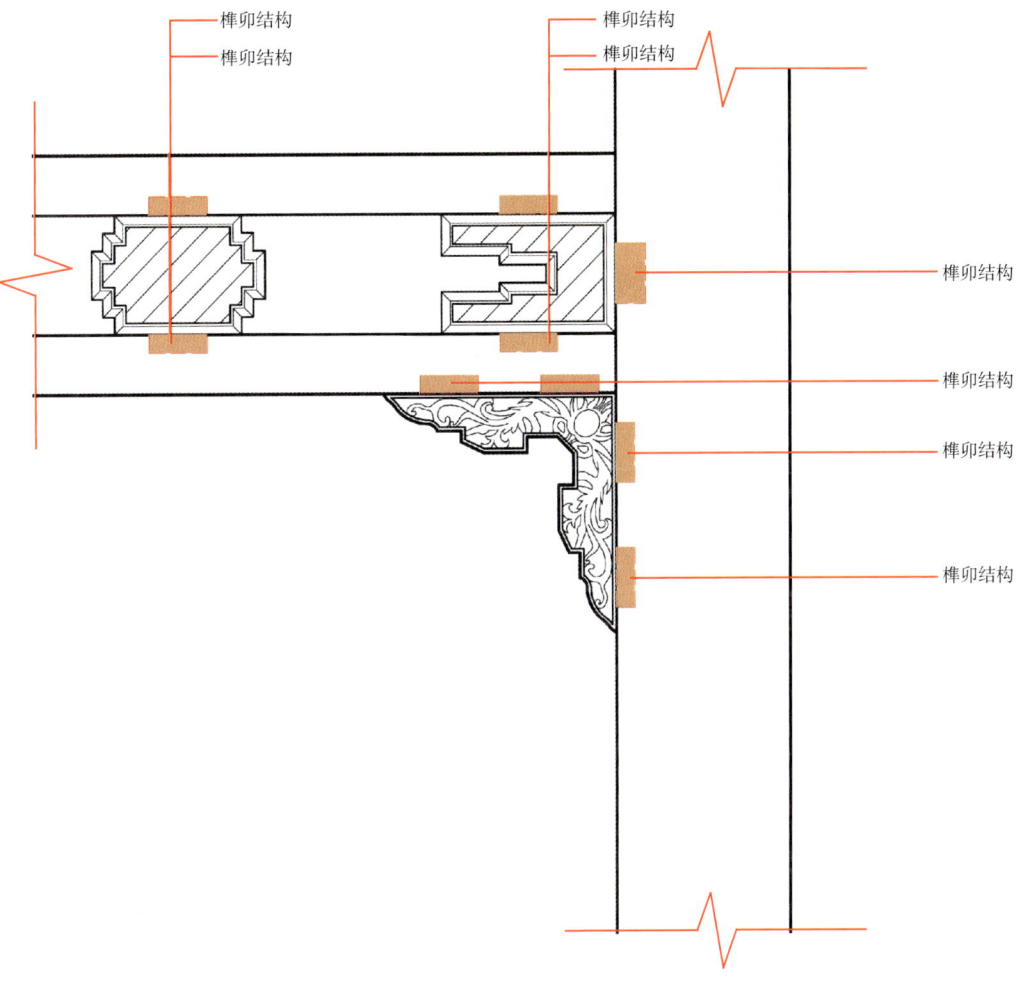

图三　纳西族雀替榫卯结构示意图

图四　纳西族雀替纹样图

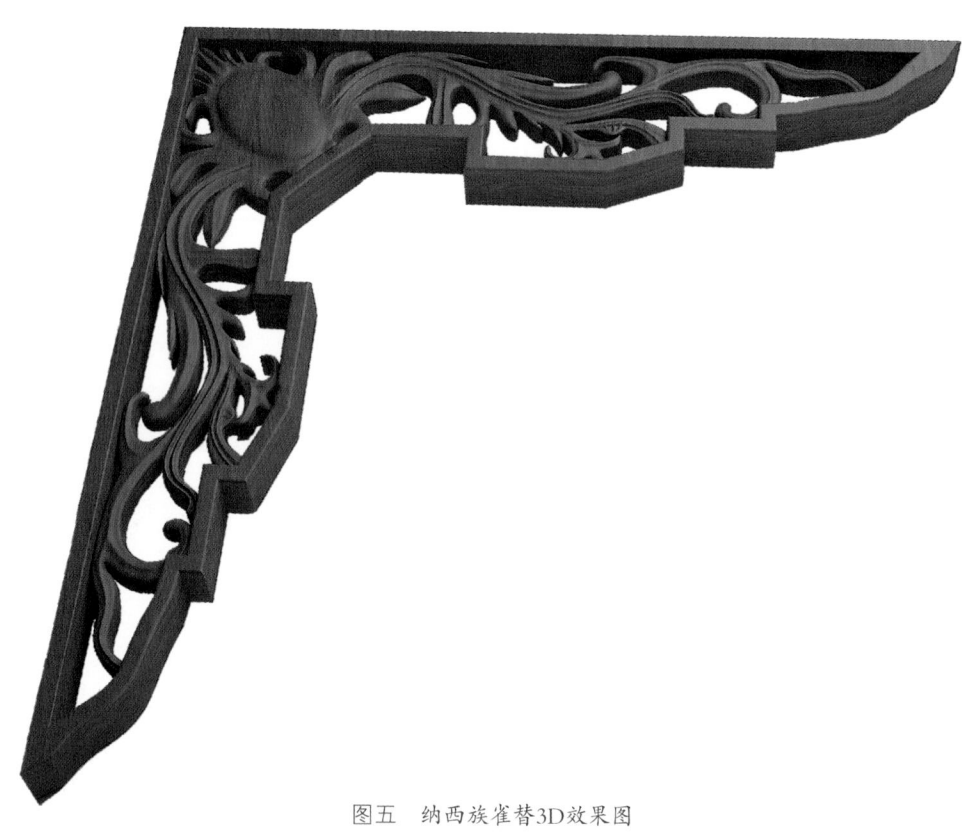

图五　纳西族雀替3D效果图

纳西族厦子铺地

图一　纳西族厦子铺地主图

厦子，即屋檐向外延伸的部分，起到走廊和阳台的作用。厦子是丽江纳西族民居中重要的组成部分，民居中的每一间房屋都有向庭院敞开的厦子，其铺装材料多为大方砖、六角砖、八角砖等砖石，并与卵石和瓦碴间隔组砌，形成一个有韵律感的地面空间。本案例采集自丽江大研古镇编织院。

该案例为长方形厦子铺地，因厦子区域普遍为长方形，故铺地图案不强调对称性和向心性，也不做具有象征性的图案，避免与天井铺地的图案重复，使人产生视觉疲劳。厦子铺地通常采用有一定规律的几何图案。丽江地区气候宜人，纳西族人喜欢在厦子里吃饭、休憩、会客等。厦子自然成为室内向外的一个空间延伸，承担着主要的交通功能，特别是在丽江的雨季，居住者可由厦子空间自由穿行于各坊之间，十分便捷。

编织院的厦子铺地是由面积较大的方砖和面积较小的卵石按规律混搭在一起的，铺设方砖是为了保证行走者脚下的舒适感；卵石的应用是为了增大地面的摩擦力，其优点还在于取材方便，且基本不需要加工，密度高，坚硬，耐腐，透水性和耐磨性佳，在雨天也能够起到一定防滑作用。

图片来源

图一　李佳怡　摄影
图二至图五　舒闻洋　制图
图六、图七　江显豪　制图

参考文献

高端阳.丽江纳西族民居的演变与更新研究.昆明：昆明理工大学，2011.

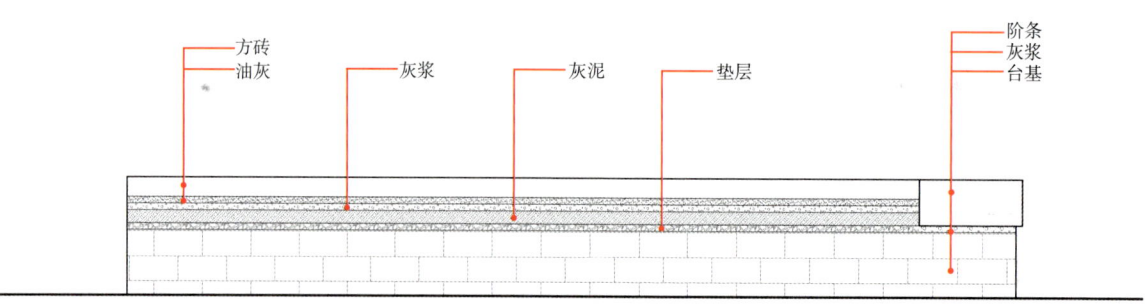

注：垫层为素土垫层，厚度根据需要而定；撒渣一般为碾细砖面；抹灰泥时应抹"鸡窝泥"；灰浆为在生石灰上反复均匀泼洒清水，直至生石灰成粉状后过筛；油灰为灰浆中加入桐油，于细墁地面时防水用，抹于砖棱处

图二　纳西族厦子铺地剖面图

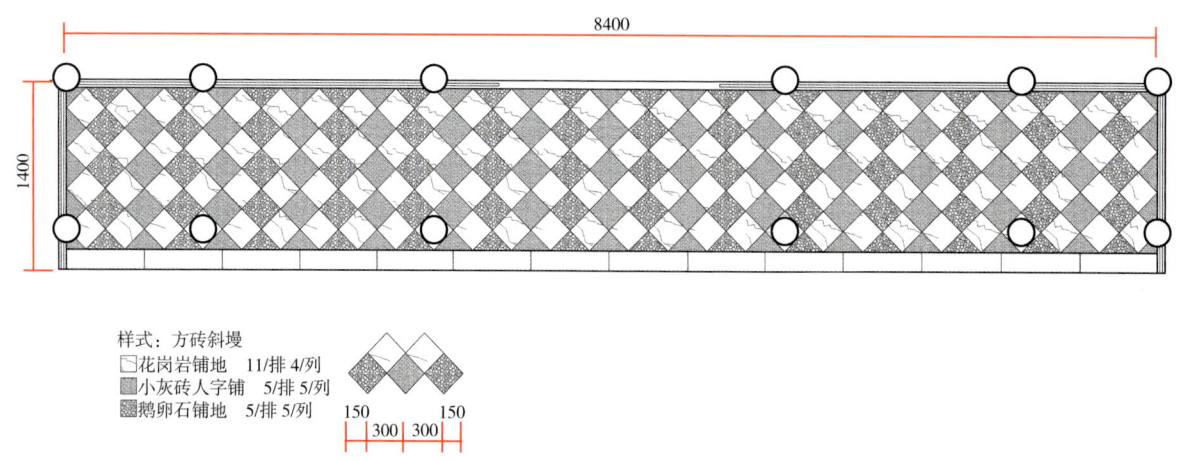

图三　纳西族厦子铺地平面图1（单位：mm）

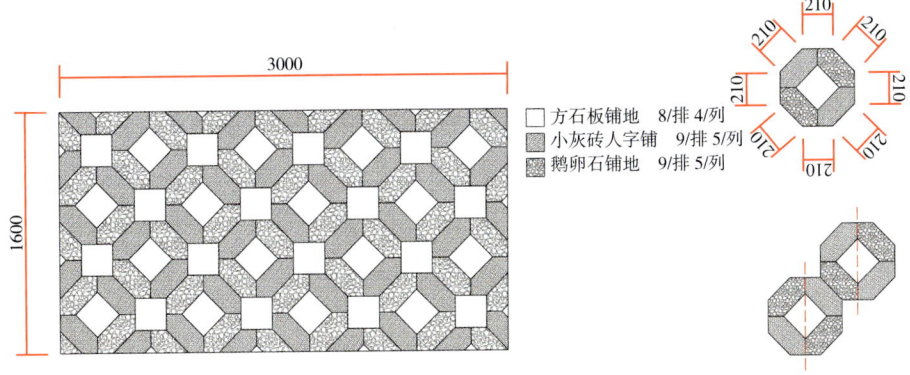

图四 纳西族厦子铺地平面图2(单位:mm)

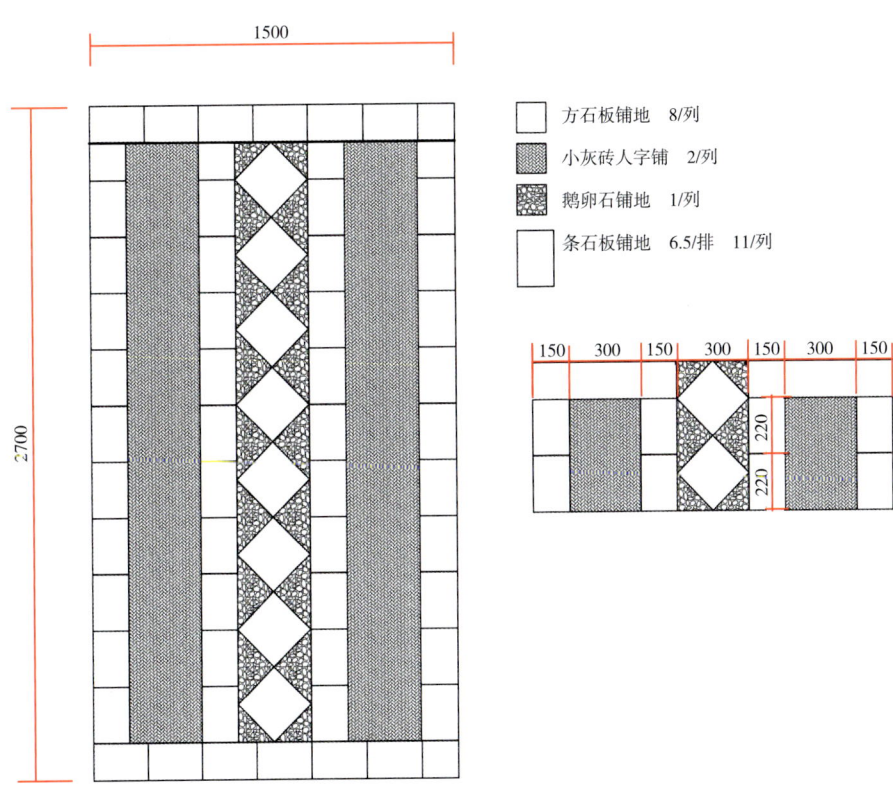

图五 纳西族厦子铺地平面图3(单位:mm)

图六　纳西族厦子铺地3D效果图1

图七　纳西族厦子铺地3D效果图2

纳西族隔扇

图一 纳西族隔扇主图

隔扇又称"格扇""格子门"等，是一种雕刻精美的可移动木门，主要由格（隔）心、绦环板、裙板、边挺、抹头等部分组成。纳西族的隔扇位于底层明间面对天井的一面，装于两根柱子之间，左右相连，通常为三组六扇。它既有窗的采光和通风功能，又有墙和门围合与分隔的作用，是丽江地区纳西族民居中细木作的精华所在。本案例采集自丽江大研古镇编织院，为双交四椀柿蒂纹隔扇。

本案例高240厘米，单幅隔扇宽60厘米。纳西族的木雕门窗多取材于当地的杉木和柏木，其坚固耐用，不易腐烂变形，且木纹丰富美观。隔扇的制作流程主要分为木材干燥、设计与绘制图样、图案雕刻、修光精雕、打磨、后期装饰和安装几个步骤。其中雕刻手法丰富多样，常用的有浅浮雕、深雕、透雕和圆雕等多种方法。

丽江地区纳西族民居中的隔扇较小，雕花精细且密实，留的镂空图案单个面积较小。这样的形制既有利于维护室内空间的私密性，又能充分实现通风和采光需求。再者，较小尺寸的隔扇可以将纳西族民居层高有限的空间进行视觉层面的"放大"，使之看起来更为宽大。隔扇的应用表明纳西族先民对居住环境有较高要求，并学会通过隔扇的应用来消除因院子空间相对密闭而造成的视觉封堵感。此案例所具有的合理设计成分仍可供现代设计借鉴。

图片来源

图一　李佳怡　摄影

图二至图七　舒闻洋　制图

参考文献

胡倩.丽江纳西族传统民居门窗的装饰艺术探析.昆明：昆明理工大学.2010.

高端阳.丽江纳西族民居的演变与更新研究.昆明：昆明理工大学.2011.

 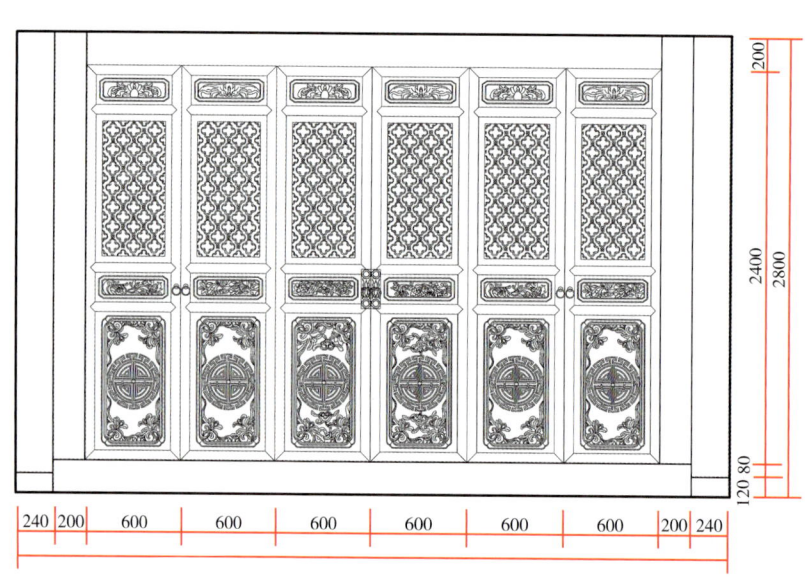

图二　纳西族隔扇尺寸图（单位：mm）

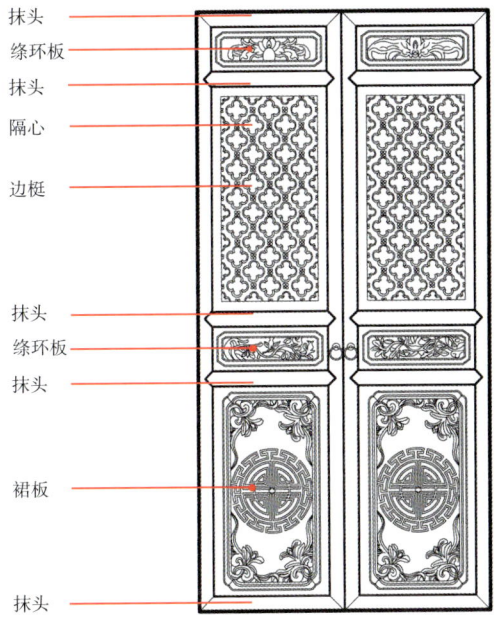

图三　纳西族隔扇结构名称图

图四　纳西族隔扇效果示意图（单位：mm）

图五　纳西族隔扇3D效果图

图六　纳西族隔扇局部3D效果图1

图七　纳西族隔扇局部3D效果图2

纳西族木雕窗

图一　纳西族木雕窗主图

木雕花窗棂是中国传统建筑中窗的一种形式，它既有采光、通风、保温、防盗和装饰等基本功能，也有通过雕刻花纹、吉祥图案表达美好祝愿，通过雕刻人物、故事实现纪念和教化的功能。本案例采集于丽江市玉龙纳西族自治县玉湖村，为固定单扇窗，不能开合，高约76厘米，宽约76厘米，以双交四椀的形式呈现出内部图案。

雕窗的制作主要经过取材配料、刨料，画图打样，雕刻，打眼合成、修角光面等四个步骤。本案例在雕刻图案纹样时，主要采用阳雕的手法，先将需要雕刻的木板刨平，然后用刀将纹样之外的木料剔去，留下纹饰，同时辅以阴刻，使整体图案灵动而富有层次感和表现力。窗棂是建筑内外环境装饰中的一个重要部位，人们往往采用象形、谐音等手法，赋予木雕门窗丰富多样的内涵。纳西族最初采取"穴居"的居住方式，当时的门窗只是简单的通风采光工具；进入农耕社会后，开始出现木结构民居，但门窗依旧造型简单，无过多装饰；受汉族文化影响，纳西族民居出现三坊一照壁、四合五天井、一进两院等多种形式，吉祥图案纹饰也被广泛运用到门窗装饰造型中。本案例的纹饰大体可以分为两类，即动植物类纹样和文字类纹样。以牡丹、芙蓉、莲花表"富贵长寿""荣华富贵"之意，以菊花表坚贞不移和长寿之意，以兰花表清净高洁之意，以梅花表祥瑞洪福之意；构图中央为光芒四射的圆"日"，左右上方各有一只凤鸟

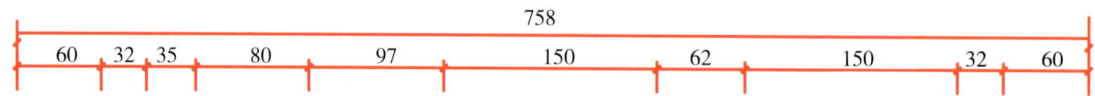

图二　纳西族木雕窗尺寸图（单位：mm）

图三 纳西族木雕窗结构分析图

朝日，表达吉祥喜庆的寓意以及对太阳的图腾崇拜；用汉字"兰""寿""域""阶""兆""瑞""祥"等表达吉祥幸福、健康长寿的美好祝愿。这些吉祥图案一方面体现了汉族文化传统吉祥观念对纳西族的深刻影响，一方面也反映出纳西族自身太阳崇拜的思想。

木雕窗，除了起到保障安全、采光、通风和分隔室内空间的作用，还因雕花镂空的窗子与实体的墙壁虚实相生，而成为室内具有独特审美情趣和文化特征的视觉中心。

图片来源
图一　李佳怡　摄影
图二、图三　王刚　制图
图四　高云曦　制图

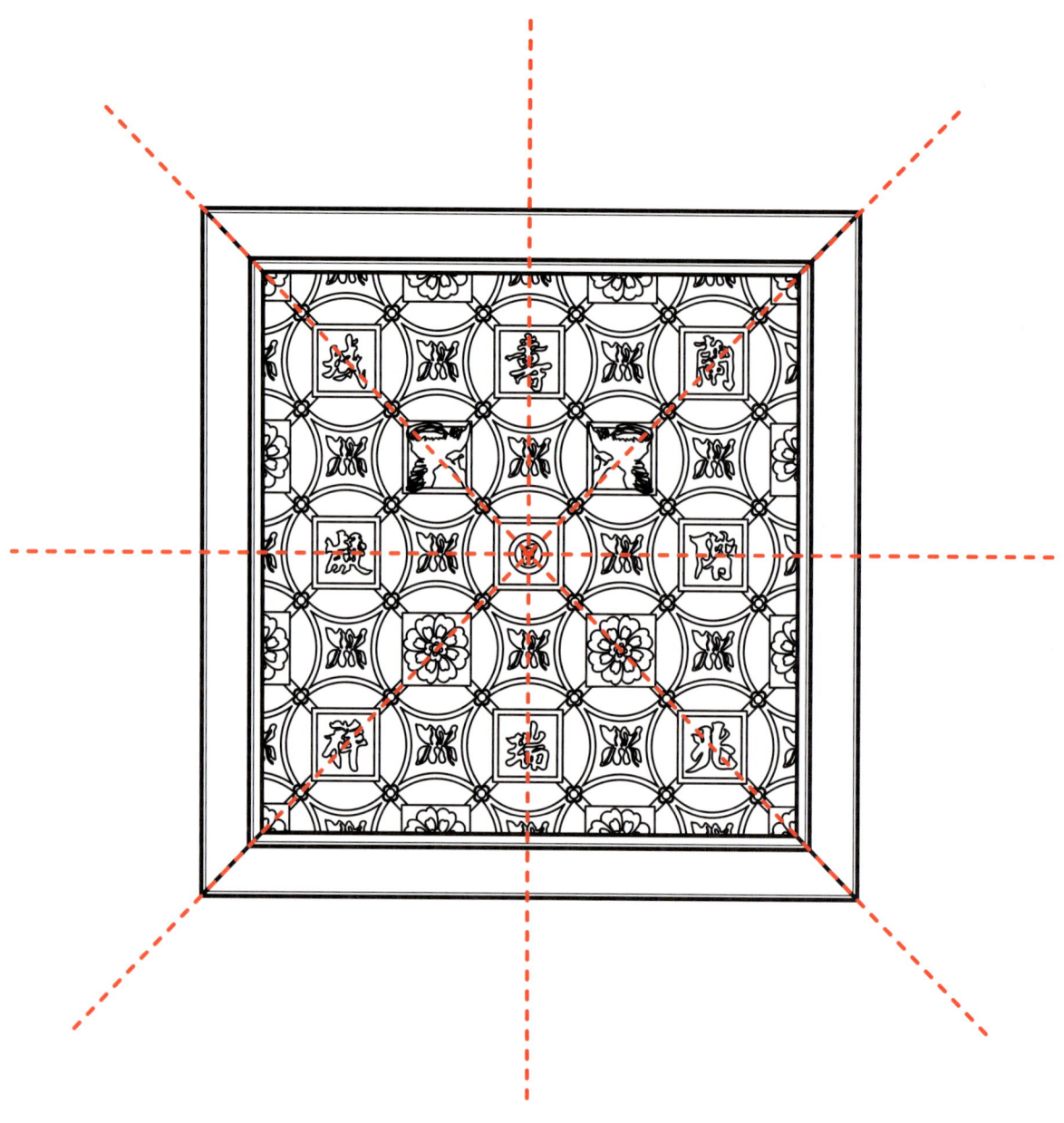

图四　纳西族木雕窗立面轴对称分析图

纳西族瓦当

图一 纳西族瓦当主图

瓦当，俗称"瓦头"，指筒瓦顶端下垂的特定部分，其样式主要有半圆形和圆形两种，用以遮挡屋檐椽头，使其免受风雨侵蚀，延长建筑物寿命，并起到美化屋檐的作用，是纳西族民居中重要的建筑构件。本案例采集自云南省丽江市大研古镇，为圆形瓦当。

该案例筒瓦长23厘米，圆形瓦当直径为10厘米。瓦当的材质大致有三种：灰陶、琉璃、金属。纳西族民居中的瓦当普遍为青瓦，其制作工艺一般是模印或范制，这两种方式都需要先刻模制范，把陶泥放入刻好的模具中压制出带有纹样的瓦范，再用湿泥与一节普通的筒瓦粘起来，晾干后入窑烧制。

从造型上看，圆形瓦当的防水性能优于半圆形瓦当。起初瓦当作为建筑构件仅具有实用功能，随着纳西族人审美需求的提高，瓦当已由最初仅强调实用功能，逐渐演变成"美用一体"的建筑构件，它作为一种载体，折射出纳西族人民的审美情趣、思维方式、文化心理，同时也反映出当时的烧造、制作水平。

图片来源

图一　李佳怡　摄影

图二至图六　舒闻洋　制图

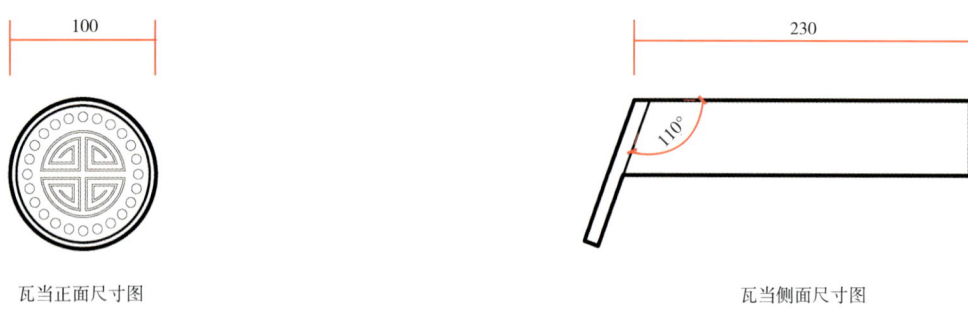

图二　纳西族瓦当尺寸图（单位：mm）

瓦当纹样一　　　　　　瓦当纹样二　　　　　　瓦当纹样三

瓦当纹样四　　　　　　瓦当纹样五

图三　纳西族瓦当纹样图

图四 纳西族瓦当3D效果图1

图五 纳西族瓦当3D效果图2

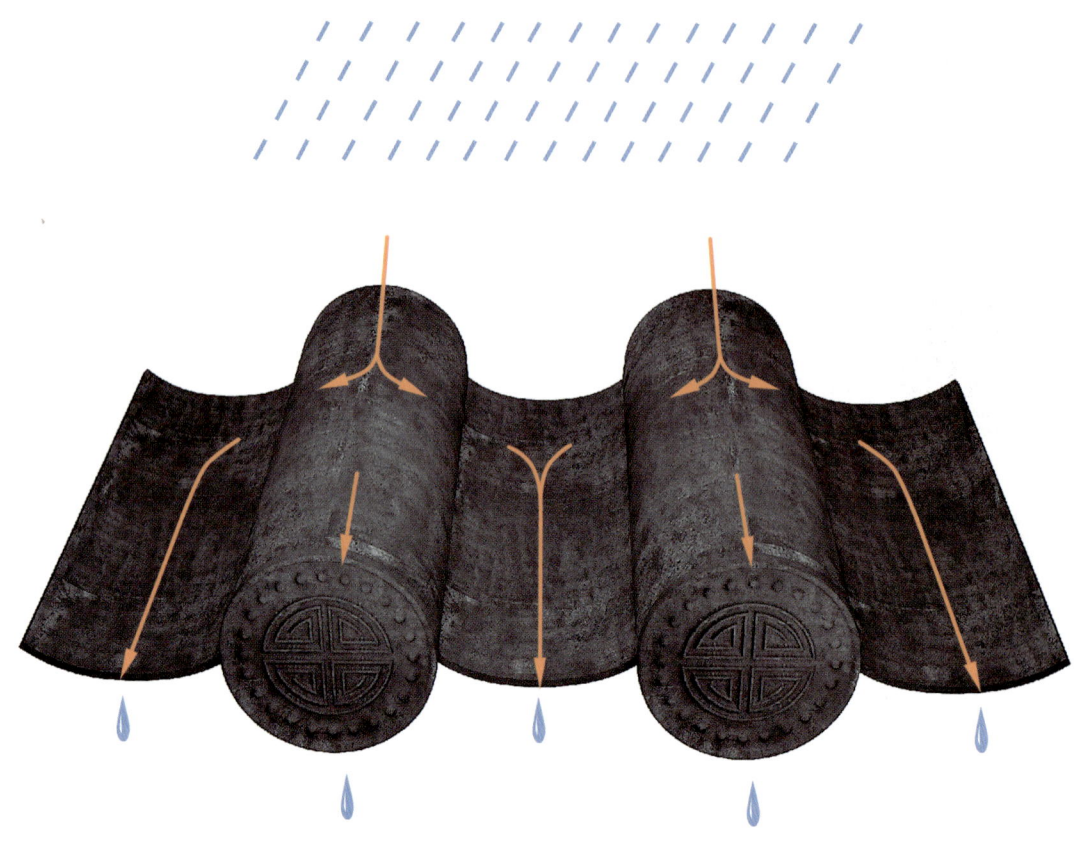

图六　纳西族瓦当效果示意图

纳西族铺首

图一　纳西族铺首主图

　　铺首，一般为一对，分别镶嵌在左右两扇门之上。作为实用品，可方便关门、供来客敲门；作为装饰品，铺首又起到装饰门面的作用。另外，铺首还有驱鬼辟邪的作用。这款铺首的兽面直径为16厘米，圆环外径为12厘米。兽面为变形的兽头，双眼怒瞪，眼角上扬，鼻孔外露，口衔圆环，脑门外凸，面部狰狞，显得异常凶猛。兽面外圈的花纹呈花瓣形，其上刻有S形纹样和曲线形纹样，整体呈中轴对称状。在古代，门被称为脸面，铺首是门上的重要部件，也是门第的象征。不论民宅还是宫廷、寺院，大门上都悬挂一对铺首，这成为古代建筑艺术的一大特点。

　　铺首一般由金属制成，客人可以通过圆环叩击兽面时发出的响声来示意主人开门。铺首周边有孔，可穿钉，从而与门牢固地结合。制作铺首时，需先在铜皮上画好纹样，再用铜凿敲打成浮雕形。铺首也是一种象征符号。铺首大多是威严神秘的兽头形象，在百姓眼中，这种兽面也是神祇，有镇宅辟邪之功效。兽面越是凶猛，就越能保护家宅。

　　在神秘化的变形动物形象之中，凝聚着人们祈求安康的情感，这样一种将动物拟人化的做法，实际上是一种图腾文化，表现出民众对神灵的崇拜。纳西族先民眼中的美，不是优雅宁静之美，而是神秘崇高之美，这就是李泽厚在《美的历程》中所说的"狞厉的美"。在纳西族中，宗教与艺术、巫术与文化结合在一起。

图片来源

图一　李佳怡　摄影
图二　叶宇　制图
图三、图五　舒闻洋　制图
图四　张新鸽　制图
图六　陈黎黎　制图
图七　王刚　制图

图二　纳西族铺首正立面尺寸图（单位：mm）

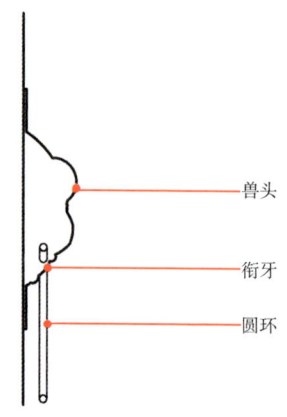

图三　纳西族铺首剖面图

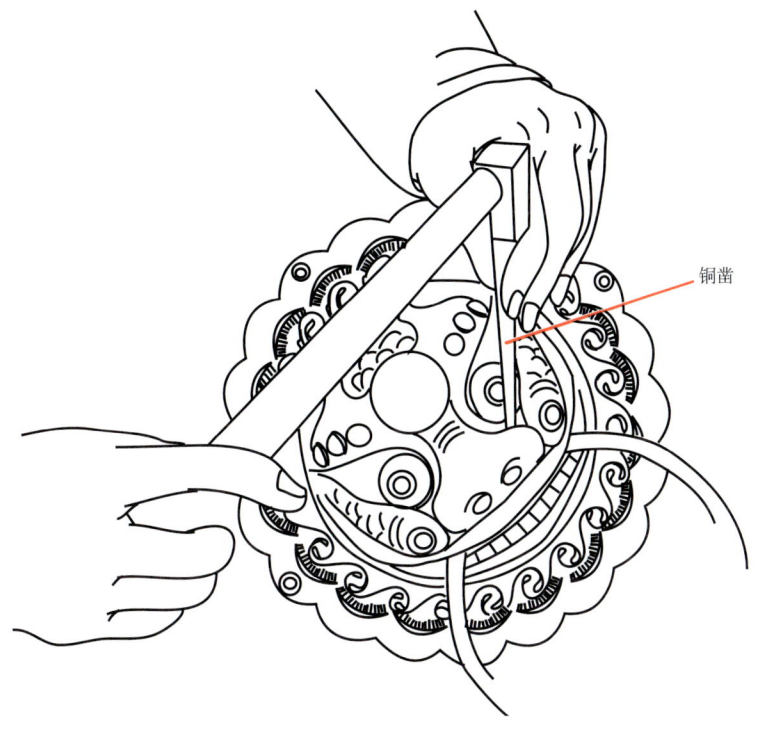

内外敲打成浮雕

图四 纳西族铺首制作工艺示意图

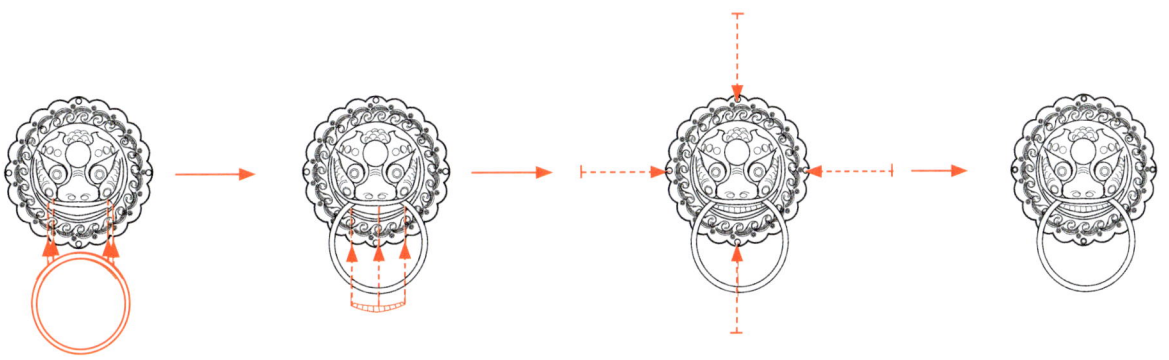

图五 纳西族铺首安装流程图

第一章 纳西族传统建筑

111

图六　纳西族铺首手绘效果图

图七　纳西族铺首3D效果图

第二章 纳西族传统服饰

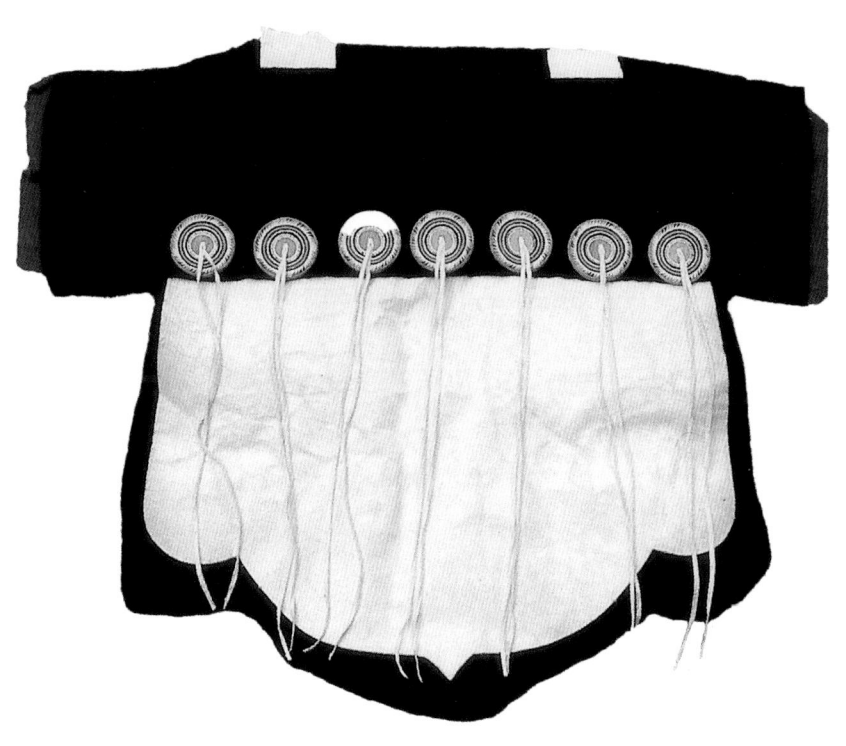

纳西族摩梭人长袍

图一 纳西族摩梭人长袍主图

服饰艺术是体现一个民族的特色与精神风貌的最典型的一种艺术形式。摩梭人的生产方式从远古的游牧、渔猎为主转变到以农牧业为主,服装质地、样式和装饰受到生产方式的转变和周边民族文化的影响逐渐变化,并确立了现在的服饰样式。摩梭男性服饰较女子服饰简洁,其与藏族男子的服饰有相似之处。

本案例采集自宁蒗县泸沽湖镇大落水村曹鸿家,为男式长袍。此款长袍为无领右开襟式，衣长140厘米，右衽末端钉有布带作系襟。在开襟、袖口和下摆处都镶有毛皮，下摆处的毛皮边宽15厘米，增强了衣物的保暖防寒功能。过去，麻、棉布衣服居多，上面少有装饰。如今，摩梭人与外界和各兄弟民族的交往日益频繁，服饰的面料、色彩、纹样也不再拘泥于过去单一的形式，开始朝着更为丰富多彩的方向发展。该案例采用的面料是织锦缎，较之棉、麻布，更有光泽，也更细腻。此款长袍有三种穿法，第一种是直接穿在内衣或短衫的外面；第二种是天气稍热时，解开右衽处的系带，将右边的胳膊脱出，放在外面；第三种则是将左右手都脱出，把长袍褪至腰间，把长袍的两只袖子交系于腰间。

宁蒗县泸沽湖地区早晚温差大，在寒冷的冬日，站在有阳光照射的地方和背阴的地方感受完全不同，长袍的三种穿着方法就能很好地适应这种特殊的气候，这是摩梭人与大自然相处过程中总结出的生活经验。

图片来源
图一　李佳怡、石永欣　摄影
图二至图七　李雪婷　制图
图八　马蓉　制图

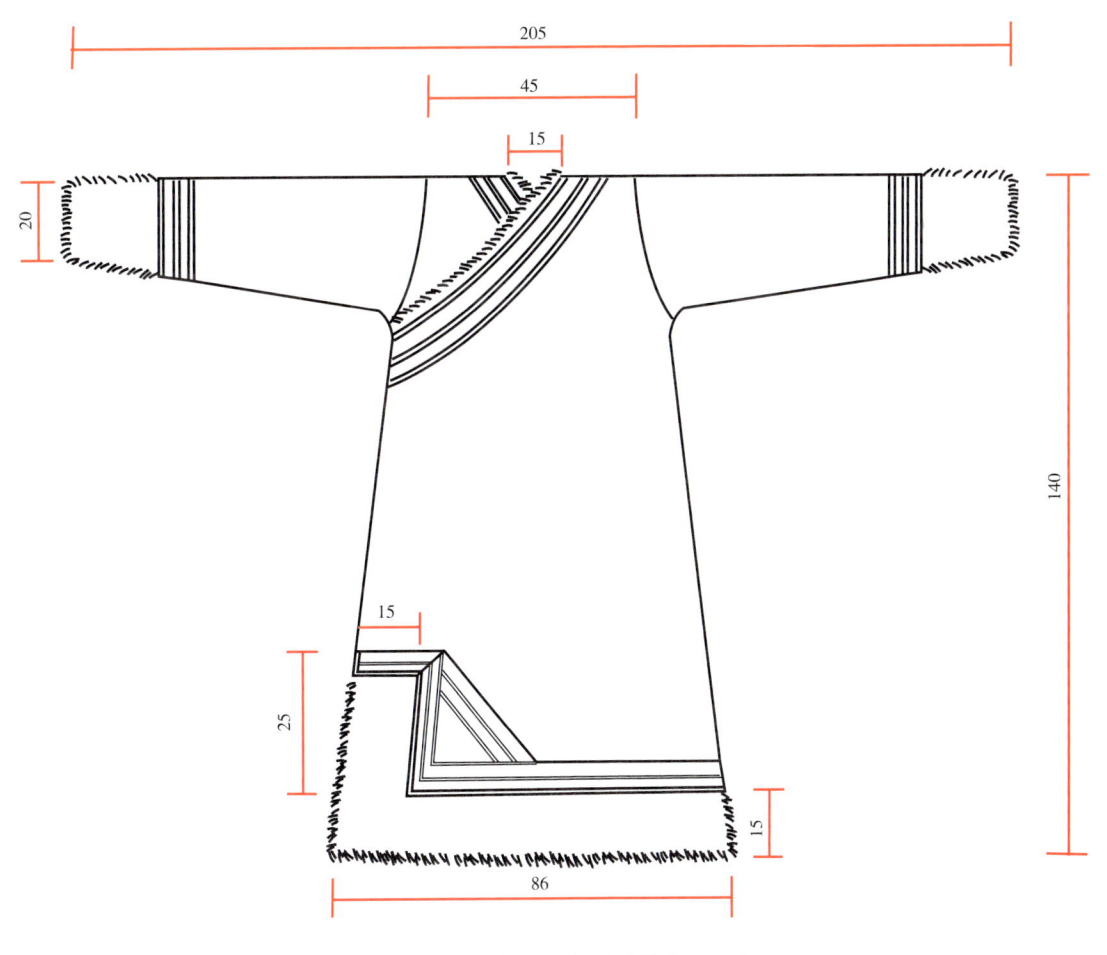

图二　纳西族长袍尺寸图（单位：cm）

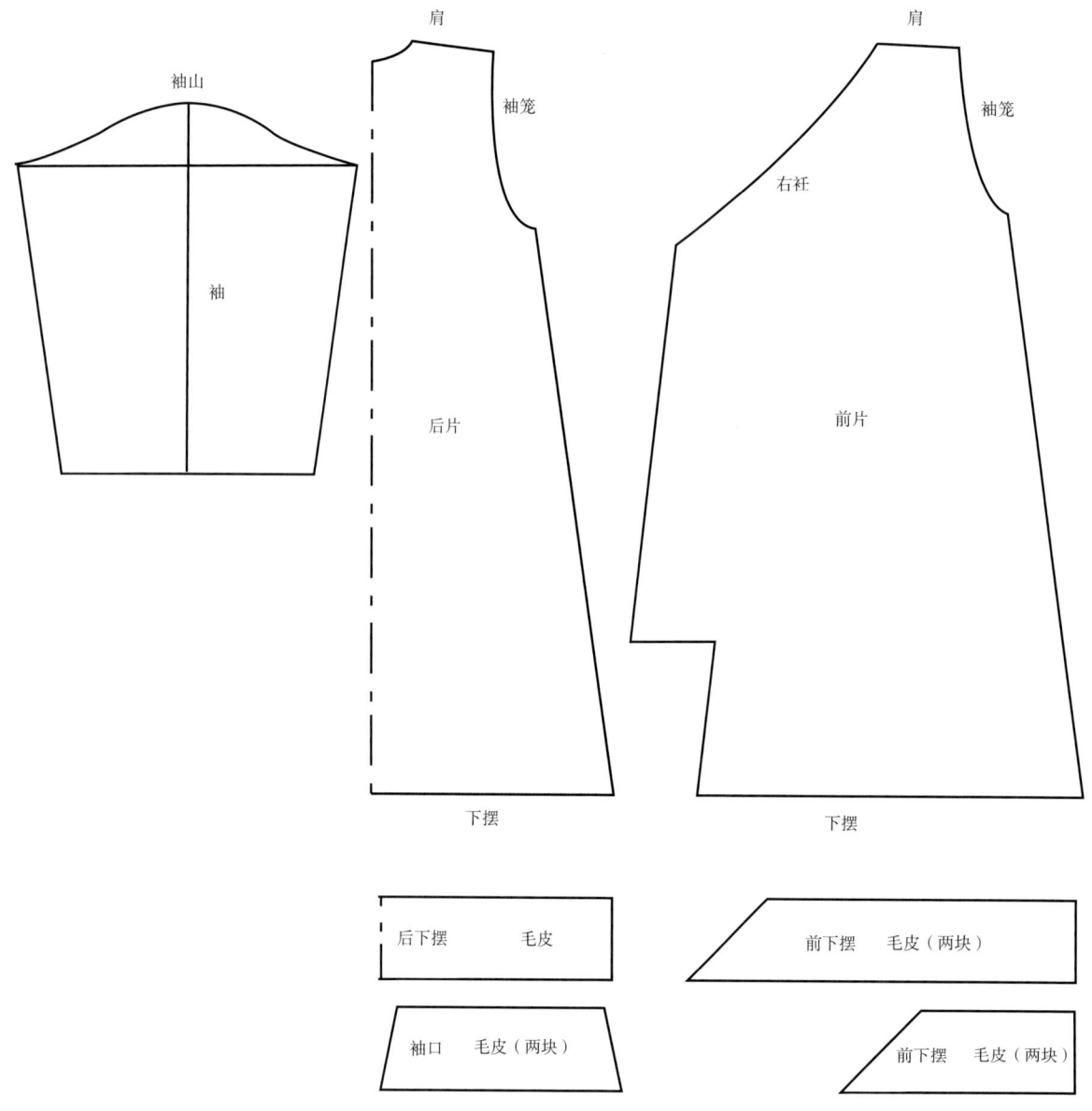

图三 纳西族长袍结构分解图

图四 纳西族长袍色彩分析图

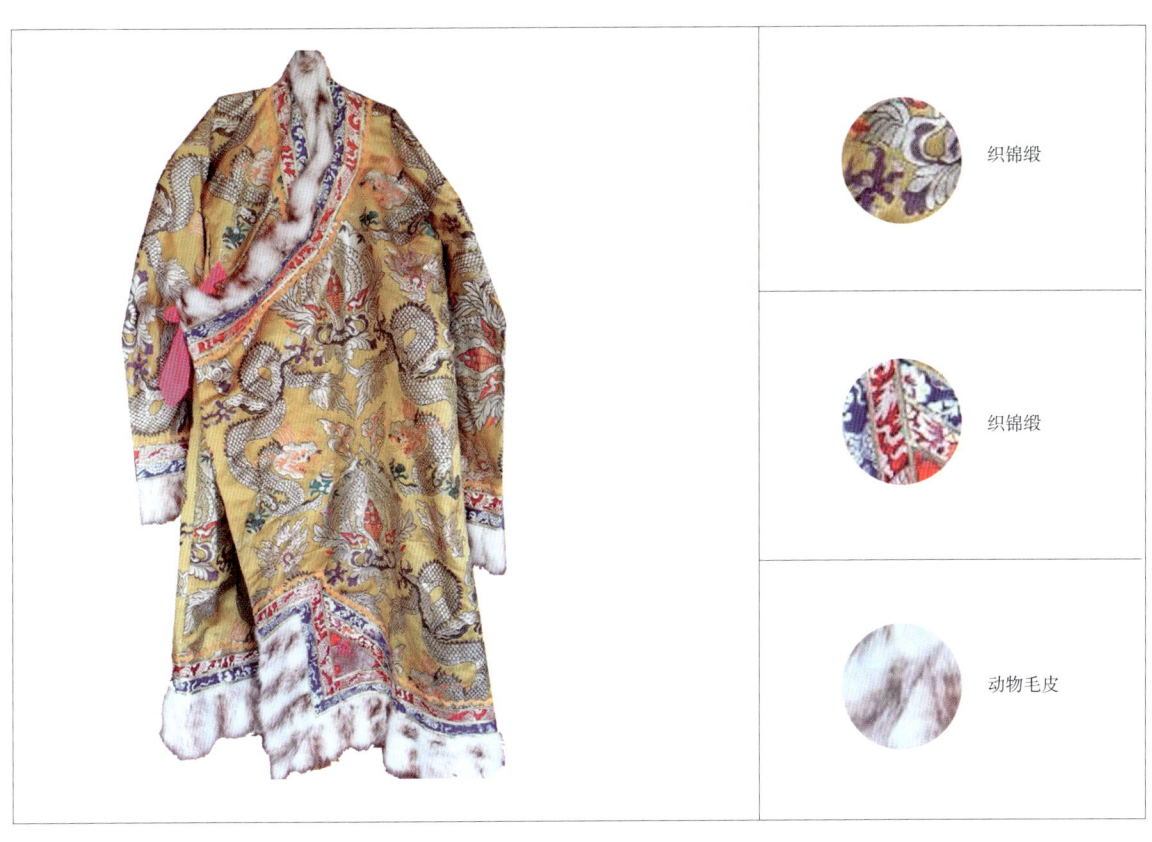

图五 纳西族长袍材料分析图

第二章 纳西族传统服饰

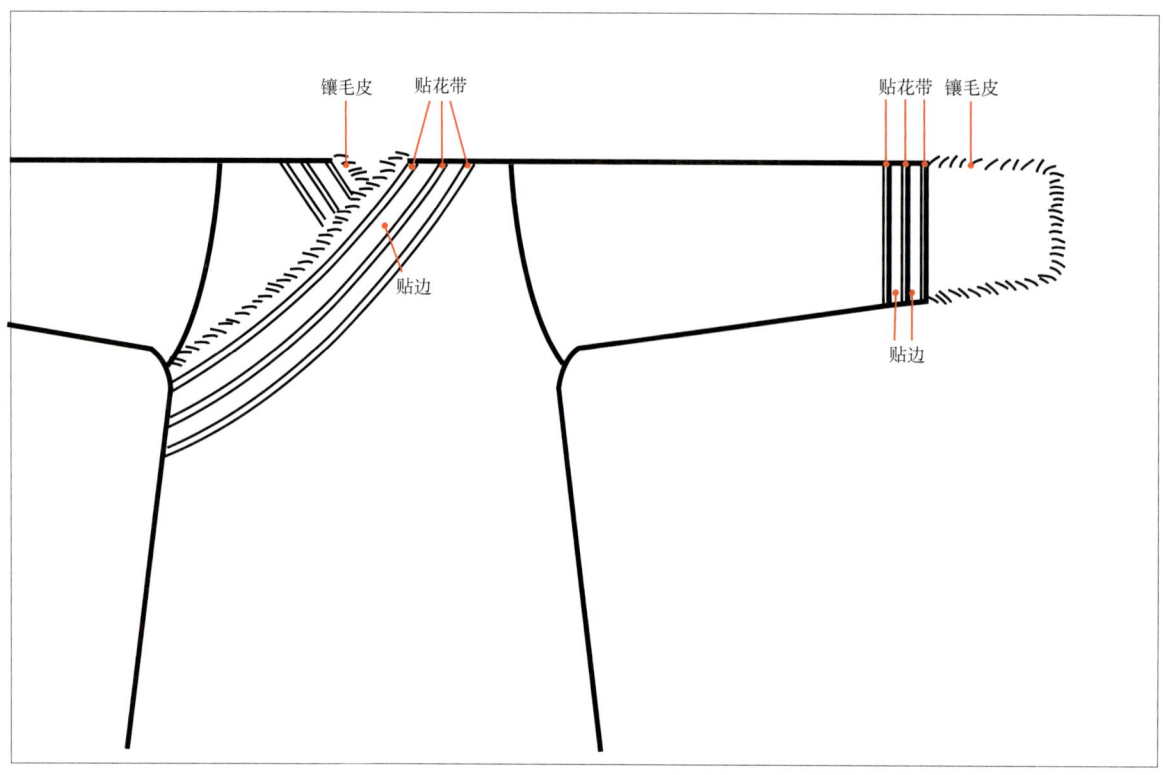

图六 纳西族长袍局部分析图

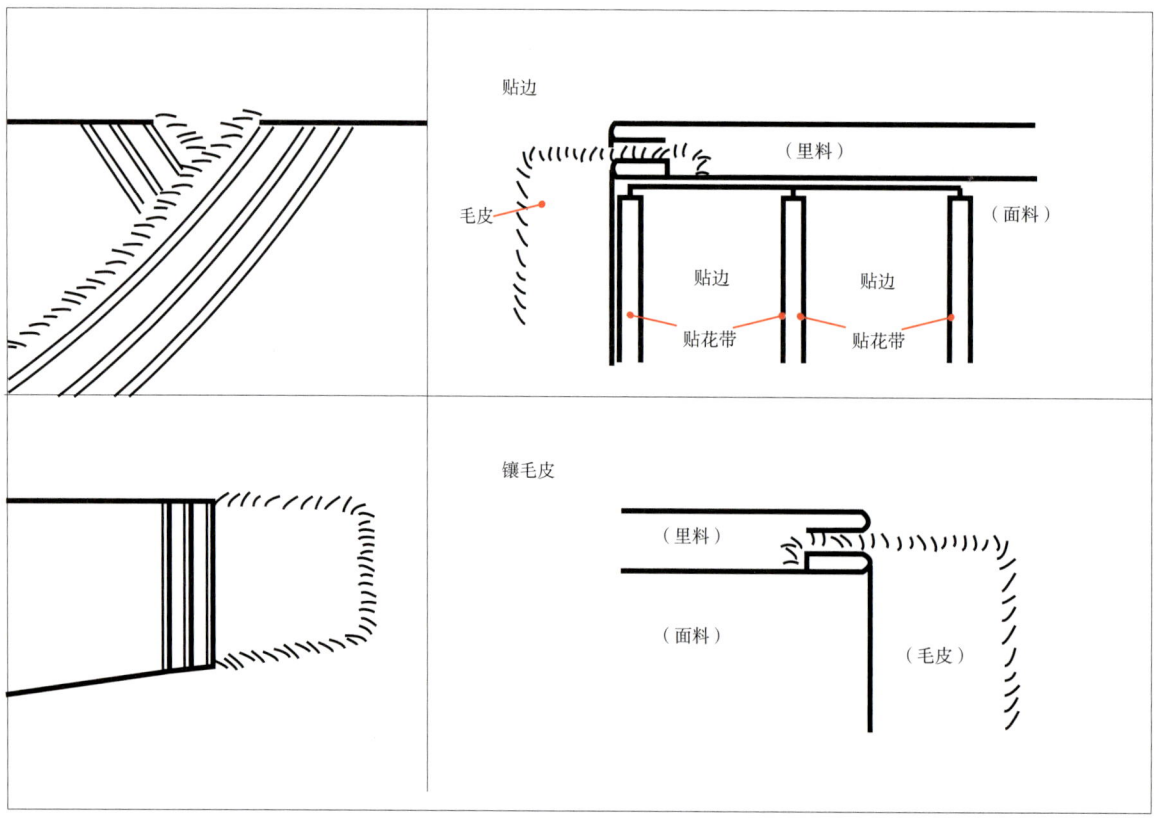

图七 纳西族长袍工艺分析图

图八 纳西族长袍穿着效果图

第二章 纳西族传统服饰

纳西族羊皮褂

图一　纳西族羊皮褂主图

羊皮褂，是用粗加工过的山羊皮或绵羊皮缝制而成的无领、无袖、无扣的褂子。由于纳西族历史上曾以畜牧业为主，因此至今仍有以皮毛为衣的习惯。

羊皮褂以毛长为贵。其制作程序较为烦琐，工序有发皮、削皮、上油、扯皮、揉皮、下料、缝制等。首先要精选成年的山羊或绵羊，将皮剥下，挂于室外晾干，两张相配的羊皮可以缝制一件褂子，晾干的羊皮要放到猪草中回潮数日，取出后将其放到硬木板上踩揉，经反复踩揉直至羊皮柔软如布,再用特制的木铲铲去羊皮上的脂肪,再揉,再铲,若羊皮油脂不够丰富,则需用猪油涂抹羊皮,这样羊皮才能结实。皮制好后,按需要的尺寸裁好,用剩下的羊皮剪出几根羊皮条,并穿入缝皮针,将羊皮褂边缘缝起来,这样能使衣服边缘更结实、耐磨。

纳西族人居住的地方大部分属于云岭山区,海拔都在2500米以上,气温较低,昼夜温差大,夏季多雨,这样的自然环境要求服饰的功能以防寒保暖为主。由于羊皮保暖性颇佳,因而成为纳西族人御寒服饰的首选材

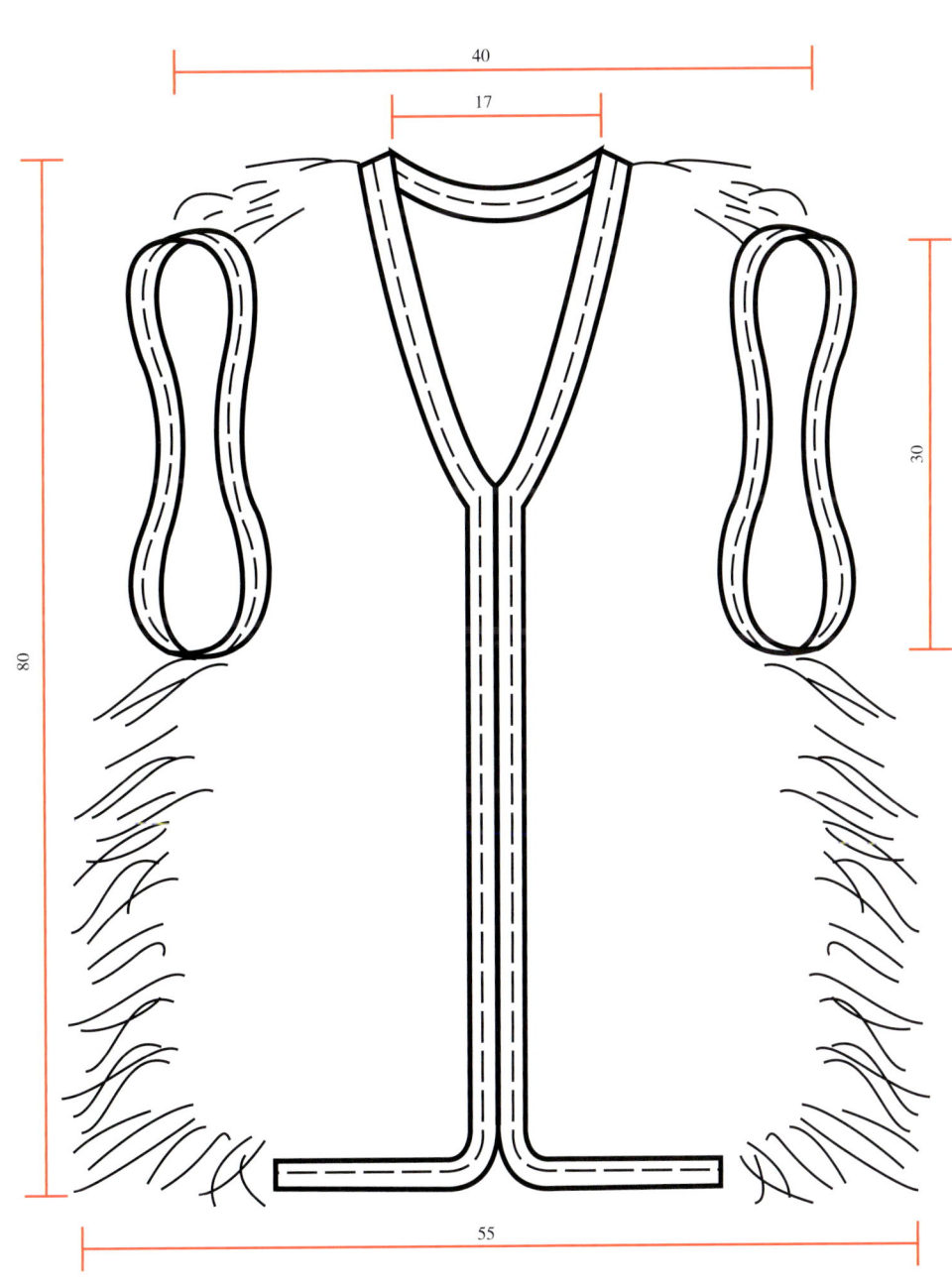

图二　纳西族羊皮褂尺寸图(单位:cm)

料。另外，当地交通不便，人背马驮也是经常的事，特别是短途赶集、上工下地，用背篓背运重物时，用羊皮褂垫背可以很好地保护身体。遇上雨季，将羊皮褂有毛的一面翻过来盖住货物，羊皮褂又变成很好的挡雨防潮工具。羊皮褂的设计是地处高原的纳西族人在了解自然的过程中和劳动生活中，善于总结和完善的结果。

图片来源
 图一 李佳怡、石永欣 摄影
 图二至图六 程珊 制图
 图七 张新宇 制图

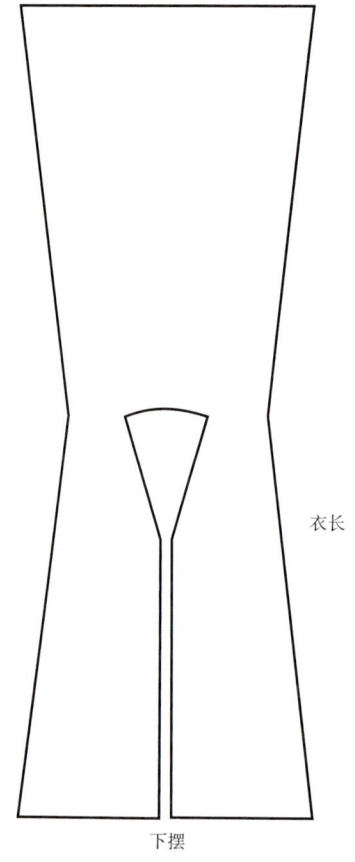

图三 纳西族羊皮褂结构示意图

图四 纳西族羊皮褂材料分析图

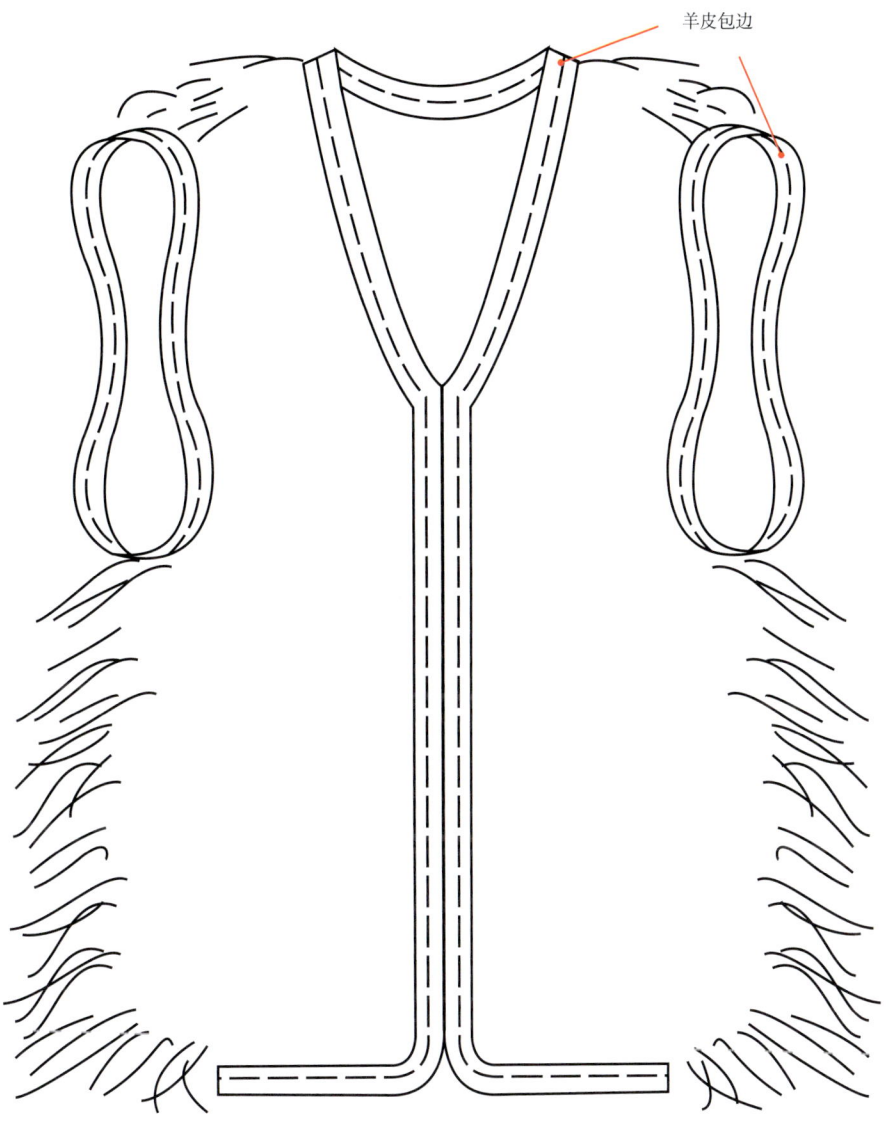

图五　纳西族羊皮褂局部分析图

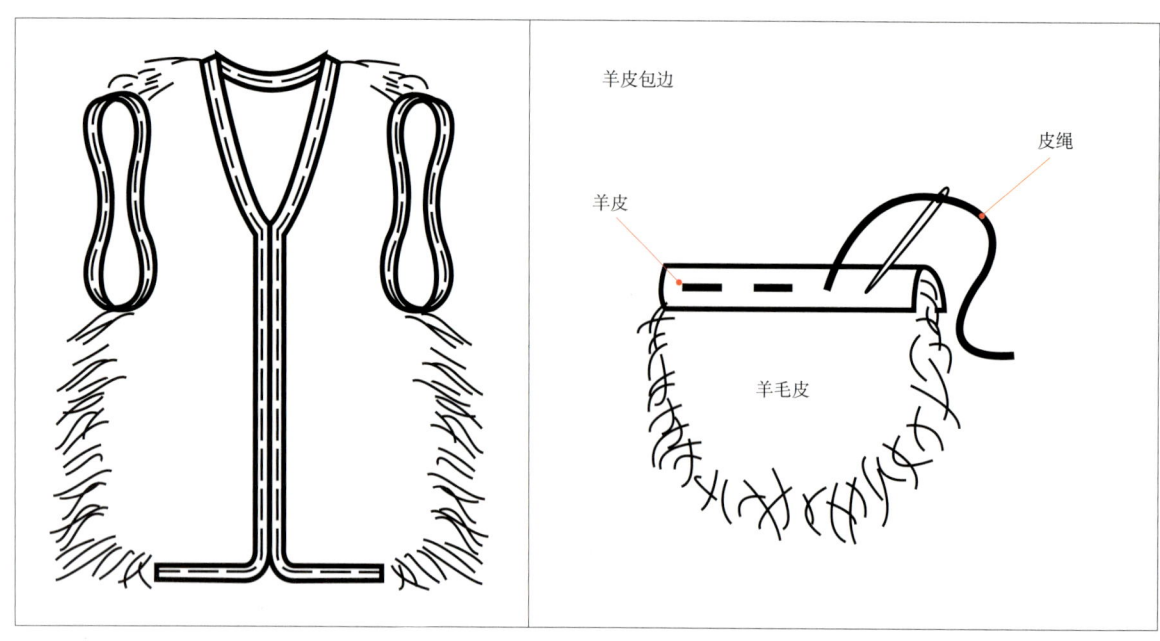

图六　纳西族羊皮褂工艺分析图

图七　纳西族羊皮褂穿着效果图

纳西族牛肋巴马甲

图一 纳西族牛肋巴马甲主图

马甲是一种无领无袖且较短的上衣，主要功能是前后胸区域保温，并便于双手活动。它可以穿在外衣内，也可以穿在外衣外面。牛肋巴是深受纳西族人喜爱的一种纺织工艺品，因这种传统土布的花纹简单、明快，且都用牛肋巴的对比色，故被称为牛肋巴，又名藏围腰。传统的牛肋巴布由家庭作坊手工或半机械纺成，用细羊毛或腈纶纱、花线纺成，每个花口由从深到浅的十二种颜色的花纱织成，用于装饰衣服，也用作被面、背带，五彩斑斓，极富地方特色。云南纳西族早在公元13世纪就有了毛麻纺织手工业，他们生产的牛肋巴深受滇西北各民族喜爱，在康巴藏区也有广阔的市场。

本案例采集于丽江市大研古镇，为开襟的无袖短外套，主体布料为白色呢子，领口、前襟、袖口装饰有以氆氇为材料的牛肋巴贴花呢，贴花呢旁有一圈橙色贴花边，下摆平铺有四条双层彩色毛线作为装饰，并在侧面和底部垂下形成流苏。整件马甲领口宽18厘米，肩宽40厘米，加上肩部牛肋巴装饰宽52厘米，袖口处高25厘米，侧缝长47厘米，后中长72厘米，下摆宽54厘米。制作时，先用织布机织出呢质马甲，然后将羊毛用纺车捻成线，借助简单纺架手工做成氆氇（藏毛呢），并用两道线将氆氇缝在马甲的领口、前襟、袖口处，再用毛线沿着贴花呢内侧缝出一圈曲折的贴花边，最后将毛线缝

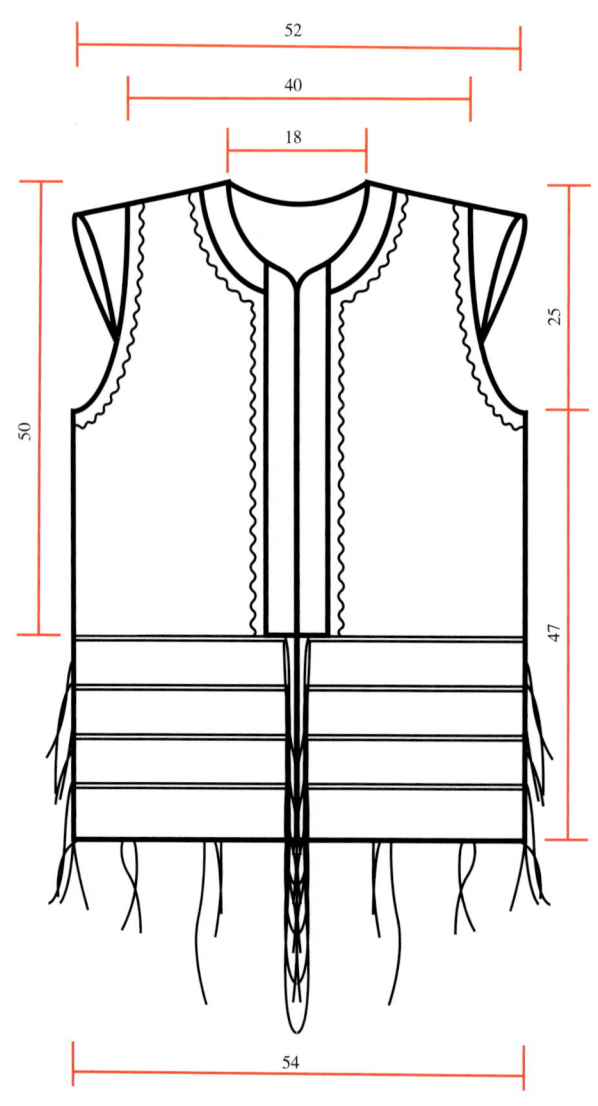

图二　纳西族牛肋巴马甲尺寸图（单位：cm）

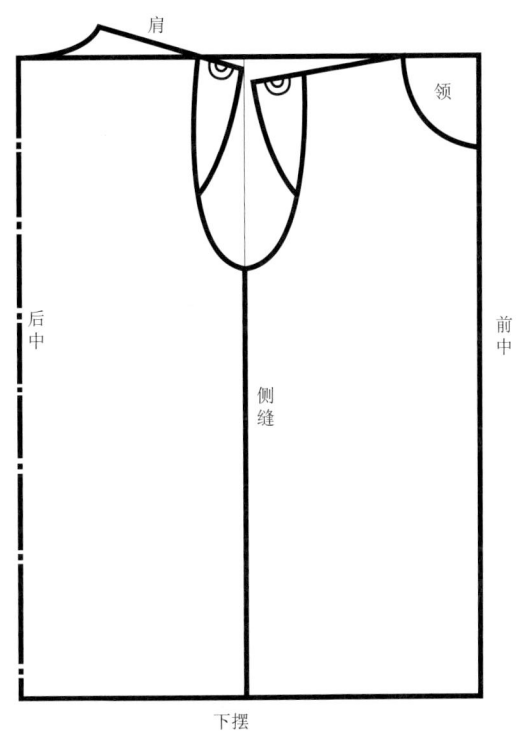

图三　纳西族牛肋巴马甲结构示意图

在底布上形成流苏。牛肋巴氆氇色彩艳丽，具有浓郁的民族特色，衬托出纳西族男子粗犷、刚劲、勇敢之美。

过去纳西族为了适应高原地区的农牧业生产生活，衣料多为自织的麻布或粗棉布，男子多着短衣长裤。进入现代社会后，男子服饰相比女子服饰而言，受汉族影响更多，与汉族男子服饰形制基本相同，但仍保留了一些地域和民族特色。纳西族具有兼容并包的开放文化观念，善于吸收兄弟民族的优秀文化成果，具有藏式特色的氆氇的运用体现了他们与藏族之间的文化交融。丽江地区海拔高，气温低，昼夜温差大，因而御寒保暖成为纳西族服饰的一个重要功能。呢质马甲材料厚实防寒，便于穿脱，能够很好地适应寒冷的气候和较大的日夜温差；在装饰上运用牛肋巴氆氇，既防寒又增加了美感。纳西族的服饰设计充分体现了"天人合一"的生态美学理念和"适者生存"的自然法则，值得我们现代设计借鉴和学习。

图片来源
图一　李佳怡　摄影
图二至图八　程珊　制图
图九、图十　马蓉　制图
图十一　张新宇　制图

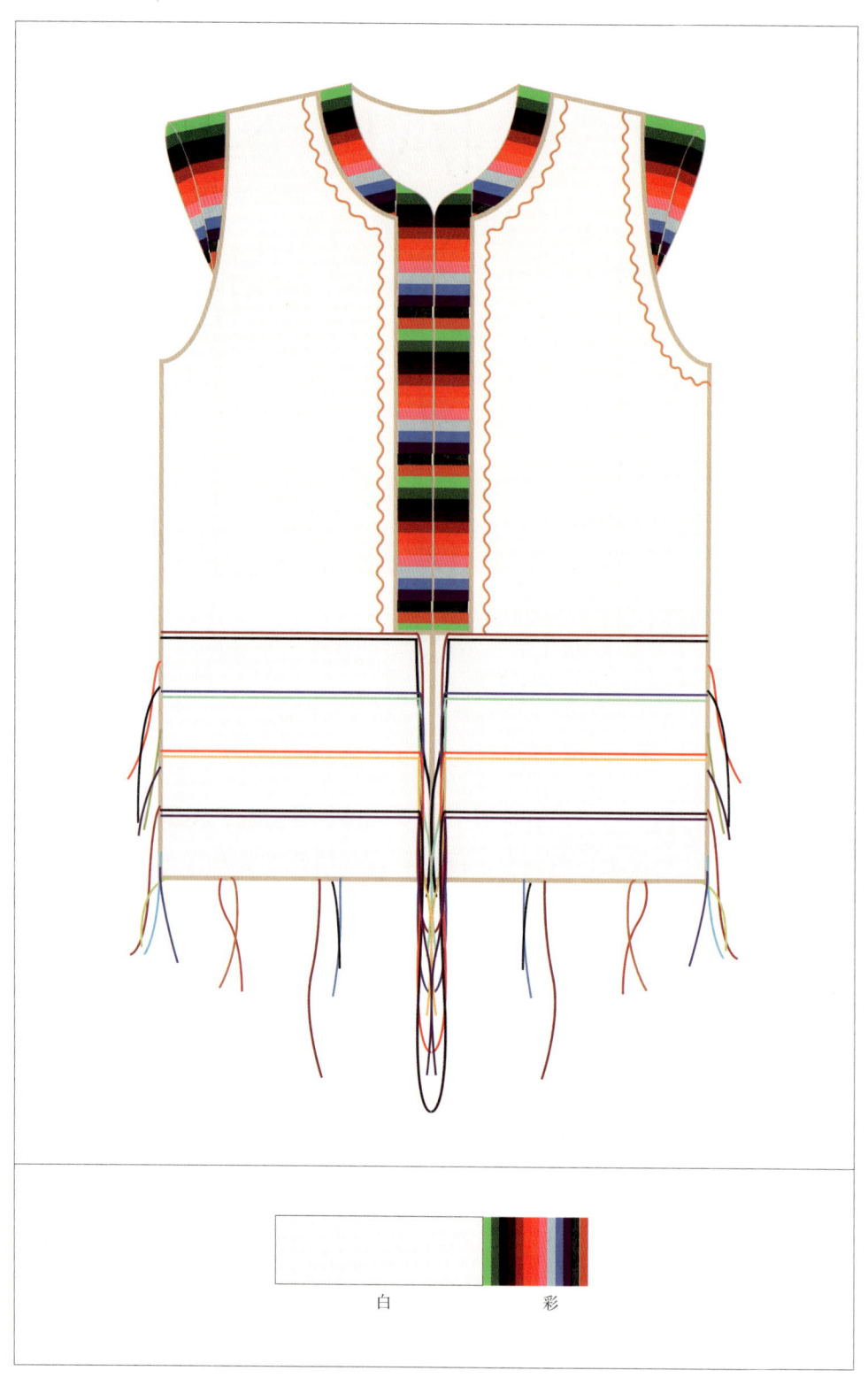

图四　纳西族牛肋巴马甲色彩分析图

图五　纳西族牛肋巴马甲材料分析图

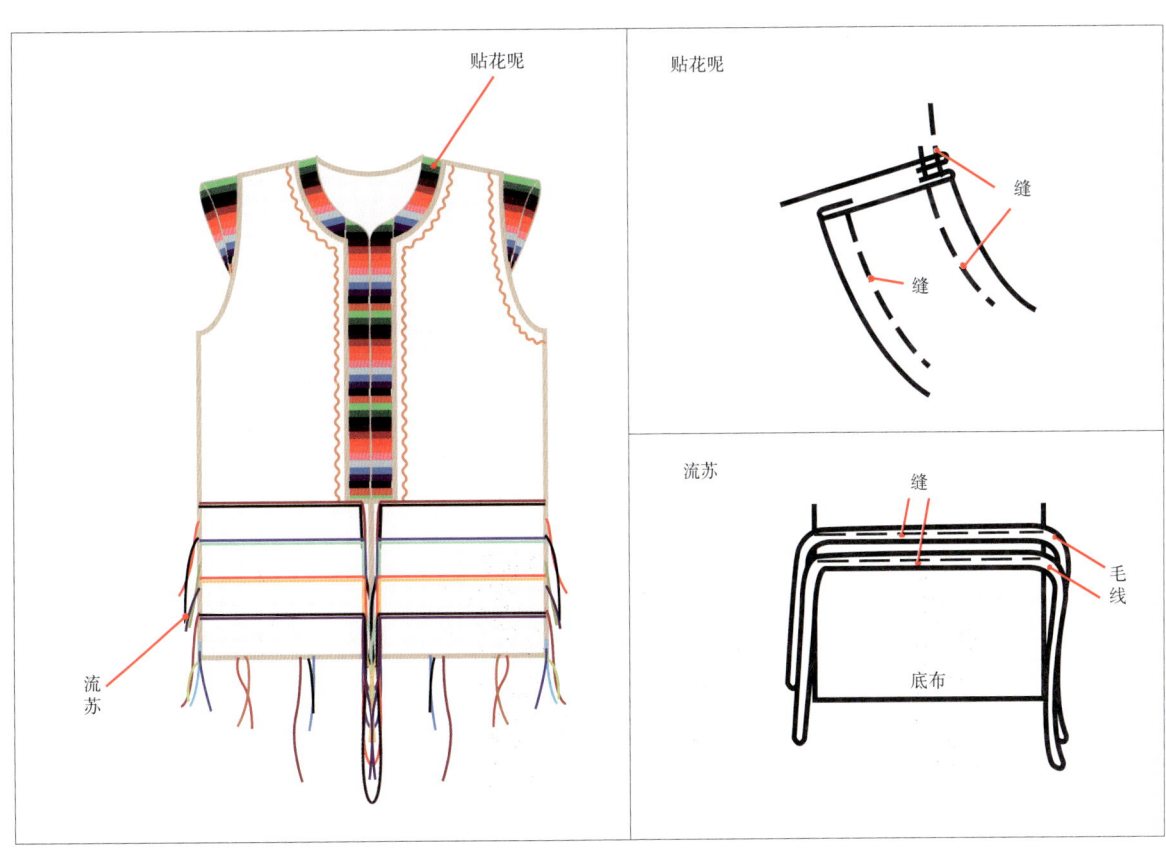

图六　纳西族牛肋巴马甲工艺分析图

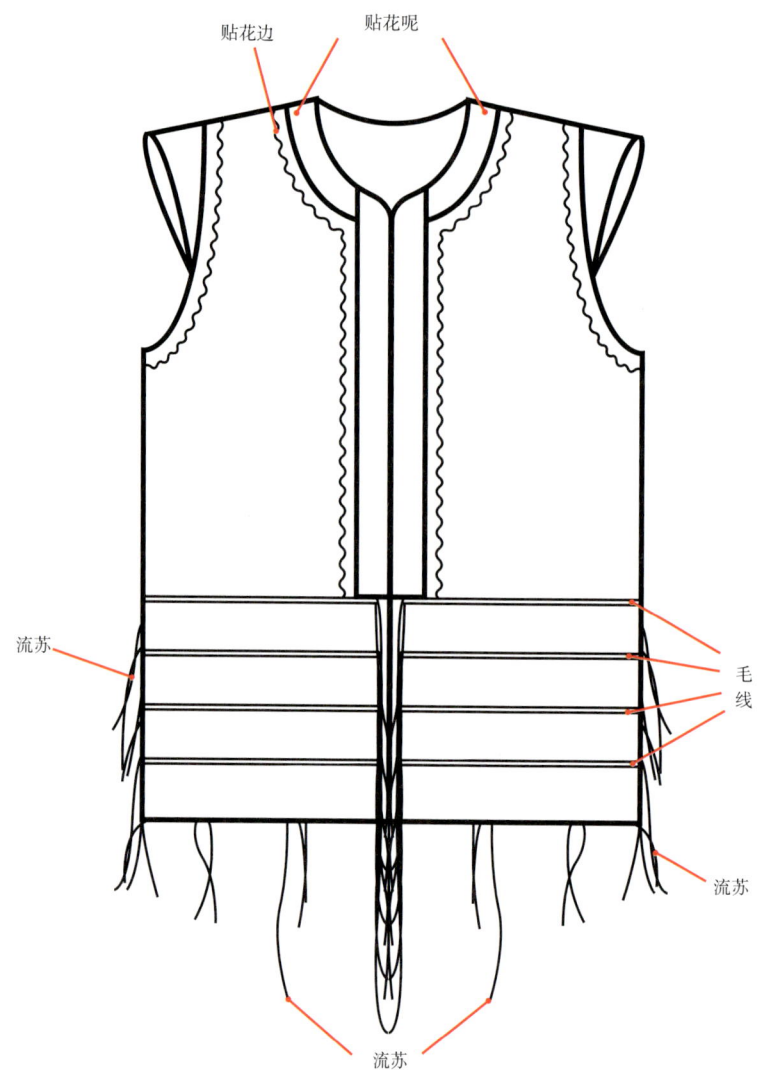

图七　纳西族牛肋巴马甲局部分析图

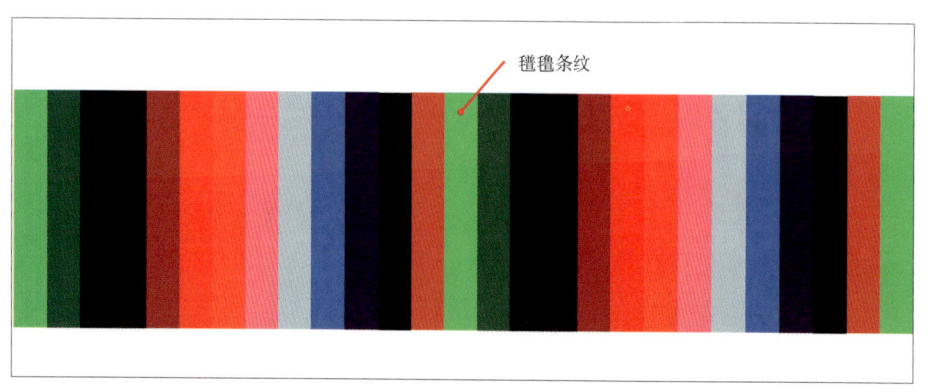

图八　纳西族牛肋巴马甲细节图案分析图

图九　纳西族牛肋巴马甲纺线工艺示意图

图十一　纳西族牛肋巴马甲穿着效果图

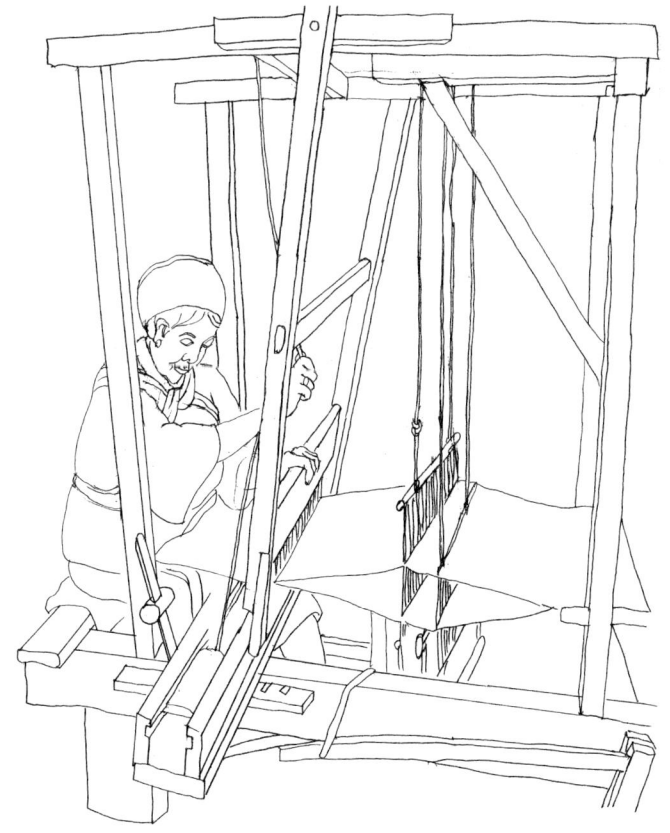

图十　纳西族牛肋巴马甲纺织工艺示意图

纳西族七星羊皮披肩

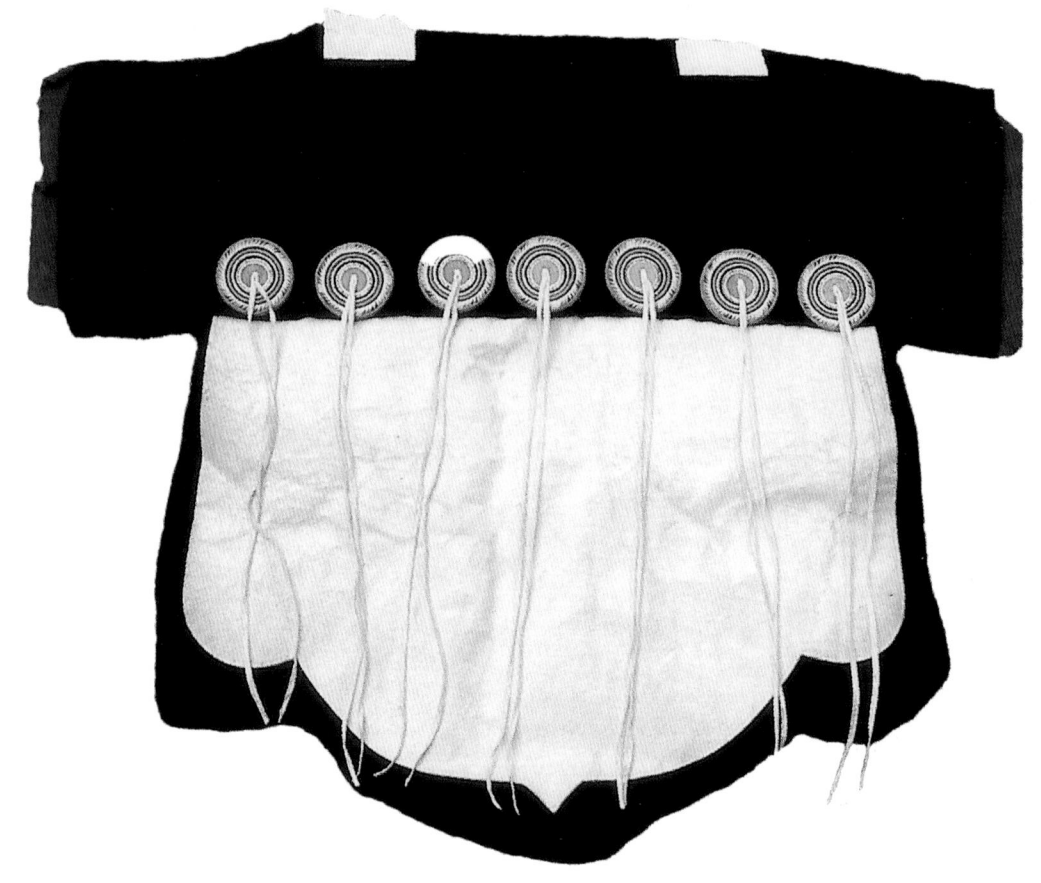

图一 纳西族七星羊皮披肩主图

七星羊皮披肩是用绵羊或山羊皮缝制而成的。绵羊皮质地柔软,而山羊皮质地较硬,但坚固耐用。纳西族女性十分喜爱这种用羊皮制作的披肩。

羊皮披肩制作步骤较为烦琐。首先需要精选成年的山羊或绵羊,将羊皮剥下,挂在室外晾干,晾干后的羊皮需要经过很长时间的踩揉,尤其是山羊皮。经过反复踩揉直至羊皮柔软如布,再浸在草木灰中发酵数日,取出后用木铲铲去羊皮上的油脂,再揉,再铲,直到羊皮平整光亮。其后剪成能覆盖人体肩部的大小即可,一般为"U"形。不同地区的羊皮披肩形制不同。中甸、维西等地的纳西族妇女羊皮披肩几乎没有什么装饰。丽江一带的纳西族妇女的羊皮披肩以毛色纯黑为最佳,上部横镶一道黑氆氇或毛呢,呢料内衬天蓝色棉布,毛呢下接白色棉布,棉布覆于羊毛外,露出黑色的羊毛边,毛呢上用七对鹿皮条穗钉缀成并列的七个圆形彩线绣花布盘,更传统的羊皮披肩的肩部还缀有两个圆形彩线绣花布盘。披戴时用前面的两条白色绣花长布带在胸前交叉相系，再绕到背后打结。带端为矩形加三角形，矩形上绣有海螺、波浪等横条纹，三角形上绣有盆花、灯笼、蜜蜂、蝴蝶等或携手跳舞的人群图案。

在气候变化无常的山区，七星羊皮披肩可以很好地适应自然环境，是独具特色的理想服饰。羊皮披肩可以御寒，它比一般衣料的衣服更保暖。平时穿时将毛向里，皮向外，可保暖御寒，抗拒风霜；雨天将毛朝外，可以防雨；睡觉时铺于床面或盖于被上，有防潮保暖的作用；羊皮披肩耐磨，背或担货物时，羊皮披肩可以充当垫布保护人体肩、背及臀部这些易磨破的部位，减轻因负重带来的肩背部不适。随着社会的发展，人们审美意识的提高，羊皮披肩开始向适用美观的方向发展，而且其装饰的功能日益突出。

图片来源
图一、图三、图四　马蓉　摄影
图二　马蓉　制图

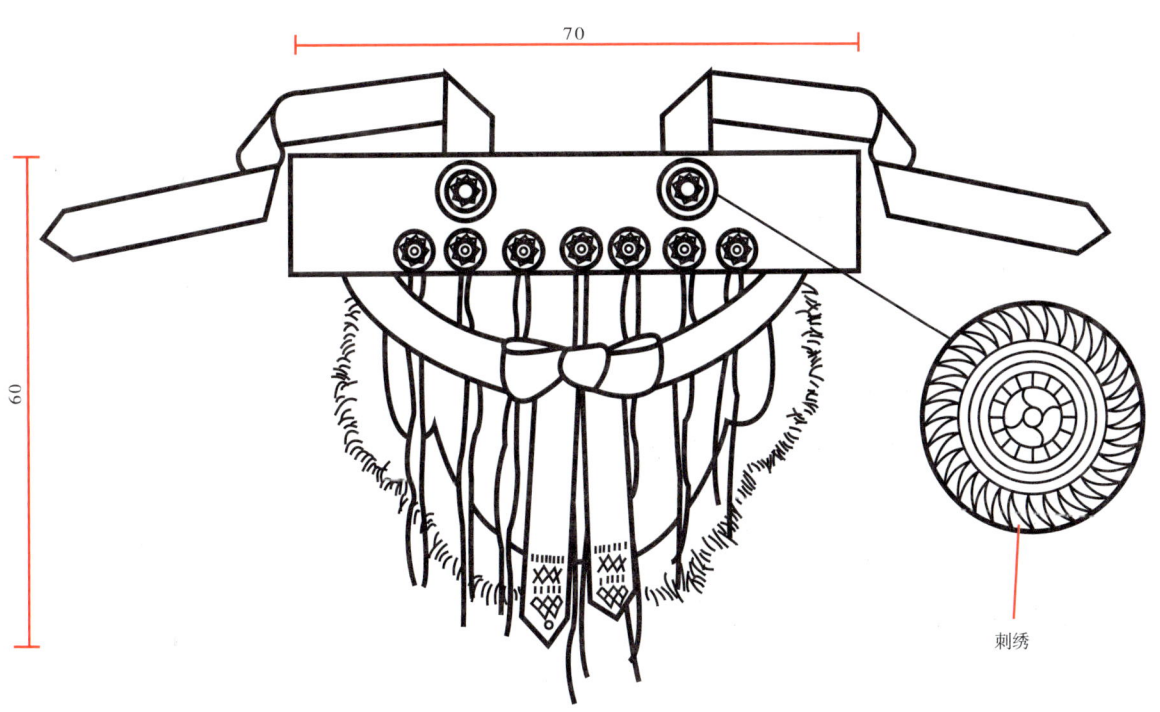

图二　纳西族七星羊皮披肩尺寸图（单位：cm）

图三　纳西族七星羊皮披肩局部分析图

图四　纳西族七星羊皮披肩穿戴效果图

纳西族七星绣盘

图一 纳西族七星绣盘主图

七星绣盘，是纳西族特色服饰七星羊皮披肩上的圆形装饰，因一条披肩上共有七枚圆盘，故称七星。纳西族服饰多素雅，形制简练大方，这使精美的七星绣盘更为夺目。

其工艺为：先剪出日月星辰状纸片，并在其上蒙上白布，然后由内而外用多色彩线绣制。针法多用平绣。之所以绣七枚圆盘，是因为纳西族崇拜单数，同时也象征多子多福。它来源于东巴经中"开天九兄弟，辟地七姐妹"的传说。三层垒叠的绣盘用白、青、黑、红、黄五色线绣成，代表金、木、水、火、土五行。纳西族认为人与自然一样，是由五行组成，如果一个人缺少五行中的某一样，就会生活不和谐。每颗星星的圆心处，穿有两根用上好麂子皮制作而成、粗麻线一般的须挂，它们就像日月星辰放射出的光芒，寓意光明温暖，背负物品时也可作系带。

七星绣盘作为一种符号，代表日月星辰，被用来装饰在纳西族女性服饰上，象征纳西族妇女"肩负日月，背负繁星"，以颂扬其勤劳的美德。

图片来源

图一、图六　李佳怡　摄影
图二至图五　李雪婷　制图

图二　纳西族七星绣盘尺寸图（单位：cm）

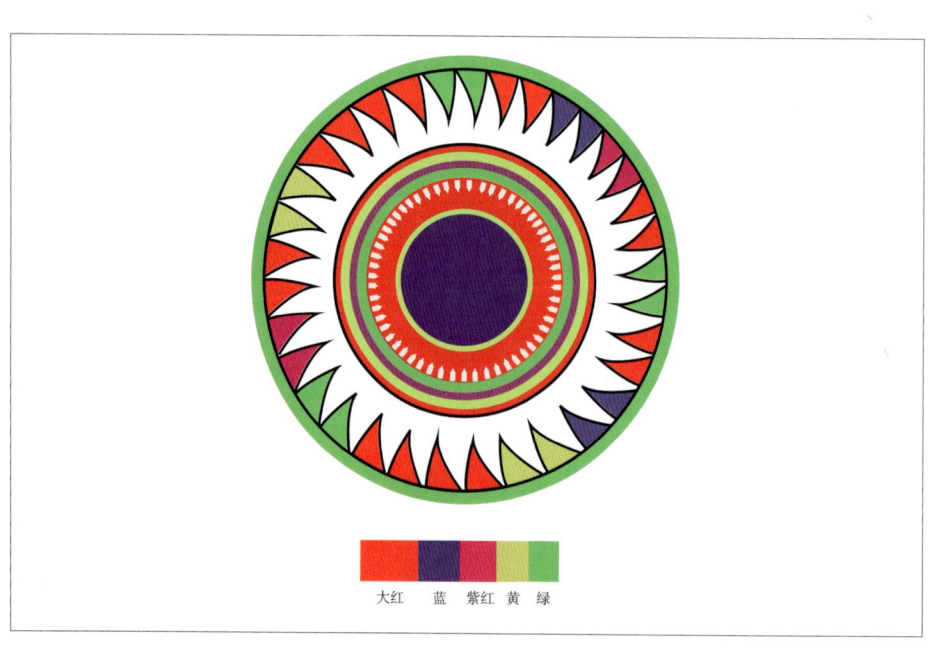

图三　纳西族七星绣盘色彩分析图

图四　纳西族七星绣盘材料分析图

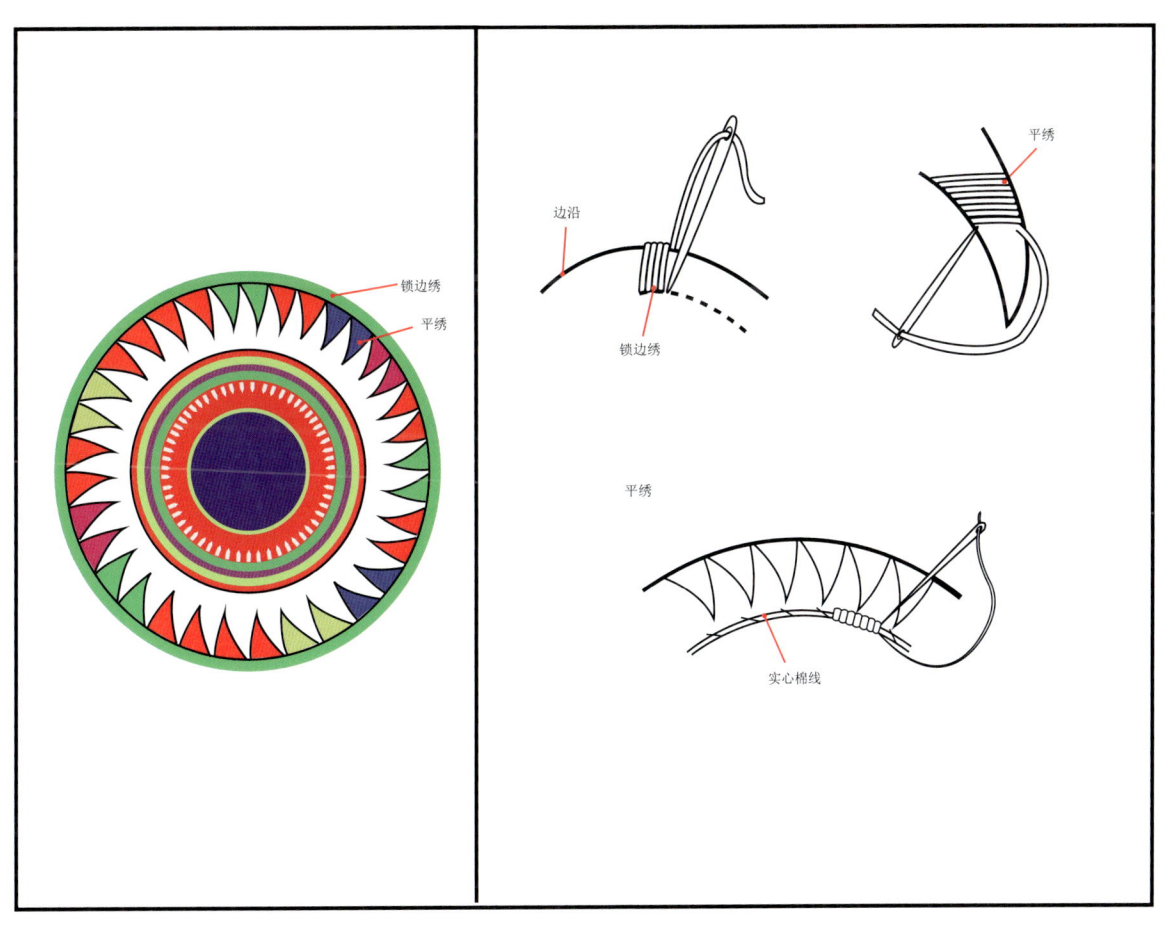

图五　纳西族七星绣盘工艺分析图

图六　纳西族七星绣盘穿着效果图

纳西族百褶裙

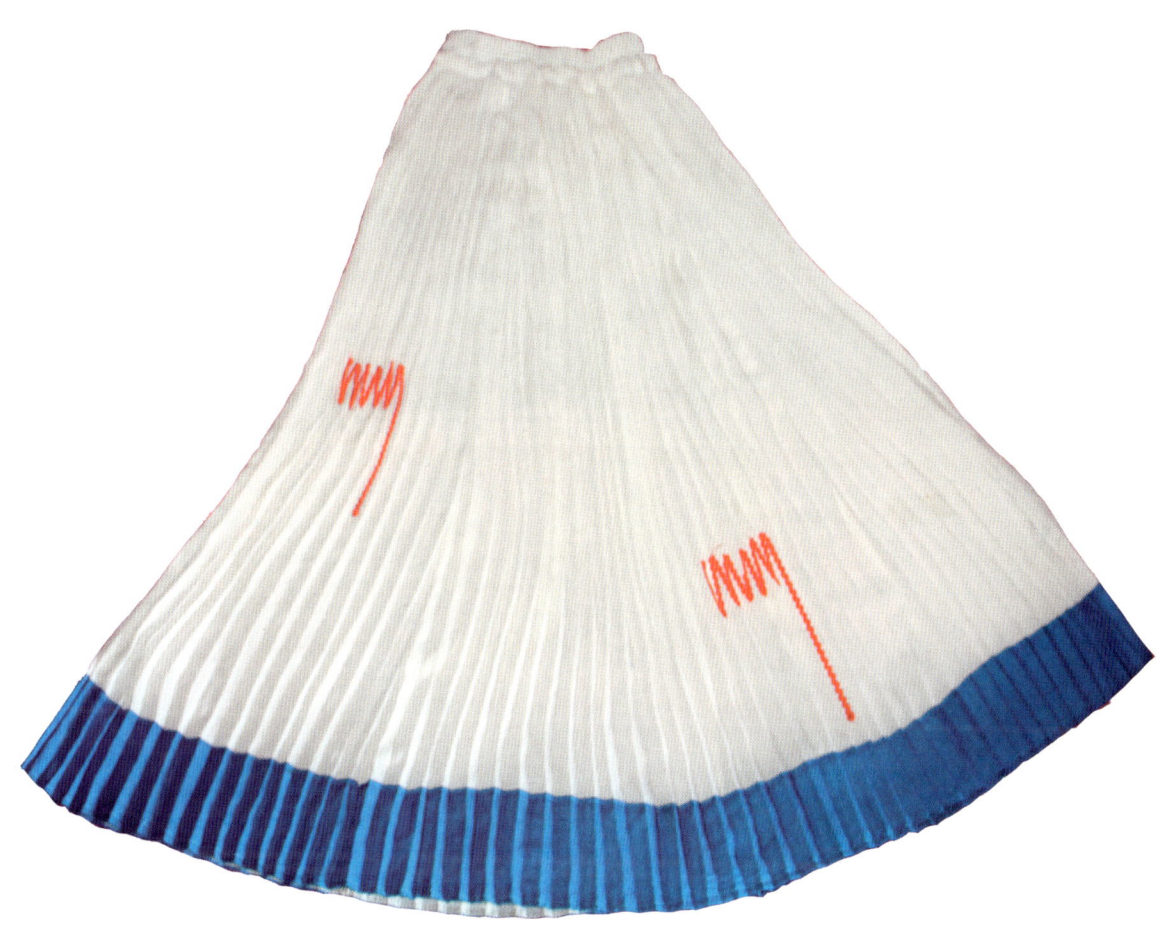

图一　纳西族百褶裙主图

　　百褶裙，是指裙身由许多细密、垂直的褶皱构成的裙子。据丽江地方志记载，古时丽江地区的纳西族女性就喜欢穿宽大的百褶裙，到现在仍一直保留着穿裙的习惯。百褶裙曳地，色调以白、蓝为主，白色裙面上偶绣红、黑、黄色细纹，鲜艳美丽，轻松大方。本案例采集于丽江市玉龙县玉湖村和金花家。

　　丽江地区百褶裙的传统布料是粗麻布，现在多用棉布或涤纶。需用5米长布做裙。制作方法是将布料对半裁开，手工制褶，再用线把折好的布绑紧，然后压烫，就形成百褶裙的褶皱。最后将对半裁开的布料沿边缘缝好，在腰头的位置缝上松紧带或钉两根飘带，用于系裙腰。

　　从设计的角度分析，一般服饰的实用功能为保暖、身体防护及满足日常劳作和生活的需求。百褶裙的褶皱便具有独特的实用功能：首先，侧重保暖性，丰富的褶皱可以将腰以下部位重叠围住，具有良好的保暖性能。其次，褶皱可以满足劳作时的耐磨需求。裙两侧的百褶面便是典型，人在稻田插秧时手臂来回摆动从而与裙侧发生摩擦，裙侧易磨损，细密的、具有一定厚度的百褶面可以有效地增加耐磨性，还便于更换，因此，百褶面是裙装耐磨性、经济性和卫生性的保证。再次，褶皱可以满足人体便捷行动的需求。百褶裙褶面较宽，下摆宽大，增加了内部空间，适宜山地行动。百褶裙及地，很好地避免了在山地行走时被蚊虫叮咬，也防止被有毒有刺的植物伤害。纳西族百褶裙具有良好的实用功能性和审美性，是现代服饰设计重要的借鉴来源之一。

图片来源
图一　李佳怡、石永欣　摄影
图二至图七　程珊　制图
图八　张新宇　制图

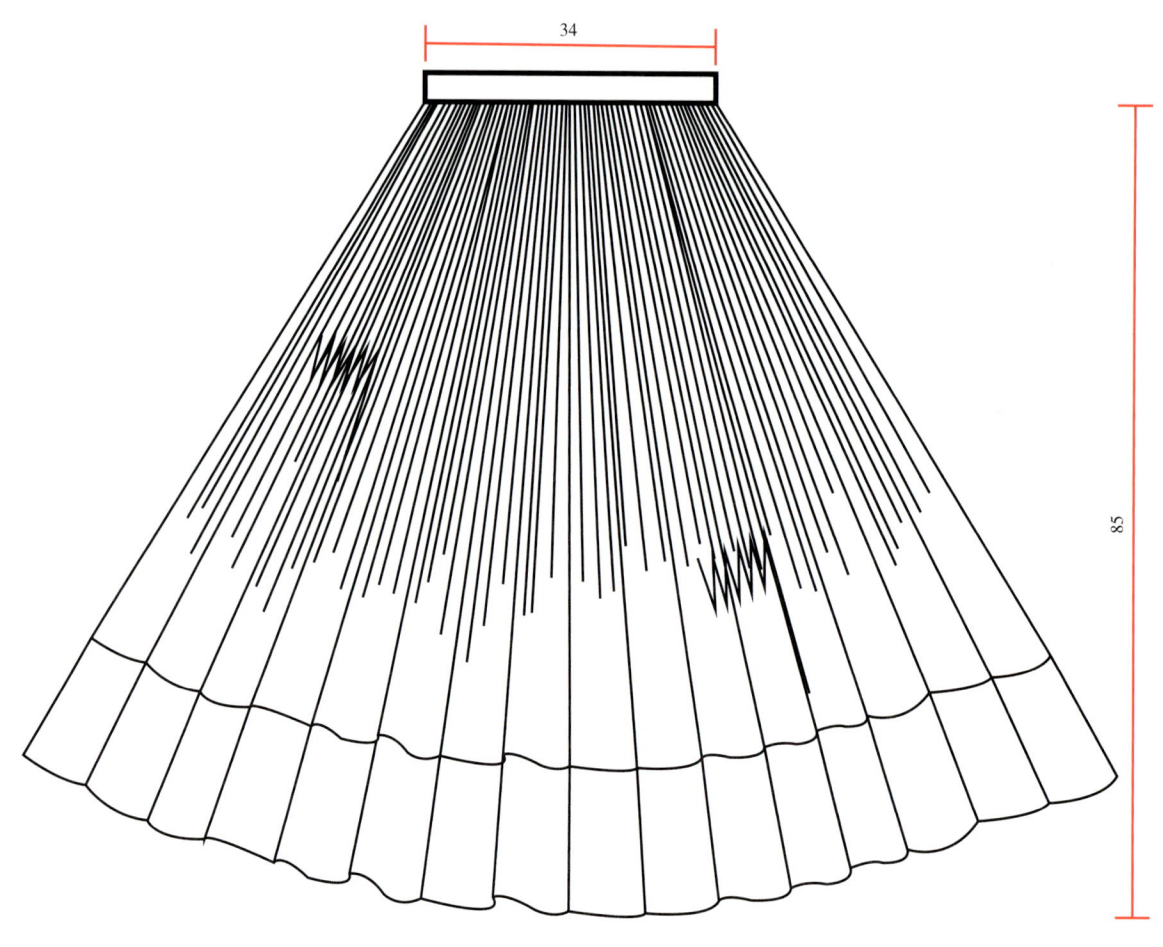

图二　纳西族百褶裙尺寸图（单位：cm）

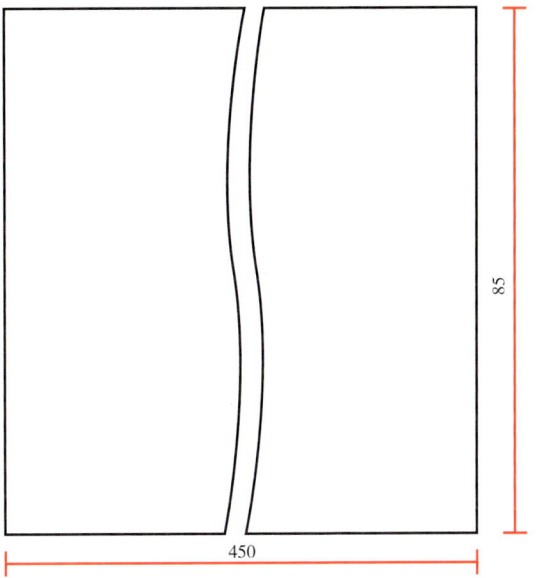

图三 纳西族百褶裙结构分解图（单位：cm）

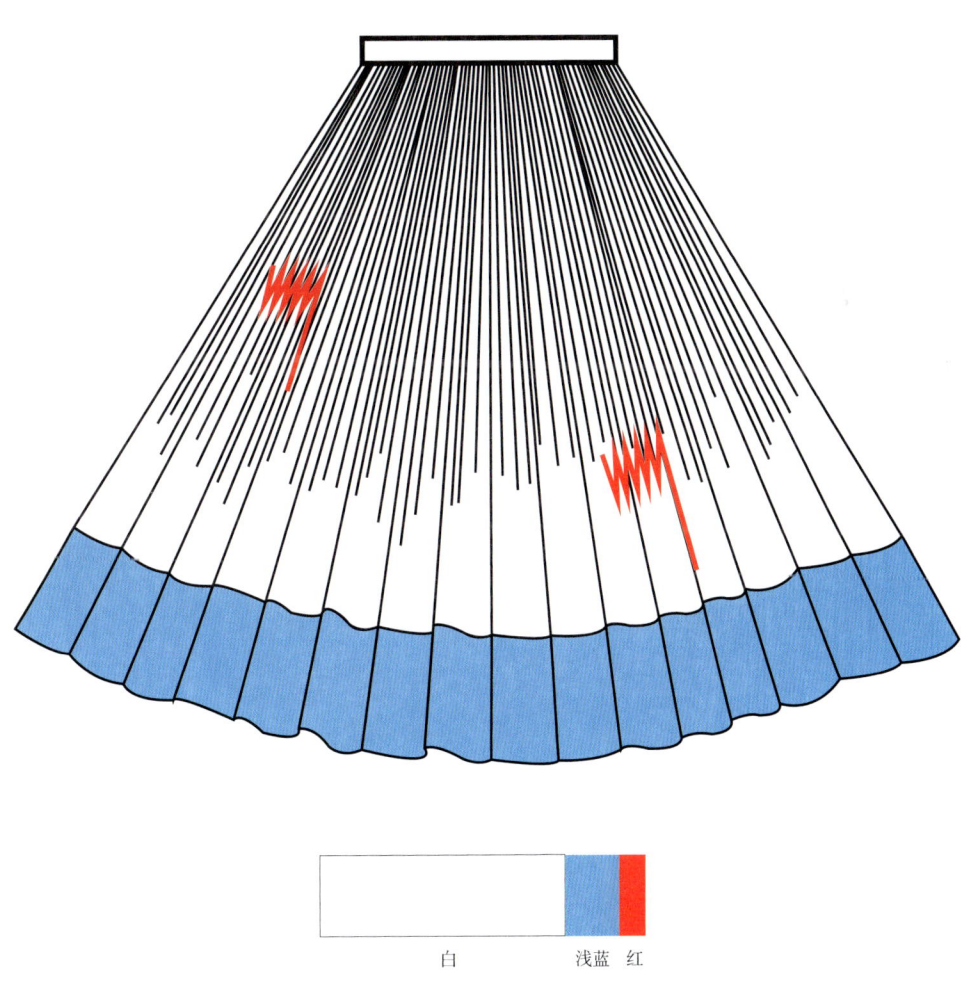

白　　浅蓝　红

图四 纳西族百褶裙色彩分析图

第二章 纳西族传统服饰

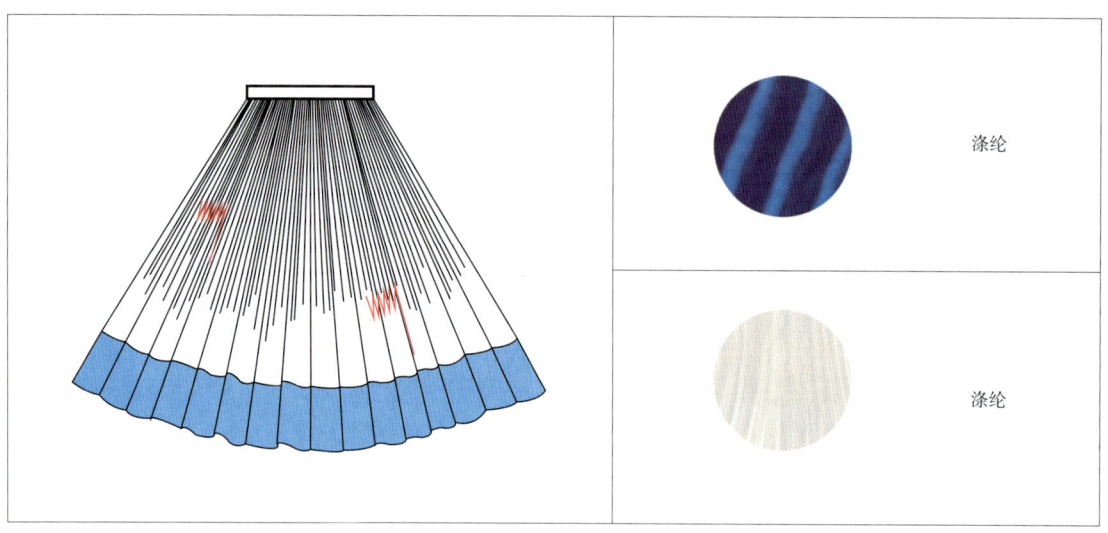

图五 纳西族百褶裙材料分析图

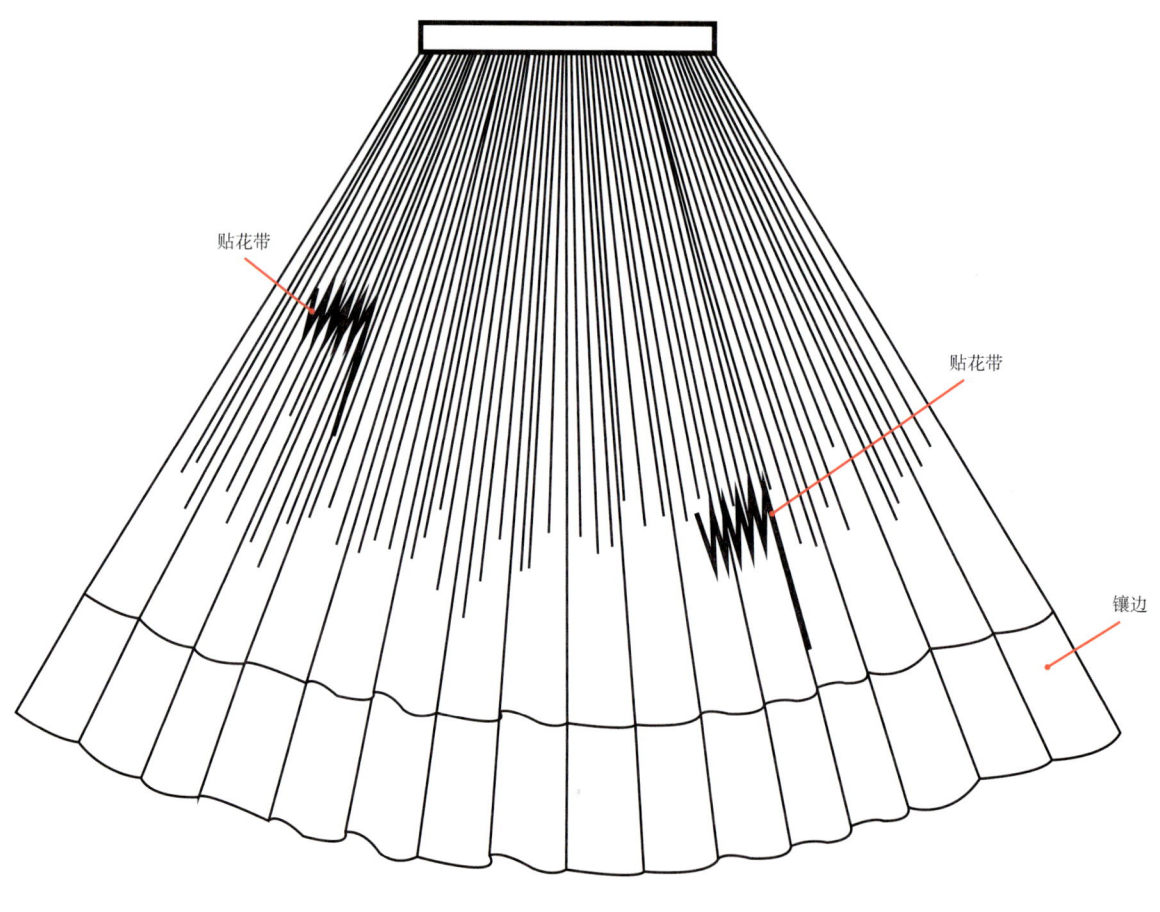

图六 纳西族百褶裙局部分析图

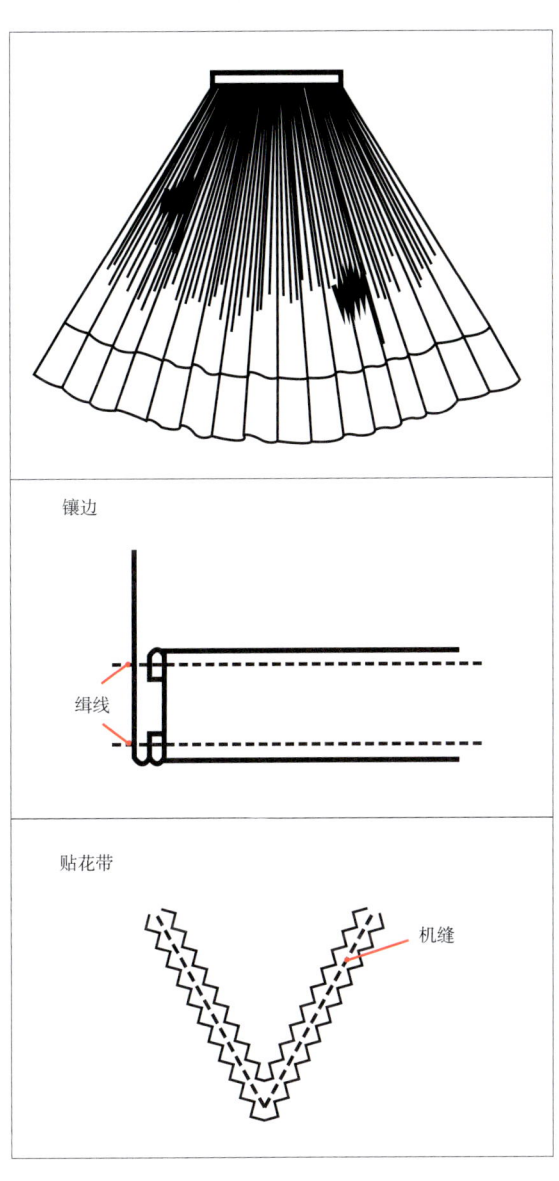

图七 纳西族百褶裙工艺分析图

图八 纳西族百褶裙穿着效果图

第二章 纳西族传统服饰

纳西族摩梭人百褶裙

图一　纳西族摩梭人百褶裙主图

宁蒗泸沽湖地区的纳西族女装中,百褶裙是重要的组成部分。百褶裙裙体由众多细密的竖式褶皱组成,故称百褶裙。该裙的裥距在2厘米到4厘米之间,少则数百褶,多则上千褶。

裙体由棉布或麻布缝制而成,长及脚背。百褶裙的褶皱为竖式,裙子上窄下宽,呈扇形,裙摆特别宽大,需用10米长布做成，下摆长9米有余，在裙中部偏下的位置绣有一条或两条环形的红色游丝线。百褶裙以白色居多，因白色从色彩明度上看最纯最亮。同时又有绿色、蓝色、紫色、咖啡色等。颜色的选择和年龄有一定关系，也与传统节日的装束要求分不开。关于百褶裙有很多美好的传说，这里仅列举三个有代表性的。一是姐姐为锻炼妹妹，将布料撕成许多布条，要求妹妹用一夜的时间制成一条裙子，聪明的妹妹把碎片大小两头分别拼缝，很快就制成了一条美丽的百褶裙。二是有关百褶裙上红色游丝线的传说——摩梭人为了牢记祖先迁移的路线而在百褶裙上绣上红线，表示灵魂返归故里的路线。还有一种传说，元初蒙古人统治摩梭人聚居地区后，为了拴住他们的摩梭妻子，就用红绳捆绑她们，并在她们裙子上做标记。摩梭人服装的传统颜色为素色或较单一的颜色，今天的摩梭人对颜色比较讲究，年轻妇女和小孩多以红、黄、蓝、绿、白等鲜艳颜色来打扮自己，而老年人则喜欢沉稳内敛的黑色、蓝灰色布料。

泸沽湖地区的纳西族女装无论样式还是色彩都跟居住地域环境十分协调。其宽摆长裙的设计，是为了让在劳动中起关键作用的女性更舒适地行走和劳作。百褶裙使得摩梭女性在劳作中腿部少受裤装的束缚。同时，裙子在走动时下摆变化丰富，更能衬托出女性婀娜丰满的身材，使其分外动人。

图片来源

图一至图四　马蓉　制图
图五、图六　马蓉　摄影

参考文献

刘遂海.摩梭民间美术：最后母亲文化的视觉印记.北京：人民美术出版社，2011.

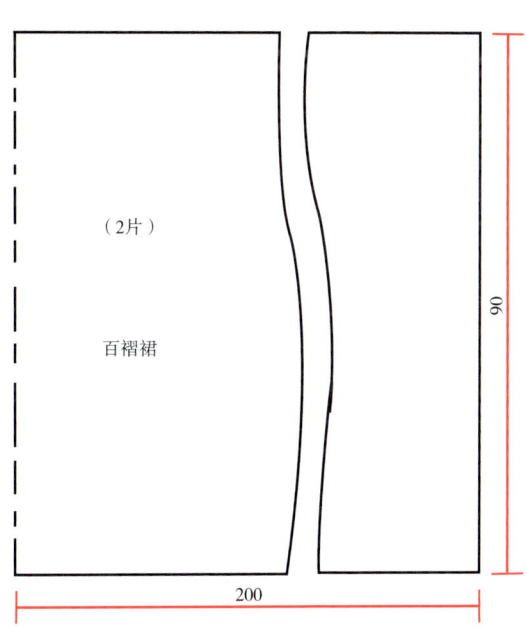

图二　纳西族摩梭人百褶裙结构分解图（单位：cm）

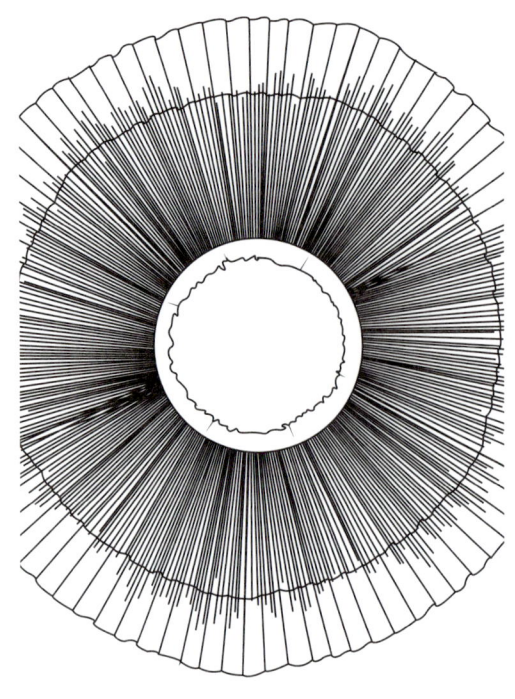

图三 纳西族摩梭人百褶裙展开图

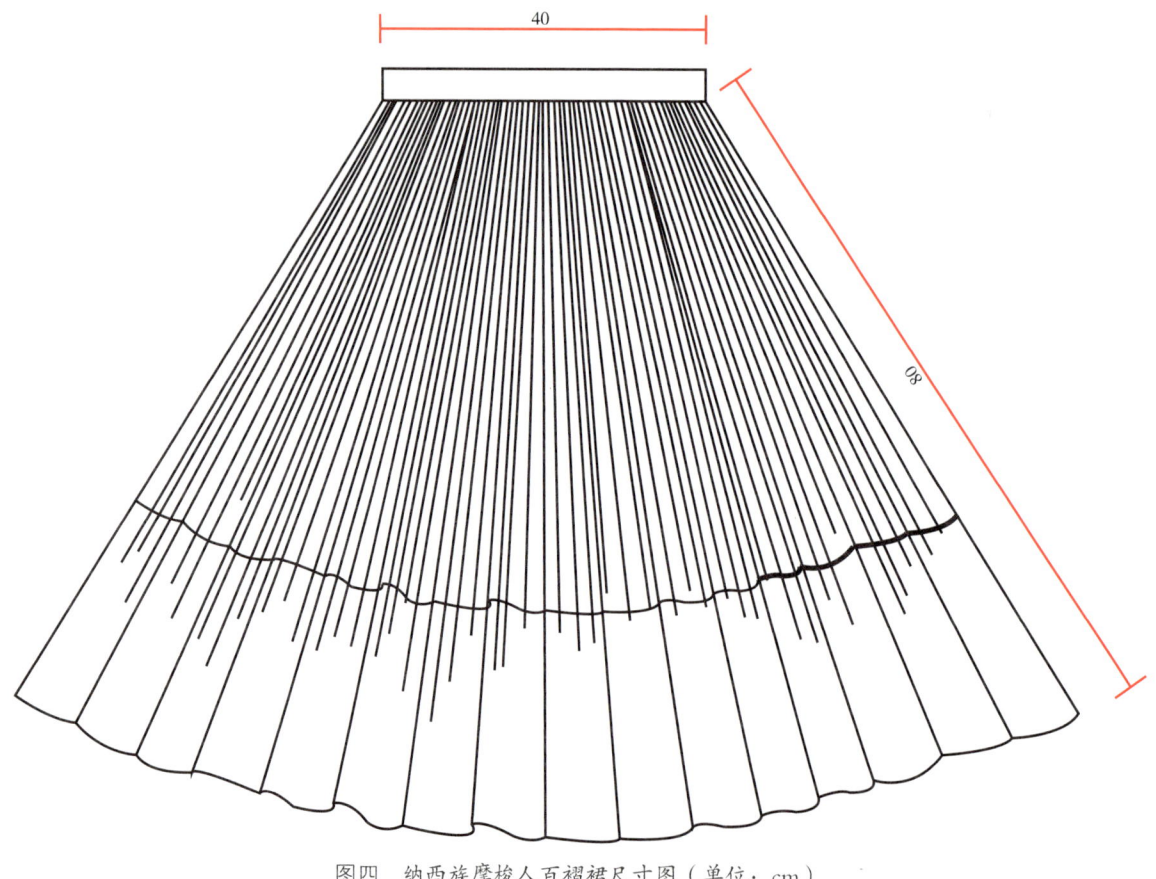

图四 纳西族摩梭人百褶裙尺寸图（单位：cm）

图五　纳西族摩梭人百褶裙穿着效果图1

图六　纳西族摩梭人百褶裙穿着效果图2

纳西族百褶围腰

图一　纳西族百褶围腰主图

　　围腰，裙和裤的补充物或者说保护物、装饰物，是围在肩部或腹部的布块，根据大小和形制的不同可以称为围腰、围裙、肚围或肚兜等。百褶围腰，是丽江地区纳西族女性的常见装束，通常系在裤装或裙装的外层。年轻女性的围腰色彩明艳，长度适中，形如一把扇子，显得美观大方。百褶围腰流行于滇西北纳西族聚居地，使用者中年轻女性较多。本案例采集于丽江市玉龙县玉湖村和金花家。

　　百褶围腰用料2米左右，一般用灰、白、蓝、黑等色的细棉布或涤纶作料，以手工编压成扇形，缝合时每隔5cm左右缝制一条纵褶，一根长一根短，这样能形成一个上窄下宽的扇形，走动时富有动感，突出曲线美。围腰上部覆以浅蓝色飘带，下部镶上13~17厘米的浅蓝色边幅。若主体布料为深色，镶料则为浅色；主体为浅色，镶料则为深色，色彩搭配协调。再钉上一对串花飘带，用来打结，也起装饰作用。纳西族女性平时着黑色或蓝色围腰，用飘带系于腰间，长及膝下；若家中父母去世，女子须改着白色围腰，丧期告终后方可着其他颜色的围腰。

　　纳西族的百褶围腰，在功能上实现了保护衣物的作用，使裤装或百褶裙不易在劳作中被弄脏。纳西族所处地区较寒冷，洗涤衣物不便，而围腰的使用大大降低了洗涤衣物的频率。同时，百褶的装饰效果使百褶围腰不同于其他绣花围腰，更显简洁大方，系于腰间，走动时百褶随步伐摆动，提升了服饰的整体美感。

图片来源

图一　李佳怡、石永欣　摄影

图二至图八　程珊　制图

图九　张新宇　制图

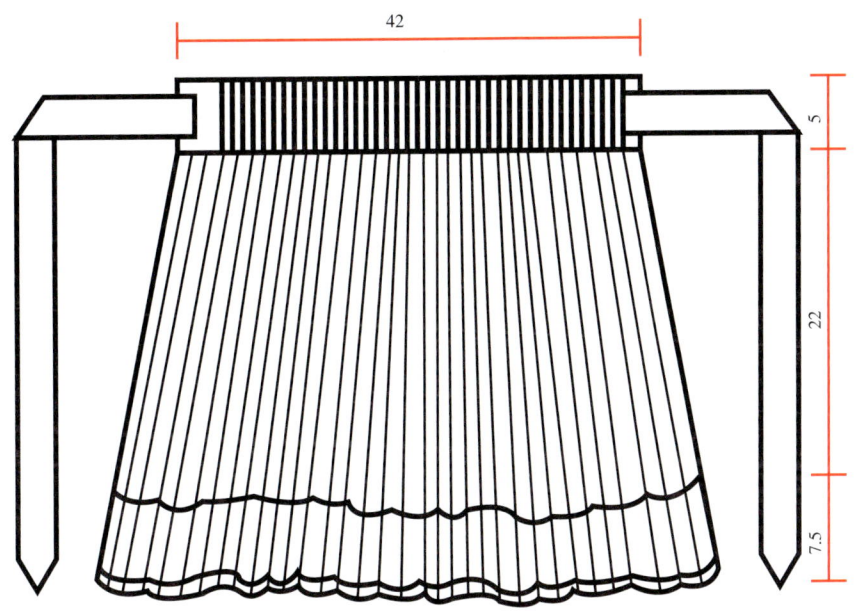

图二　纳西族百褶围腰尺寸图（单位：cm）

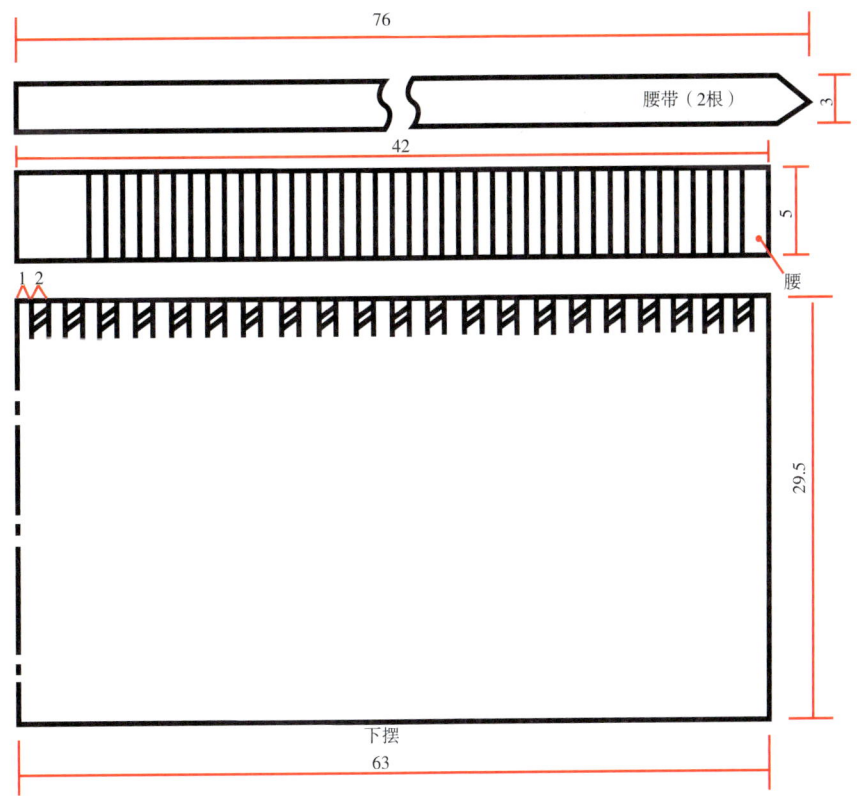

图三　纳西族百褶围腰结构分解图（单位：cm）

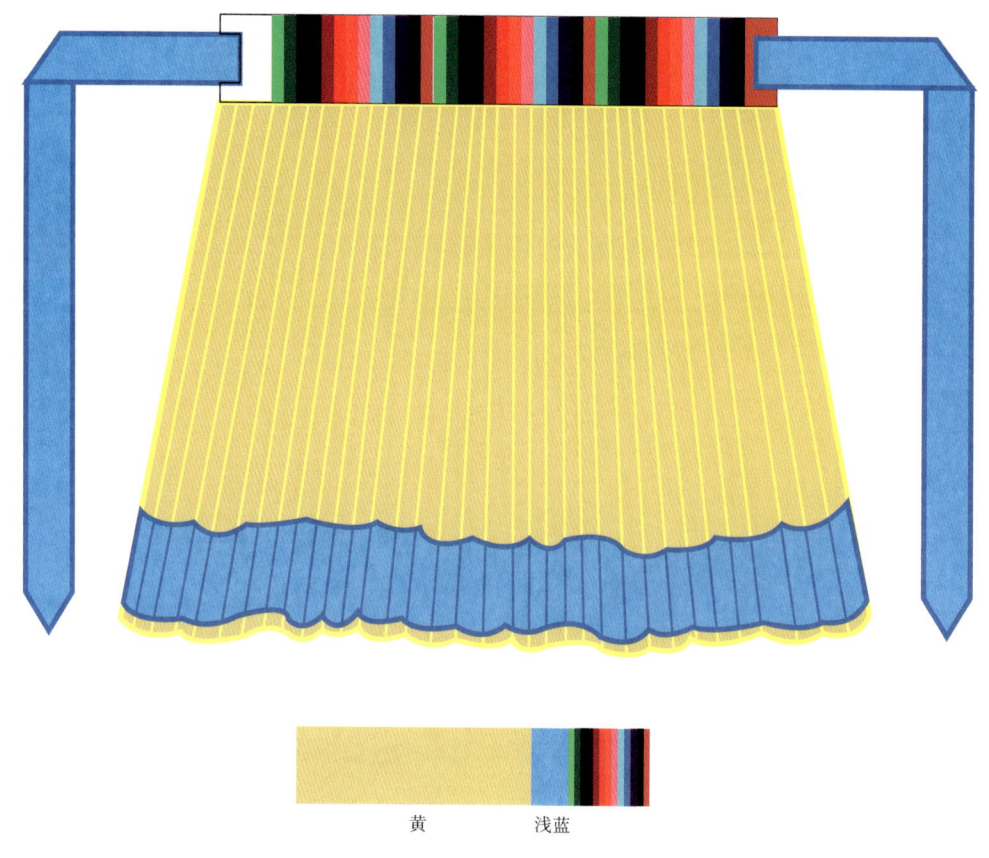

图四 纳西族百褶围腰色彩分析图

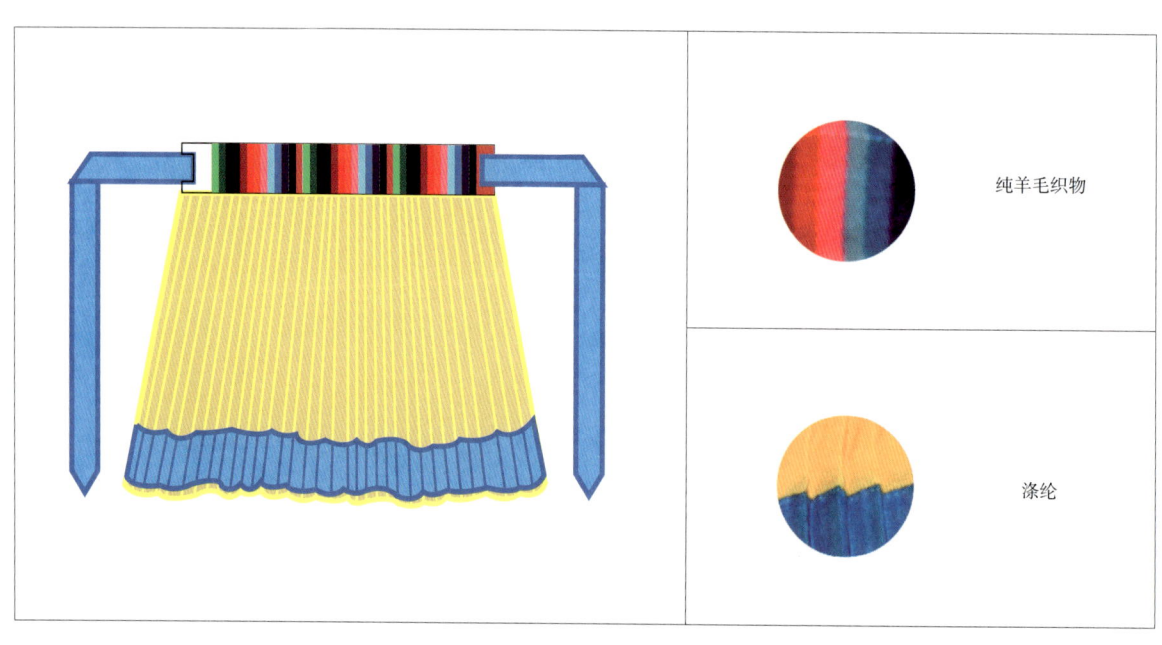

图五 纳西族百褶围腰材料分析图

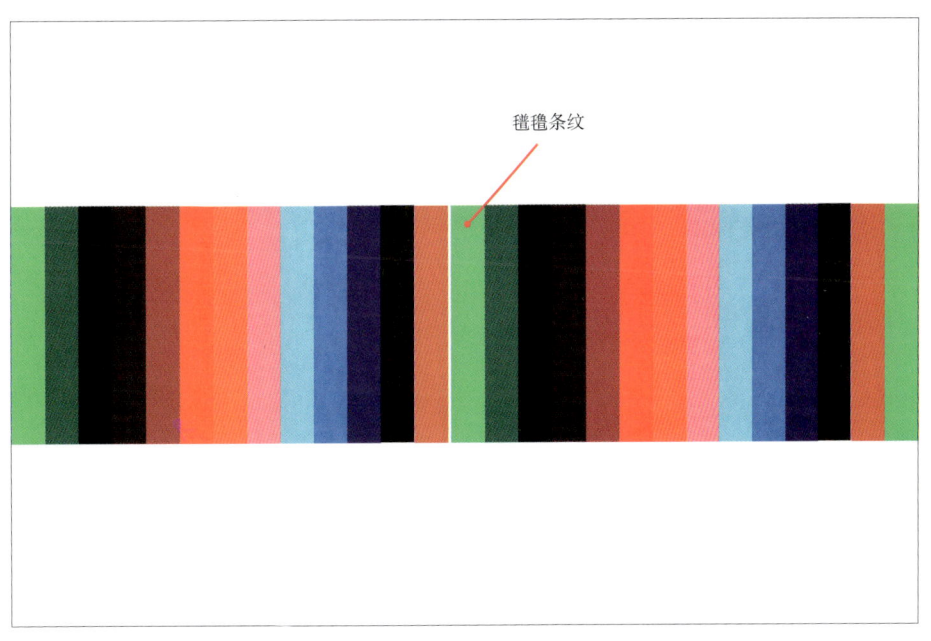

图六 纳西族百褶围腰图案分析图

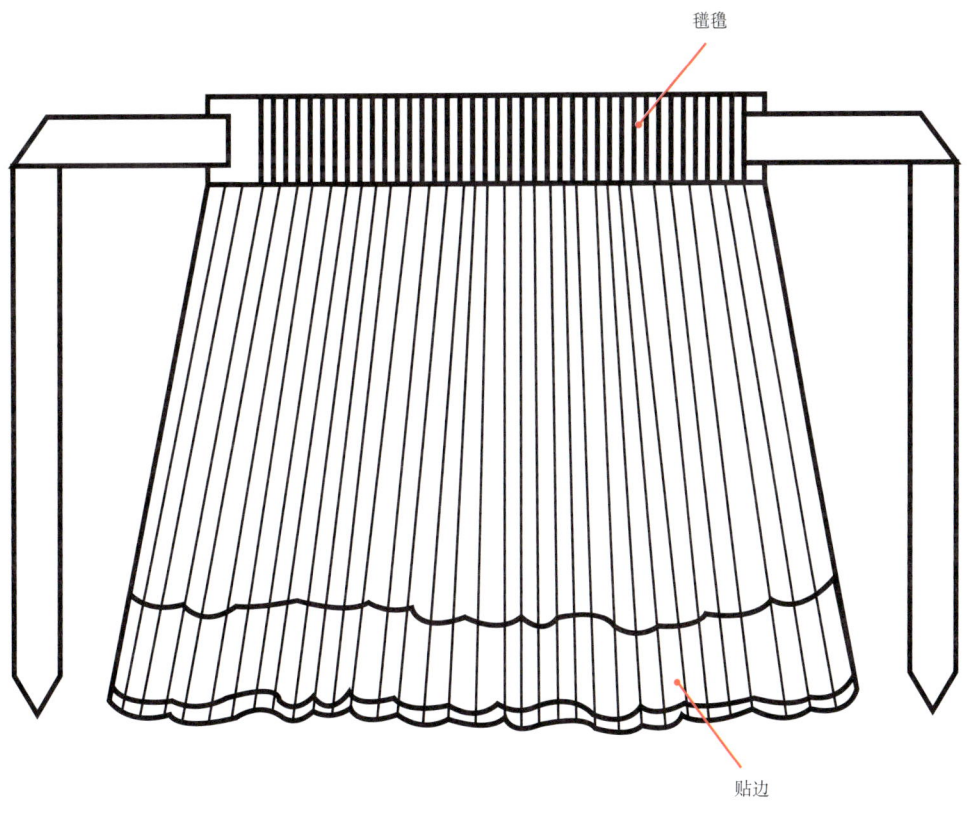

图七 纳西族百褶围腰局部分析图

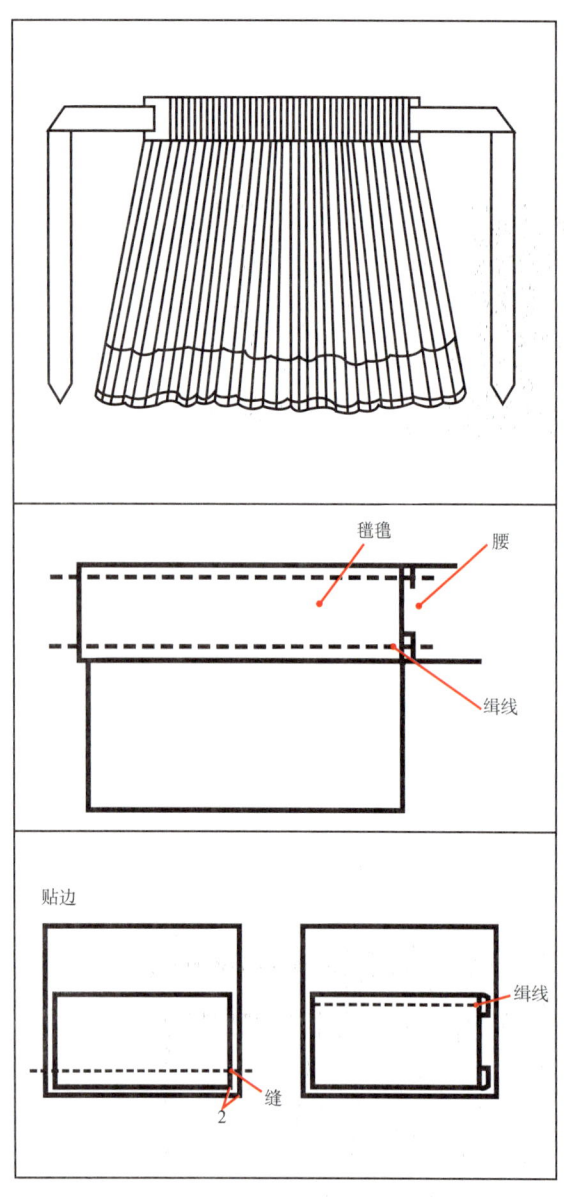

图八　纳西族百褶围腰工艺分析图（单位：cm）

图九　纳西族百褶围腰穿着效果图

纳西族摩梭人腰带

图一　纳西族摩梭人腰带主图

　　腰带，用来束腰的带子，摩梭语音译为"吉给"。居住在泸沽湖地区的纳西族摩梭女性都有系腰带的习惯。本案例采集于宁蒗县泸沽湖镇里格村扎西家，腰带全长240厘米，宽12厘米，由数十种颜色的线织成，绚丽夺目，五彩缤纷。

　　摩梭女性在13岁的"成人礼"（也叫"穿裙礼"）后，换上成人的服饰，其中一样就是花纹艳丽的腰带，一般会在两端扎上数根红色的流苏状垂缨。女儿的腰带一般由母亲纺织，寄托了深厚的母爱和真挚的祝福。过去，摩梭人纺织腰带的原材料是自家种植的大麻。如今，摩梭人已很少种植大麻，纺织腰带的材料也由原来的麻线改成了彩色棉线。较之麻线，棉线更廉价、易得。

摩梭人几乎家家有腰织机或更大的木架织布机，这种自给自足的手艺如今保存了下来。可以说，摩梭人纺织工艺的发展，为丰富多彩的民族服饰提供了可靠的物质基础。

　　摩梭女性喜欢在短衫外系上腰带，既方便劳作，又显得利落。较宽的腰带会被折成双层系在腰间，双层的腰带除了具有更好的防风保暖功能外，还可以装一些小物品，十分方便。有时，她们还将百褶裙的裙摆拉起来塞进腰带里，让裙摆不易在劳作中拖到地面。

图片来源

图一　李佳怡、石永欣　摄影
图二至图七　程珊　制图

参考文献

李靖寰.云南少数民族服饰艺术浅谈（下）.昆明：云南艺术学院，2001（2）.

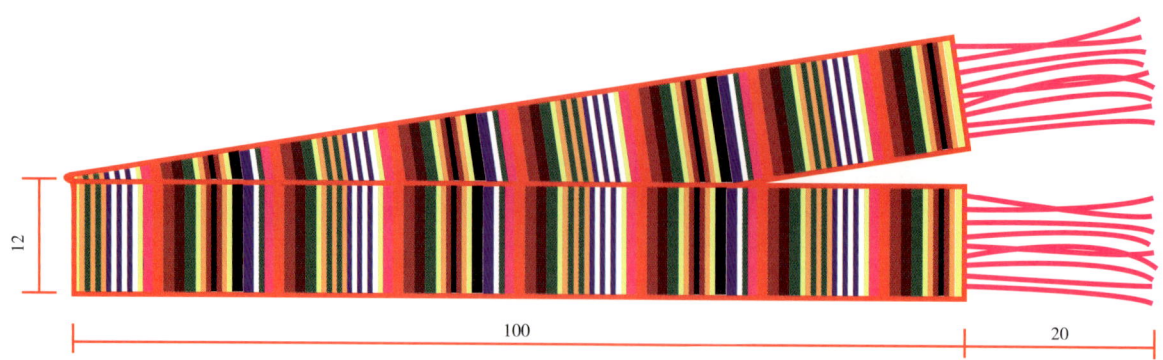

图二　纳西族摩梭人腰带尺寸图（单位：cm）

黄色系　群青　白　绿　　红色系　　黑

图三　纳西族摩梭人腰带色彩分析图

纯羊毛

纯羊毛（流苏）

图四　纳西族摩梭人腰带材料分析图

图五　纳西族摩梭人腰带图案分析图

图六　纳西族摩梭人腰带局部分析图

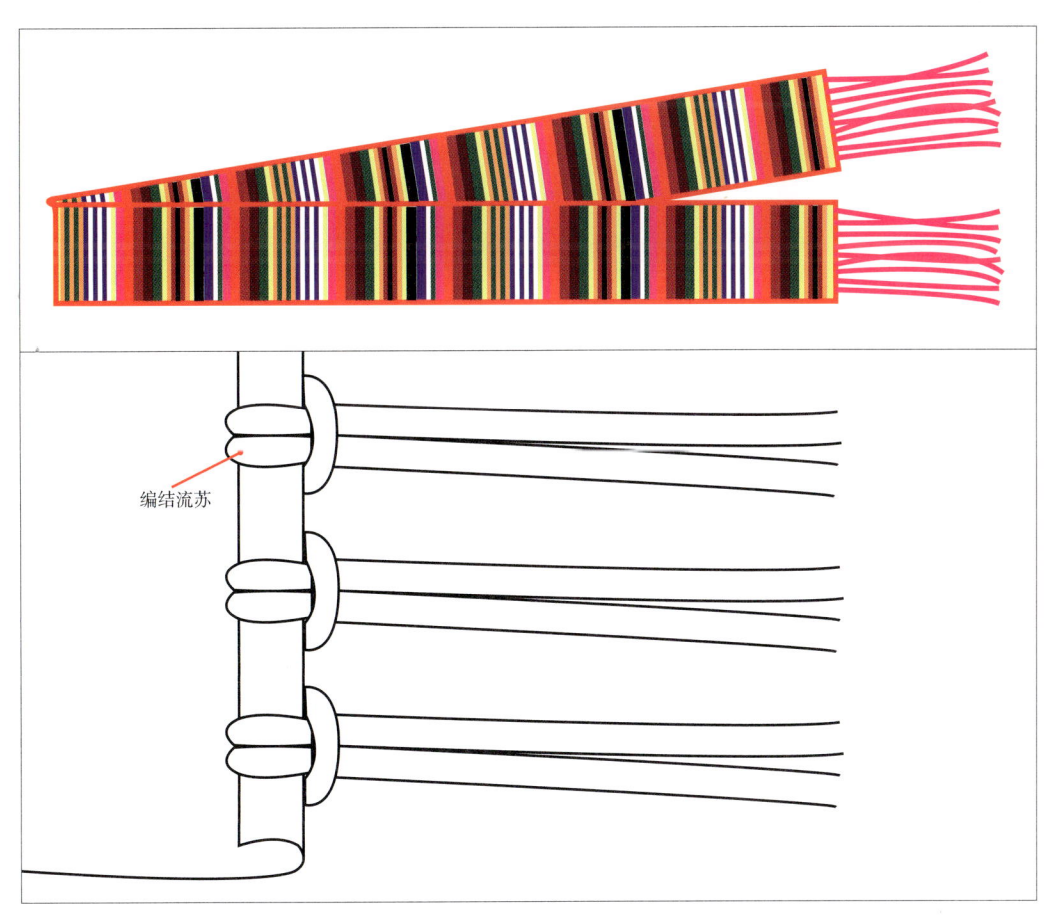

图七　纳西族摩梭人腰带工艺分析图

纳西族坎肩

图一　纳西族坎肩主图

　　坎肩，纳西语音译为"优娥"，是丽江地区纳西族女性的常装，通常穿在宽袖长衫外，起到防寒作用。面料一般选用棉布、氆氇或灯芯绒，颜色多为黑色、深红色和紫色。右衽处的绣花部分多采用彩色棉线，在袖口处还镶嵌动物毛。本案例采集于丽江市玉龙县玉湖村和金花家，为深红色薄毛呢坎肩。

　　此款坎肩用料2.5米左右，以深红色毛呢为面料，以蓝色平布做衬面，为无领连肩短坎肩，半襟右衽，右衽处用约7厘米宽的黑丝绒绲边，顺边钉一条黑色辫子。因为衣襟、领口是服饰的重要部位，容易磨损，纳西族人就在开襟处与领口处各镶一条宽度适宜的带子，这不仅使服饰显得精美华丽，更让服饰耐磨，以免在劳作中受损。此款坎肩共饰有五枚直盘扣（一字扣），用作系襟，分别饰于领口处、右衽开襟转折处、腋下及下摆开衩处（除开襟处有两枚外，其余皆为一枚）。直盘扣的制作方法简单，首先需要缝制襻条，将布的毛边往里折，然后对折，形成四层，再用针缝制，缝制好襻条后编结扣坨，将一根襻条编成球状扣坨，另一根对折成扣带，将扣坨和扣带缝在衣襟两侧并相对即可。盘扣的制作工艺包括盘、缝、编等多种手法。盘扣的应用，更增添了纳西人服饰的传统气息。

纳西族聚居于高寒地区，虽日照充足，但早晚温差大，即便在炎热的夏季，早上依然需要穿较保暖的衣物。坎肩正好适应了这一地区特殊的气候条件。由于水资源比较匮乏，加上水质寒冷，给洗涤衣物带来诸多不便。这些自然因素是纳西人把具有较强吸热性、耐脏性的深色作为服饰主色调的重要原因。纳西族民族服饰是纳西人对其所处的自然环境进行有效适应的结果，虽世事变迁，但他们仍然保留了自己的文化传统和衣着习惯。

图片来源
图一　李佳怡、石永欣　摄影
图二至图七　程珊　制图
图八　张新宇　制图

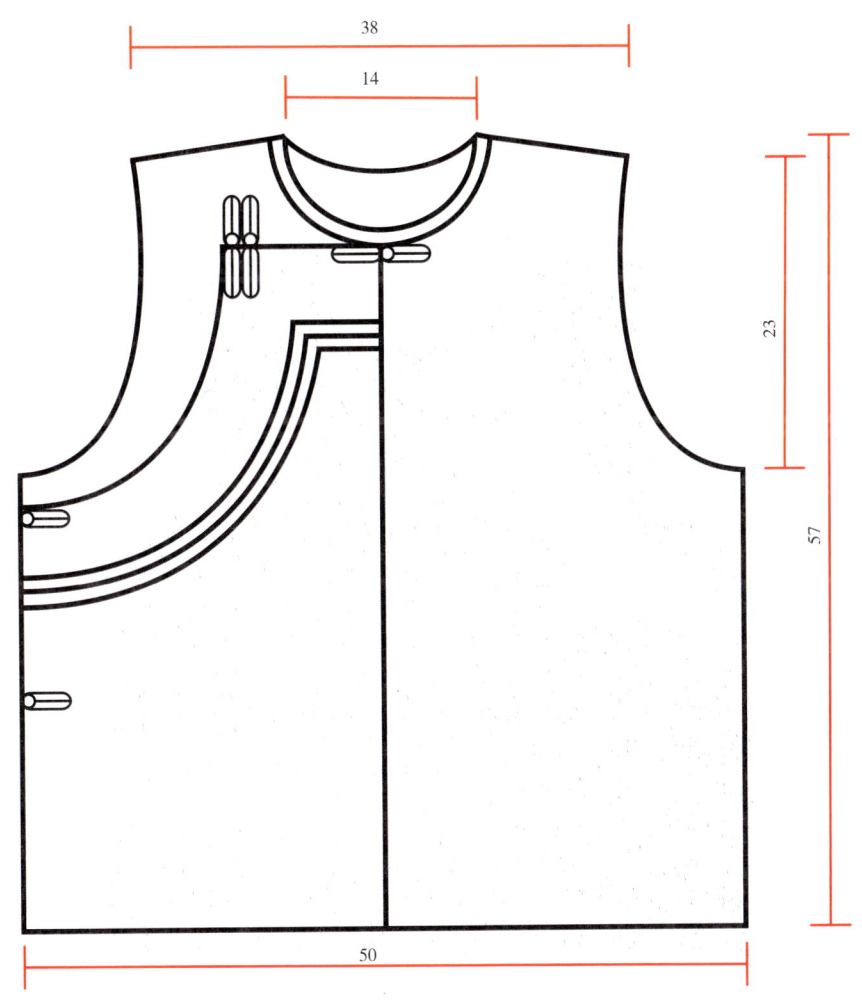

图二　纳西族坎肩尺寸图（单位：cm）

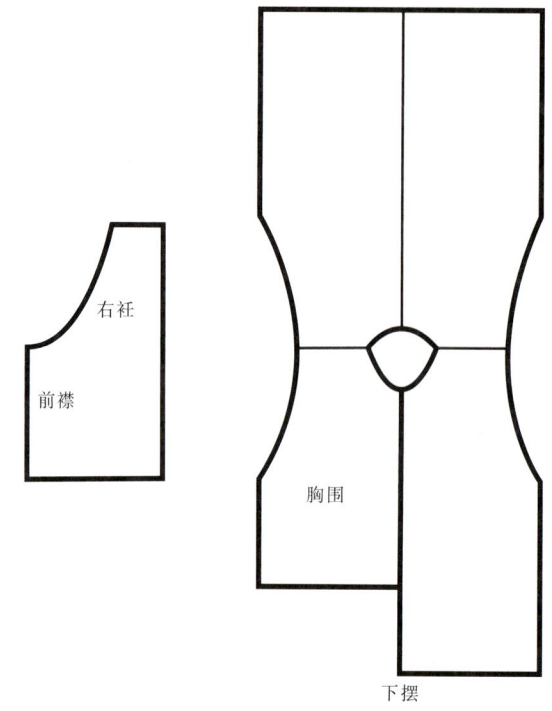

图三　纳西族坎肩结构分解图

图四　纳西族坎肩色彩分析图

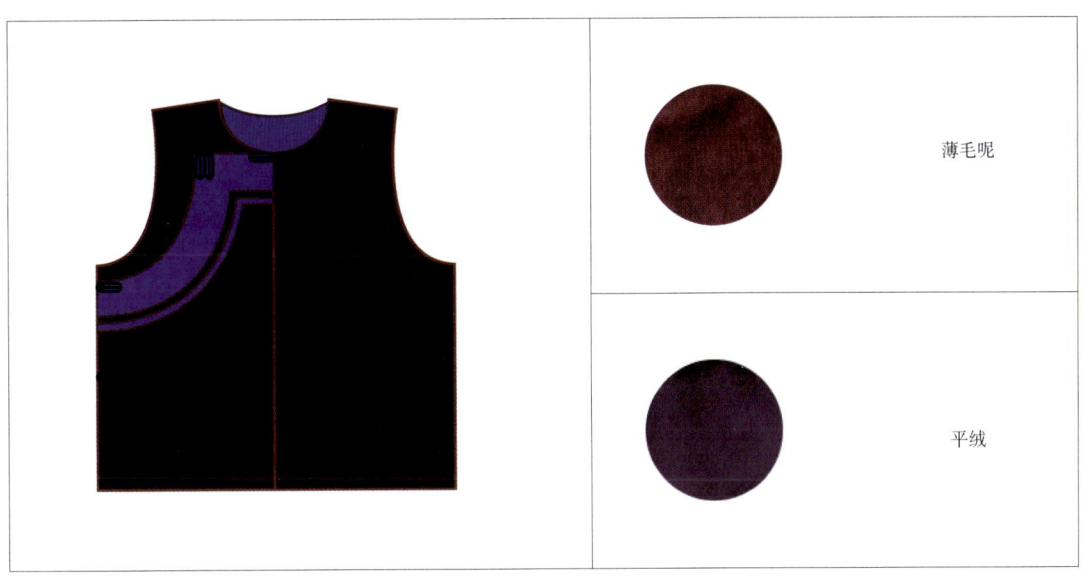

图五　纳西族坎肩材料分析图

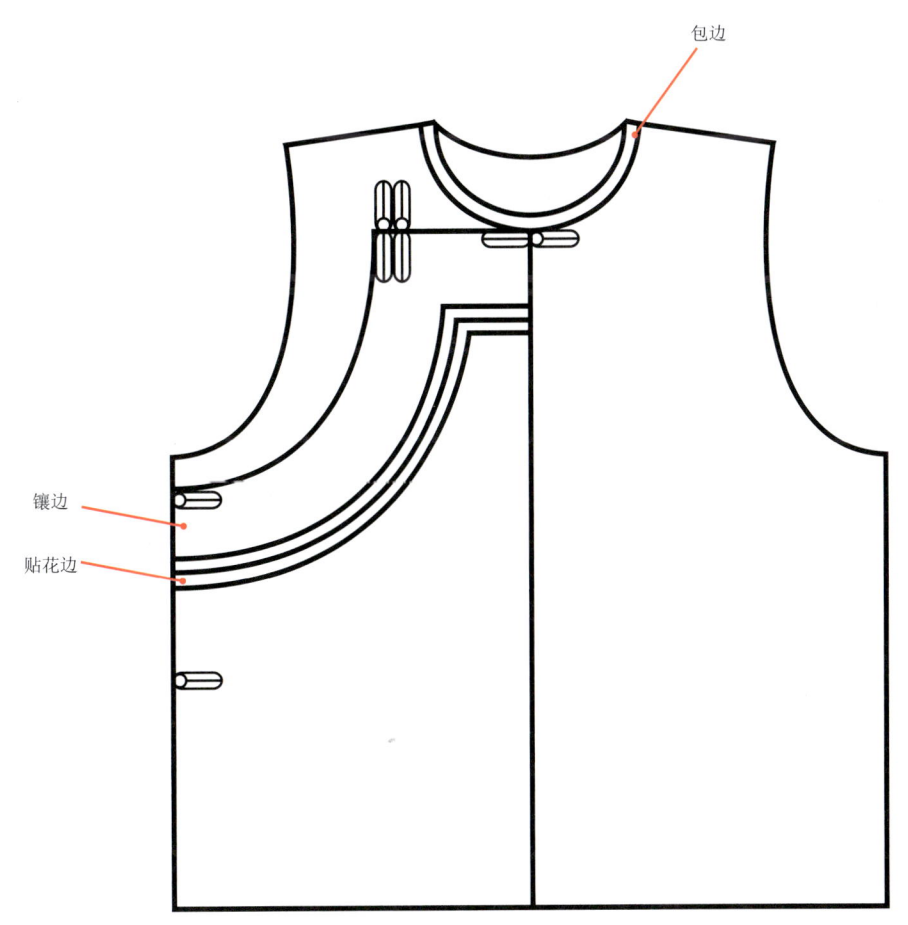

图六　纳西族坎肩局部分析图

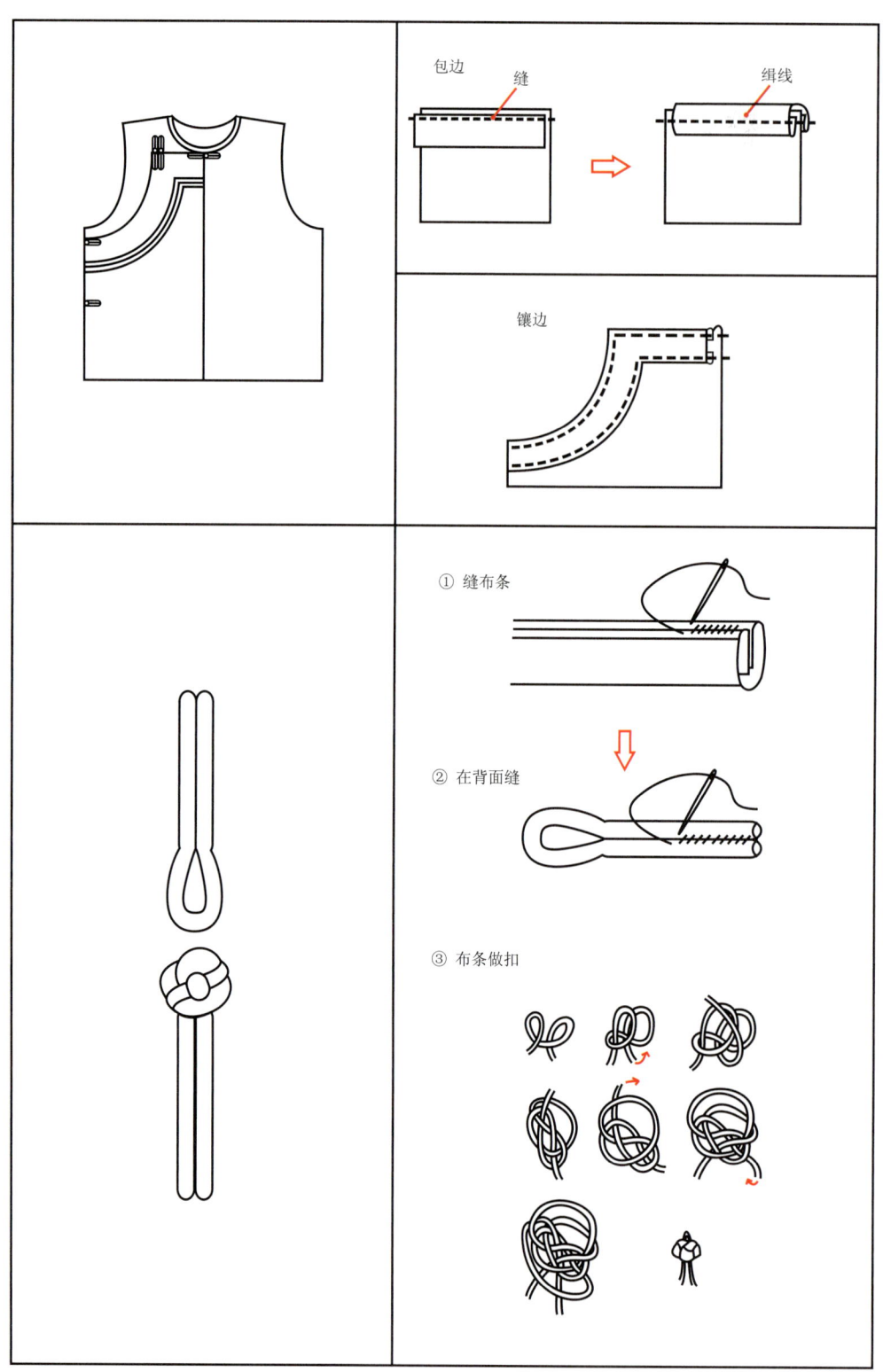

图七 纳西族坎肩工艺分析图

图八　纳西族坎肩穿着效果图

纳西族摩梭人短衫

图一　纳西族摩梭人短衫主图

　　衫，义同于"衣"，短衫即短衣。"纳巴拉"，音译摩梭语，意为上衣，是对摩梭男女上衣的统称。摩梭人的女式上衣，形制为高立领右衽长袖短衫。年轻女性的上衣色彩明艳；老年人则多用深色面料做上衣，朴实、内敛。本案例采集自丽江市宁蒗县泸沽湖镇里格村扎西家，此款短衫保留了传统形制。

　　女式"纳巴拉"的传统面料有灯芯绒、棉布、麻布等，现多用平绒、毛呢或棉布；颜色以红色为主，图案以黑底绣银丝线白花、红底绣金丝线黄花、白底绣红花为主；样式为长不过肚脐的大襟右衽短衣，衽为浅色镶边；扣为铜质或银质，也有以珊瑚、玛瑙等彩石为扣的习惯，纽扣在颈项、右胸、腋下分三组两副排列；袖口窄小并外翻露出明艳的里子，增添了服饰的层次感。富贵人家的女子，还会在衣领和右衽上镶金银丝线，以示身份的尊贵。如今，随着旅游业的日益兴旺，泸沽湖地区与外界的联系逐渐增多，摩梭女性的服饰也不断融合汉族与其他少数民族服饰的长处，逐渐向更为合身和美观的方向发展，较之传统服饰更加绚丽多彩，现已不再局限于某种类型的布料或色彩搭配，华丽的视觉效果成为其主要诉求。阳光下衣服闪耀迷人，更衬托出摩梭女性的婀娜多姿。

　　考虑到摩梭女性在家庭生活中的主导地位，"纳巴拉"采用短小精致的外形，非常适宜穿着，在劳动中利落的衣服也可以大大提高生产效率。并且，这种短小的上衣能显出女性苗条的身段，是实用性与审美性的结合。

图片来源

图一　李佳怡、石永欣　摄影

图二至图七　李雪婷　制图

图八　马蓉　制图

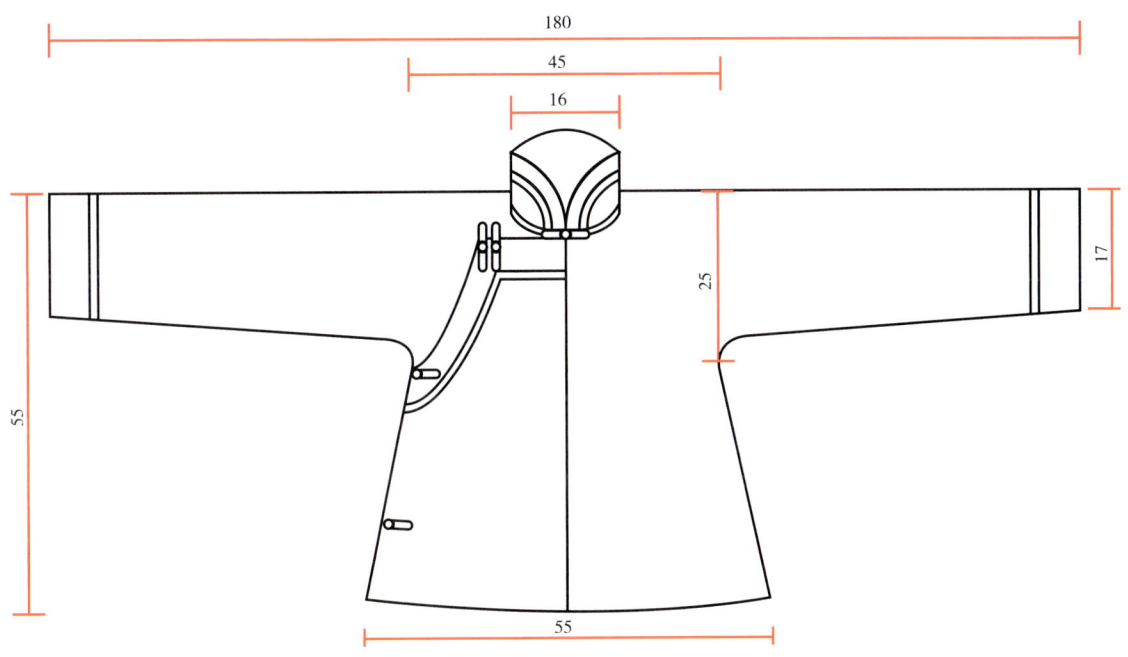

图二　纳西族摩梭人短衫尺寸图（单位：cm）

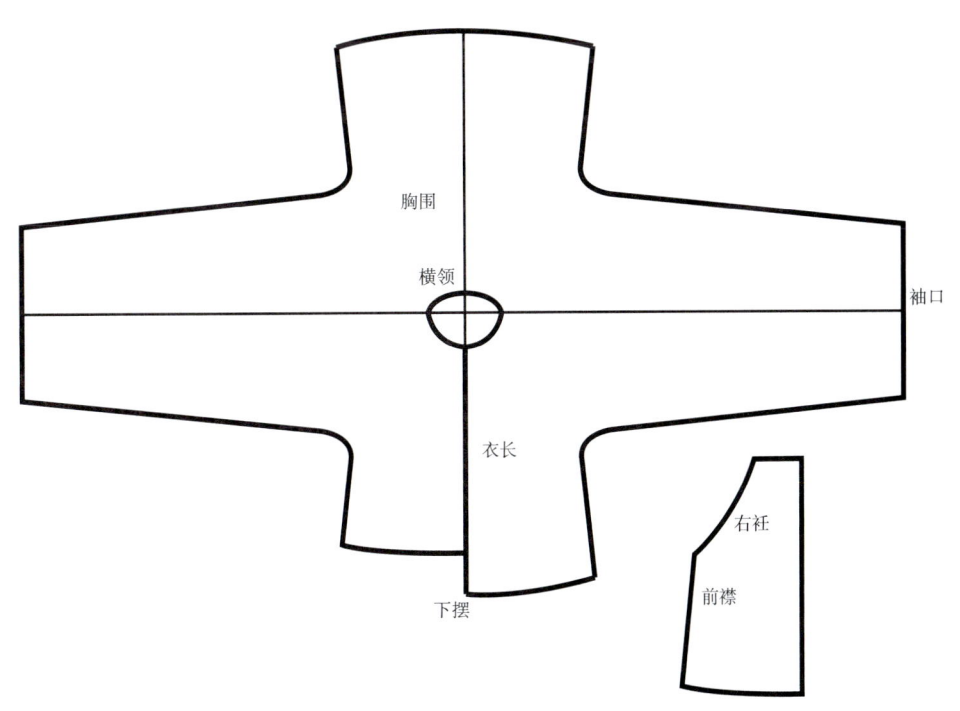

图三　纳西族摩梭人短衫结构分解图

白　　蓝　　金

图四　纳西族摩梭人短衫色彩分析图

人造丝、涤纶
（金银织锦缎）

涤纶

图五　纳西族摩梭人短衫材料分析图

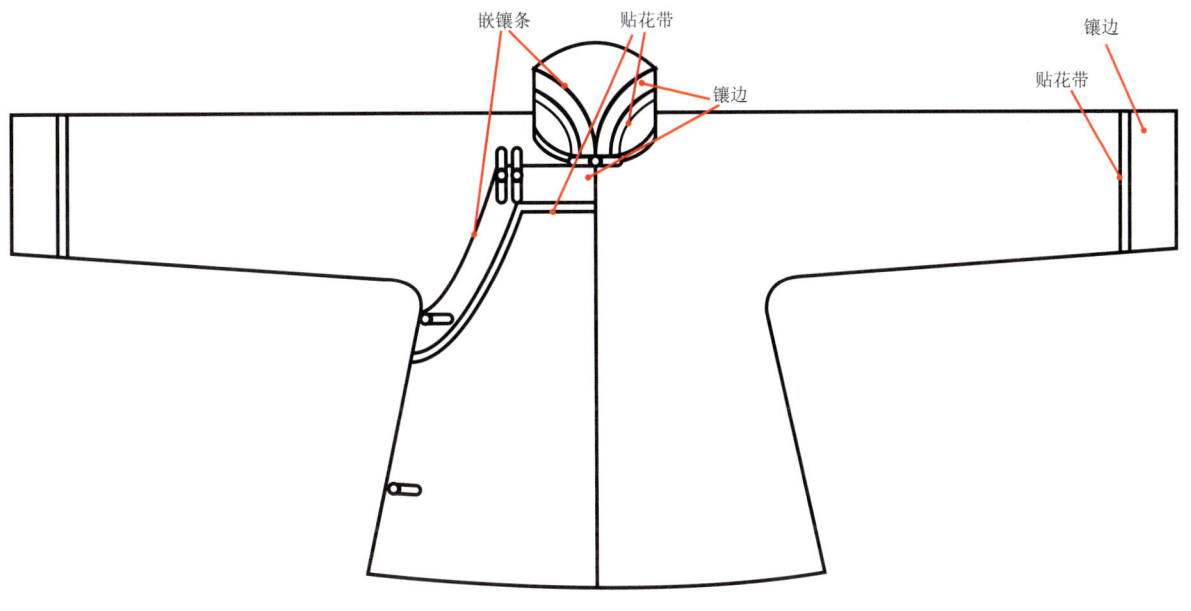

图六 纳西族摩梭人短衫局部分析图

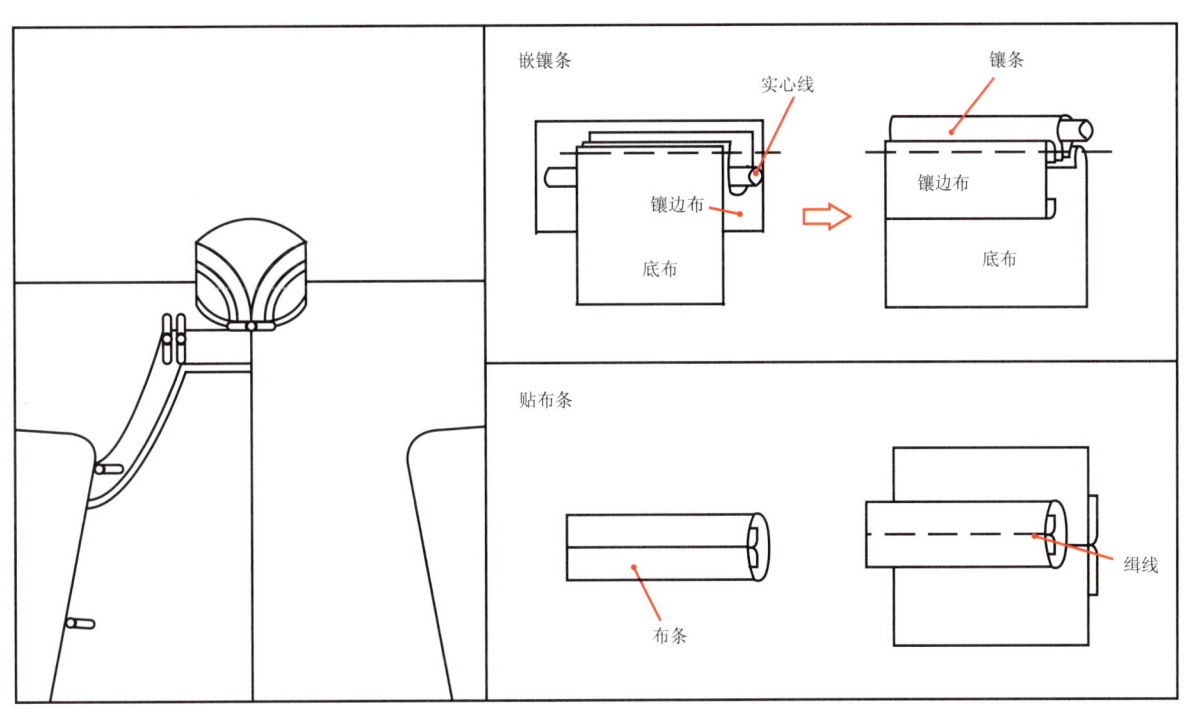

图七 纳西族摩梭人短衫工艺分析图

图八 纳西族摩梭人短衫穿着效果图

纳西族布鞋

图一 纳西族布鞋主图

纳西族是我国西南地区的少数民族之一，聚居在多山地的高海拔地区，为了方便行走，提高脚部的舒适度，纳西族的鞋以布鞋为主。本案例采集自丽江市玉龙纳西族自治县白沙古镇。

该案例长25厘米，鞋前掌最宽处为10厘米，鞋头至剪口处9厘米，鞋高6厘米。缝制布鞋的工具有缝衣针、顶针、剪刀和鞋模，材料则有布料、苎麻线、棉线、米浆等。布鞋制作工序有四道：第一步，把平时收集的破碎布料整理平整，用米浆一张张糊好铺于干净平滑的木板上晒干，即成布骨。第二步，纳鞋底，做鞋面。将晒干的布骨按需要剪成鞋面和鞋底。鞋底需用一层白布包裹，显得更加干净利落，用针线沿着鞋底边缘1厘米处缝纫，使之固定，然后用锥子和苎麻线纳鞋底。纳鞋底时要求"针眼细，麻绳粗，刹手紧"，使层层白布结成整体，不走形变样。将纳好的鞋底与橡胶底缝合。第三步，在鞋头、鞋跟处贴布，用绲明线缝制，一者可起装饰作用，二者可保护鞋头、鞋跟，使之更耐磨损。第四步，安鞋面，将纳好的鞋底和鞋帮缝合，固定。

由于缝制布鞋的材料大多为布料，遇水即湿，为解决雨天不能穿着布鞋的问题，制作者在原来的布鞋底上加上一层约1厘米厚的橡胶底。橡胶底垫高布鞋底，使之不易受潮，也更加耐磨防滑。这是制作者悉心观察生活并不断完善，使其更能满足人们的社会生活需求的结果。

图片来源
图一　李佳怡　摄影
图二至图七　程珊　制图
图八　张新鸽　制图
图九　张新宇　制图

参考文献
骆崇骐.中国鞋文化史.上海：上海科学技术出版社，1990.

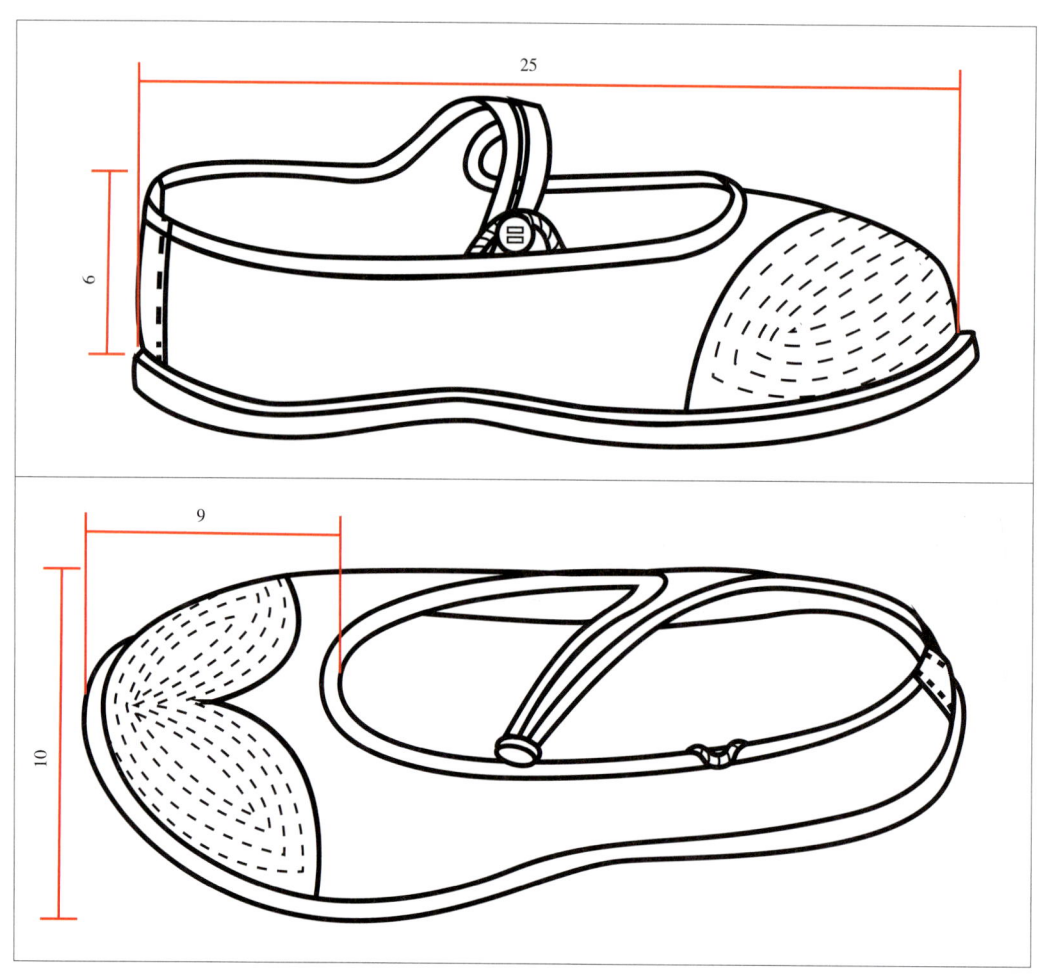

图二　纳西族布鞋尺寸图（单位：cm）

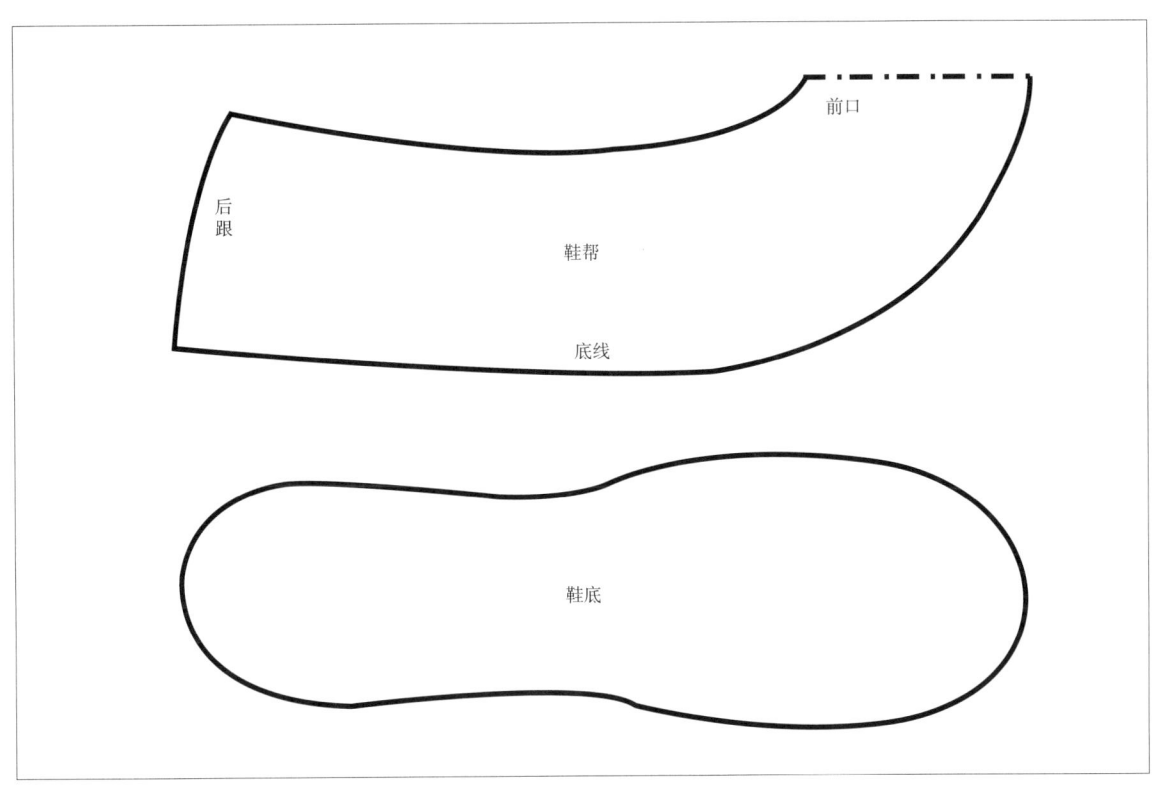

图三　纳西族布鞋结构分解图

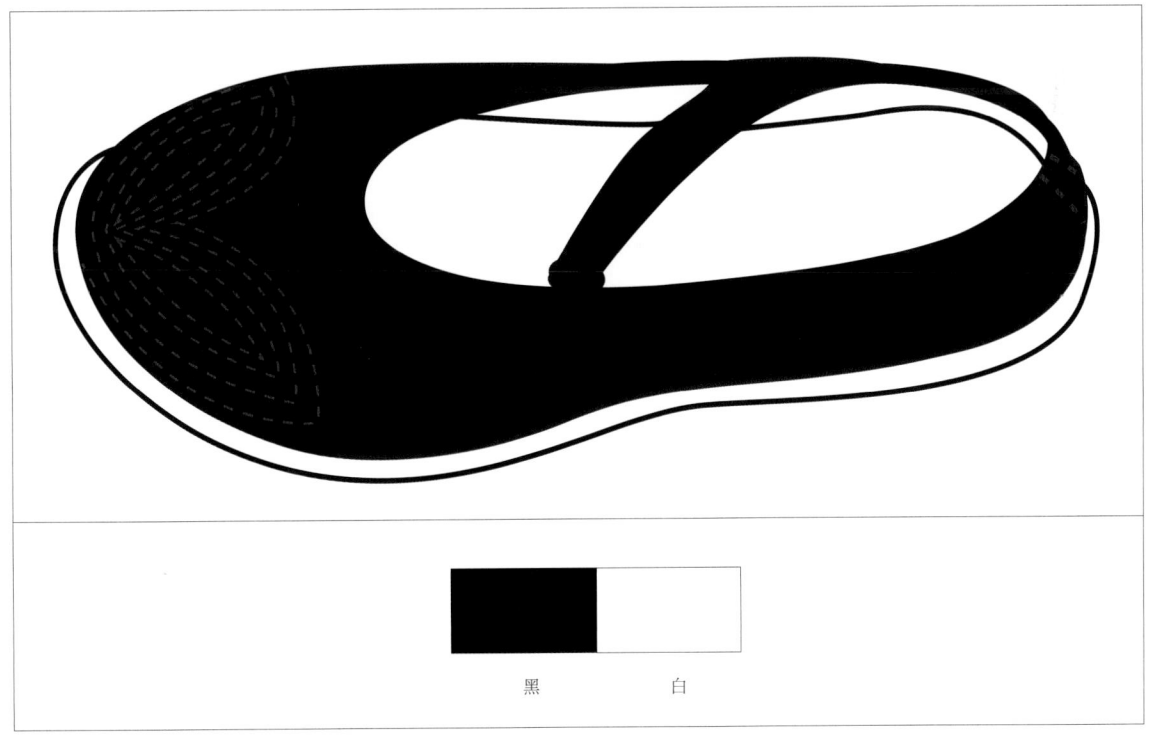

图四　纳西族布鞋色彩分析图

图五　纳西族布鞋材料分析图

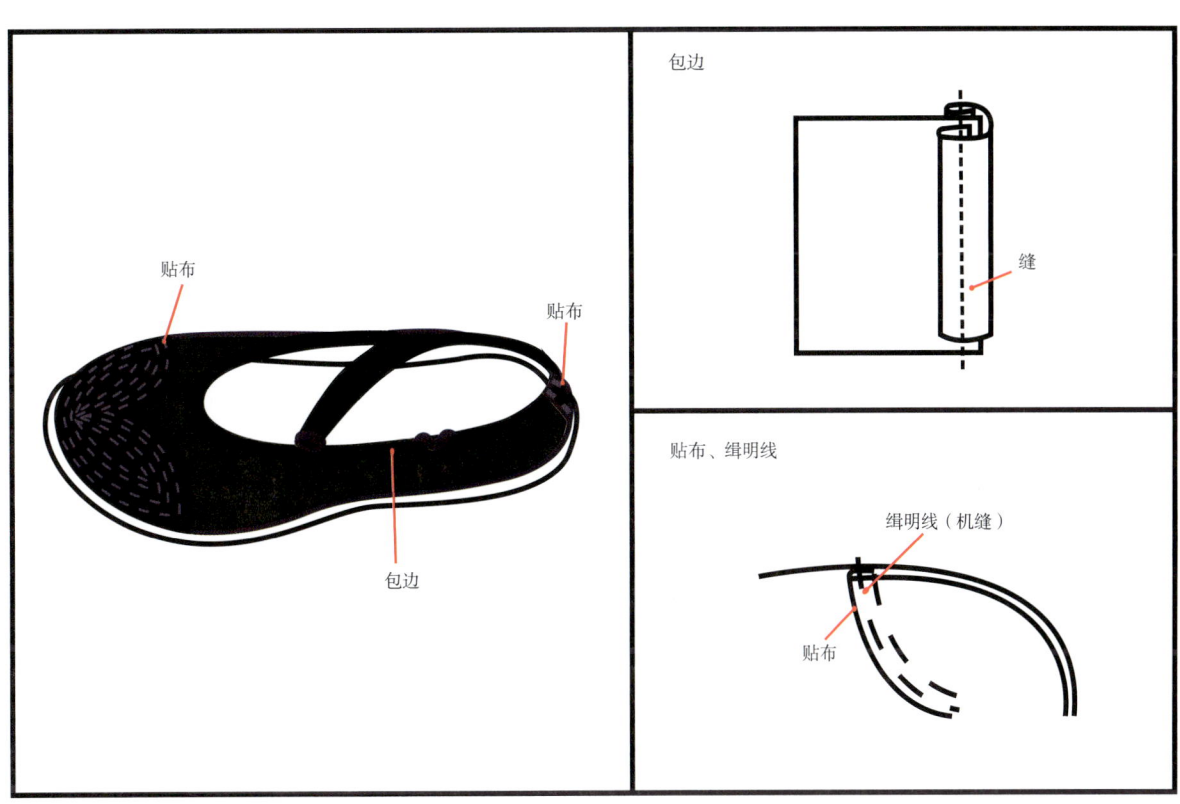

图六　纳西族布鞋工艺分析图

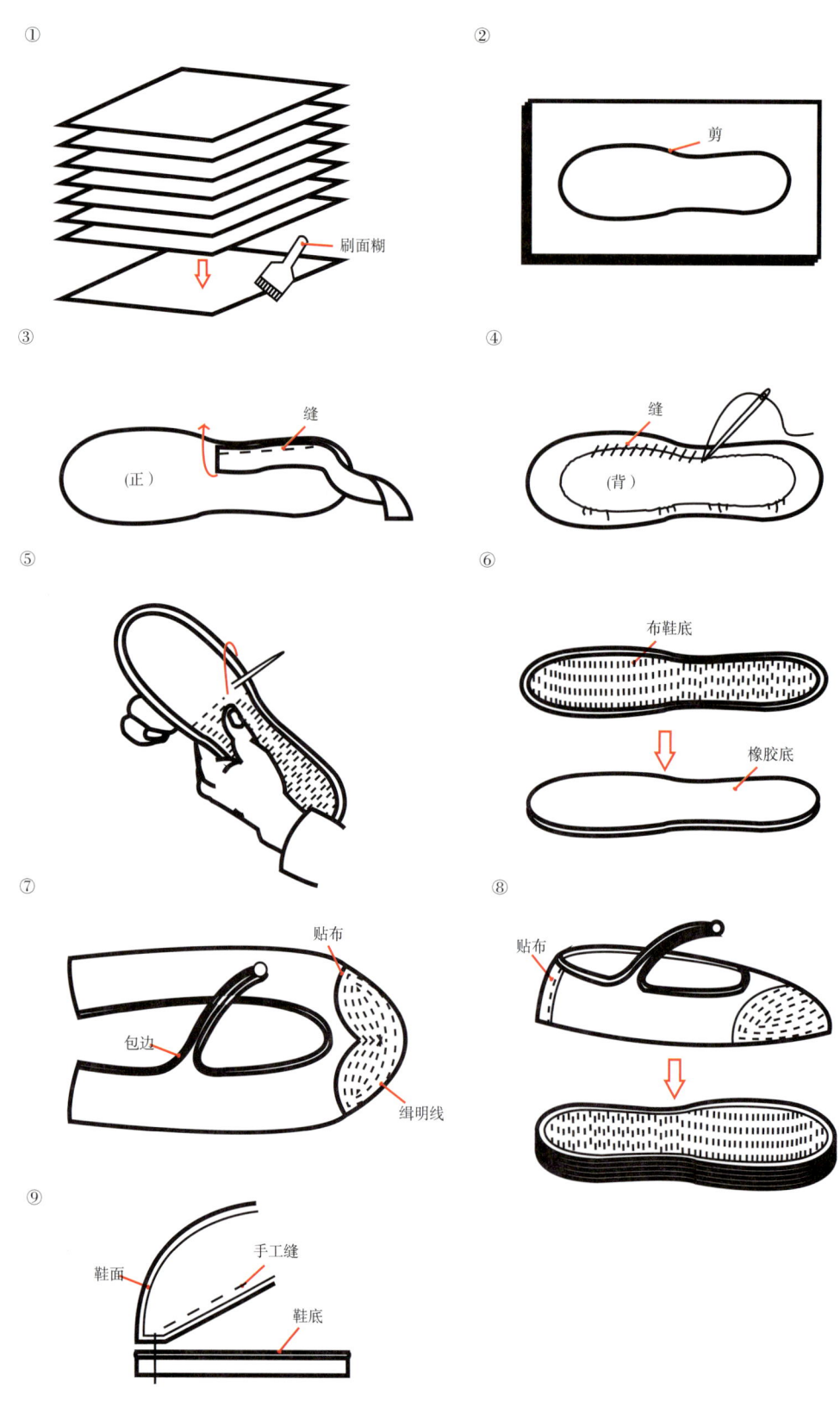

图七　纳西族布鞋制作流程图

图八 纳西族布鞋制作情境图

第二章 纳西族传统服饰

图九　纳西族布鞋穿着效果图

纳西族勾尖布鞋

图一 纳西族勾尖布鞋主图

生活在高原地区的纳西族妇女喜穿布鞋,而布鞋的刺绣装饰工艺恰恰极富民族特色。本案例采集自丽江木府纳西族民俗博物馆,为中老年女性所穿布鞋。此布鞋是以麻线纳成的千层底,翘头;鞋面为白色棉布,鞋口处镶有红色毛呢,鞋头用彩色丝线绣成几何纹,色彩柔和;鞋身装饰简洁,只用褐色丝线勾勒出几条线纹,左右两边呈对称状,最有趣之处在于鞋尾那片桃形的垫布。

纳西族手工织的鞋底多数用布织成。制作鞋底的工序比较复杂,要先用多层厚厚的布叠裱起来作为鞋基,中间夹进具有防水作用的竹笋壳、棕片或硬麻布,两面再加上多层白布,用细细的针、较结实的线千锥万线地缝纳在一起,这就是俗称的千层底。手纳的千层底,针脚又细又密,鞋口处用黑色的线、密密的裙着边,均匀而精致。鞋身注重章法,鞋帮注重铺陈,并配以鞋口、鞋底的工艺饰条,运用彩色丝线绣上适合的纹样,一双美观大方、结实耐穿的布鞋就完成了。

纳西族妇女绣制的勾尖布鞋,适宜穿着,尤其是鞋拔子的设计,避免了因布面柔软、鞋帮软塌而造成鞋子不好穿着的问题,这是纳西族妇女对生活细致观察的结果;从色彩上看,白底红纹搭配巧妙,白如璞玉,红似石榴,尽显素雅大方,若配以纳西族传统服饰,在色彩搭配上更显巧妙得宜。纳西族妇女用她们勤劳的双手向我们展示了她们的精巧,传承并丰富了纳西族灿烂的民族文化。

图片来源
图一 李佳怡、石永欣 摄影
图二至图七 李雪婷 制图

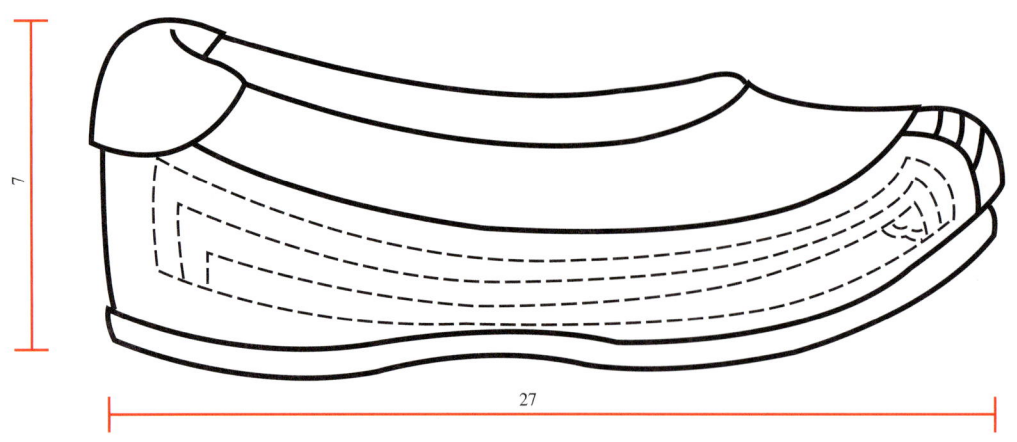

图二　纳西族勾尖布鞋尺寸图（单位：cm）

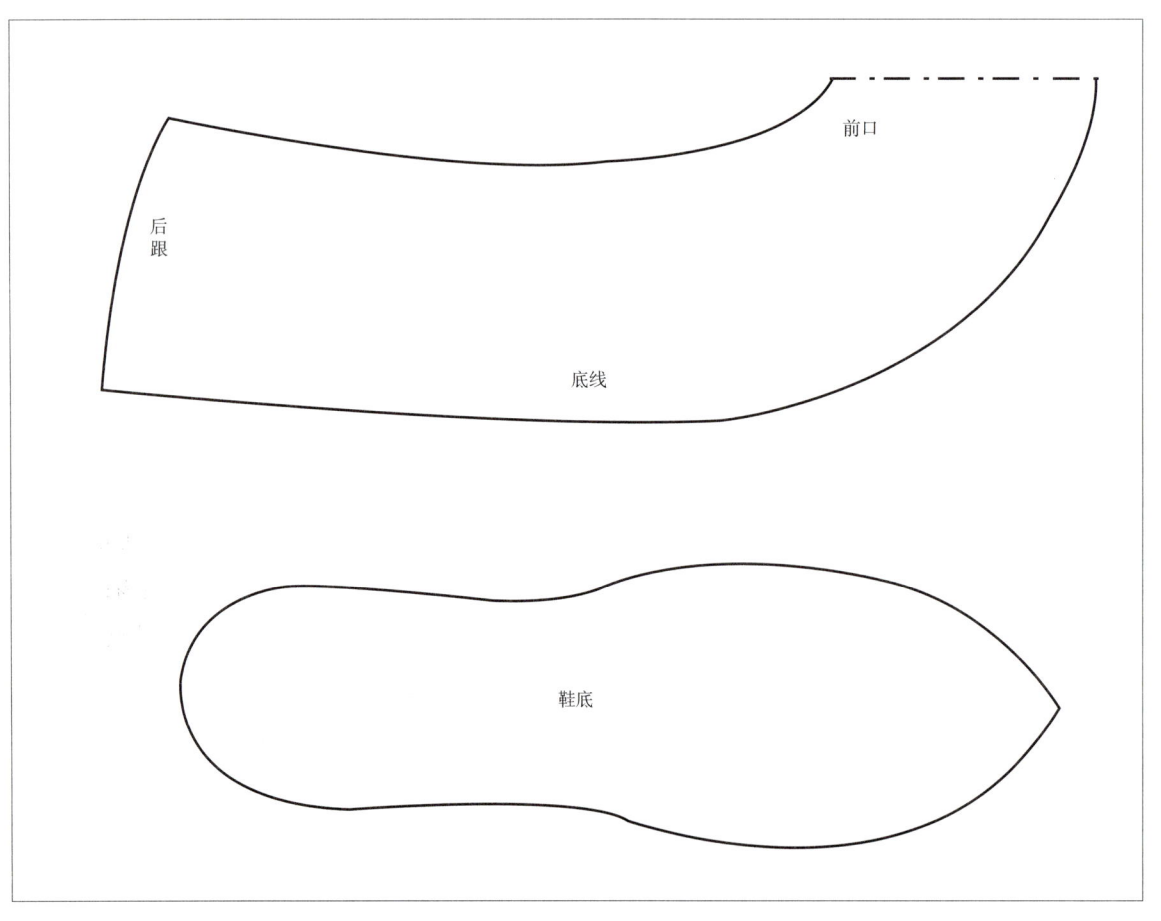

图三　纳西族勾尖布鞋结构分解图

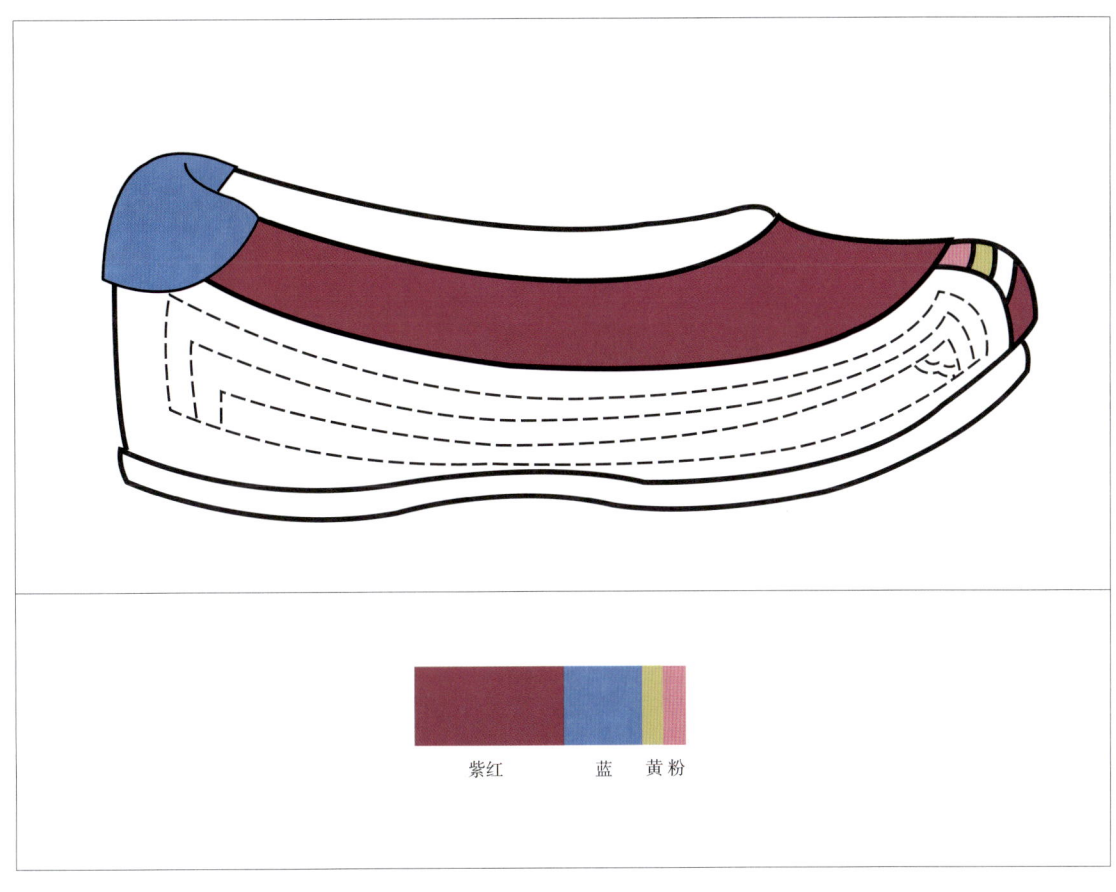

图四　纳西族勾尖布鞋色彩分析图

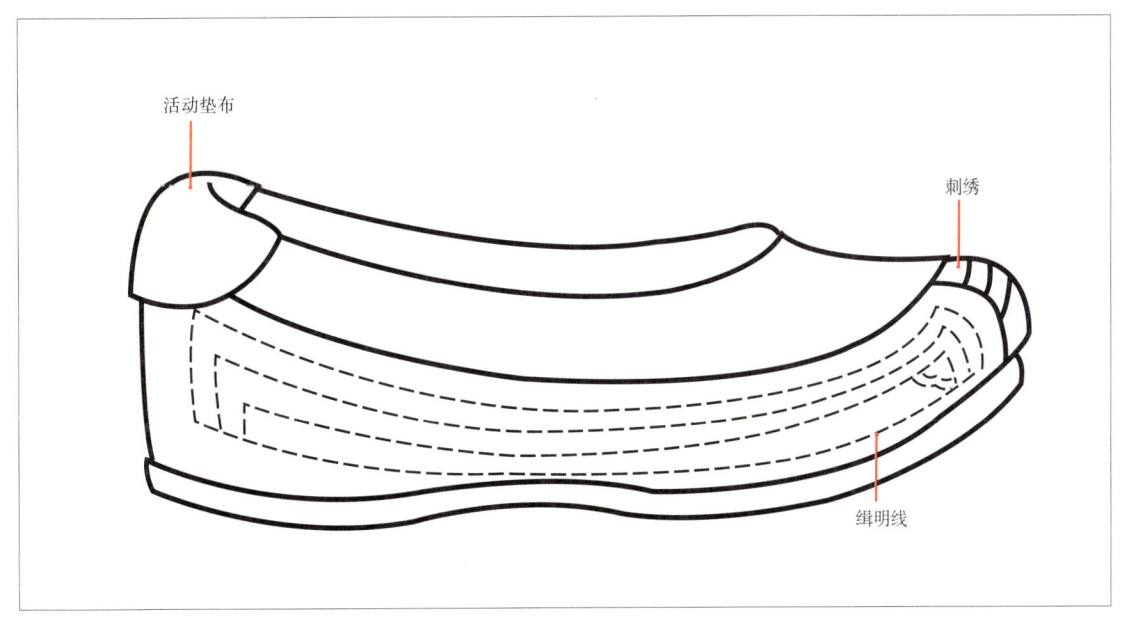

图五　纳西族勾尖布鞋局部分析图

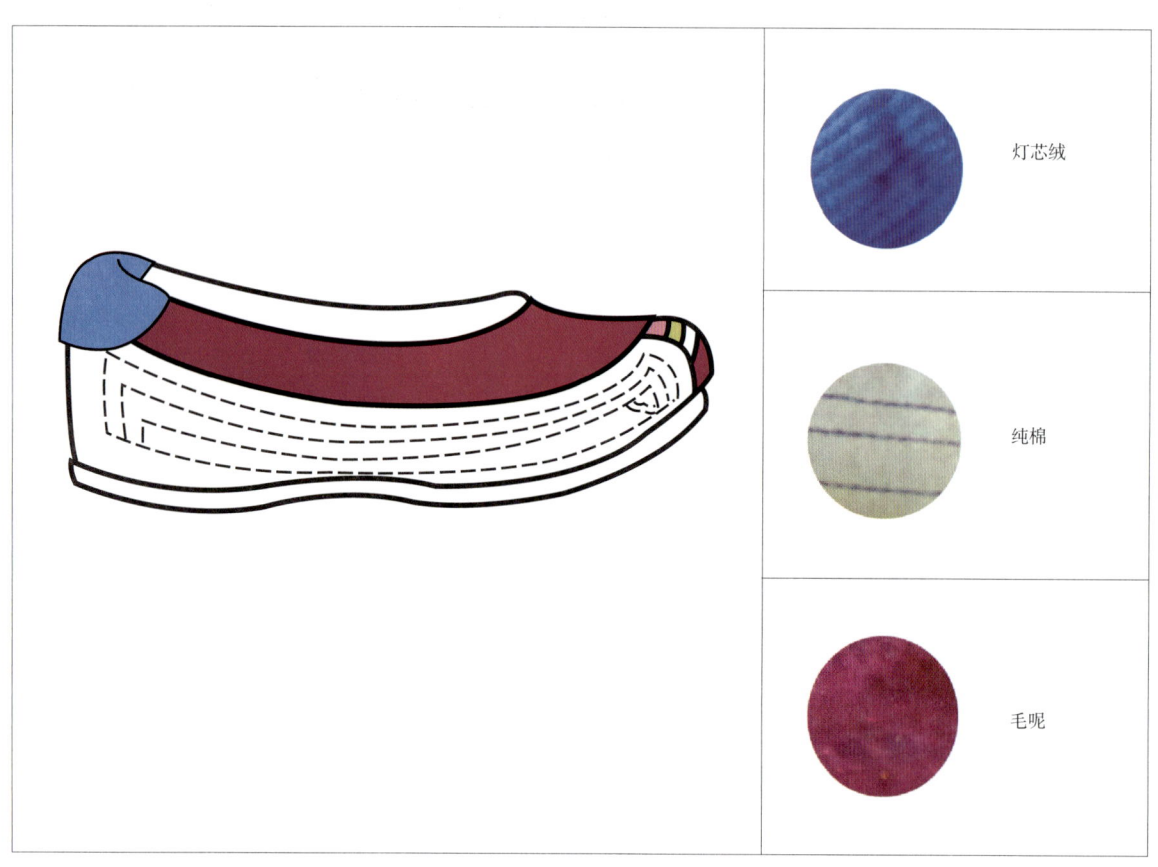

图六　纳西族勾尖布鞋材料分析图

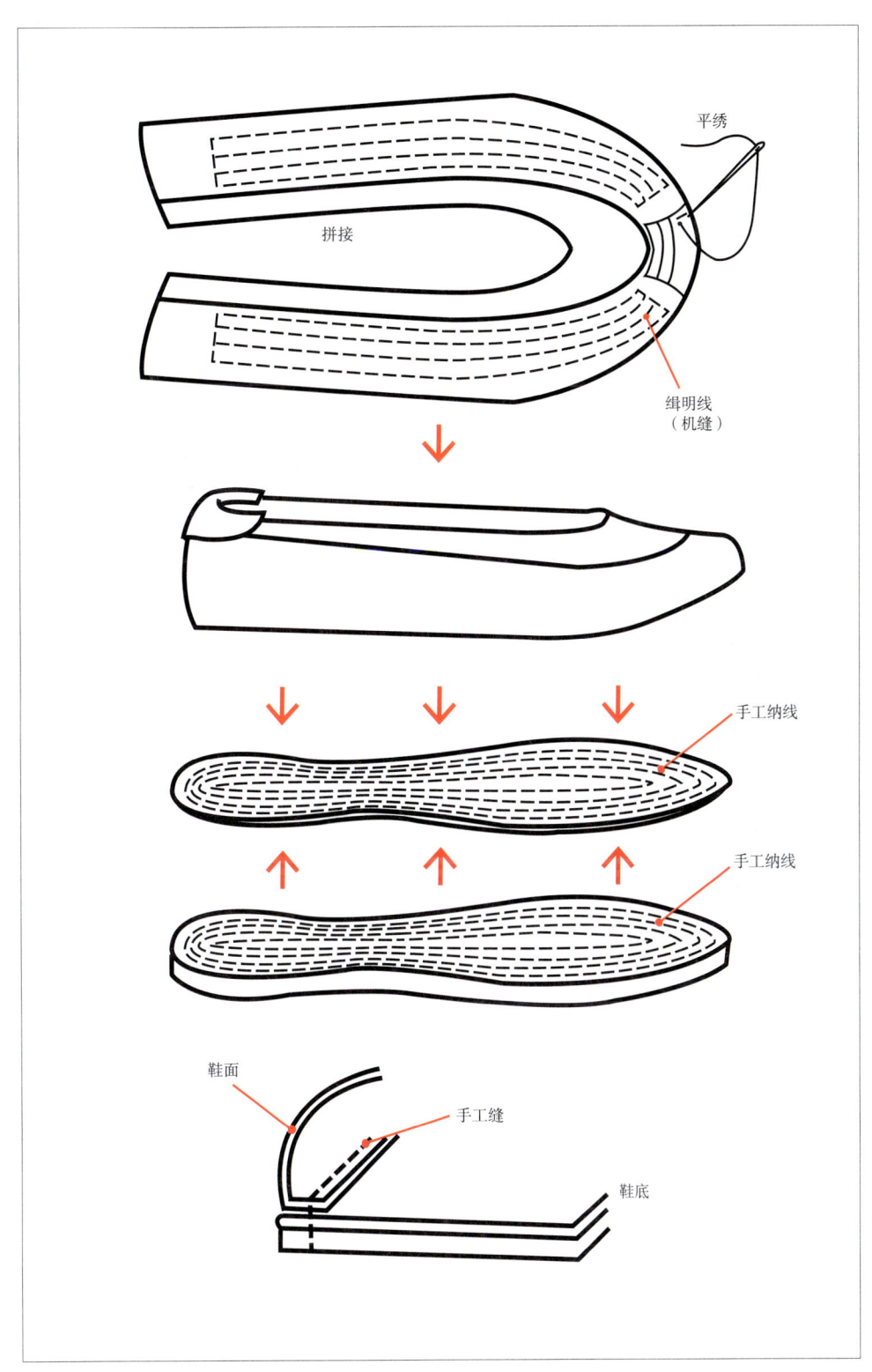

图七 纳西族勾尖布鞋工艺分析图

纳西族草鞋

图一　纳西族草鞋主图

　　草鞋，泛指以植物为主要材料编织而成的鞋。原材料有稻草、苎麻、麦秸、竹丝、蒲草或玉米秸等，因其制作材料在农村来源广泛，编织方法简单易学，穿着舒适，所以深受纳西族劳动人民喜爱。本案例采集自丽江市玉龙纳西族自治县白沙古镇，为稻草与布条混编而成的草鞋。

　　本案例长25厘米，前掌最宽处9厘米，后跟处宽7厘米。编草鞋用的稻草以色白秆长、质地柔软、韧性好的糯米稻草为佳。稻

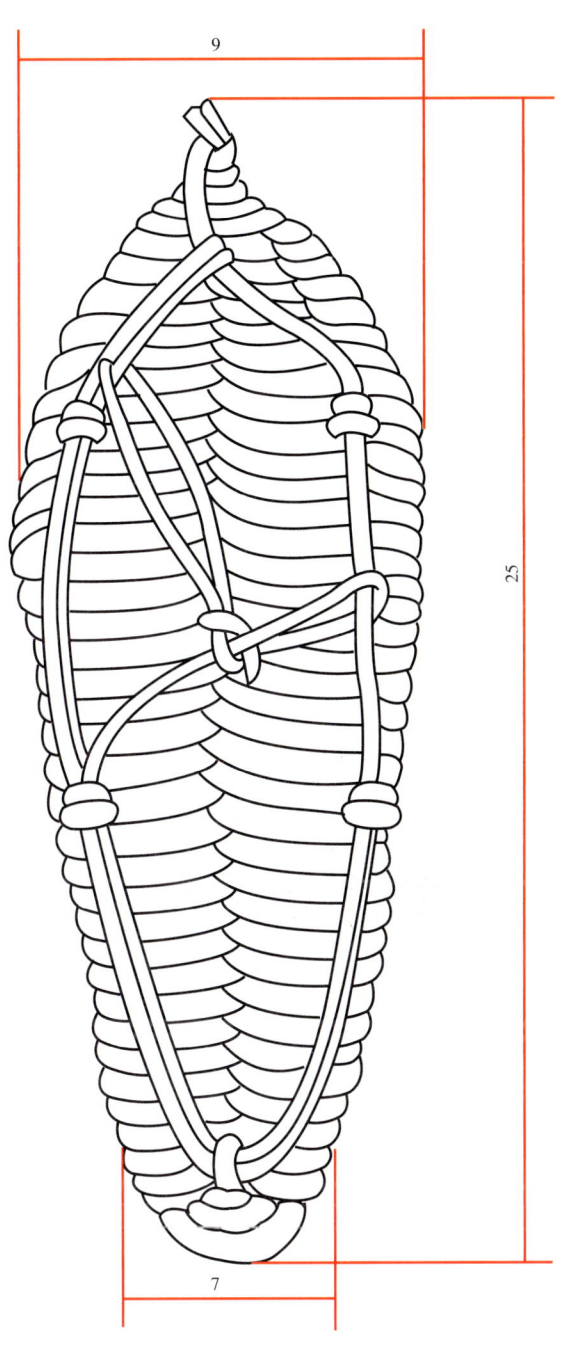

图二　纳西族草鞋尺寸图（单位：cm）

草要在割稻时收集，晒干后，剥除禾衣，只留其秆，并存放在干燥处备用。草鞋的制作工艺简单，需要的工具有长凳、草鞋耙、木槌、弯木钩、剪刀等。编织草鞋时，编者需骑坐在长条木凳上，将带钩的草鞋耙挂于木凳前端，将已搓好的草鞋经线分为四股，并将经线的一端系于草鞋耙上，另一端系于弯木钩上并置于编织者腰间拉紧，然后搓草作纬线并穿过经线。编好鞋底后，用木槌将其锤打得平整松软，再用剪刀修掉边絮，将鞋后跟向上折，安上纽结即可。该案例系用碎布与稻草混合编织而成的草鞋，体现出人们对穿着的舒适度有了更高的要求。

纳西族草鞋是农耕文化的象征，其材料廉价易得，在一定程度上满足了人们在生产力不发达的情况下的物质需求。草鞋不仅舒适透气、防汗，还十分便于穿着者在山间行走、在田间劳作，其设计在许多方面与人体工程学不谋而合。这表明，纳西族草鞋对现代设计仍有价值。

图片来源
图一　李佳怡　摄影
图二至图六　李雪婷　制图
参考文献
全岳.鞋的起源与发展.北京:中国皮革，2006（20）.

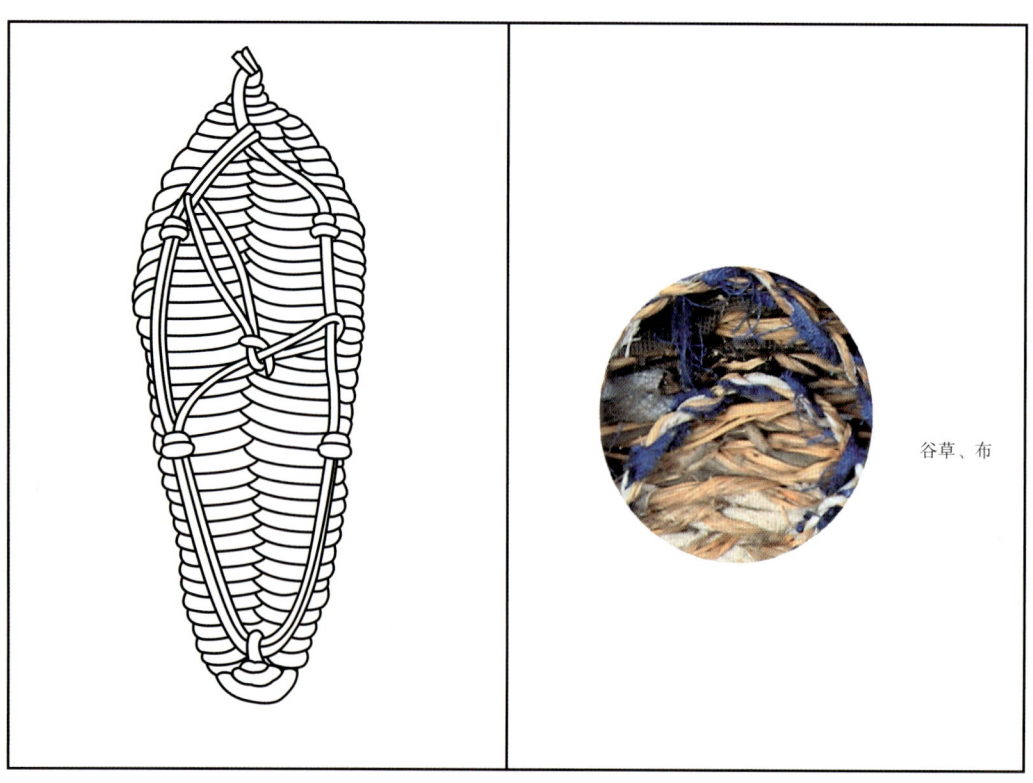

图三　纳西族草鞋材料分析图

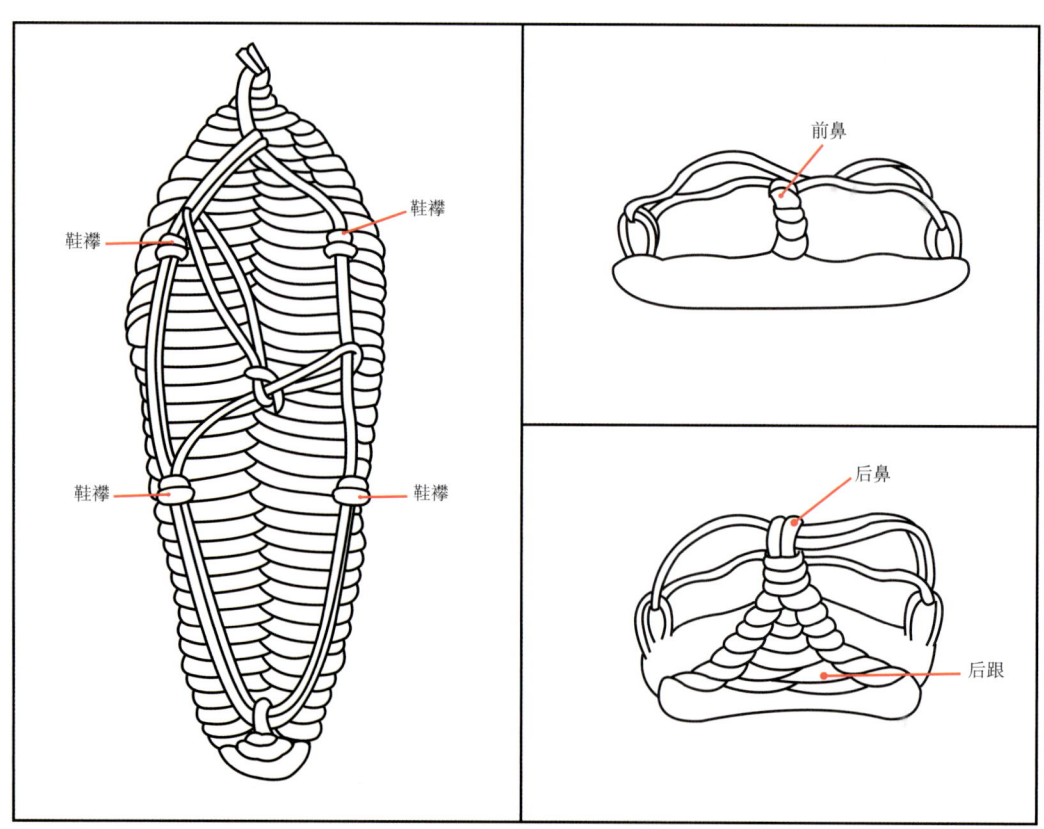

图四　纳西族草鞋局部分析图

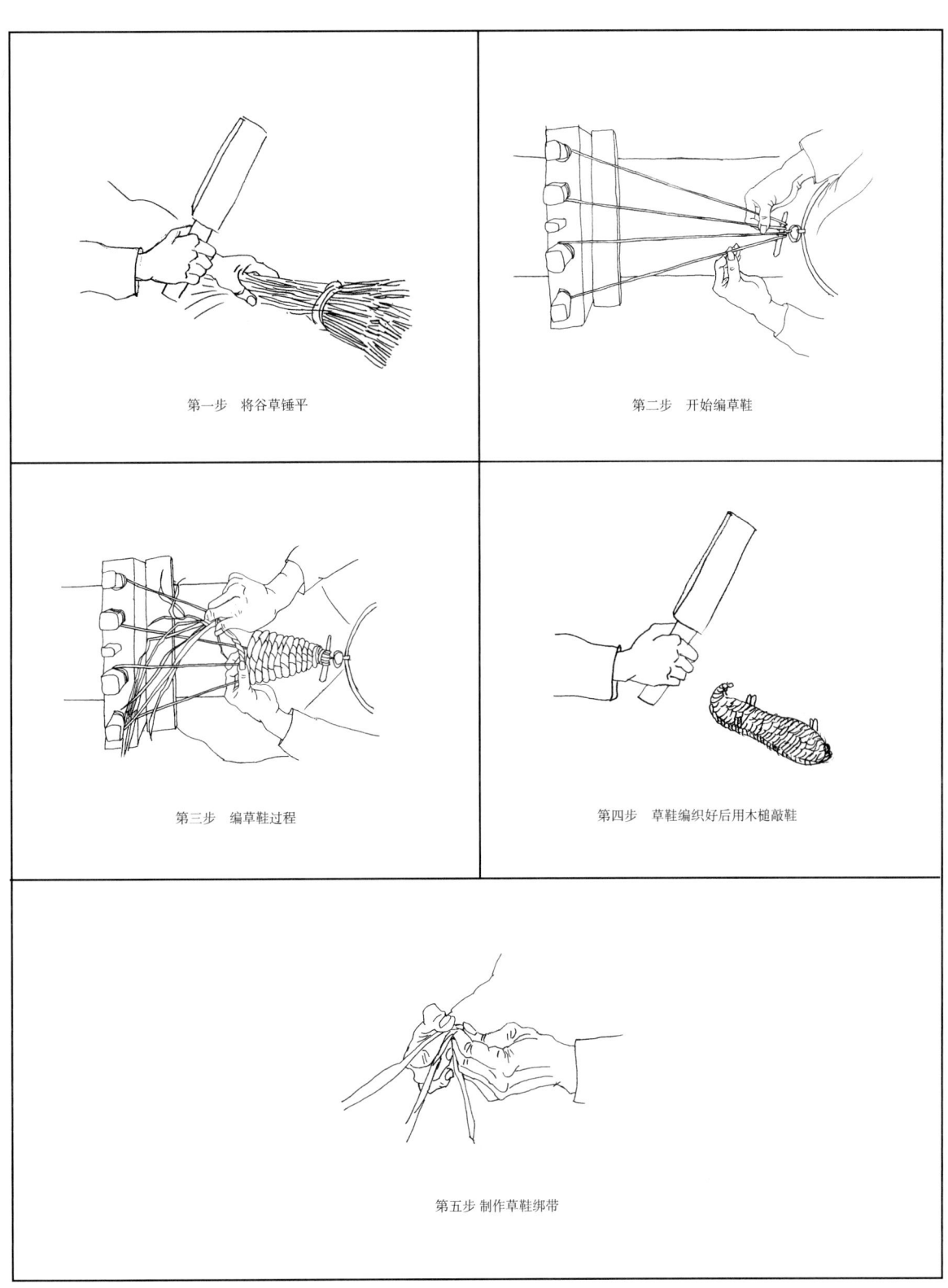

图五　纳西族草鞋制作流程图

图六　纳西族草鞋穿着效果图

纳西族摩梭人窝格

图一　纳西族摩梭人窝格主图

窝格，是音译摩梭语，意指女性头饰，是服饰中极华美且极具民族特色的饰品。该头饰是用牦牛尾毛做的假辫，配上一串彩色丝线，丝线以青黑色为主，绾成盘髻，配以彩色串珠。成年后（摩梭人13岁行成人礼）的摩梭女性将其戴在头上，十分美丽。本案例采集自宁蒗县泸沽湖镇大落水村扎西家，为现代所制。

窝格的传统制作方式是用乌黑锃亮的牦牛尾毛掺在女性自己的长发内梳成粗大的假发辫盘于头顶，牦牛尾毛的量大约是女性自己头发量的三倍，再在假发辫上缠上一圈蓝黑绒线，并将绒线后垂至腰部。随着旅游业的兴旺，从事畜牧业的摩梭人越来越少，因而摩梭人已经不再用牦牛尾做辫子了。现代的窝格绝大多数都是用黑色毛线制成，且不再与女子自身的头发交缠成辫，而是直接用一大撮黑毛线编成三股大辫，辫末要编进一束一米多长的深蓝色真丝流苏，最后盘成前宽后窄的圆形髻状，并在左耳侧垂下30厘米的真丝流苏。相比用牦牛尾巴制成的发辫，用毛线做成的头饰轻了许多，并且装饰物更加丰富——用各色珠子相间穿成几串缀在头饰正面，再往一侧装饰一两朵布彩花（一般为粉色和红色）。整个头饰重约一千克，具体尺寸需根据穿戴者的头围而定。

华美的头饰更能显示女性性别特征。其次，女性的年龄也可以从服饰上看出端倪，摩梭女孩13岁行成人礼后，装束的变化很大，其中精心装扮的头饰是摩梭姑娘已成年的标志。再者，摩梭女性一直以发多、浓密为美，这说明纳西族摩梭人一直都热爱生活、善于追求美。

图片来源

图一、图七　李佳怡、石永欣　制图
图二至图六　程珊　制图

图二　纳西族摩梭人窝格尺寸图（单位：cm）

图三　纳西族摩梭人窝格色彩分析图

图四　纳西族摩梭人窝格材料分析图

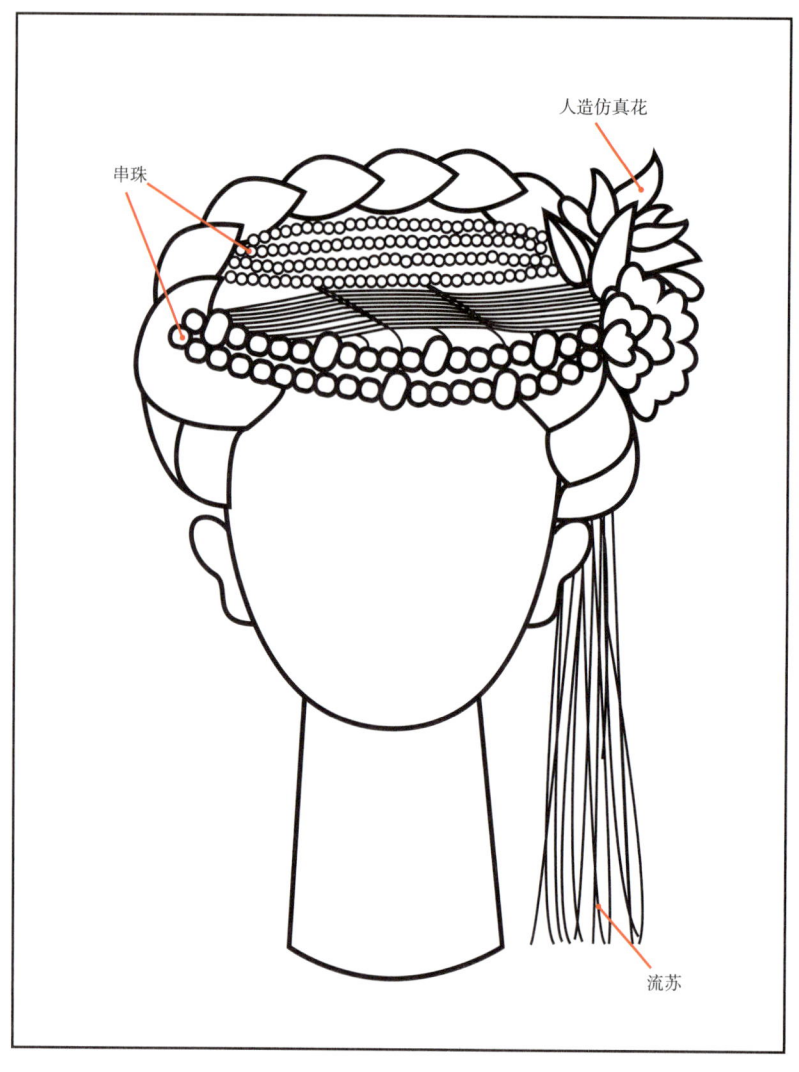

图五　纳西族摩梭人窝格局部分析图

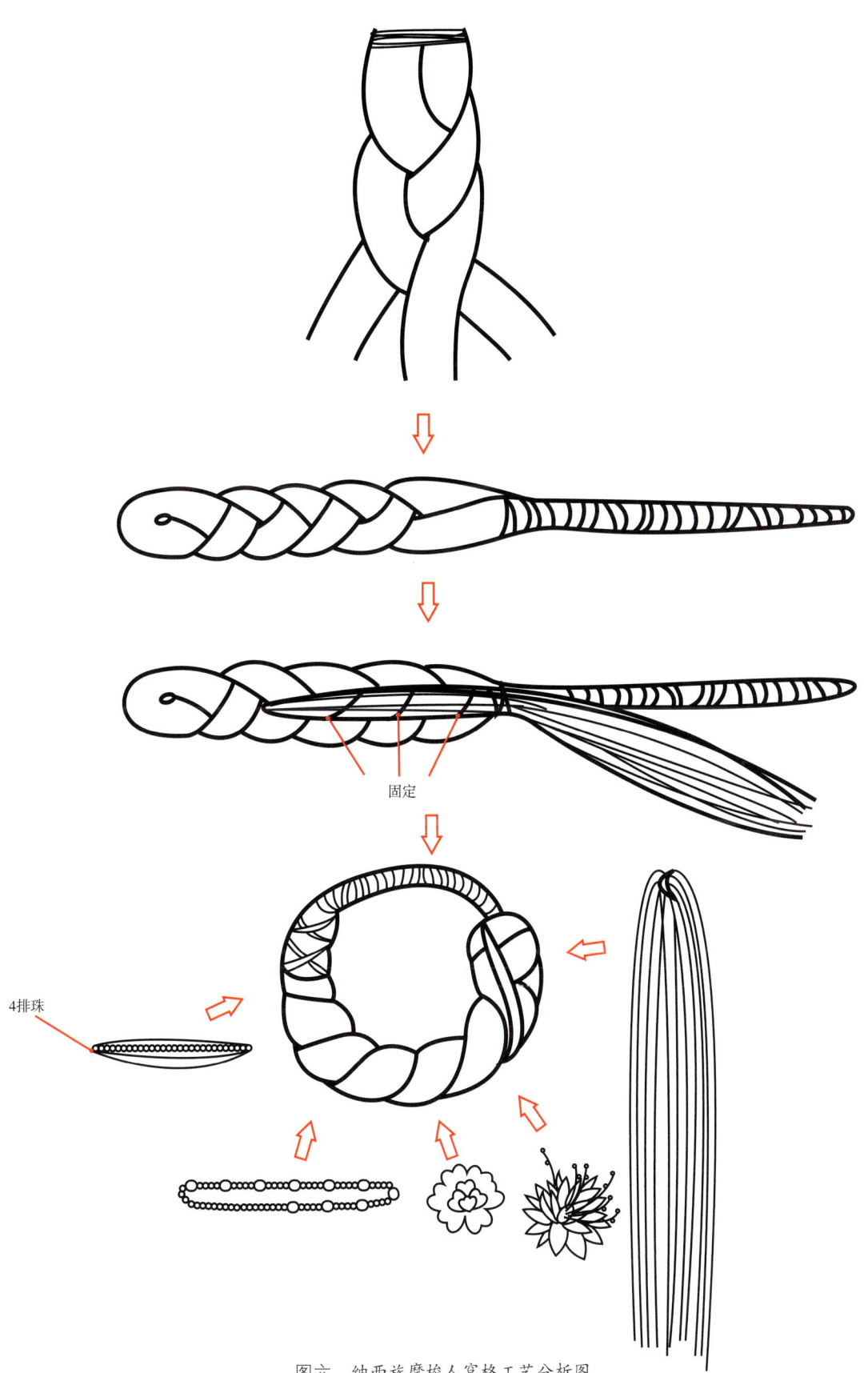

图六　纳西族摩梭人窝格工艺分析图

图七　纳西族摩梭人窝格穿戴效果图

纳西族蓝布女帽

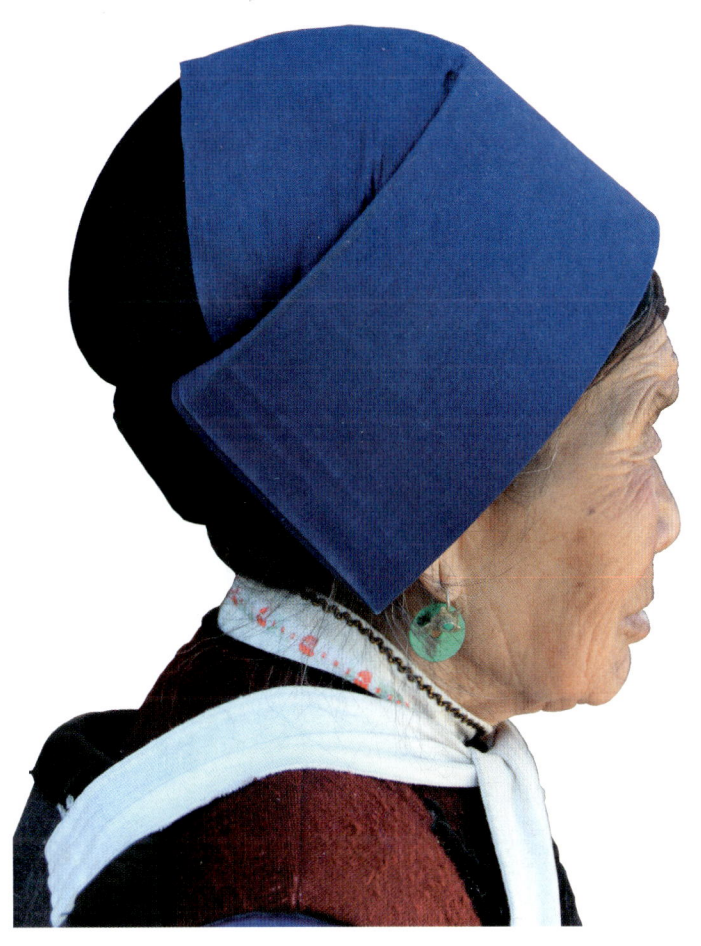

图一　纳西族蓝布女帽主图

帽子简称"帽"或"冒",是用于御寒、防晒、装饰和标识的首服,由"巾"演变而来。中国自古便以"衣冠之国"著称,6000年前就开始制帽、戴帽,不同性别、阶层、年龄、民族的人所戴之帽各不相同。以云南丽江地区纳西族女性为例,未婚姑娘喜爱戴颜色明快艳丽的帽子,中老年女性则多戴朴素大方的青、黑色纱帕帽、棉麻帽或解放帽。本案例采集于丽江市大研古镇,为已婚老年妇女所戴。帽子圆顶,前蓝后黑,由黑色棉麻内帽和蓝色棉外帽两部分组合而成。

本案例制作工序大体分为内外帽的制作两部分。首先取长约58.5厘米、宽约7厘米的棉麻布条做成内帽里,将布条两端缝合,使其变成圆筒状即可,再将直径约20厘米、高约8.3厘米的帽顶与帽高缝合;内帽表高长约60厘米、宽约7厘米,帽顶直径约为20.3厘米、高约8.6厘米,制法与内帽里相同;将长约62厘米、宽约6厘米的条状棉麻布两端缝合作为内帽外层;接下来取长约57厘米、宽约7厘米的布壳，弯曲成圆筒状，两端用手工针缝成Z形作为衬里，将布壳衬放入内帽表层与里层间的夹层，放置之前先刷一层胶，内帽即制作完成。将长约44厘米、宽约13厘米的帽外层装饰布里衬刷胶，与长约49厘米、宽约68厘米的棉质帽外层装饰布缝合；取直径约为46厘米的圆形棉麻布做底，将其边缘用手工针串缝，然后将缝口收紧，在其中填入棉絮，使其鼓起成为高约17厘米的半圆包；将帽顶半圆包放置于内帽中，将长约62厘米、宽约6厘米的圆筒状内帽外层套于内帽外。最后取缝好的帽外层装饰布，将其沿中线处临时固定在帽子一侧，两边分别向侧后方收拢，罩住半边帽子，然后将收拢的棉布压在帽顶半圆包下面，并从帽底里面固定，整顶帽子便制作完成。帽子制作工序虽较繁杂，但外表朴素大方，颜色庄重素雅。

民族服饰是划分民族的重要依据。纳西族传统帽子，在其漫长的发展过程中，深深打上了独特的印记，是其民族历史的结晶。纳西族老年女帽厚重朴实，适应了高原地区防寒保暖的需求；深色衣物具有良好的耐脏性，适应了地处高寒地区、水资源相对匮乏的纳西人的生活需要；黑色和蓝色的吸热性强，易于使人从心理上产生温暖感觉，同时象征纳西人赖以生存的森林、河海等自然环境，流露出强烈的生态审美意识。无论其体现的审美意识还是实用功能，都表明纳西族老年女帽具有与自然和谐相融的协调之美，体现出纳西族人尊重自然、顺应自然、融入自然的"天人合一"的设计观。

图片来源
图一　李佳怡　摄影
图二至图八　程珊　制图
图九　张新宇　制作

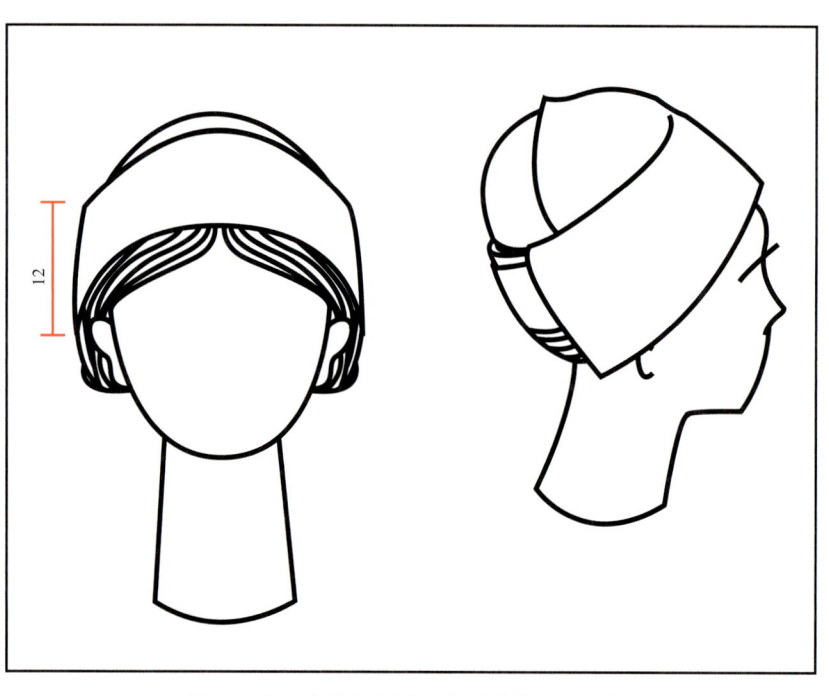

图二　纳西族蓝布女帽尺寸图（单位：cm）

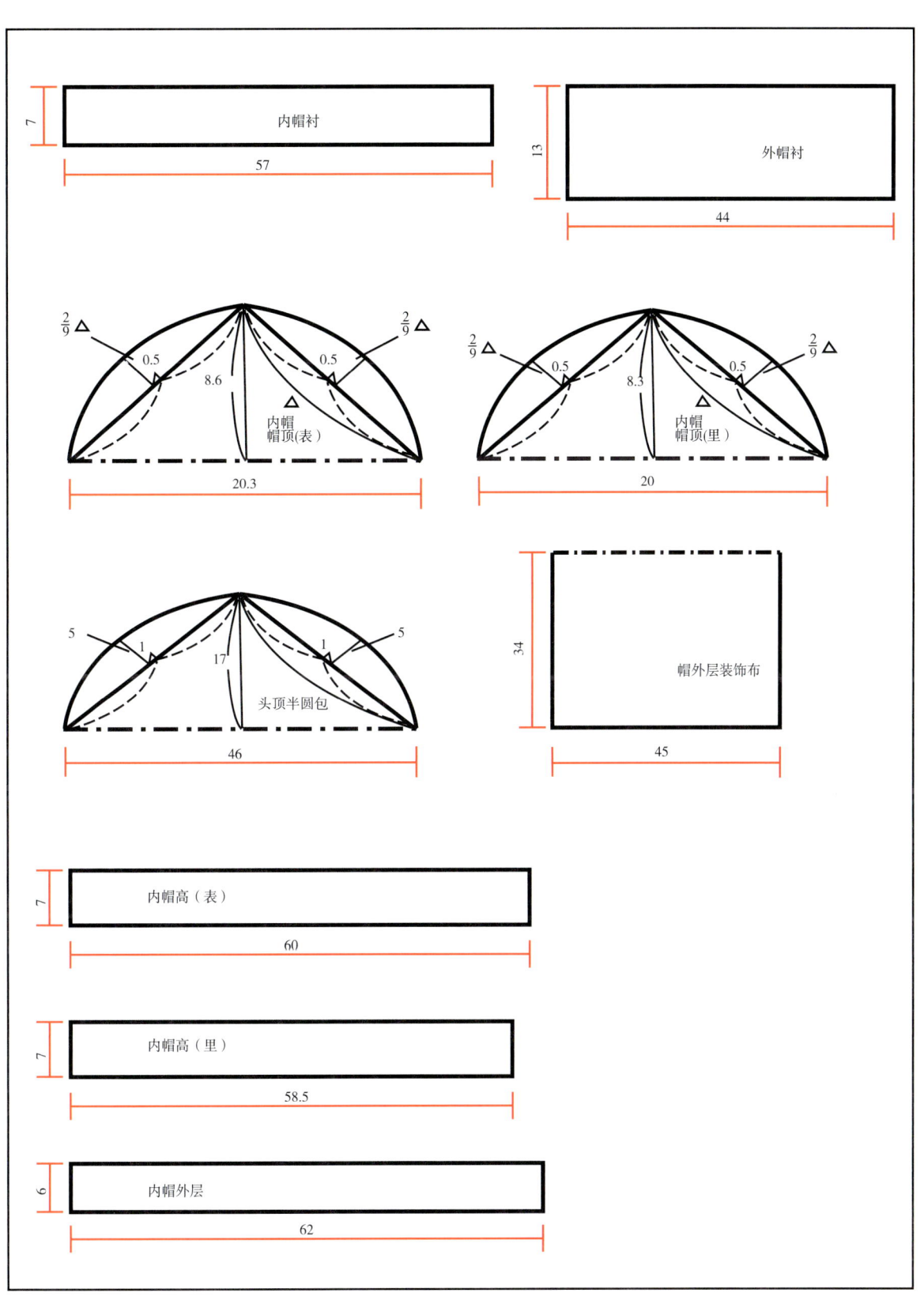

图三 纳西族蓝布女帽结构分解图(单位:cm)

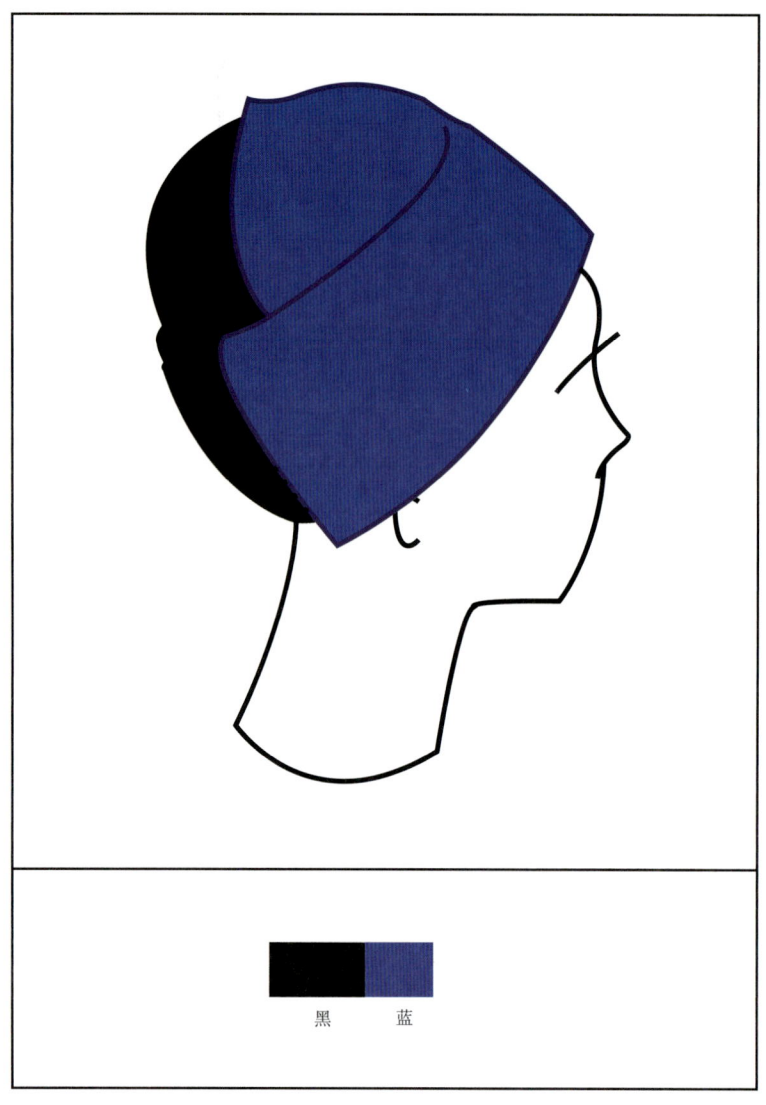

图四 纳西族蓝布女帽色彩分析图

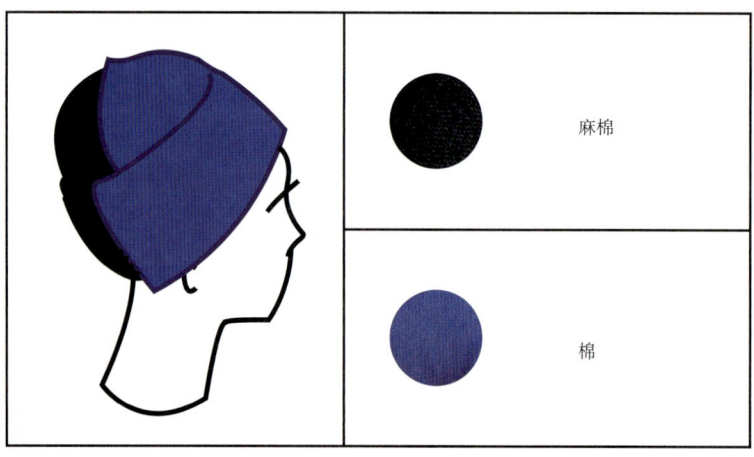

图五 纳西族蓝布女帽材料分析图

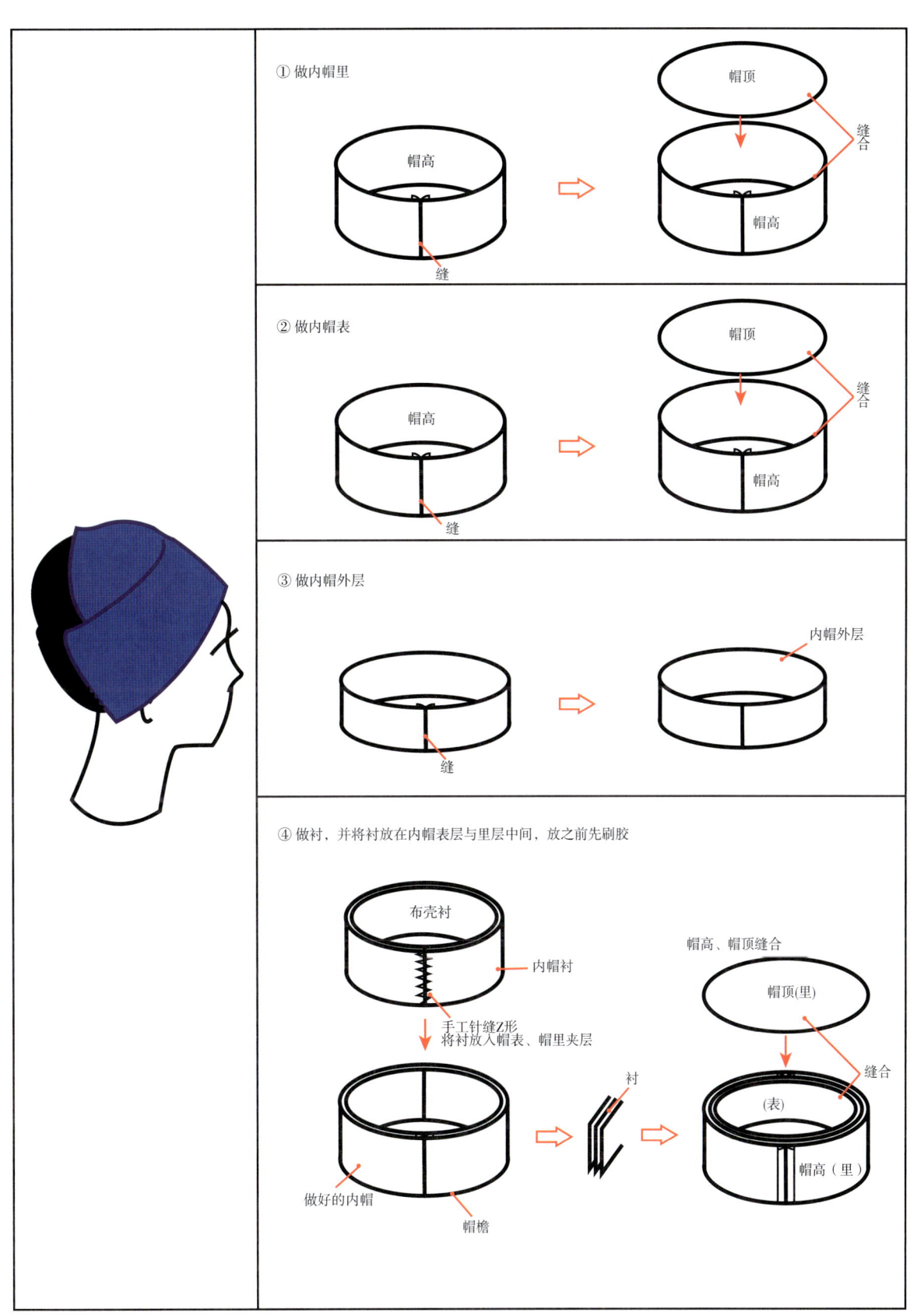

图六　纳西族蓝布女帽制作流程图1

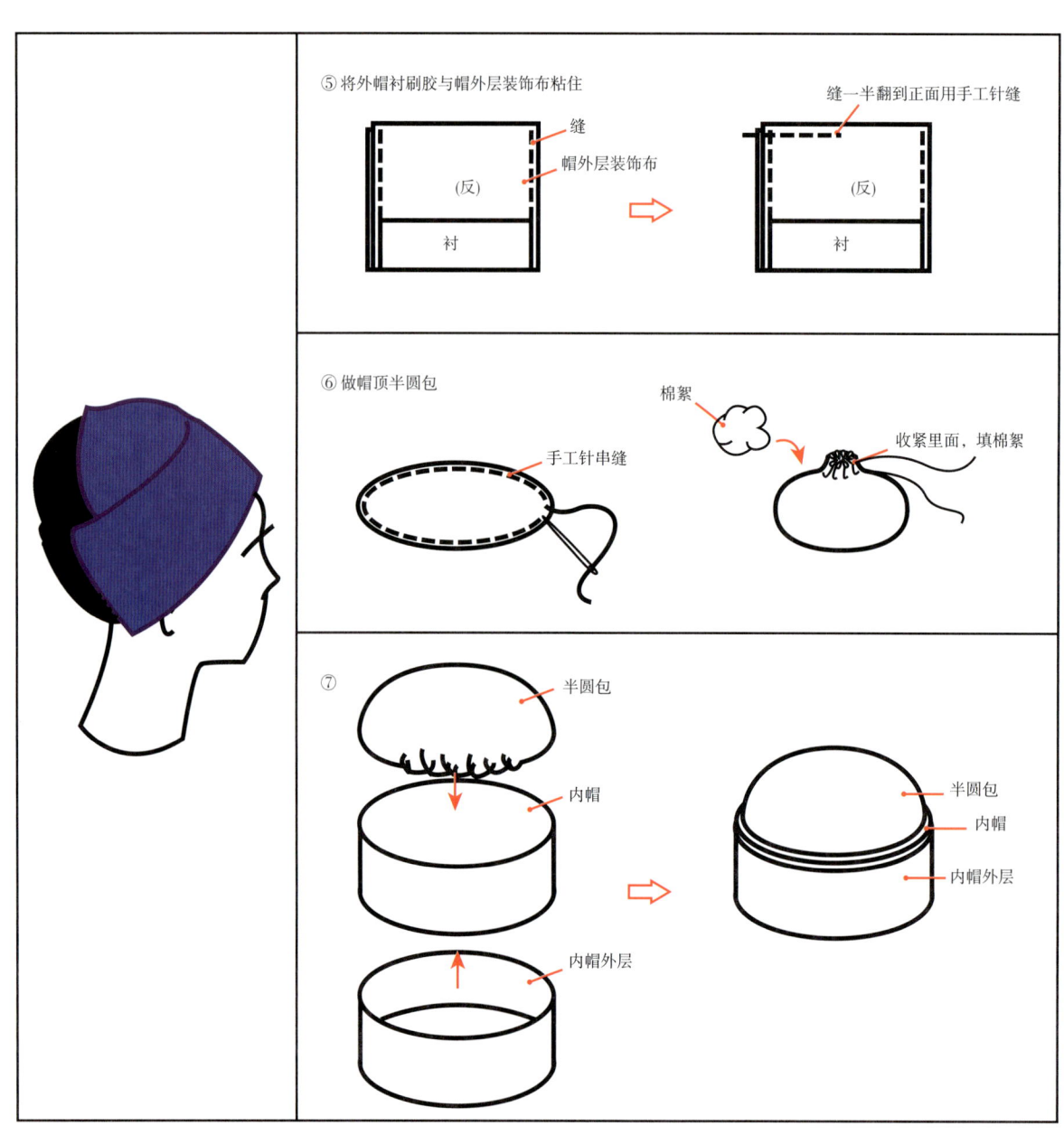

图七 纳西族蓝布女帽制作流程图2

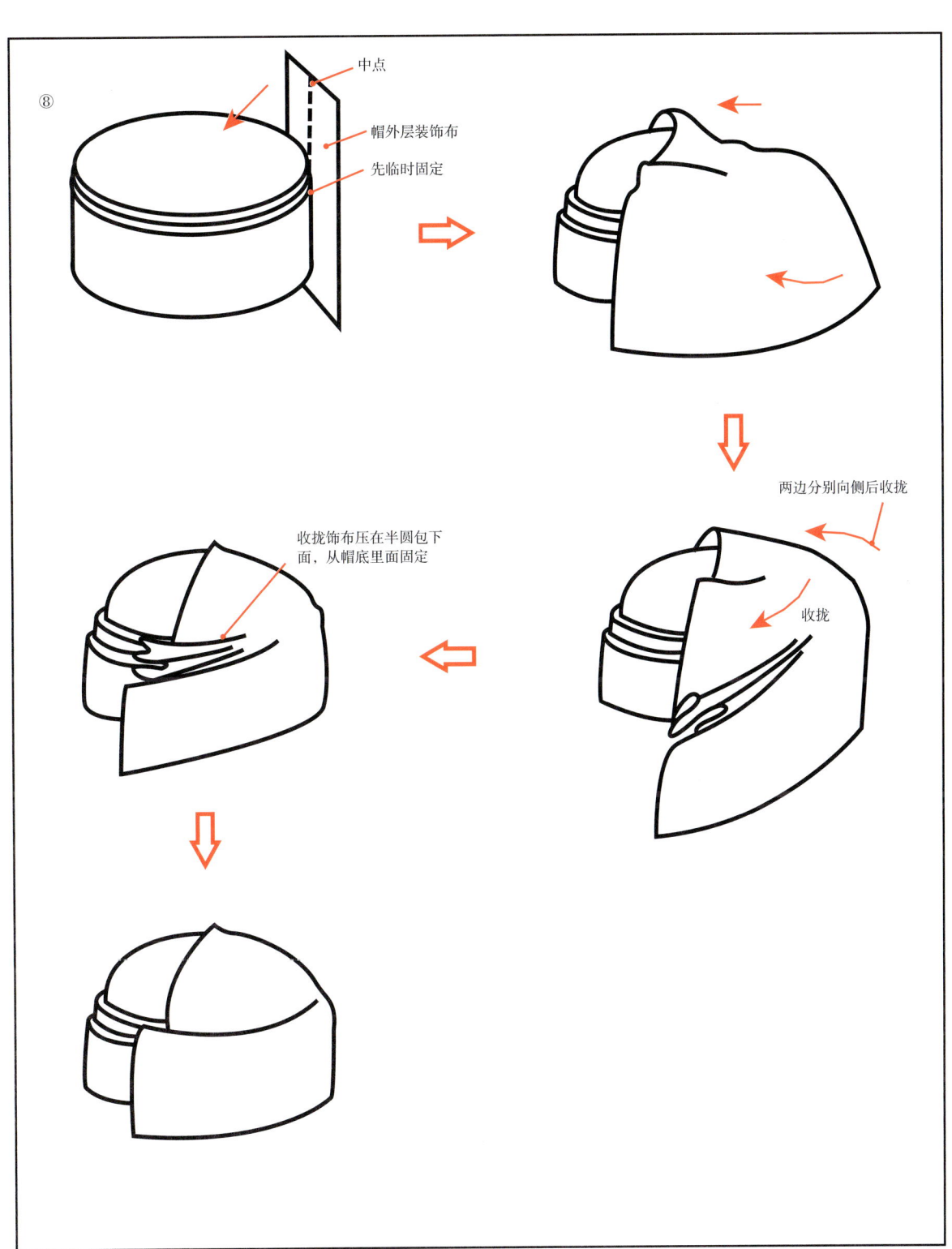

图八 纳西族蓝布女帽制作流程图3

图九 纳西族蓝布女帽穿戴效果图

纳西族羊绒帽

图一　纳西族羊绒帽主图

羊绒帽，是用羊绒制作而成的帽子。羊绒是稀有的特种动物纤维，属于珍贵的纺织原料。该羊绒帽长27厘米，高11厘米，颜色为褐色，左侧帽檐处插有一根羽毛，起装饰作用。本案例采集自丽江市玉龙纳西族自治县白沙古镇一户农家。

羊绒帽的制作工序较为复杂，第一步，将帽身模型放在帽檐模型上；第二步，用蒸汽蒸一下做帽子的呢料；第三步，将呢料放在模型上，用力向下压，并用绳子将其捆在帽腰上，再收紧；第四步，用方巾垫着熨斗熨烫帽身，使其平服，将帽檐向下拉，并钉上图钉；第五步，使帽身平服后，再用方巾垫着熨斗熨烫帽檐；第六步，将帽顶中间向下压，使其呈凹状，再将帽檐向上翻起；第七步，用熨斗熨烫翻折边沿，并用夹子夹住帽顶，固定一段时间；第八步，插上羽毛。

纳西族聚居地区昼夜温差较大，因而

帽子就成为常用的御寒物品。山羊绒的吸湿性要好于绵羊毛，集纤细、轻薄、柔软于一身，因此，纳西族常以羊绒为料制作衣服。用羊绒制作而成的帽子，既保暖，又柔软耐磨，而且耐脏，深受纳西族人喜爱。

图片来源

图一　李佳怡　摄影
图二至图五　李雪婷　制图
图六　马蓉　制图

图二　纳西族羊绒帽尺寸图（单位：cm）

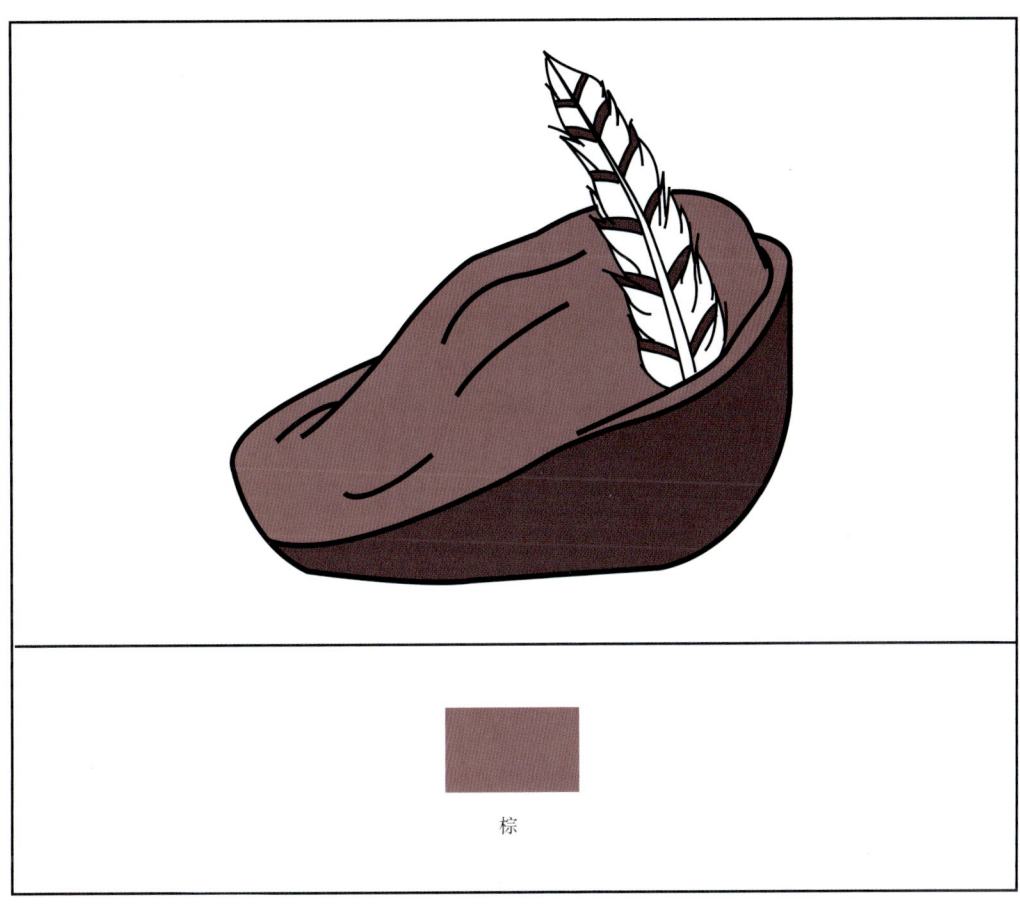

图三　纳西族羊绒帽色彩分析图

图四　纳西族羊绒帽材料分析图

1.将帽身模型放在帽檐模型上

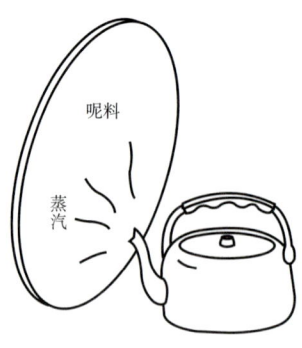

2.用蒸汽蒸一下做帽子的呢料

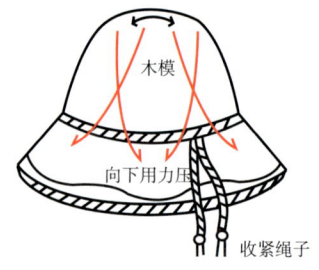

3.将呢料放在模型上，往箭头方向用力压，并用绳子捆在帽腰上

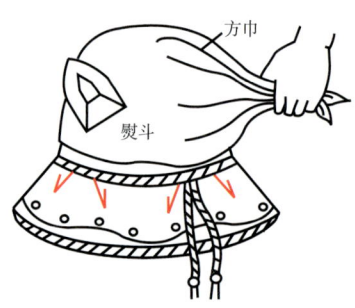

4.用方巾垫着熨斗熨烫帽身，使其平服，往箭头方向拉帽檐并钉上图钉

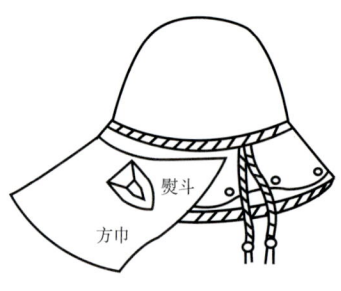

5.帽身平服后，用熨斗熨烫帽檐

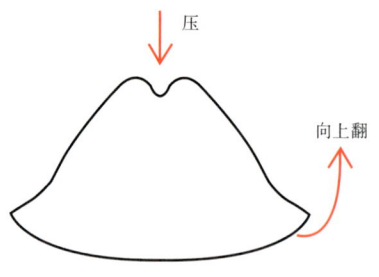

6.将帽顶中间向下压，使其呈凹状，再将帽檐向上翻起

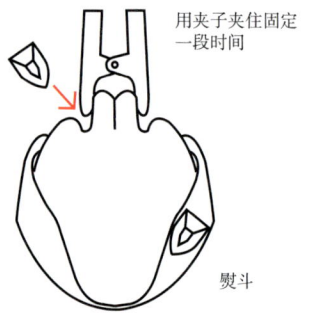

7.用熨斗熨烫翻折边沿，并用夹子夹住帽顶，固定一段时间

8.插上羽毛

图五 纳西族羊绒帽制作流程图

图六 纳西族羊绒帽穿戴效果图

纳西族七星圆盘

图一　纳西族七星圆盘主图

　　七星圆盘女头饰，是云南丽江地区纳西族女性特有的头饰，以黑色毛线编成的粗辫为底，表面缀着七个直径约为10厘米的刺绣硬布圆盘，圆盘上用珠子和彩色丝线描绣着太阳（星辰）的图案。整件头饰色彩鲜艳动人，形式感强，既富有象征意义，又美观大方。该案例采集自丽江市大研古镇。

　　制作头饰时，首先用黑色毛线编织一条可以绕头一周的粗辫子，然后取一块圆形棉布块，在其正中缝上珠子，以平绣和锁边绣的方法用绿、蓝、黄、红、粉红、粉紫色的刺绣线绣出一个太阳（星辰）的图案，再在装饰好的棉布块下放置一块同样大小的圆形硬布衬，将装饰块和硬布衬缝合。制作七个同样的刺绣硬布圆盘，将其依次等距缝在粗辫上。"七星"的装饰通常被认为代表星辰，象征纳西族妇女"起早摸黑，背负繁星"，赞颂了她们勤劳勇敢的美德，与纳西族妇女"披星戴月"的羊皮披肩有异曲同工之妙。另有一种说法认为纳西族自古将青蛙视为智慧之神，七个圆盘代表青蛙眼睛，被称为"巴妙"，是一种图腾崇拜的反映。

　　头饰主体粗辫为黑色，一方面接近发色，不突兀，富有和谐的美感，另一方面反映纳西族崇尚黑白的宗教文化习俗。同时加入色彩丰富的刺绣硬布圆盘进行搭配，色泽艳丽，明暗对比强烈。

　　七星头饰是丽江地区纳西族最具代表性的服饰符号之一，它充分反映了纳西族独特的文化。面对现代文明、外来时尚的冲击，使传统服饰文化的精髓保留并传承下去，是我们当下研究纳西族传统民族服饰的一个重要使命。

图片来源

图一　李佳怡　摄影
图二至图八　程珊　制图
图九　张新宇　制图

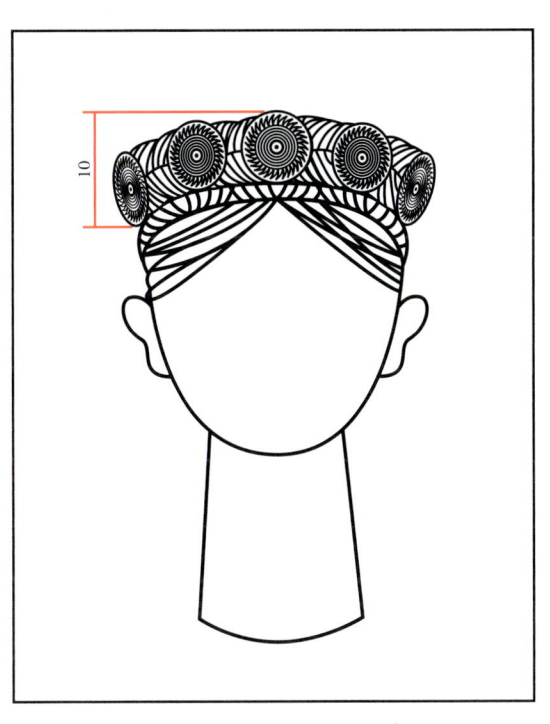

图二　纳西族七星圆盘尺寸图（单位：cm）

图四　纳西族七星圆盘材料分析图

图三　纳西族七星圆盘色彩分析图

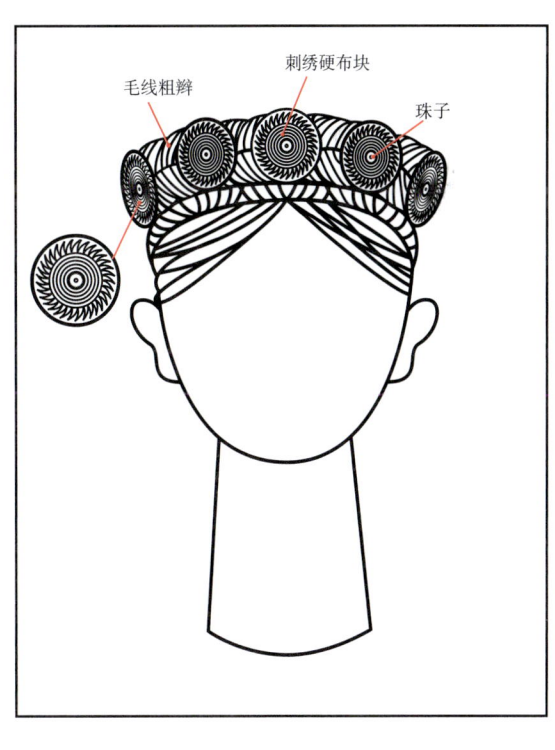

图五　纳西族七星圆盘局部分析图

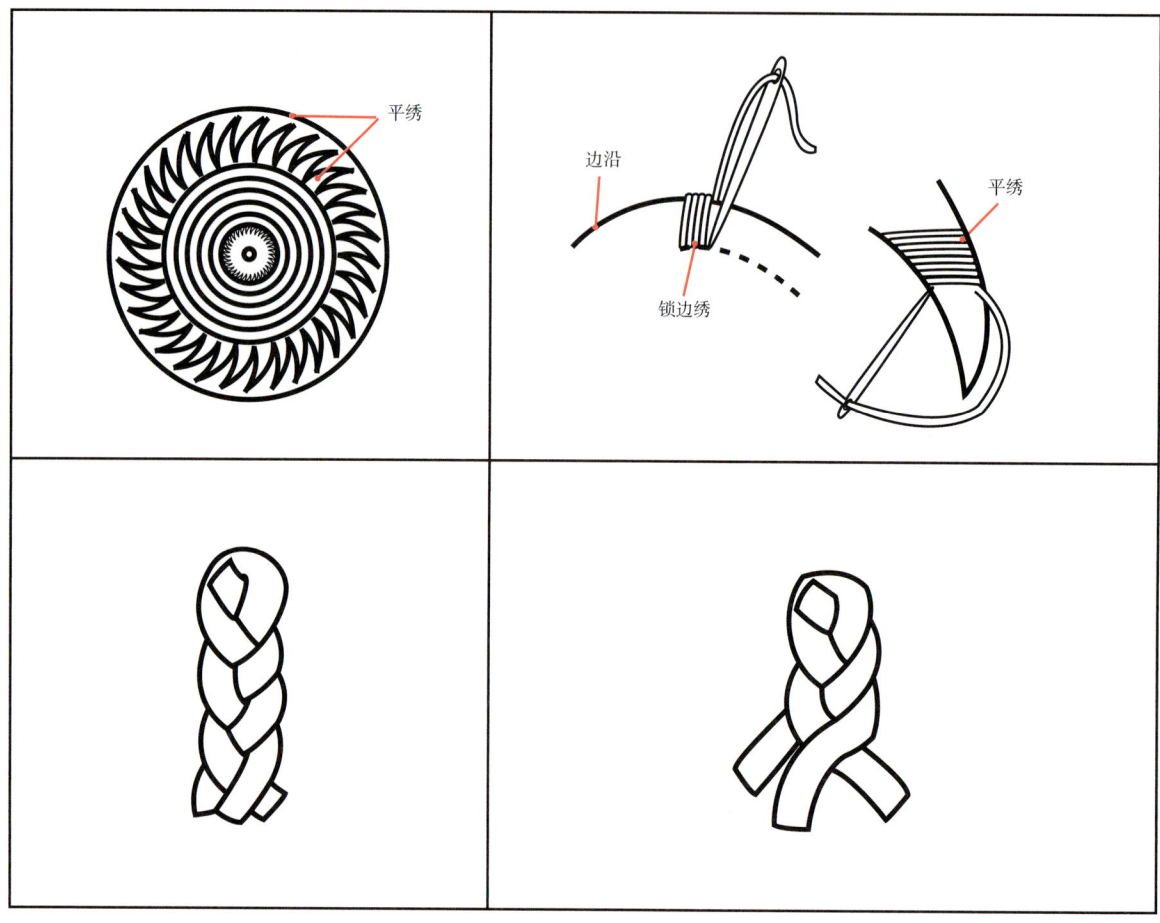

图六　纳西族七星圆盘工艺分析图

① 编粗辫子

② 绣图案，缝珠子

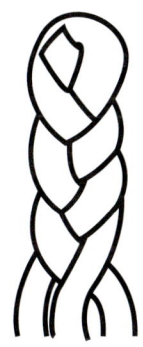

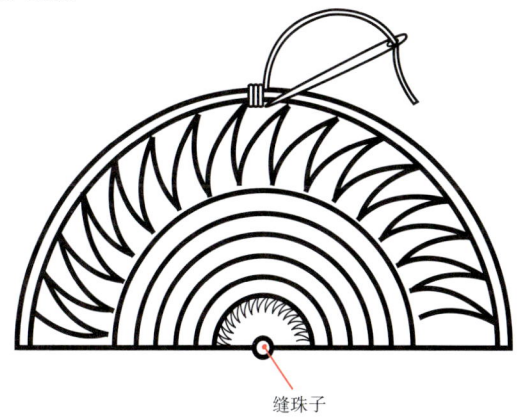

缝珠子

③ 在装饰块下放一块硬布衬

④ 缝合装饰块与硬布衬

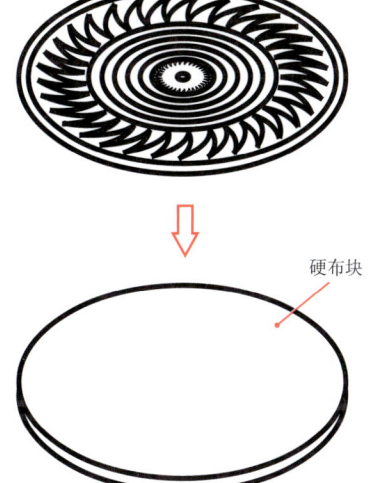

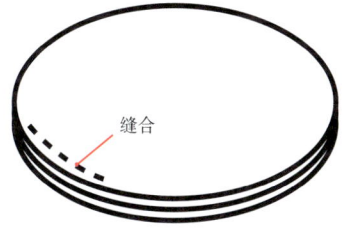

缝合

硬布块

⑤完成

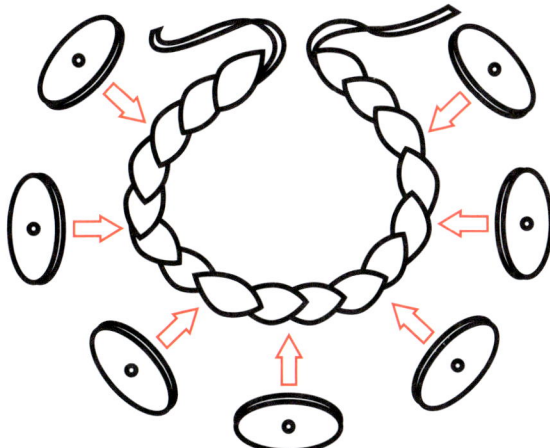

图七　纳西族七星圆盘制作流程图

第二章　纳西族传统服饰

207

图八 纳西族七星圆盘纹样图

图九 纳西族七星圆盘穿戴效果图

纳西族长衫

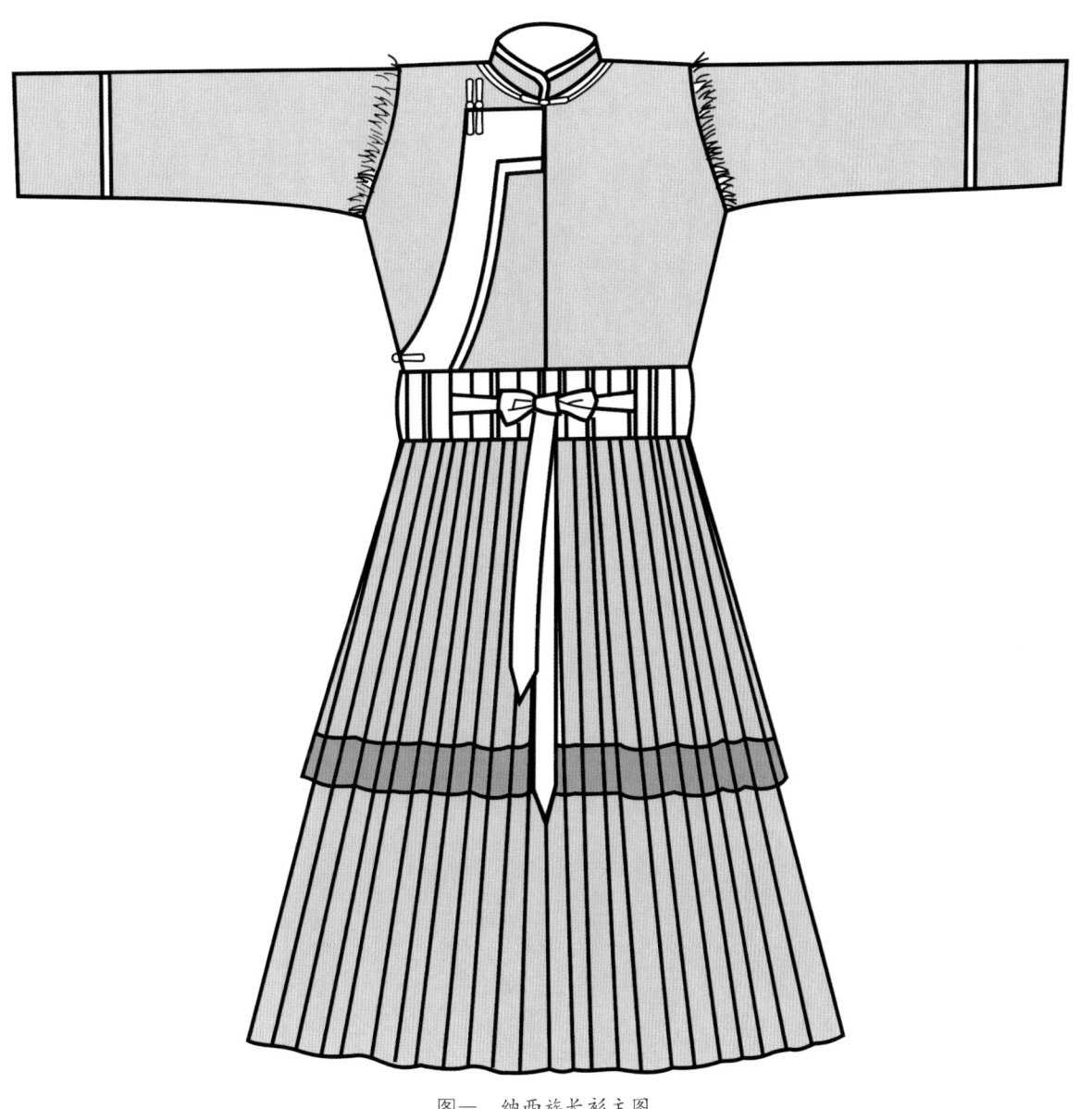

图一 纳西族长衫主图

纳西族女长衫有一大特点,就是前片短后片长。后片长是为了席地而坐时不弄脏里面的搭裙或长裤;在背背篓和背小孩时,较长的后片也能更好保持服饰的整洁。

长衫的面料为棉布或麻布,立领、右衽、长袖,前短后长,右前片与右后片连接处开小衩,领口、衣袖、右开襟处皆绣有花边。开襟和袖口刺绣处由彩色棉线绣成。此外,在袖口处缝有一条约4厘米的拼色布料。在右衽开襟处贴有约宽5厘米、长30厘米的斜贴布，贴布颜色与上衣底色不同，紧靠贴布下方贴有一指宽布条，上绣有花纹（此款上衣无花纹）。此款上衣共有三颗纽扣，分别在领口处、右衽胸前和右衽腋下（纳西族女式上衣纽扣一般为3至4颗），多选择蓝色和白色布料制成。长衫造型别致，简洁大方，完全适应她们的生产生活环境。

服饰是文化重要的载体之一，一个民族的传统文化、审美观、精神信仰、生产力发展水平、社会秩序等，往往借助服饰得以反映。纳西族服饰正是纳西族对所处的自然环境进行有效适应的结果。

图片来源

图一至图三　马蓉　制图
图四　马蓉　摄影

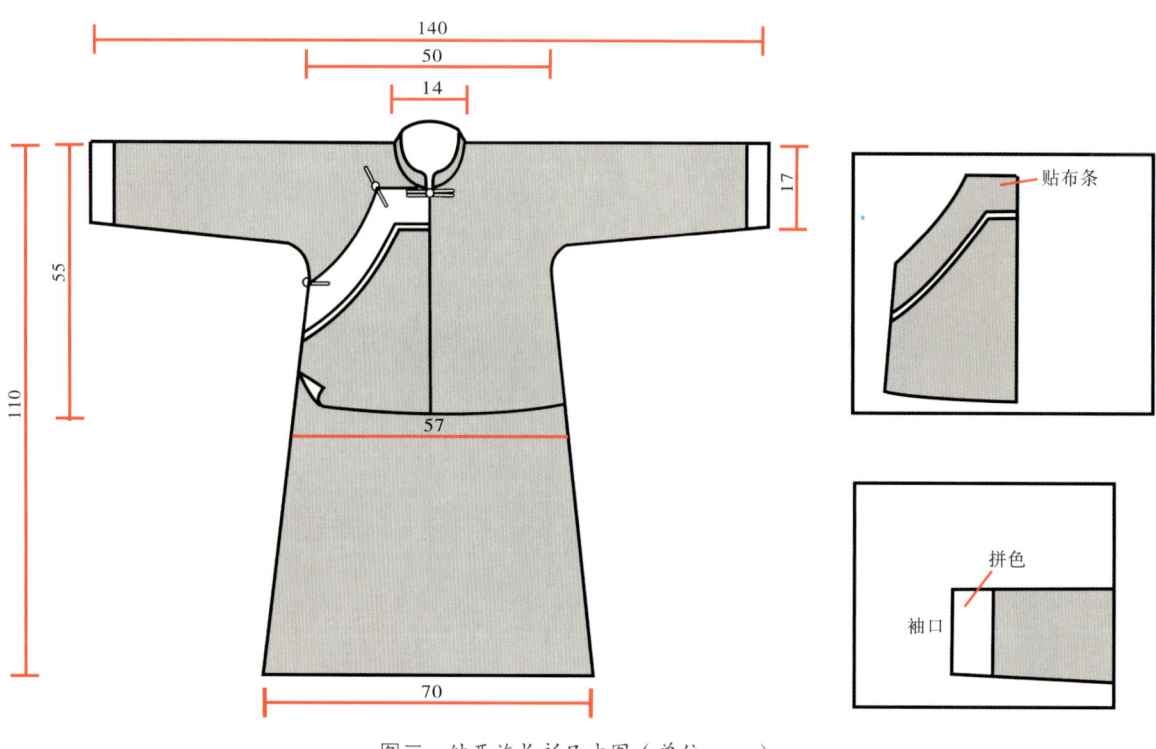

图二　纳西族长衫尺寸图（单位：cm）

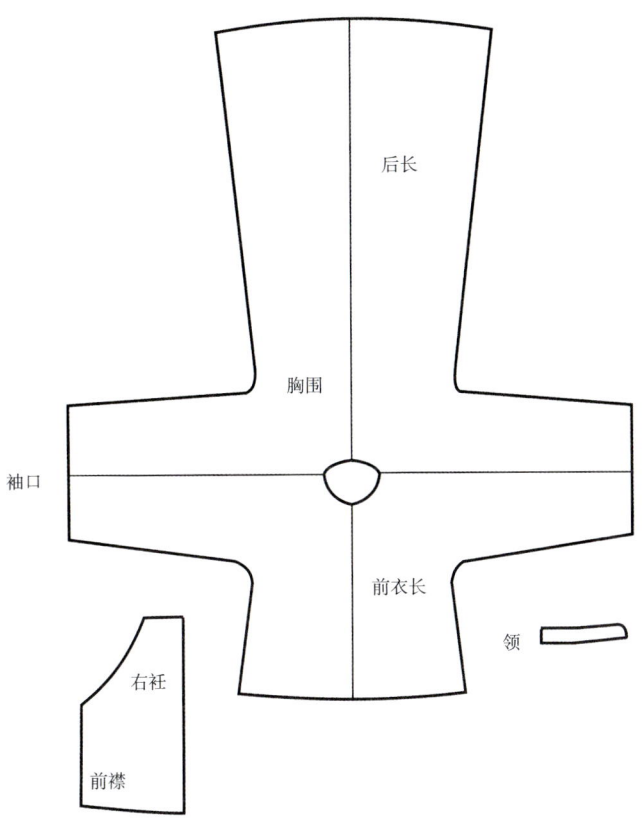

图三　纳西族长衫结构分解图

图四　纳西族长衫穿着效果图

第三章 纳西族传统餐饮

纳西族储碗竹篮

图一　纳西族储碗竹篮主图

储碗具，是一种用于储放碗、碟的厨房用具，其有不同材质、形式，如用不锈钢条编成的抽拉式储碗具或储碗柜等。纳西族传统储碗具由竹子制成，挂式，上下各有一大一小两个装碗的竹篮子。该案例采集于丽江东巴文化博物馆，它通长约为90厘米，整个形态为三角状，大竹篮长40厘米，高22厘米，小竹篮长25厘米，高13厘米。

纳西族人日常生活中有很多的竹编、草编制品，下地干活背的是竹篓，做饭锅上盖的是草锅盖，晾东西用的是竹簸箕，出门头上戴的是竹帽，等等。纳西族村子里有很多竹编能手，储碗竹篮就是纳西族生活中最常见的竹编制品之一。其形态呈三角状，像一挂式双层网兜，只是这种"网兜"更结实。我国西南地区一些其他地方也使用这种储碗竹篮，但多为一层，也较小。而纳西族的储碗竹篮较大，制作工艺更加考究。其制作要经过选材、破篾、弓形、组合编织、修整等几道工序。所选用的竹子竹节平整光滑，既不太长也不太短。破篾时用破篾刀按竹纹剖开小口，并按规格破出不同的篾丝。接下来要准备几根粗竹篾，将其弯成尖底的"U"形，这也是储碗竹篮的骨架。再以两根为一组的较细竹篾从骨架尖处开始编织，所采用的是六角孔编织方法。编织到整个竹篮托架

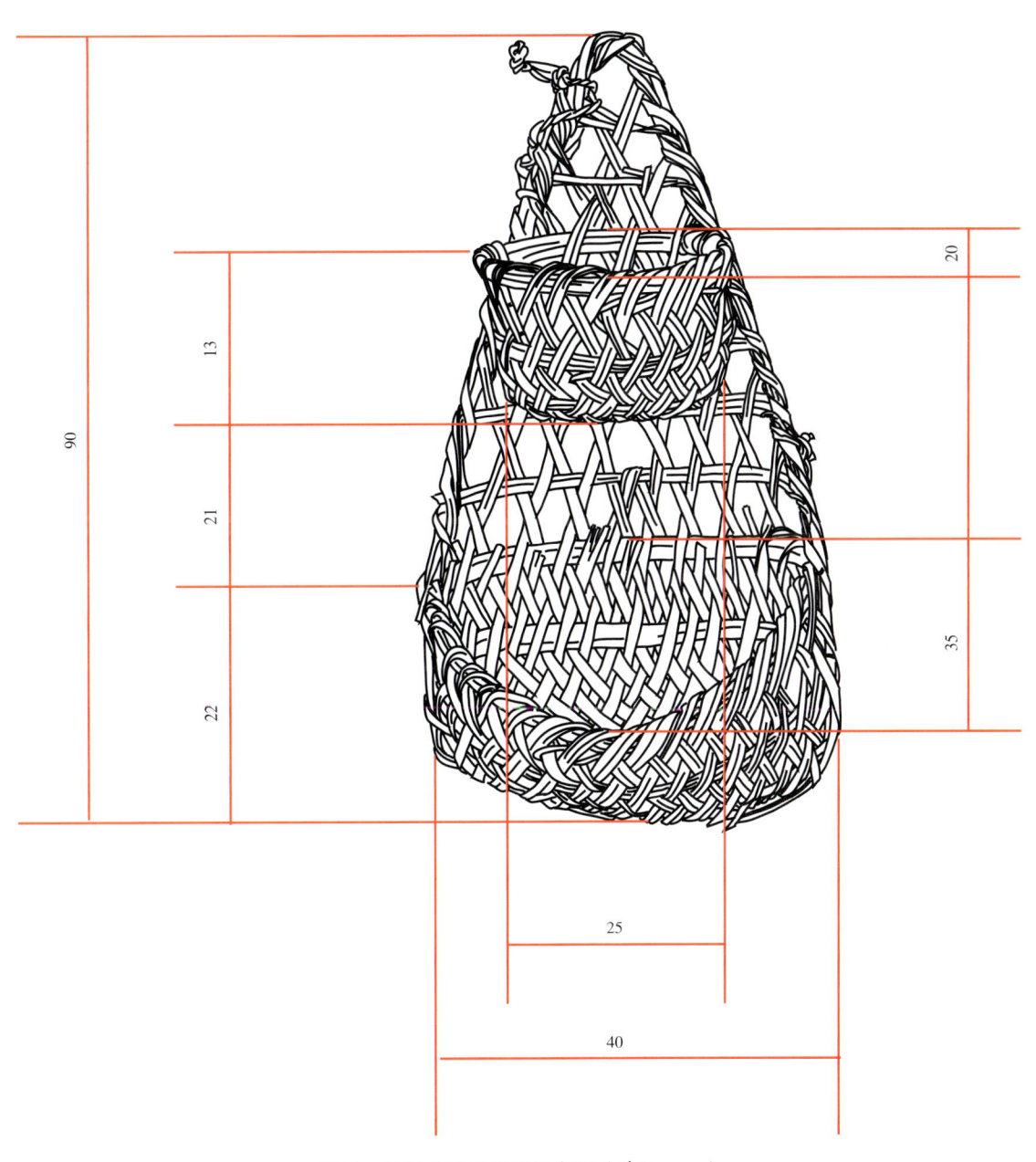

图二　纳西族储碗竹篮尺寸图（单位：cm）

的三分之一时，再取两根竹篾一同编入托架中，并且与托架的纬篾交叠，使这两根竹篾向外弓成半圆形（与托架成九十度），组成小碗篮沿口的支撑骨架，以此方式继续编，直到托架延展出的三根纬篾组成小碗篮的三道纬圈。再用竹篾斜向一压一挑完成篮身，小碗篮即完成。接下来继续编织托架，并一气呵成完成底部碗篮的编织。底部碗篮直接由用于编托架的篾条编成，编织方法与小碗篮相同。

编碗篮需要非常熟练的纳西族竹编工匠，他们就地取材，编出既实用又廉价的厨房用具。从设计学来看，其材料符合可持续、可再生的原则；两层的设计更好地发挥了其功能；孔状的编织方法方便碗、碟的控水；挂式的选择也更好地利用了空间。但其设计也有些许弊端，比如其几乎没有防尘设计，挂在厨房的墙壁或木柱上很容易沾上灰尘，另外竹篮长时间在潮湿环境下易长霉菌，而且其清洗起来很不方便。

图片来源

图一　安星霖　摄影
图二　安星霖　制图
图三　王璐璐　制图

图三　纳西族储碗竹篮操作示意图

纳西族铜勺

图一　纳西族铜勺主图

　　铜勺，纳西族舀水器具，铜质，圆底，敞口，长柄，手柄处雕刻有数朵太阳花，手握处似葫芦形，并缀有四枚乳钉纹。本案例采集于丽江市玉龙纳西族自治县。勺身直径为11厘米，高4~5厘米，勺柄长33厘米，手柄宽2~4厘米。

　　纳西族铜勺分为两种，一种为紫铜勺，一种是黄铜勺。紫铜，也称红铜，即纯铜；黄铜，是一种铜与锌的合金，从硬度上看，紫铜的硬度大于黄铜，但两者的强度、耐磨性都很高。丽江铜器早在滇藏茶马古道的贸易中就素享盛名。依照纳西族的传统习俗，女儿出嫁，铜器是必不可少的嫁妆。工匠通常不单个打制铜勺，而是将几块铜饼叠在一起，在铜饼与铜饼之间撒上些许木炭灰，以防止加热时铜饼粘在一起。由几个纳西族大汉按顺序依次抡锤击打，将打好的粗坯一个个分开，将其放在木墩儿上用钉锤逐个"打形"，每打一番就要进行一次烧制，因为铜打久了会变硬，不利于塑形。再用盘锤按照铜勺底深边阔的器形特点进行打制，用折边锤对勺体的边口进行回修。最后用光锤点冷，从而使铜勺更美观，同时也使其更耐用。

从设计的角度分析，纳西族生活中常用的铜勺处处展现出制作者的巧思。弧形的勺体便于使用者在给水缸换水时舀净缸底积水，手柄处的折边也起到保护铜勺和避免手被划伤的作用。勺柄除了有适宜手握的宽度外，其葫芦形的设计及凸出的乳钉纹也使得手握舀水时摩擦力增大，不易打滑。勺尾处向下的弯钩使铜勺能够悬挂于水缸边沿，方便取用，于细微处体现人性化设计的光彩。

图片来源
图一　赵卫东　摄影
图二、图三　赵卫东　制图
图四　王璐璐　制图

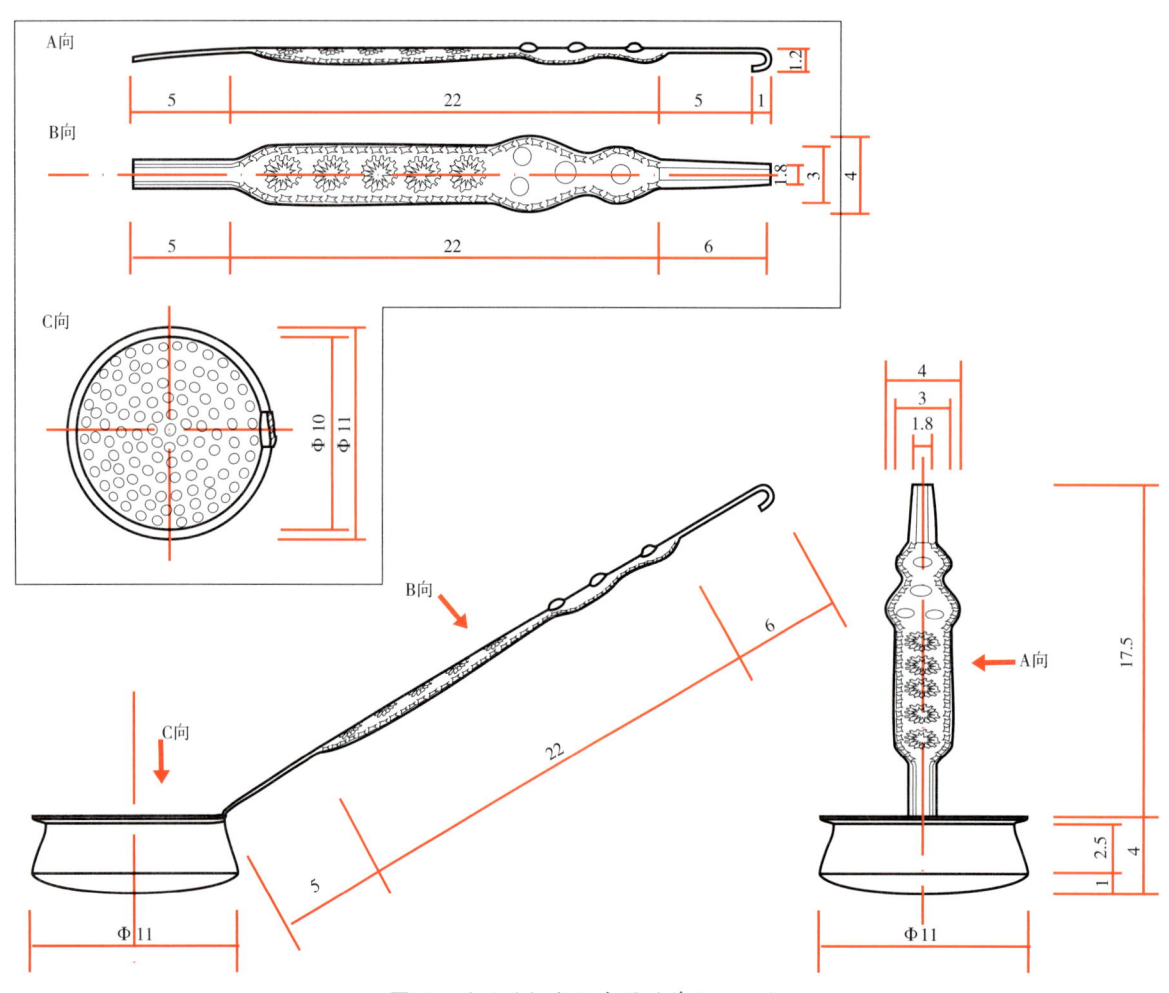

图二　纳西族铜勺尺寸图（单位：cm）

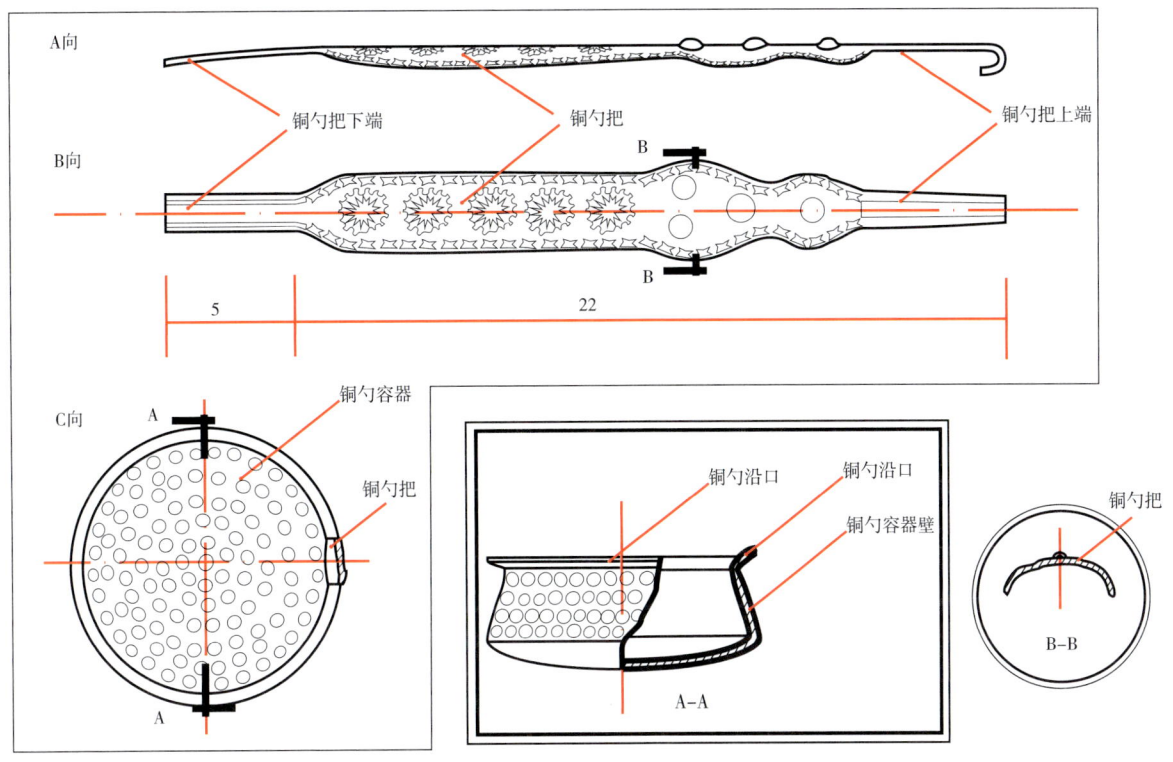

图三　纳西族铜勺结构分解图（单位：cm）

图四　纳西族铜勺使用情境图

纳西族煮茶陶罐

图一　纳西族煮茶陶罐主图

纳西族手工业比较发达，日常餐饮用具多为本民族手工制作，其中陶器的制作和使用尤为普遍。陶器具有良好的避光、吸热与透气性，因而被喜爱饮茶的纳西族用作煮茶器皿。纳西族民间谜语"黑脸老奶奶，坐在火塘边，嘀咕老半天，做出半盅汤"形容的就是煮茶陶罐。此案例为纳西族煮茶陶罐，采集于丽江大研古镇的一户纳西族人家，罐体最大直径处为16厘米，罐底直径为12.5厘米，罐身高15厘米。

该煮茶陶罐大体由罐身、罐流、罐把三部分组成。整体圆口、短颈、口沿外侈，大板耳从口沿连接到下腹部，短流、鼓腹、平底，是典型的滇西北地区氐羌民族风格的陶器，富有浓郁的地方特色。该罐材质为黑陶，在制作时使用的是云南地区特殊的土料，经过选料、泥土发酵、揉泥、拉坯、修坯等多道工序制作而成，再经1000摄氏度左右高温烧制而成。茶是纳西族每日必不可少的传统饮料，纳西语称其为"勒"。早上起床，纳西人便围着火塘，开始拾掇早茶，太阳下山，又忙着煮晚茶。纳西人煮茶时，先将茶叶放入罐中，再用铁钳夹住陶罐在火塘上烘烤，同时不断转动陶罐，使之均匀受热，待茶叶焦黄、茶香四溢时倒进开水，随即倒入杯中。

这件煮茶陶罐通体素面，不加纹饰，简洁大方，体现出纳西族人物以致用、不役耳目的务实的价值观。

图片来源

图一　芦颖　摄影

图二、图三　芦颖　制图

图四　曹天彦　制图

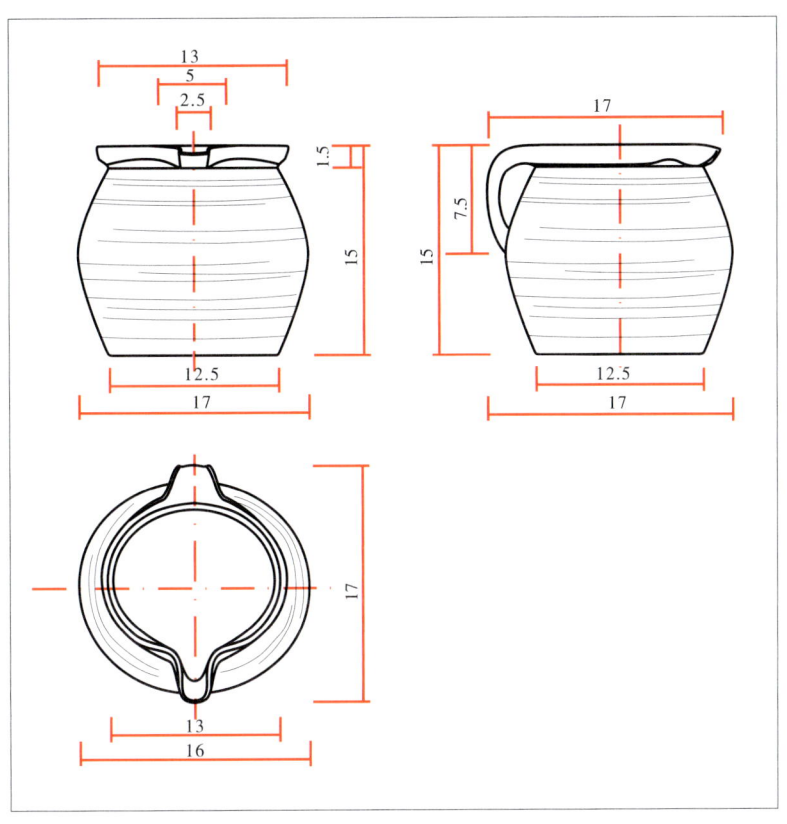

图二　纳西族煮茶陶罐尺寸图（单位：cm）

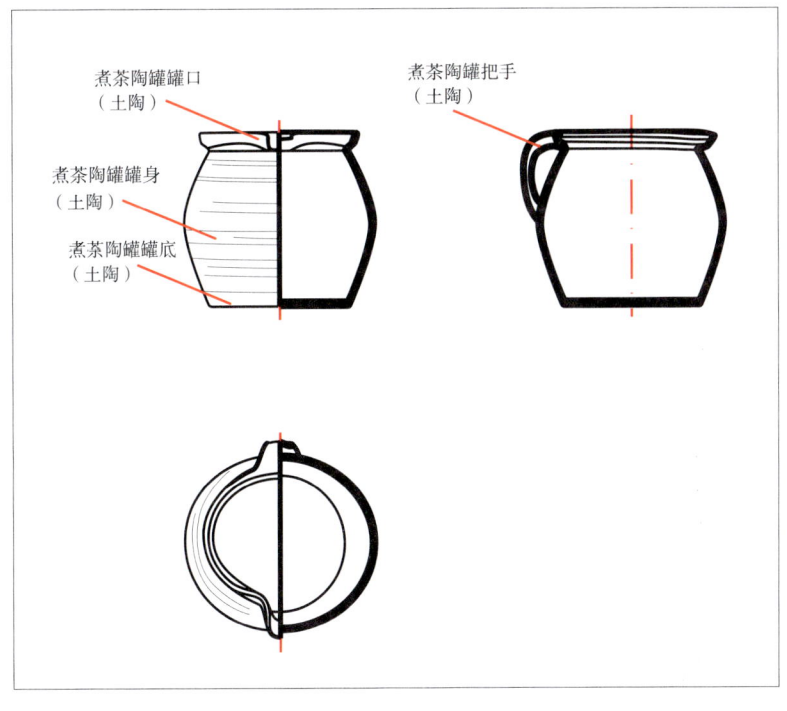

图三　纳西族煮茶陶罐结构示意图

图四　纳西族煮茶陶罐使用情境图

纳西族铜烧锅

图一　纳西族铜烧锅主图

铜烧锅是以铜为原料制作的烧锅,是纳西族常用的炊具,基本构件为锅身、锅盖、把手三部分。手工制作的铜烧锅表面会布满整齐的锤印,非常有质感。这款铜烧锅呈圆形,较扁,左右两侧和锅盖上方有耳。本案例采集自丽江市白沙古镇铜器坊。铜锅锅底直径为13厘米,锅体呈铜黄色,非常有光泽。

铜制器具坚韧耐磨,导热性好,在煮饭烧水时,铜器能溶出二价铜离子,从而为人体补充所需要的铜元素,达到促进人体健康的效果。机械制作的铜器为防止表面氧化,均有涂层,而手工制作的铜器表面没有涂层,铜离子直接裸露在外,对补充铜元素十分有利。铜烧锅通体用黄铜制成,即铜和锌的合金,因此硬度较大,其制作工艺分为选料、冶炼、打坯、按器修形、钉铆钉、点冷锤等几道工序。锅耳和锅身,把手和锅盖之间均用铆钉固定,非常牢固。锅盖边沿有硬铁丝,形成卷边,因此不易变形。

至今,云南丽江地区的铜器具还是非常普遍的,有铜碗、铜勺、铜杯、铜壶、铜盆等。这些铜器造型古朴、高雅大方、工艺精美,是民间手工艺精品。另外,有研究表明,在经常使用铜炊具的地区,癌症发病率较低,可见使用铜器对人体的健康是非常有益的。

图片来源
图一　芦颖　摄影
图二、图三　芦颖　制图
图四　芦颖、舒文洋　制图
图五　王璐璐　制图

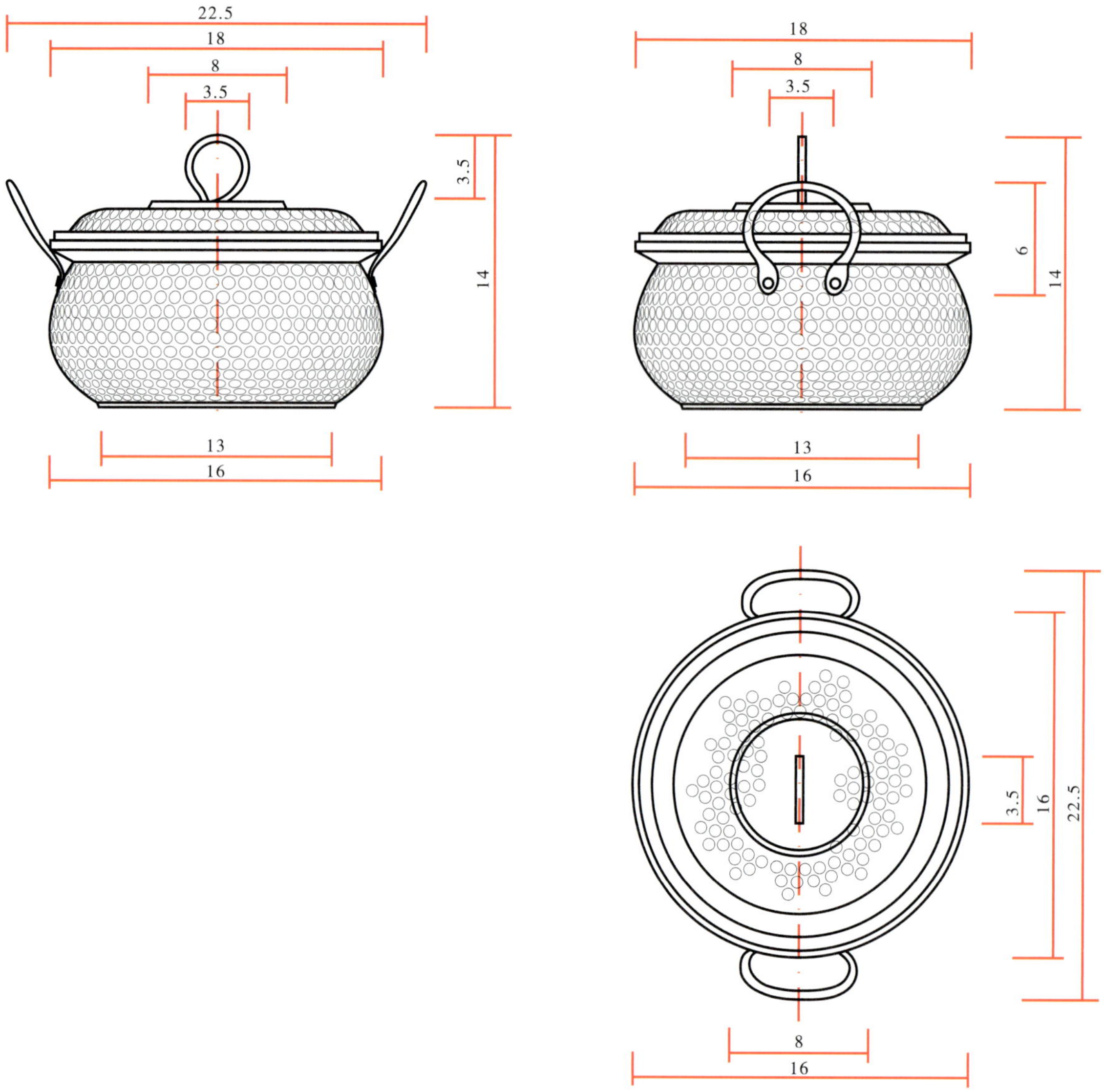

图二　纳西族铜烧锅尺寸图（单位：cm）

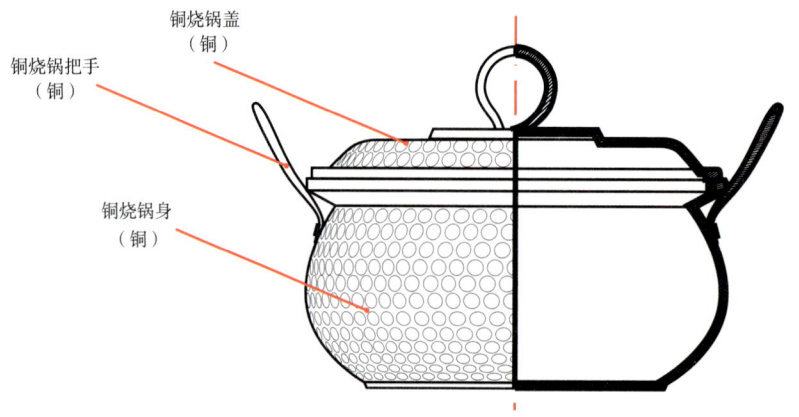

图三　纳西族铜烧锅结构示意图

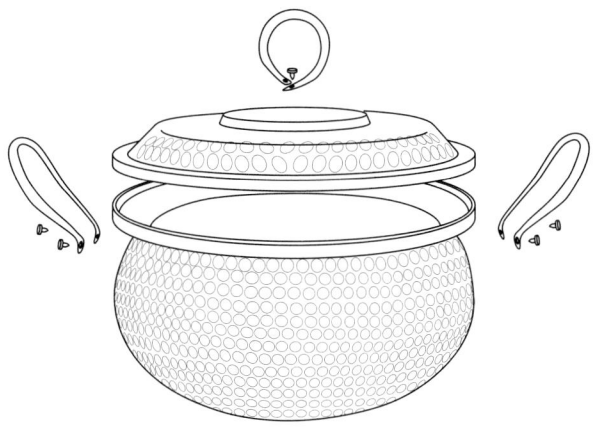

图四　纳西族铜烧锅结构分解图

图五　纳西族铜烧锅操作示意图

纳西族铜锣锅

图一　纳西族铜锣锅主图

纳西族制作铜器的历史可以追溯到汉代，汉代纳西族聚居区墓葬中曾出土青铜器，之后明代木氏土司从中原聘请了制铜匠人从而引入铜器制作工艺。清代是丽江铜器制作的鼎盛时期，城乡都有制铜作坊，在大研镇有专门的铜匠街。本案例采集自丽江市古城区，是纳西族最传统的铜锣锅。其通高为24厘米，锅身最大直径为32厘米。

传统手工制铜的工艺流程比较复杂。在纳西族民间，只有用松木烧制的木炭才能炼铜，打制铜器也是如此。由铜矿石开始冶炼，制成铜饼，炼成粗铜，经过三次冶炼成精铜。上品铜器的材料则需要进行四次炼制，通过反复冶炼来提高铜的纯度和品质。制作铜锣锅时，将精铜多次反复加热、冷却、锻打，打出器物的大体形状，冷却后就可分离成单个的粗坯，再经过手艺好的师傅继续加工，打制出完整的器物。在制作一些特殊形状时需要焊接。铜锣锅表面容易发黑或沾上杂质，因此在制作完成后需要洗出它的本色，当地人称这道工序为出色。方法是将红土、盐和水按一定的比例配制成溶液，均匀涂在器物内外，然后将器物在火炉上均匀加热至发红，此时迅速将整件器物泡入冷水中，取出后变为紫铜本色，即出色。之后，铜匠师傅需把整件器物再均匀锤击，以增加其硬度和亮度，此道工序称为点冷锤。

图片来源
图一　雷霞　摄影
图二至图四　雷霞　制图
图五　李佳怡　摄影

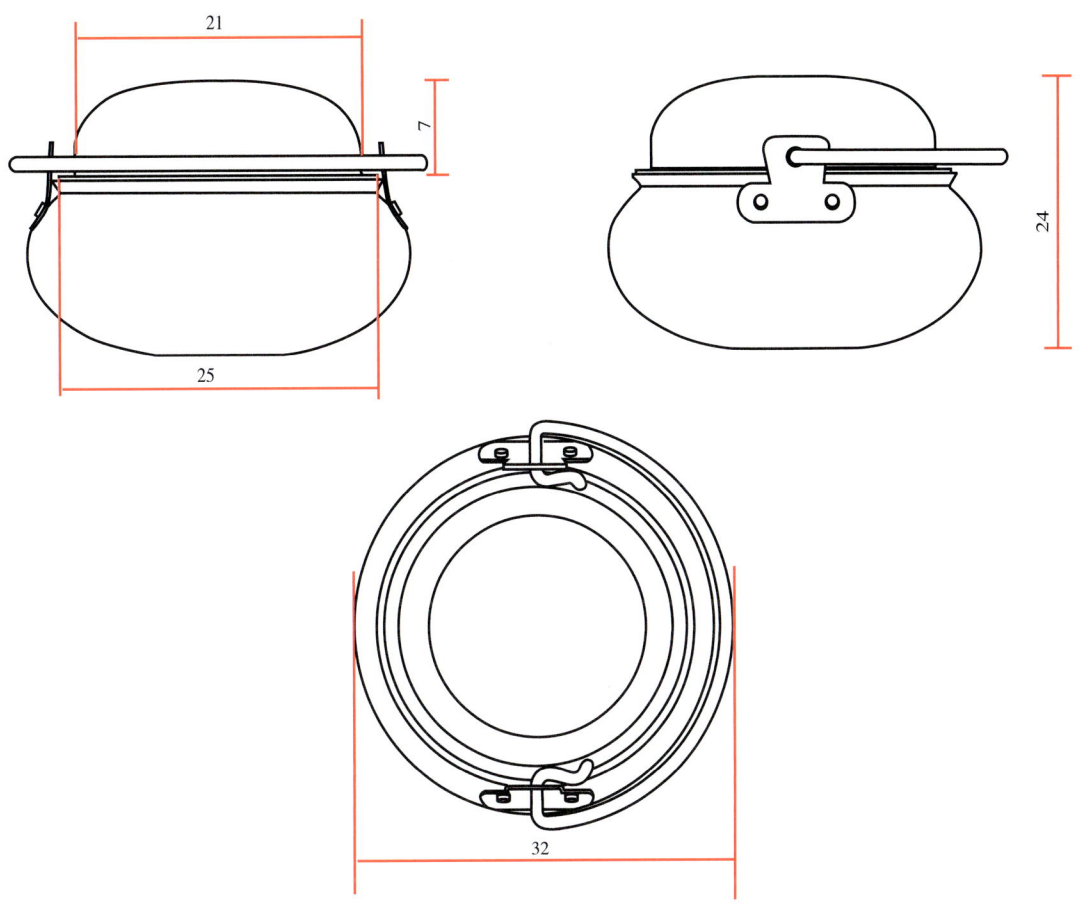

图二　纳西族铜锣锅尺寸图（单位：cm）

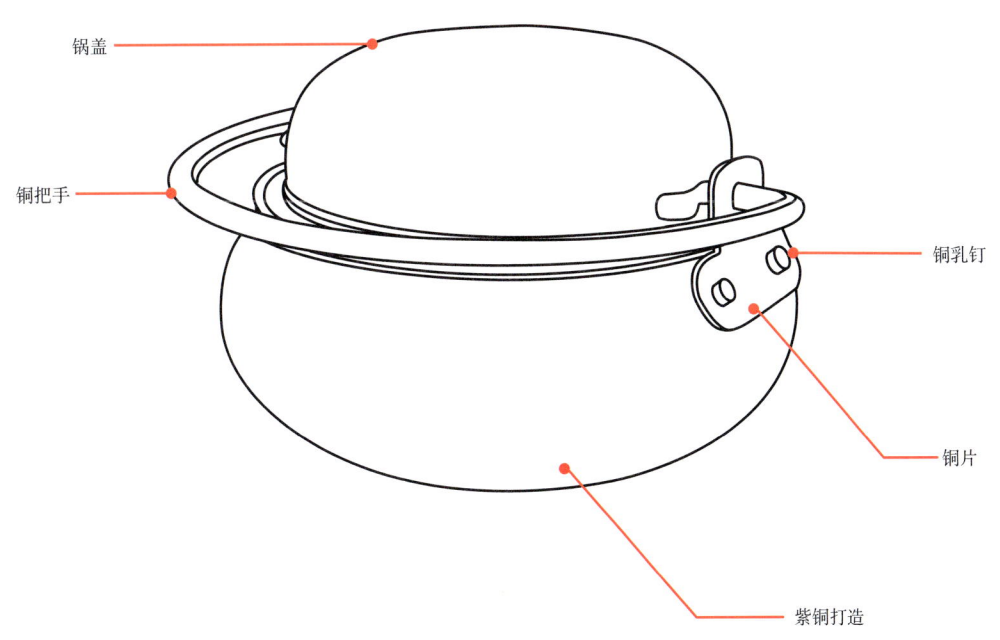

图三　纳西族铜锣锅结构示意图

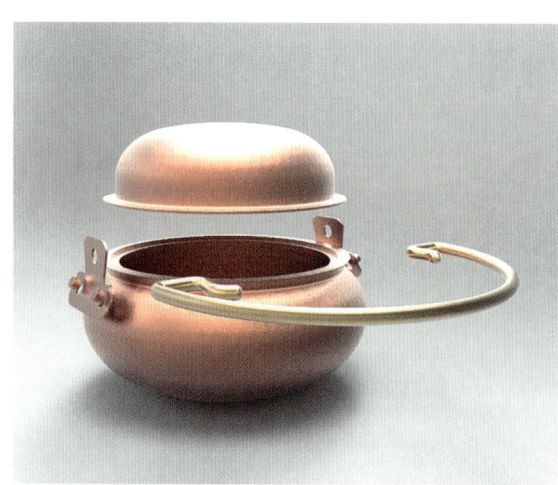

图四　纳西族铜锣锅结构分解图　　　　　　　　　　图五　纳西族铜锣锅使用情境图

纳西族铜水壶

图一　纳西族铜水壶主图

烧水壶,是一种利用自身材质的导热性、不透水性等性能,可将储存于容腔内的水烧开的器皿,是人们日常生活中必不可少的生活用具。此案例为纳西族铜烧水壶,采集于丽江白沙古镇的铜艺世家和善均的铜器作坊。纳西族的铜水壶大小不等,大的一般用于烧水,小的作为茶壶。该壶体的直径最大处为15厘米,壶底直径为9.5厘米,壶身高13厘米。

过去纳西族的铜器在滇藏茶马古道的贸易中就很驰名,而且依照纳西族的习俗,女儿出嫁,铜器是必不可少的嫁妆。这与当地有丰富的铜矿资源是分不开的。铜烧水壶大体由壶身、壶嘴、壶盖、壶把四部分组成,其制作工艺分为备料、下料、打坯、按器修形、装配焊接、点冷锤等几道工序。首先是备料,过去一般由匠人自己采集铜矿石进行多次冶炼后得到精铜,现在多是直接回收废铜进行冶炼,在熔化时需要加入配料,增加铜的延展性,使铜在打制过程中不易断裂。接下来,将备好的铜块按比例分成三大块和两小块,将三大块分别打制成壶身、壶底和壶盖所需的铜皮,两小块用于打制壶嘴和壶把。打坯的工具有各色的小锤和各种大小的铁马，铁马上的胎模有圆头和方头之分，圆头适用于打制曲面的器物，方头适用于打制直面的器物。将加热的铜料放置在铁模上，人坐在马凳上以锤敲打铜料，边敲打边旋转铜料，使铜料受力均匀，打制出合适的形状和厚度。然后对打好的坯体按器修形。纳西族在打制大的铜器皿时往往采用组装、套接、扣接的方式将器物的各部分相连，但打制像水壶这样的小型器皿时就需要局部焊接，所使用的是当地传统焊接法，就是在相连部位的缝隙撒上特制的焊药，然后放进炉子里加热使其熔化，将两部分焊接在一起。最后一道工序是对铜壶进行加工，也就是点冷锤。紫铜本身相对柔软，而光锤点冷可以让铜器变硬，并且使铜器不易变形，有光泽，更美观。

壶身与壶盖严丝合缝，恰到好处；壶盖与把手间以一铜链相连，避免了壶盖滑落；壶把是由两根并排、相隔一厘米的粗铜丝穿在立于壶肩上的铜耳中充当，并且可以左右

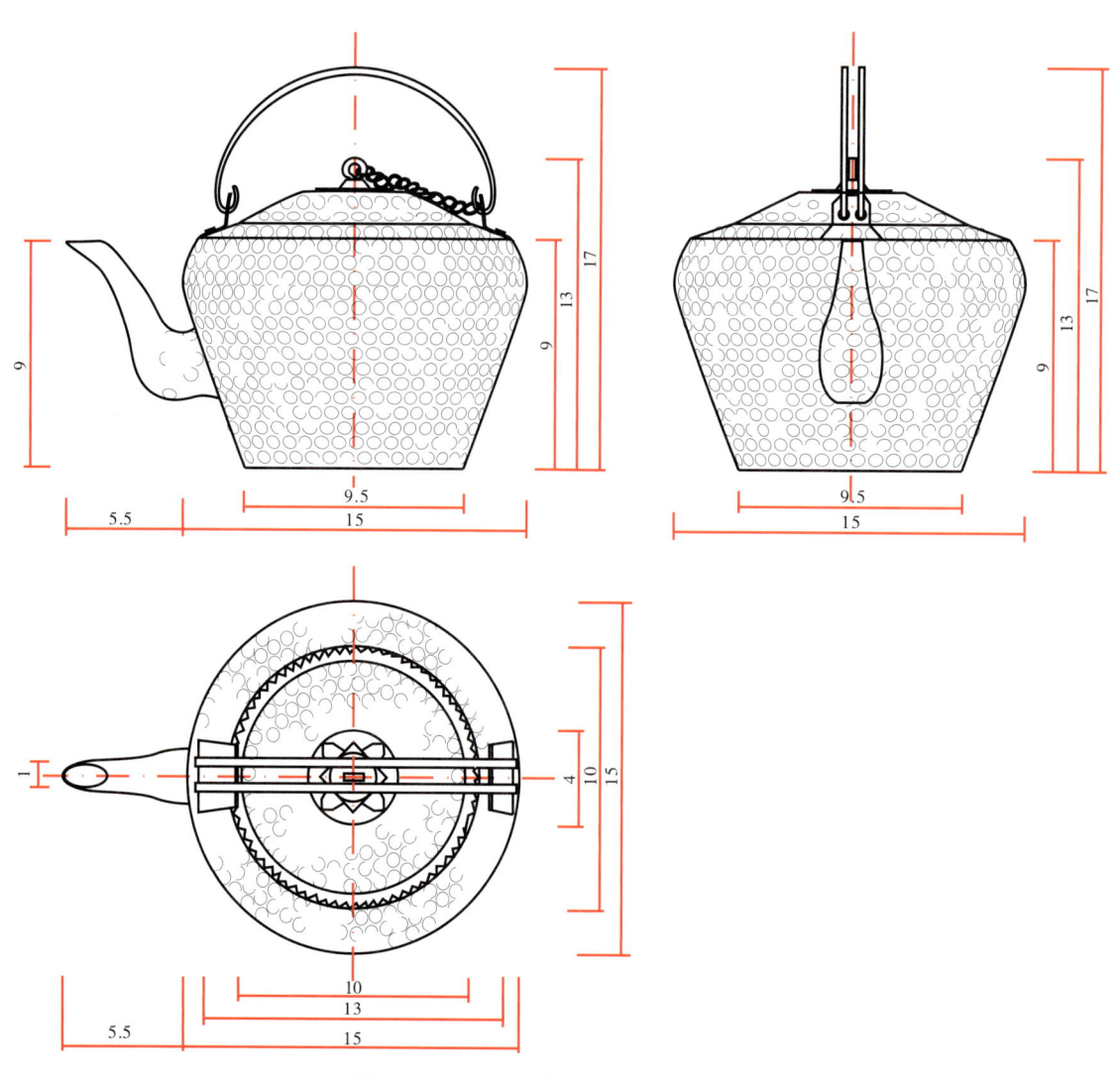

图二　纳西族铜水壶尺寸图（单位：cm）

活动。

随着科技的发展，这种耗时、耗力、价格高的手工铜器渐渐淡出人们的生活，取而代之的是性价比更高的合金器具。只有少部分地区的少部分艺人还在传承这种技艺。

图片来源

图一　芦颖　摄影
图二、图三　赵卫东、芦颖　制图
图四　赵卫东、芦颖、舒文洋　制图
图五　王璐璐　制图
图六　王璐璐、石永欣　摄影

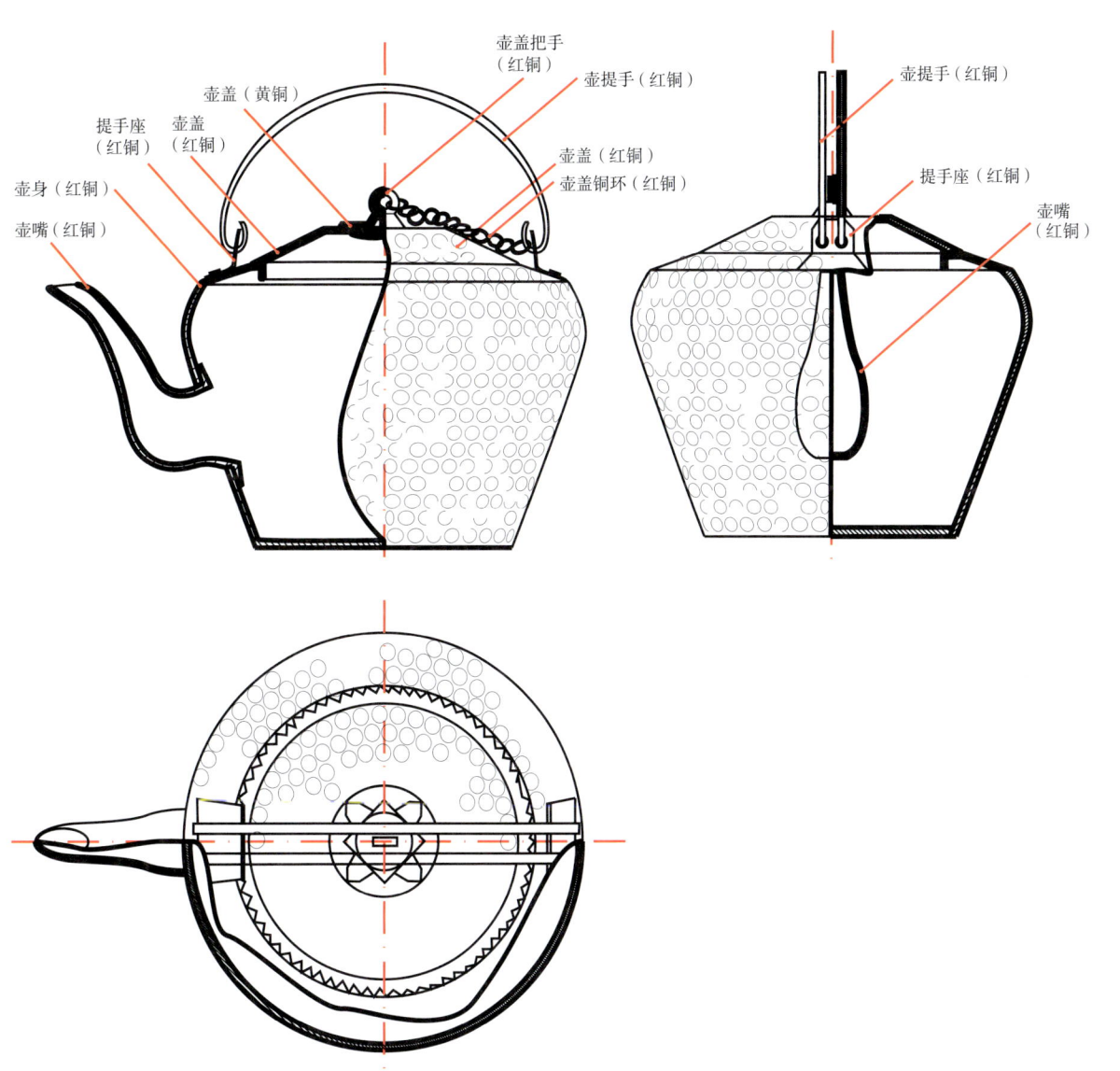

图三　纳西族铜水壶三视图

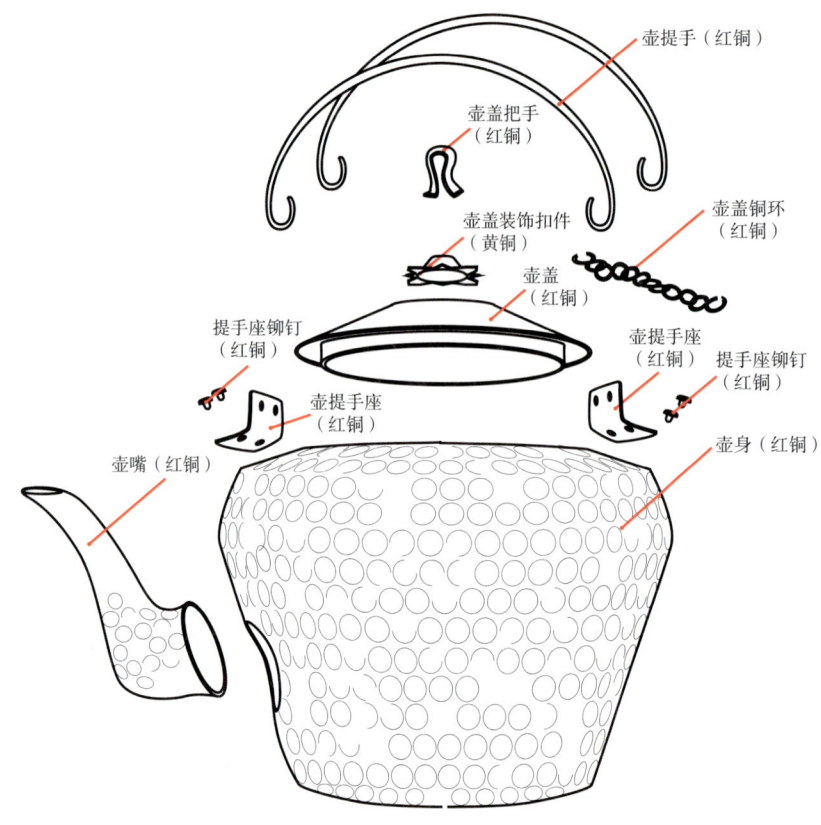

图四 纳西族铜水壶结构分解图

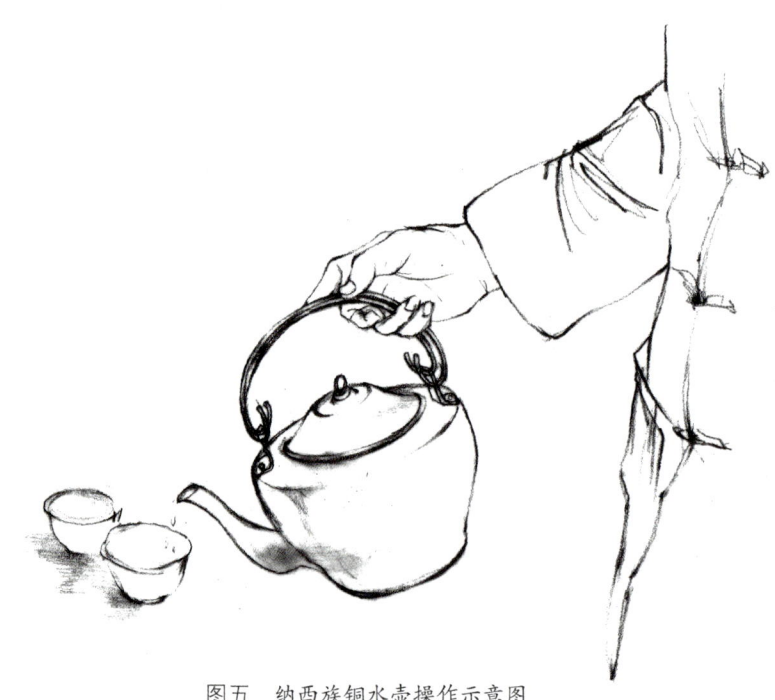

图五 纳西族铜水壶操作示意图

图六　纳西族铜水壶使用情境图

纳西族铜火锅

图一　纳西族铜火锅主图

纳西族人擅长制作铜器,过去,一个纳西族家庭所拥有铜器的多少,就是衡量这个家庭富裕程度的标准之一。而且按照纳西族的习俗,女儿出嫁,铜器是必备的嫁妆。此案例为纳西族铜火锅,采集于云南丽江白沙古镇的一户打铜世家,火锅最大直径为28厘米。

铜火锅是纳西族重要的炊具之一,有红铜、黄铜两种,手工制作而成。在传统用具日益被工业用品取代的今天,铜火锅仍然在纳西族中被广泛使用。其通体用红铜制成,经过下料、敲打成形、平坑、钉铆钉、打磨抛光等多道制作工序方可完成,耗时耗力,但纳西族铜匠师傅打制出的铜火锅精美绝伦。其基本构件有锅盖、烟道、锅身、基座、把手等。锅体中心为炉膛及排烟管,周围是烹煮菜肴的锅腔,下部有圆形基座,基座与炉膛相连,炉灰从炉膛掉入基座内。当地人喜欢在铜火锅里煮汤,不仅汤色极好,而且味道鲜美。

从设计的角度来看,这种铜火锅有诸多优点,首先在选材上,用铜制造的生活用品具有质坚耐用、抗菌等优点,铜火锅具有传热快、节能的优点,并且极为美观。

图片来源

图一　石永欣　摄影

图二至图四　雷霞　制图

图五　石永欣、李佳怡　摄影

参考文献

宋兆麟,高可.中国民族民俗文物词典.太原:山西人民出版社,2004.

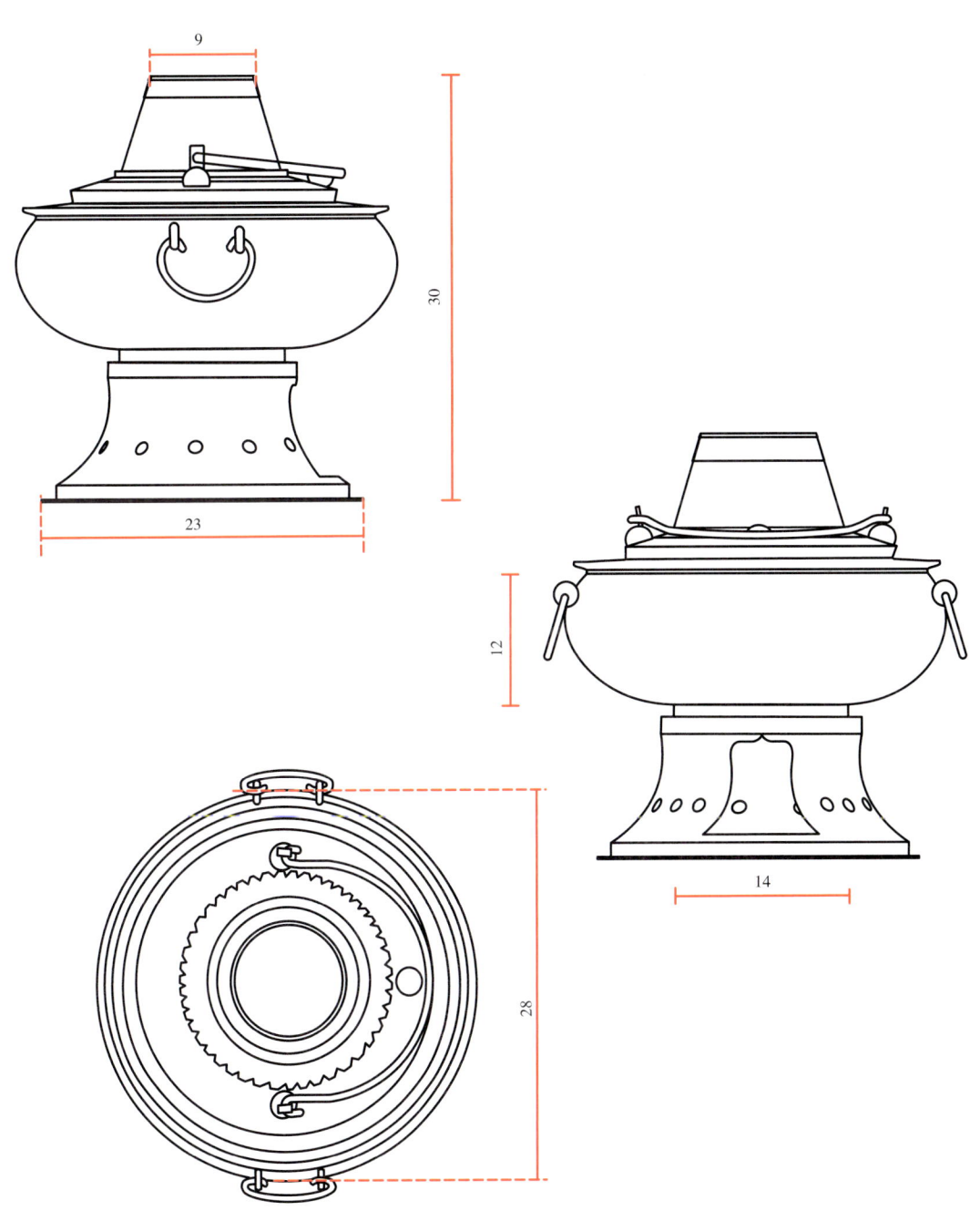

图二　纳西族铜火锅尺寸图(单位:cm)

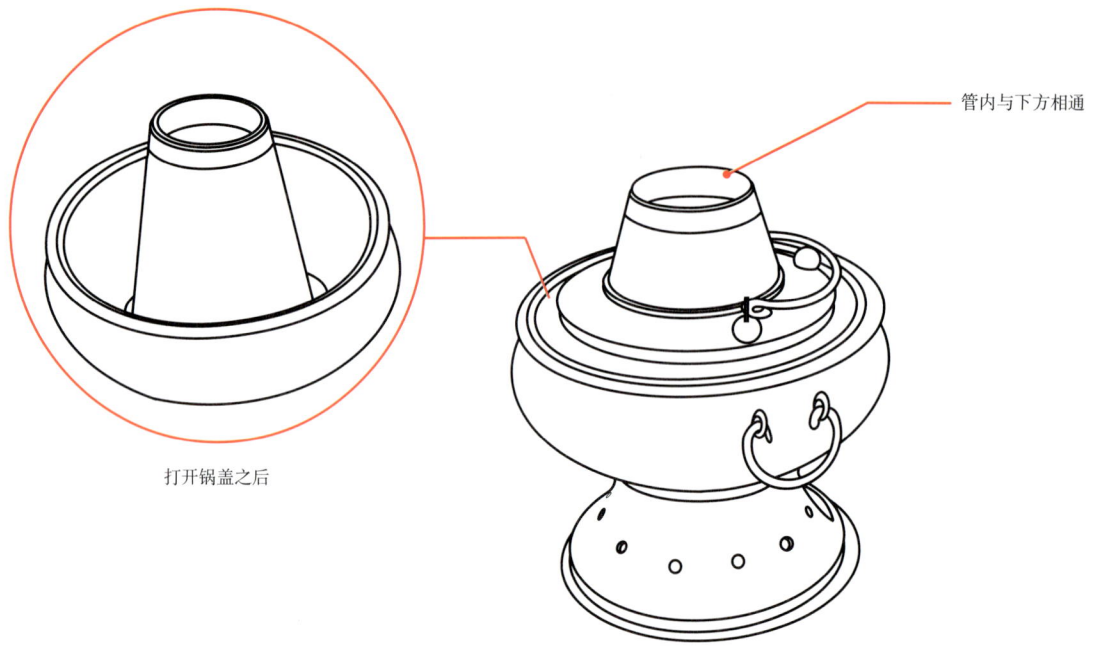

图三　纳西族铜火锅结构示意图

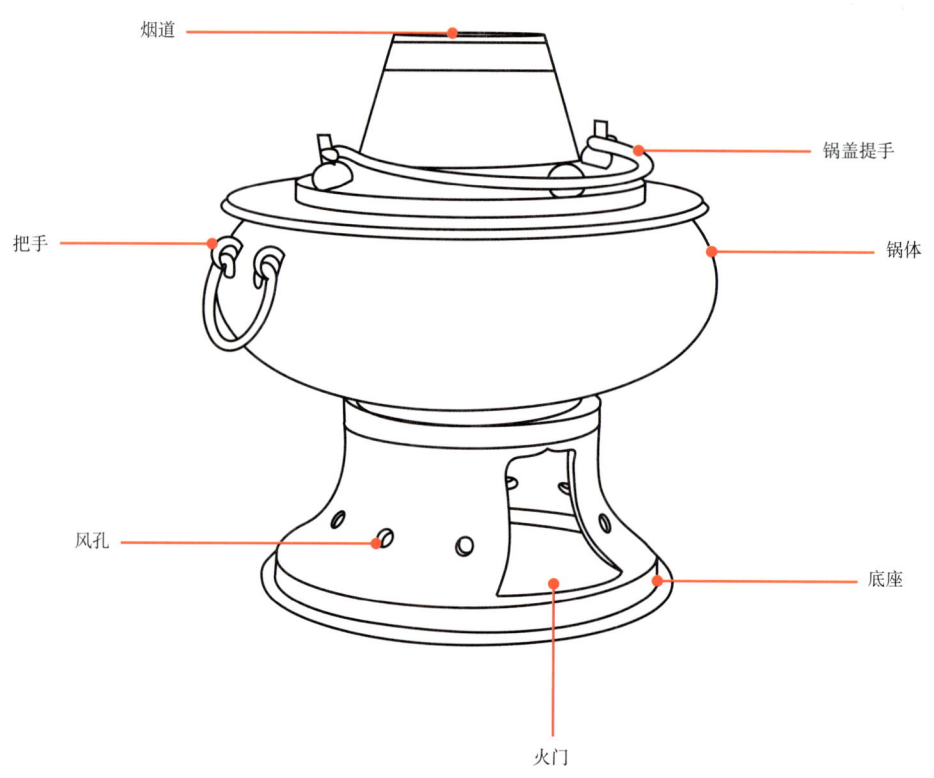

图四　纳西族铜火锅结构名称图

图五　纳西族铜火锅使用情境图

纳西族小型石杵臼

图一 纳西族小型石杵臼主图

小型杵臼是用来捣制食料使其成粉状、粒状或糊状的厨房用具，它由两部分组成：容器臼体与杵棒。杵臼具有悠久的使用历史，早在《周易·系辞》中就有这样的记载："断木为杵，掘地为臼，杵臼之利，万民以济，盖取诸小过。"杵臼是中国传统的民用粮食加工用具。此案例为小型石杵臼，采集于云南丽江白沙古镇的一户纳西族农家，石臼通高为15厘米，直径17厘米，内深10厘米；石杵通长为14厘米，直径约4厘米。

纳西族的这种小型石杵臼具有一器多用的功能，不但可以用来捣制蒜泥，而且可捣药物、野菜、辣椒、花生等物，是厨房不可或缺的加工用具。石杵臼的动力来源是人，使用时把剥壳或去皮的待加工食物放入臼槽内，操作者手握石杵，借助杵的冲击和杵臼之间的摩擦作用，上下敲打几下，食物即刻变成颗粒状，可根据食物加工的预期效果来加强或减弱击打石槽的力度。这种石臼因槽深壁厚，相当耐用，也可避免在捣食物时食物外溢。又由于石杵本身的材质特性，使得加工时效更高。

这件可以用之千年而不腐的石杵臼反映出纳西族尊重自然的造物观。当今，纳西族的这种造物观念更值得我们借鉴，一个好的设计也应该是取之于自然又可回归自然的。

图片来源

图一　卢颖　摄影

图二、图三　赵卫东、卢颖　制图

图四　王璐璐　制图

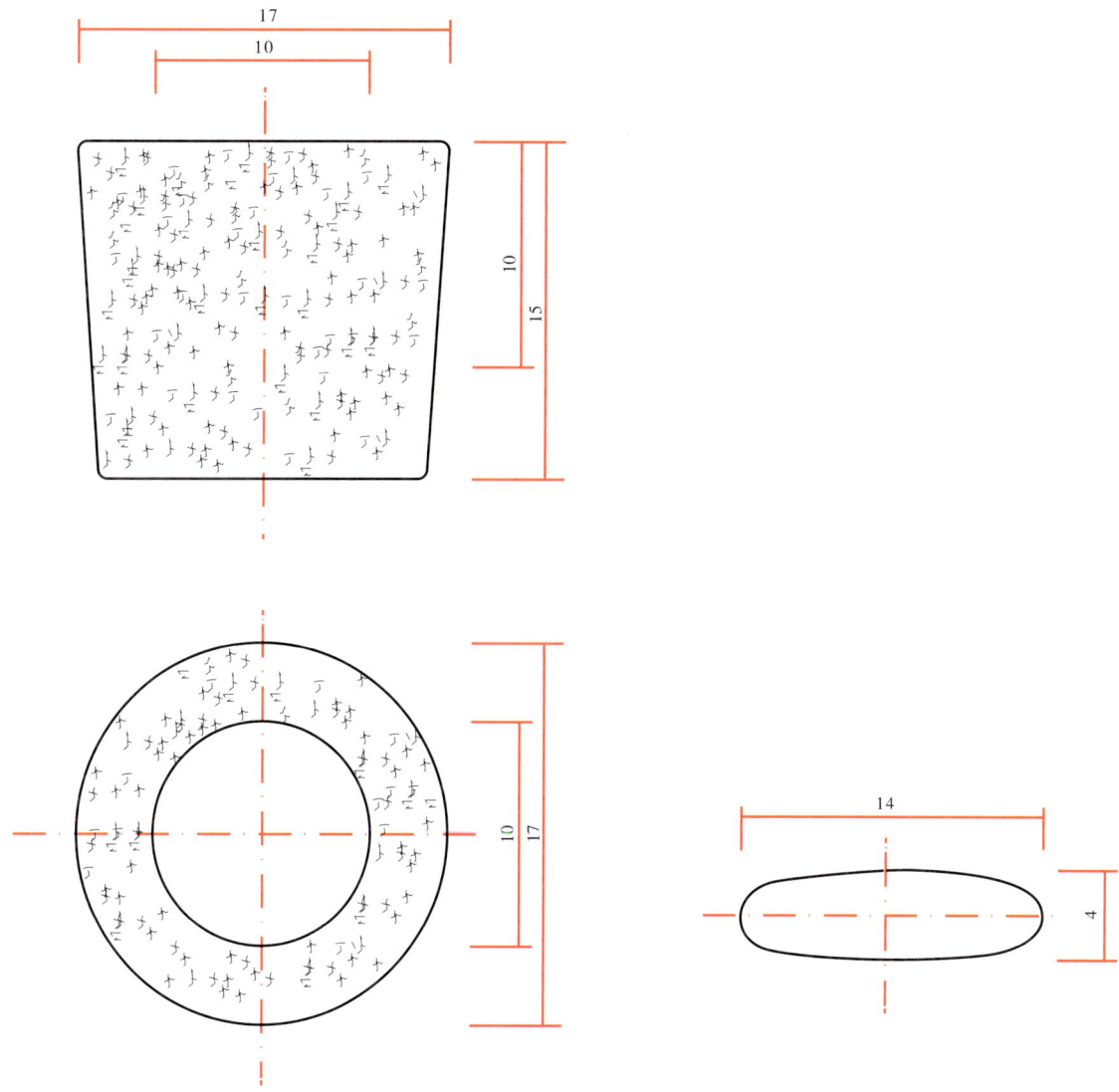

图二　纳西族小型石杵臼尺寸图（单位：cm）

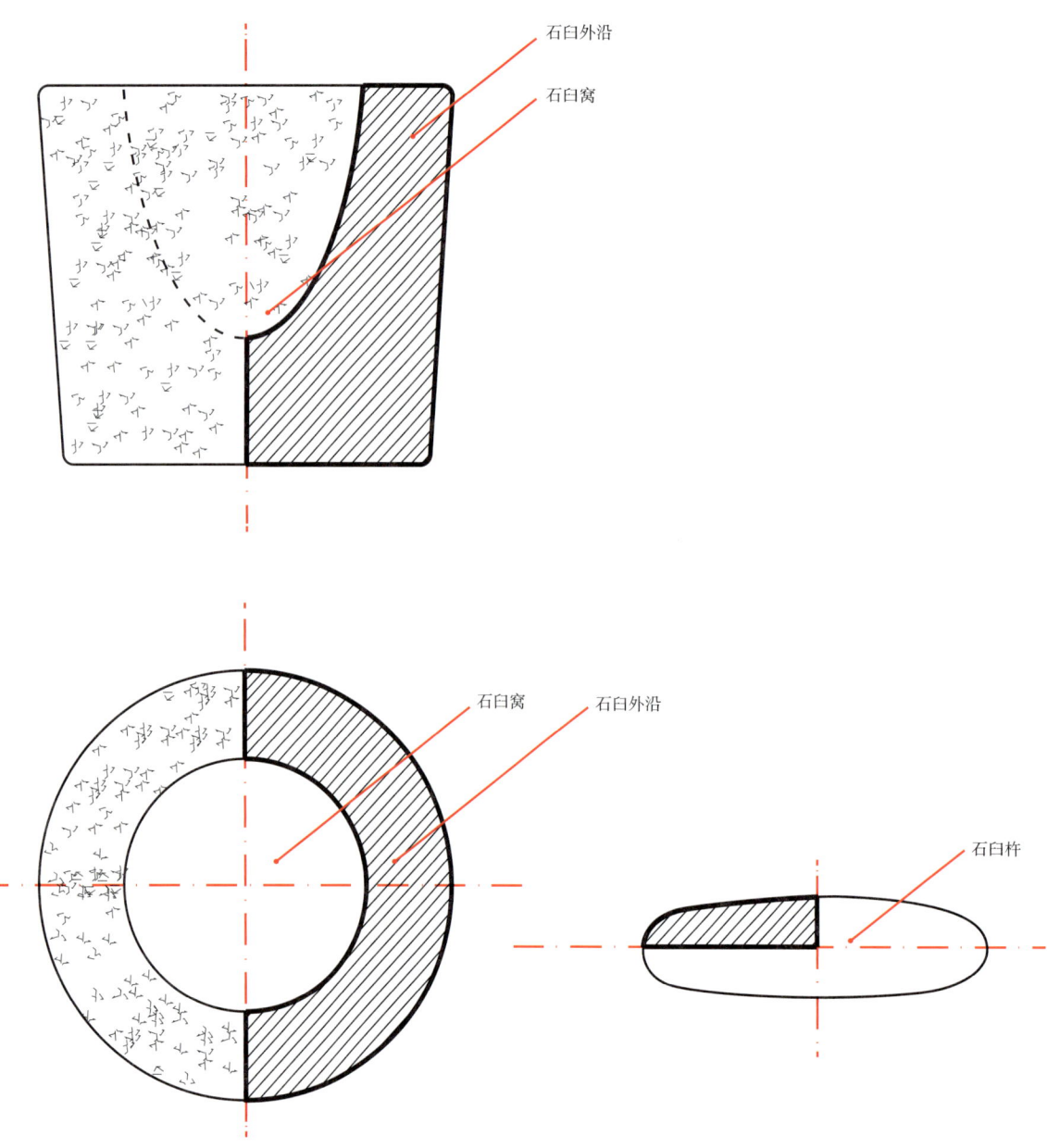

图三　纳西族小型石杵臼结构示意图

图四　纳西族小型石杵臼操作示意图

纳西族锅刷子

图一　纳西族锅刷子主图

　　锅刷子，用于清洗锅体，为民间传统的厨房洗刷用具。本案例为纳西族锅刷子，采集于云南丽江白沙古镇的一户农家，刷子通长为32厘米，把手最宽处6.5厘米，整体呈一闭口的长"U"形。

　　纳西族锅刷子选用天然竹子为原料，纯手工制作。先选取若干长竹节（将两端的结头去掉）进行烘干处理，然后将竹节破开，破成直径约为2毫米的竹丝，把竹丝捋成一捆（直径约2.5厘米），并将其弯成闭口的"U"状，在刷体前端五分之二处用棉线进行捆扎，刷体后端的五分之二处用竹篾缠绕以进行加固。刷体后端形成一水滴状孔洞，不用时也可将其悬挂置放。使用时，右手持锅刷后端竹篾缠绕处，使锅刷与炊具成40度夹角进行清洁。

　　从设计的角度来看，用竹丝制作而成的锅刷子不仅具有便于清洁的优点，而且也不会划伤炊具。在捆制刷体时，其捆扎与缠绕的方式又使得锅刷不易变形，且将手的把持部位与清洁部位分离，从而避免污渍弄脏手。

图片来源

　　图一　赵卫东、芦颖　摄影
　　图二至图四　赵卫东、芦颖　制图
　　图五　张新鸽　制图

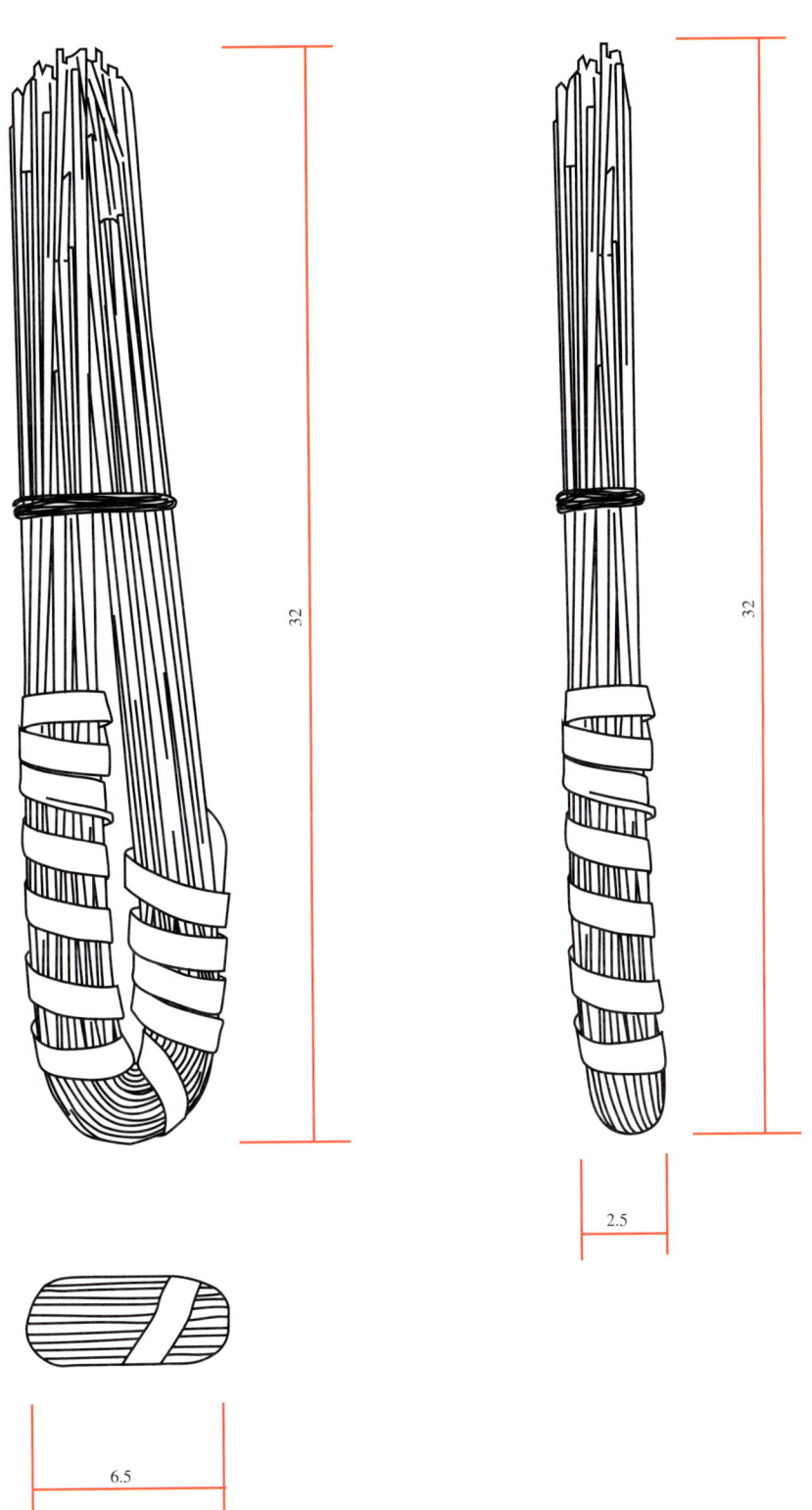

图二　纳西族锅刷子尺寸图（单位：cm）

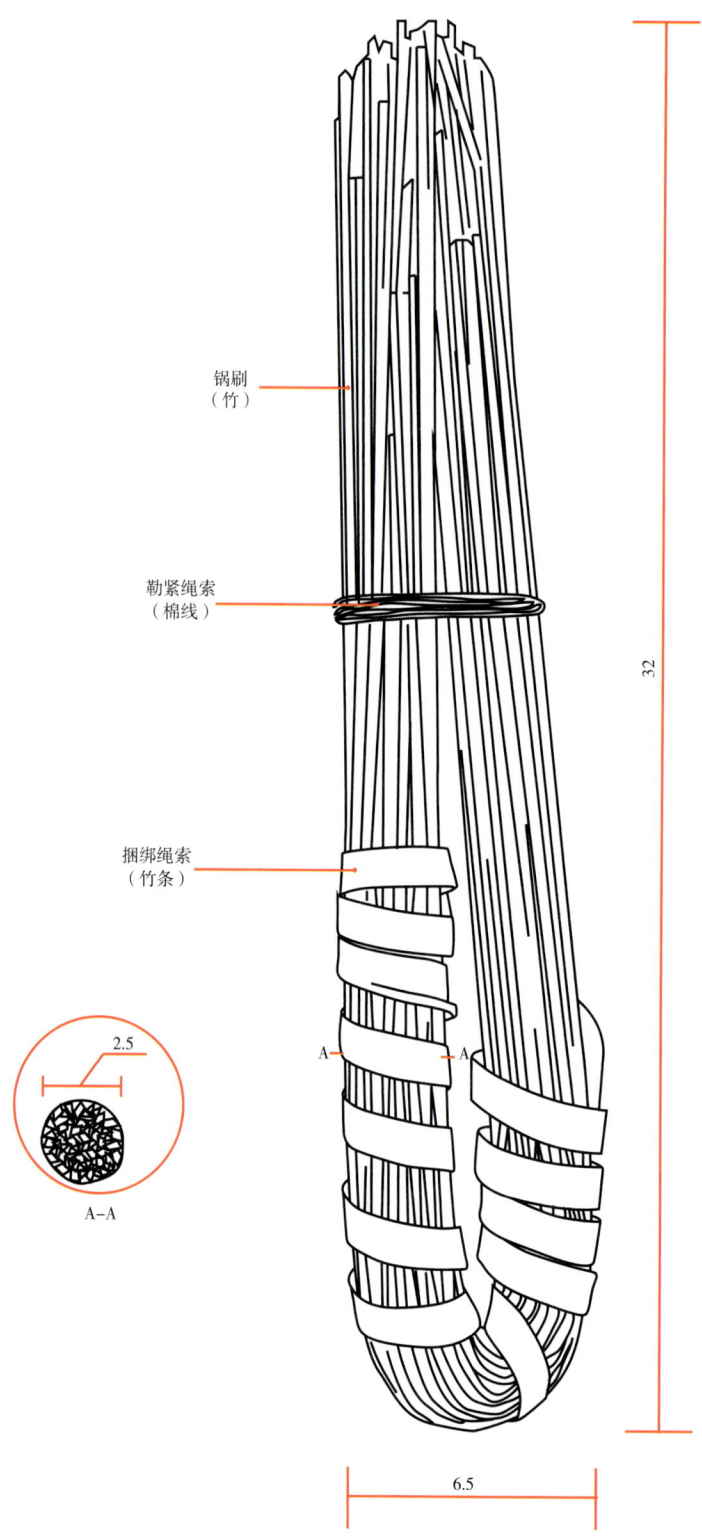

图三　纳西族锅刷子结构示意图（单位：cm）

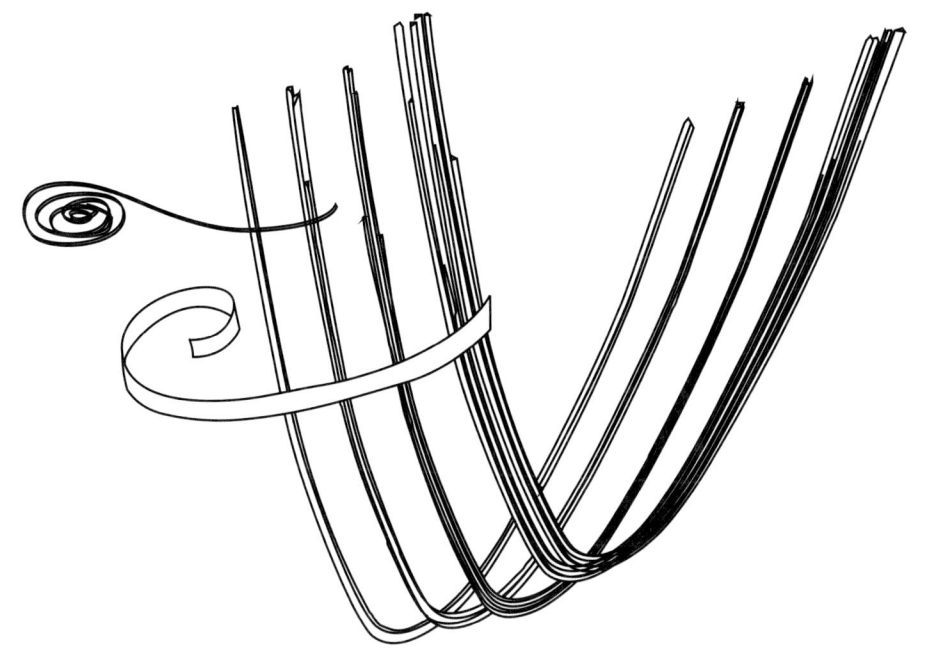

图四 纳西族锅刷子结构分解图

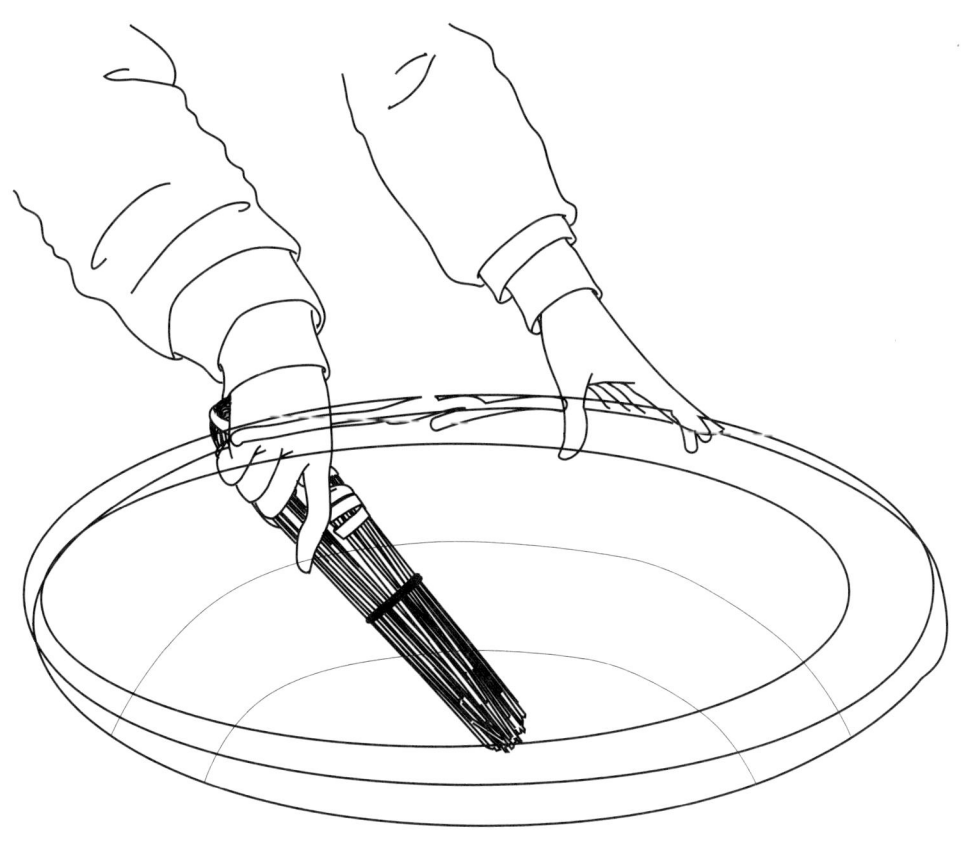

图五 纳西族锅刷子操作示意图

纳西族木礤子

图一　纳西族木礤子主图

礤子，又称礤床、礤丝器，起源于中国北方地区，即专门用来将瓜果蔬菜礤成丝的厨房用具，至今在纳西族仍被广泛使用。本案例采集于云南丽江白沙古镇的一户纳西农家。礤子全长为59厘米，厚度为2.5厘米，面部最宽处为9厘米。整体呈两头略窄中间略宽的"申"字形。

制作木礤子的材料是质量较轻的木板和硬度适宜的黄铜片。选择质地细腻、平滑的木板裁成所需形状作为支撑面板，在面板中上段挖出边长略小于面板宽度的方形孔洞，经过加工使得方形孔洞的内壁略呈梯形，在孔洞略小的一面钉上打好鱼鳞状刀孔的礤丝刀片。使用时可将木礤子直接架在盆子上方或案板上，瓜果通过稍稍隆起的鱼鳞状刀孔从背面的孔洞以丝状滑出。另外在木礤子支撑面板的一端还系有挂绳，不用时可将礤子挂于墙上，通风干燥。

从设计的角度来看，这种木礤子的孔洞内壁之所以设计成梯形，是考虑到瓜果在礤丝刀孔单方向摩擦后，瓜丝会从背面孔洞滑出。这种梯形出口不仅使瓜丝更易顺坡面滑出，而且方便清洗，不易留残余。挂绳孔方位在设计上也有讲究，即设置在与礤瓜丝方向相反的一端，清洗后悬挂时，使得礤丝刀孔朝下，更有利于排水通风。这些人性化的小细节正是现代设计所需要的。

图片来源
图一　苏婷　摄影
图二、图三　苏婷　制图
图四　刘慧君　制图

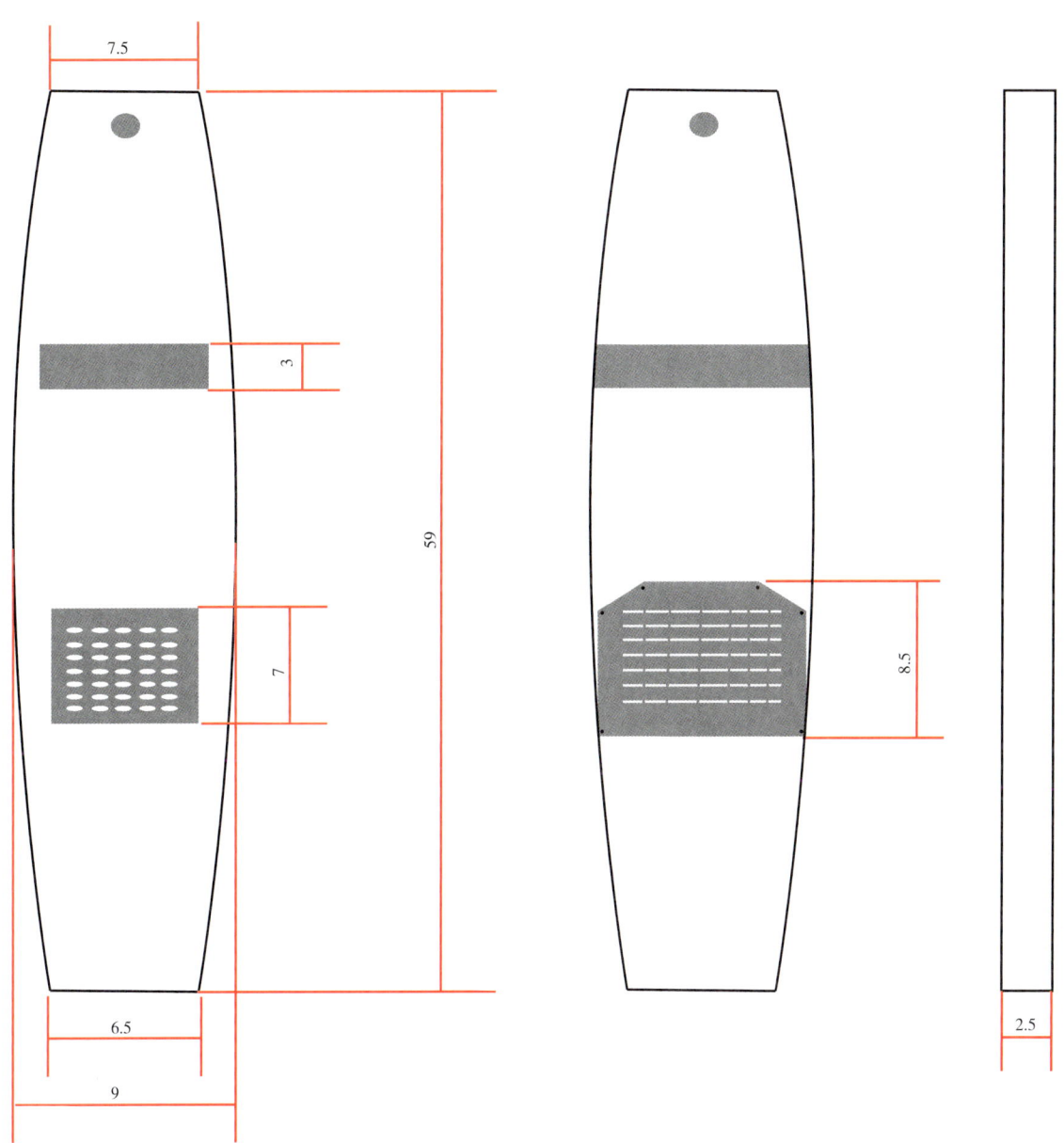

图二　纳西族木礤子尺寸图（单位：cm）

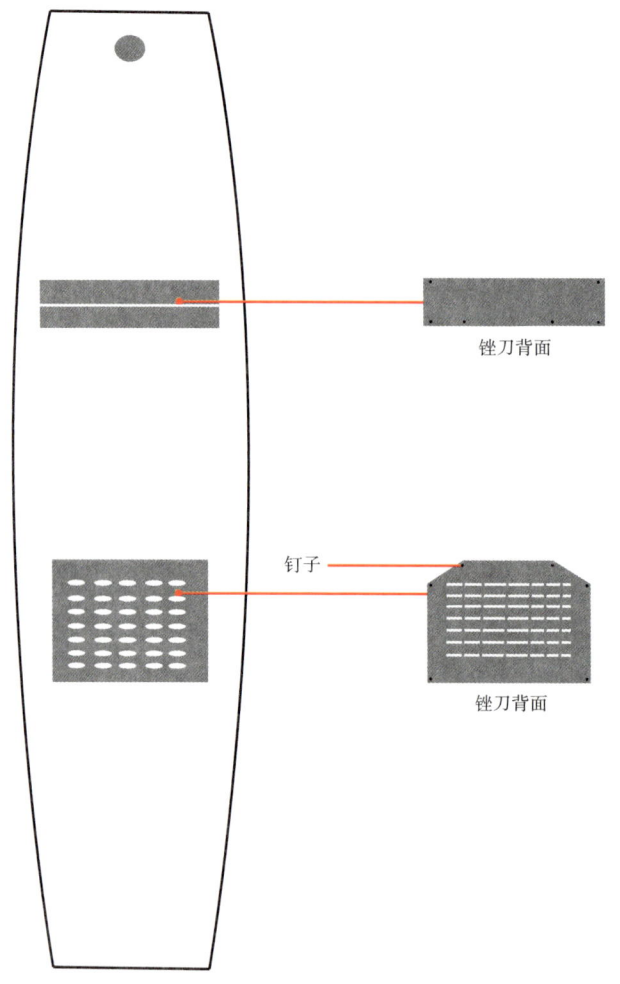

图三 纳西族木礤子结构示意图

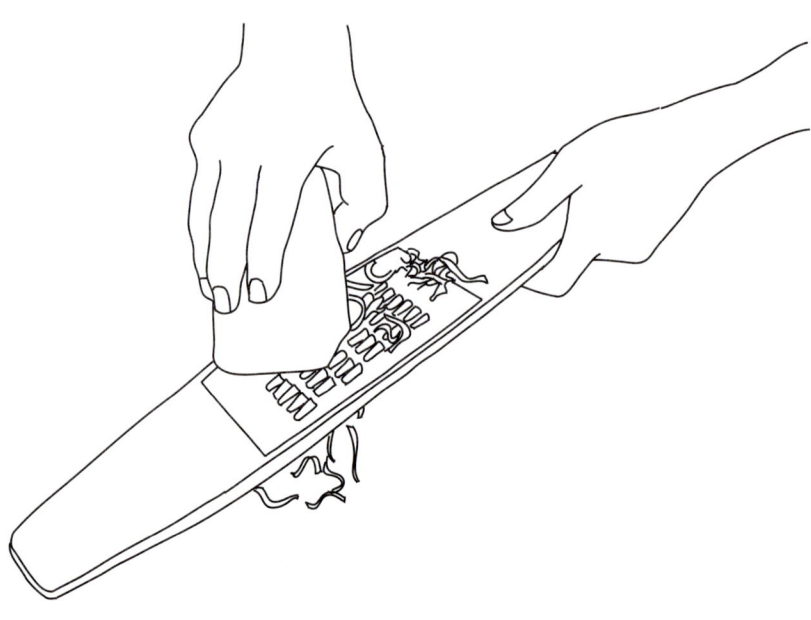

图四 纳西族木礤子操作示意图

纳西族三脚架

图一　纳西族三脚架主图

三脚架是部分西南少数民族的厨房用具，圆形，铁架上架锅，架下点火，是用于炊煮食物的支撑工具。纳西族摩梭人往往将其放置在祖母房里的火塘中。此案例采集于云南丽江泸沽湖大落水村的一户摩梭人家，最大直径为70厘米，高为37厘米，带耳儿。

摩梭人祖母房中的三脚架的大小可以直接反映这个家族人口的多少，通常家族人口多，三脚架就较大；人口少，三脚架则较小。三脚架的材质多为熟铁，熟铁的可塑性比较强，可锻造成所需的形状。纳西族三脚架由一个8厘米宽的圆环和具有支撑作用的三条腿构成，由三条腿向下延伸出三条与圆环成30度斜角、呈剑状的铁插，并在延展处钉铆钉与圆环相接。三个铁插不相接，而烙饼铁锅、平底铜锅等炊煮器具就架在铁插上。在摩梭人的传统中，三脚架一旦安放好就不再随意挪动。

从设计的角度来看，铁三脚架有诸多优点，在炒菜、烧饭时，锅的底面有效地接触火源，并且由于铁插良好的导热性也缩短了制作食物的时间，节约了木材资源。此用具还较多地被赋予许多民俗和宗教方面的含义。

图片来源
图一　苏婷　摄影
图二至图四　苏婷　制图
图五　曾舒　制图
图六　石永欣、李佳怡　摄影

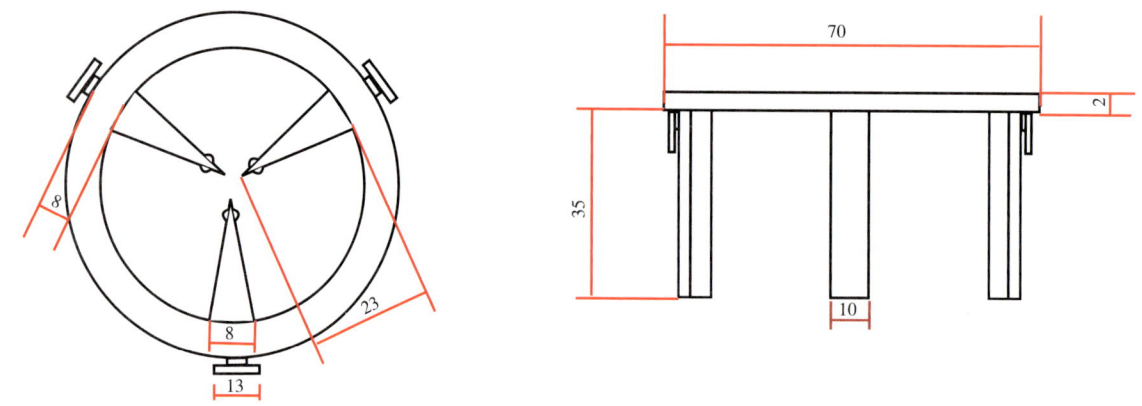

图二　纳西族三脚架尺寸图（单位：cm）

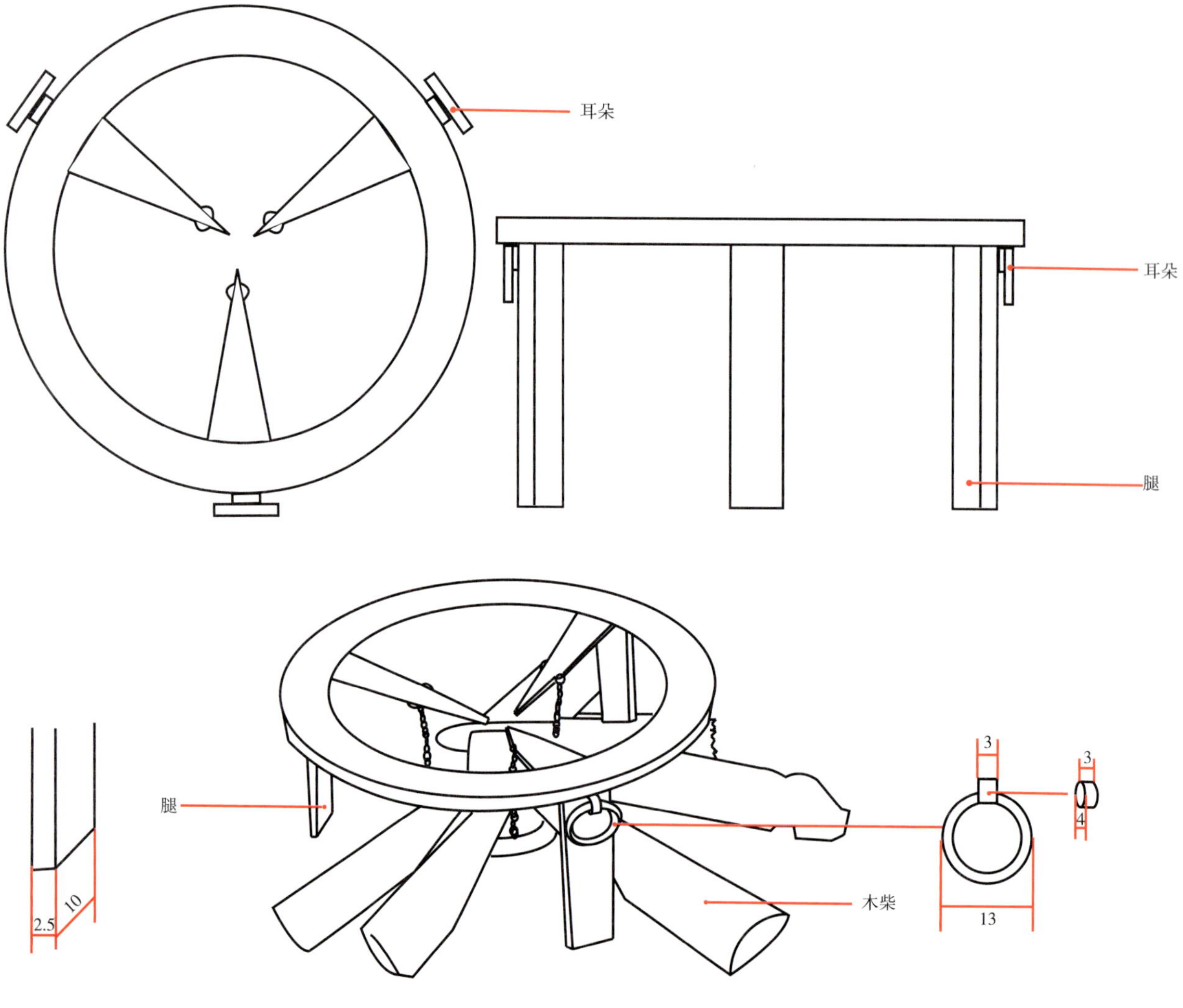

图三　纳西族三脚架三视图（单位：cm）

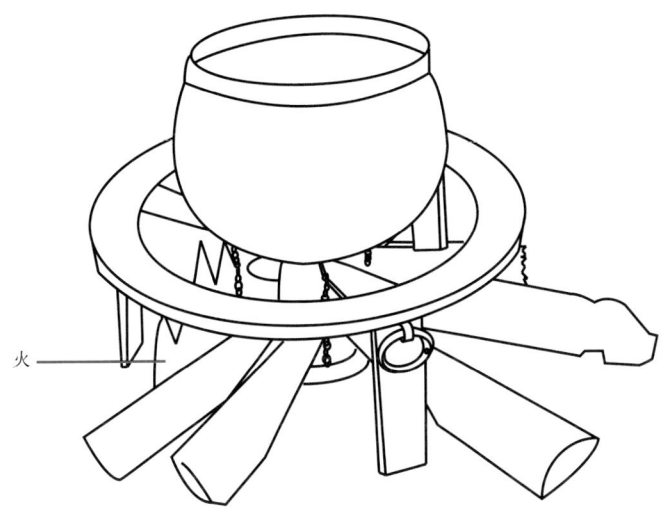

图四 纳西族三脚架操作示意图1

图五 纳西族三脚架操作示意图2

第三章 纳西族传统餐饮

251

图六　纳西族三脚架使用情境图

纳西族稻草锅盖

图一　纳西族稻草锅盖主图

锅盖是锅具的附件之一，是加工熟食过程中必不可少的灶具配件。中国古代先民在"粒食"阶段，为解决"煮"的难题，先发明了鬲，后将其改进成甑，解决了蒸的难题。作为炊具的甑，比鬲多了两个关键的部件：箅子和盖子。使用盖子是蒸制食物的必要前提，因为盖子可以使锅内的气压加大，进而确保食物变熟。此案例为纳西族传统稻草锅盖，采集于云南丽江白沙古镇的一户农家，同类锅盖在丽江古城博物院亦有。锅盖最高点距离底部9厘米，底边大圆直径为51厘米。

纳西族农家在制作米灌肠（一种纳西族特色食品）时，最后一道工序就是将灌好的米肠放置在锅中箅子上，盖上稻草锅盖，将其蒸熟。而稻草锅盖的制作工序是将晒干的稻草搓成直径为1厘米的草绳，然后将草绳层层盘起，使圆圈逐渐变大，并用竹篾条以回针的手法将其固定，收口后在锅盖顶部穿两根竹篾，绾成圈状充当把手。其整体呈大喇叭状。

纳西族稻草锅盖多就地取材，不仅造价低廉而且轻便、安全，在进行锅盖的掀起、盖合、放置等操作时，可以避免烫伤。由于稻草这种天然植物的特性，锅盖本身散发着浓郁的清香。另外稻草锅盖不仅具有良好的透气性，也有良好的保温性能。

图片来源
图一　苏婷　摄影
图二至图四　苏婷　制图
图五　苏婷、曾舒　制图
图六　李佳怡、石永欣　摄影

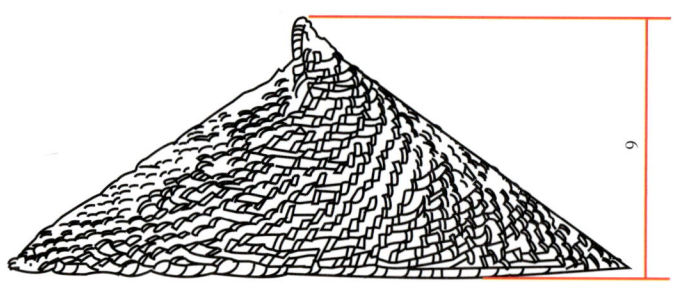
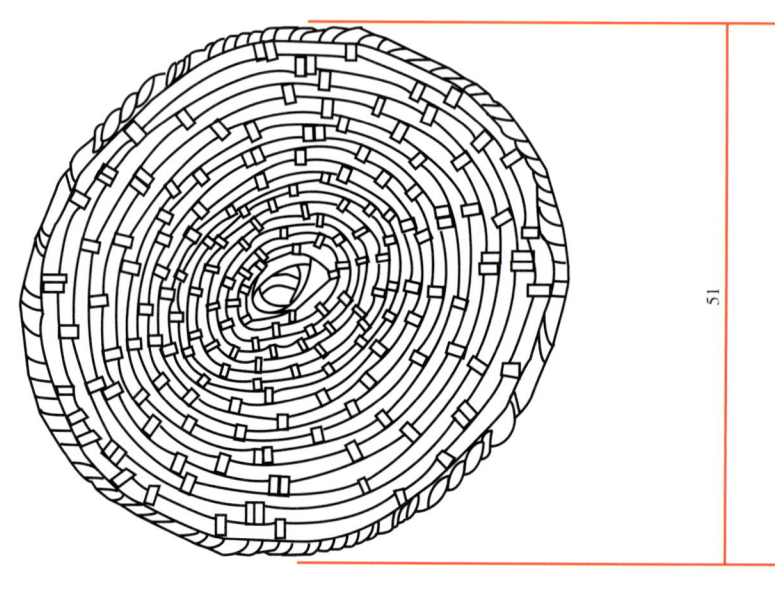

图二　纳西族稻草锅盖尺寸图（单位：cm）

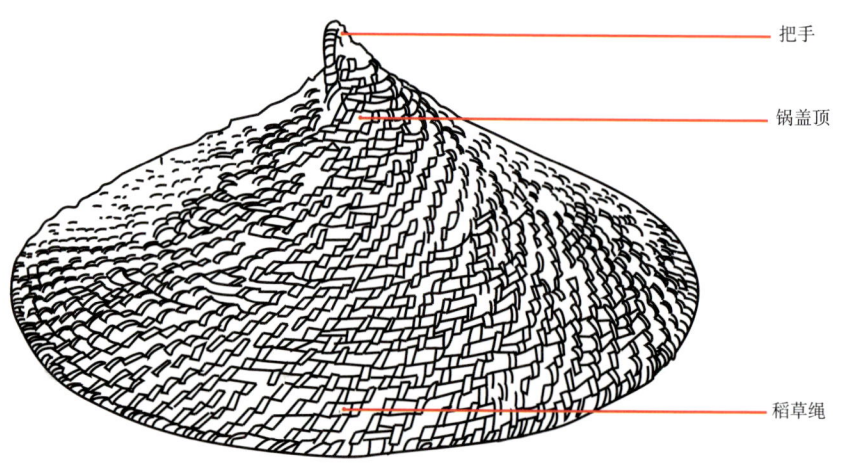

图三　纳西族稻草锅盖结构名称图

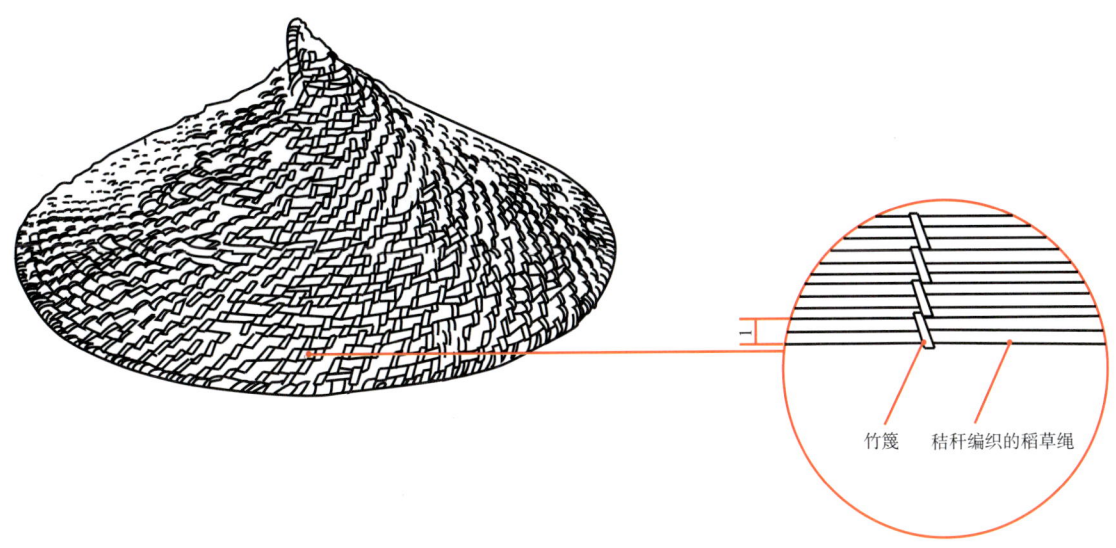

图四　纳西族稻草锅盖局部分析图（单位：cm）

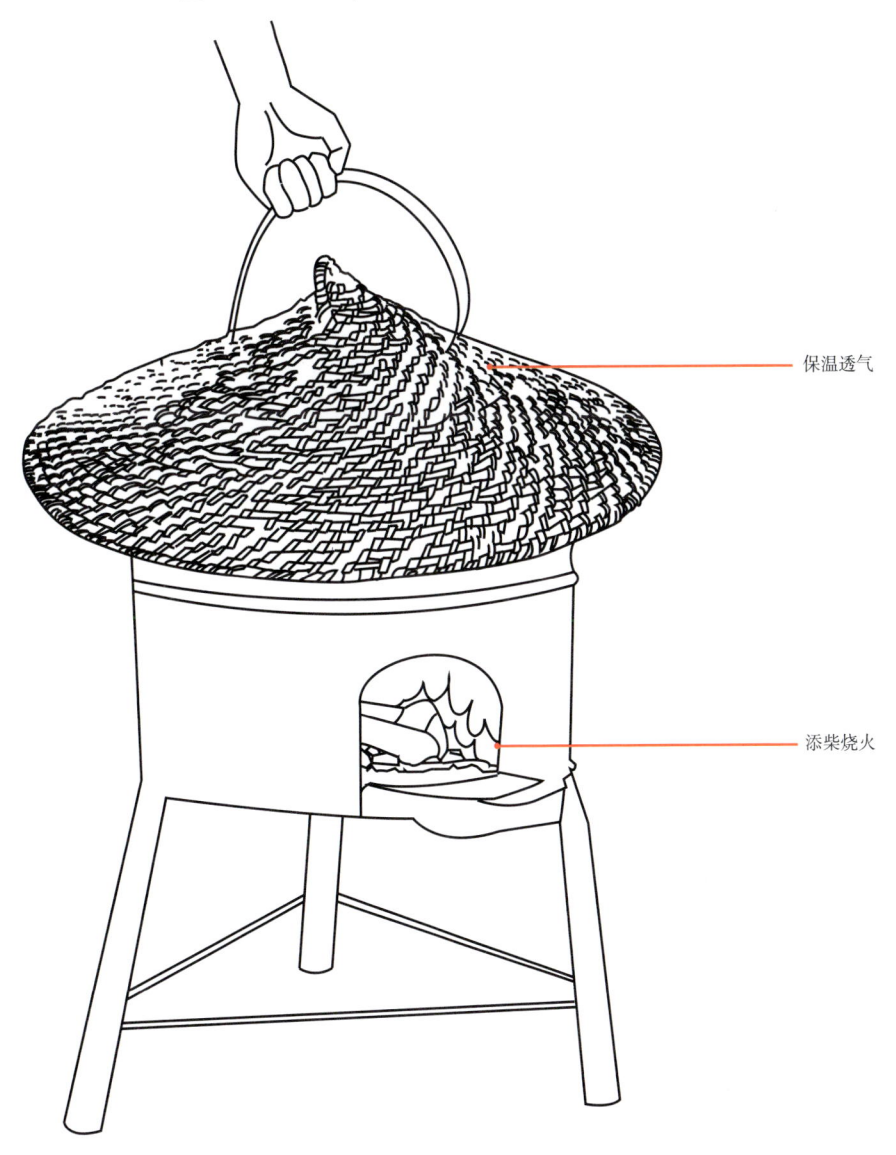

图五　纳西族稻草锅盖操作示意图

图六　纳西族稻草锅盖使用情境图

纳西族酒坛

图一 纳西族酒坛主图

酒坛是一种盛酒容器,传统酒坛以陶的居多,纳西族酒坛却别具特色。

纳西族自古就有崇尚饮酒的风习,每逢过节、祭祀、婚礼丧葬以及亲朋好友前来拜访等都要奉上自家酿制的好酒以示热情。此案例采集于云南丽江大研古镇,现陈列于云南丽江古城博物院。酒坛的腔体为葫芦状,通高为34厘米,坛底直径为24厘米。

这种酒坛由一年生的草本植物匏瓜的果实也就是俗称的"瓢葫芦"制作而成。其制作工艺是先将熟透的匏瓜果实取下放在通风干燥的地方自然风干,待其水分蒸发后在葫芦头部切开一小口,将腹内的瓢子倒出后即得一腔体盛酒容器。为方便置放和携带,还需在"瓢葫芦"体外编一平底弧身镂空的竹外篓,将葫芦牢牢套在其内,再在竹篓底部并行穿两根麻绳,防止腔体滑落。外篓两侧可系上麻绳以便于外出提携。

从设计的角度来看,纳西族酒坛造型简练,提携方便,而且这种酒坛有许多优点:相对于陶瓷类酒坛其材料更易得。葫芦这种天然材料不需要过多加工便可拿来使用,而且风干后的葫芦具有自重轻的特点,还有中空防水的物理性能,所以这种酒坛具有很好的隔水、防渗效果。

图片来源:
图一 苏婷 摄影
图二至图四 苏婷 制图
图五 曾舒 制图

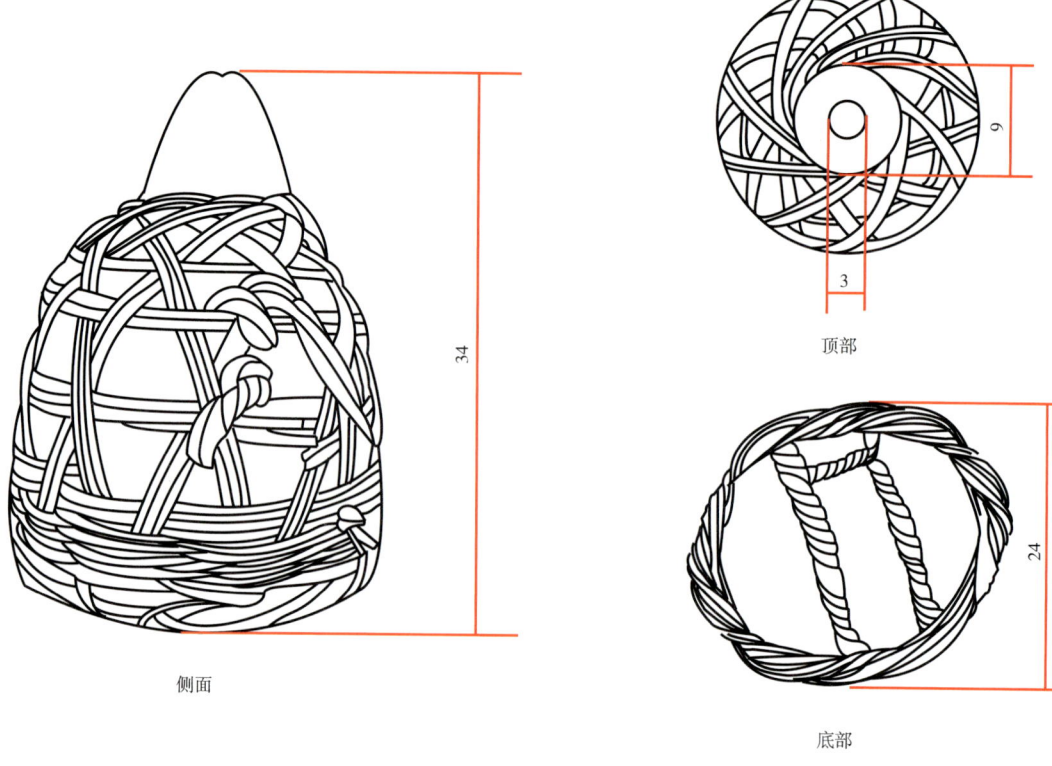

图二　纳西族酒坛尺寸图（单位：cm）

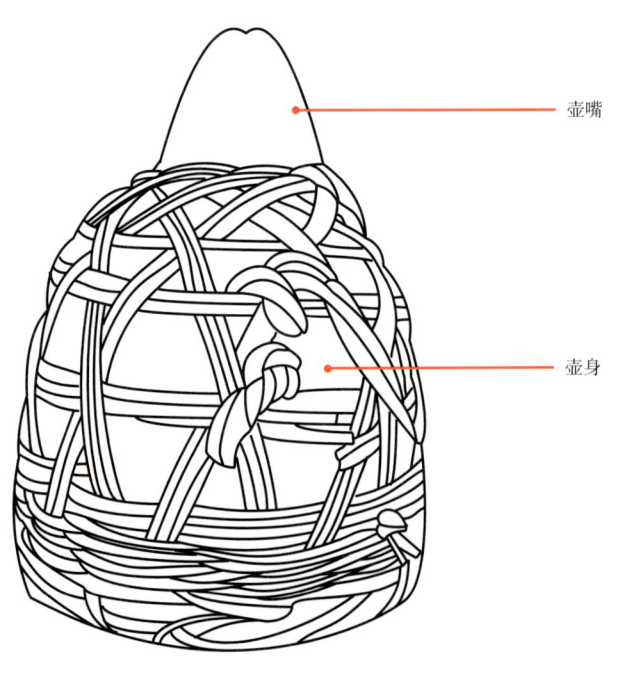

图三　纳西族酒坛结构示意图

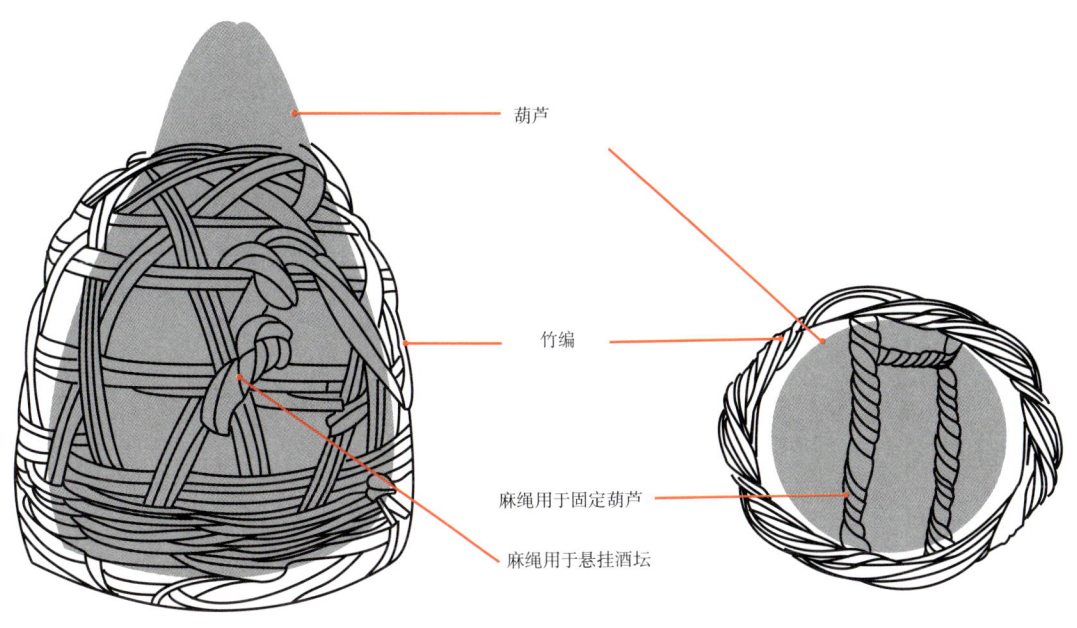

图四　纳西族酒坛局部分析图

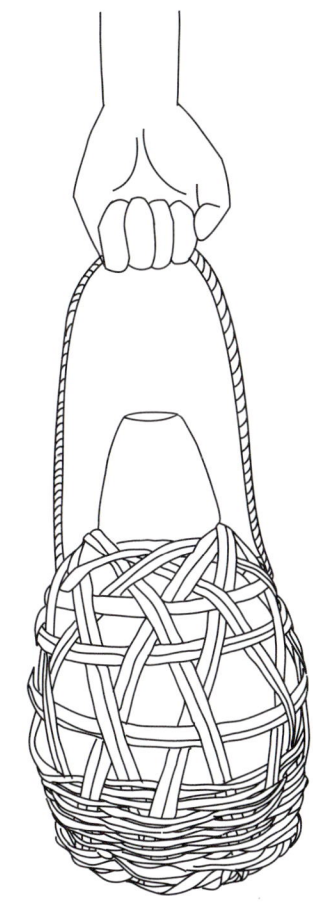

图五　纳西族酒坛操作示意图

纳西族酥油桶

图一　纳西族酥油桶主图

酥油桶是一种用来加工茶类制品的器具。纳西族过去受藏族影响有饮酥油茶的习惯，酥油桶自然成为其不可或缺的日常用具。此案例采集于云南丽江白沙古镇的一户农家，分桶身和搅拌器两部分，桶身高44厘米，直径10厘米，搅拌器长57厘米，是便携式的家庭日用酥油桶。

酥油桶，其桶身有木制和竹制两种，搅拌器多为木制。其制作工艺也很讲究，桶身制作一般分为三种形式：一种是由条状木板围起，外围用竹圈或铜皮箍住；一种是选用硬木刨剜而成；一种是直接用锯开的粗竹节作桶身，更为方便省事。本案例是将一块实木整体旋出桶状。桶身表面箍起的木圈既起到加固的功效，又起到装饰的作用。搅拌器的制作方式也很独特，先做一块比桶口略小的圆木板，在木板边缘旋出等距离的四个直径为1厘米的半圆形小孔，以便在桶内搅拌时，液体和气体可以通过小孔上下流动。在木板中心打制一直径为1.5厘米的小孔，将木柄安置在孔内，木柄高出酥油桶约15厘米，打制时手握木柄上端并上下抽打，使桶中的油茶交融。

从设计的角度来看，这种家庭日用的酥油茶桶较小，方便斜挂与出门携带，所以被纳西人普遍使用。

图片来源
图一　苏婷　摄影
图二、图三、图五　苏婷　制图
图四　苏婷、芦颖　制图
图六　张新鸽　制图

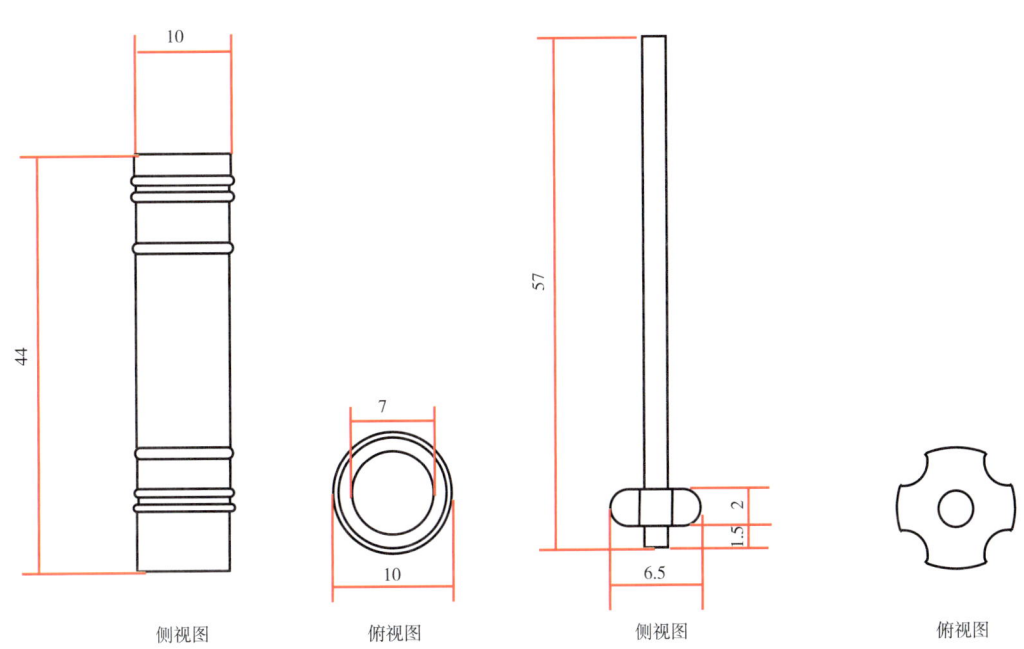

图二　纳西族酥油桶尺寸图（单位：cm）

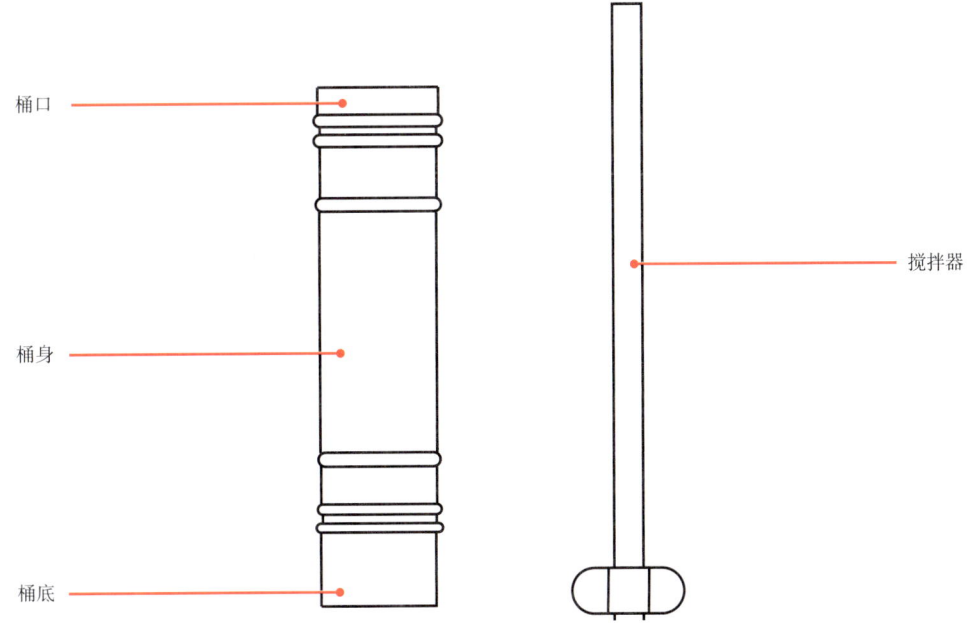

图三　纳西族酥油桶结构示意图

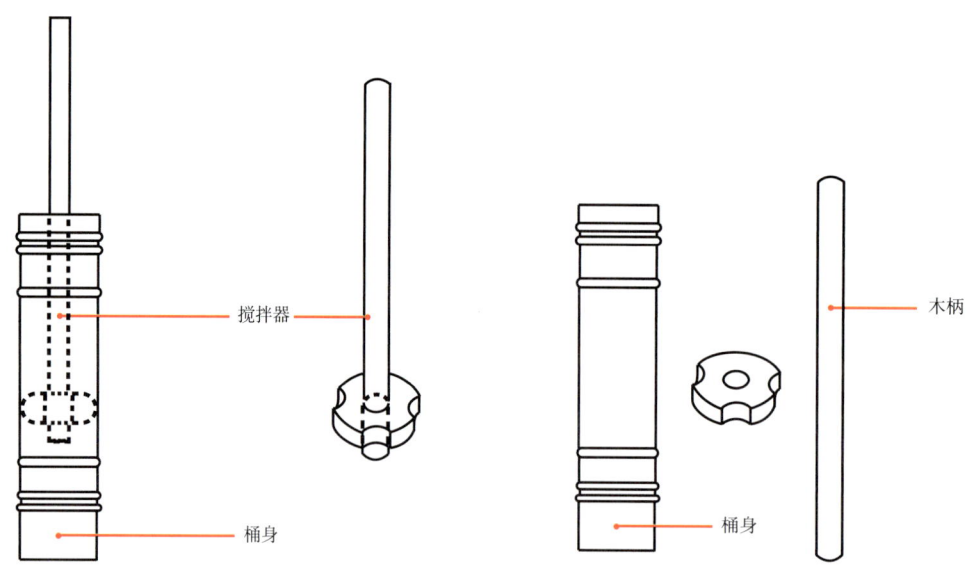

图四 纳西族酥油桶结构分解图

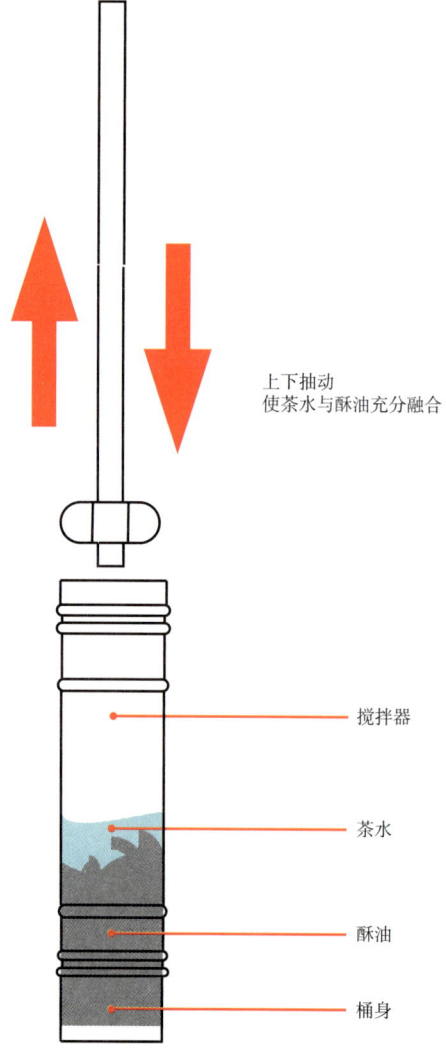

图五 纳西族酥油桶操作示意图

图六　纳西族酥油桶使用情境图

第三章　纳西族传统餐饮

第四章 纳西族传统生活用具

纳西族苏古笃

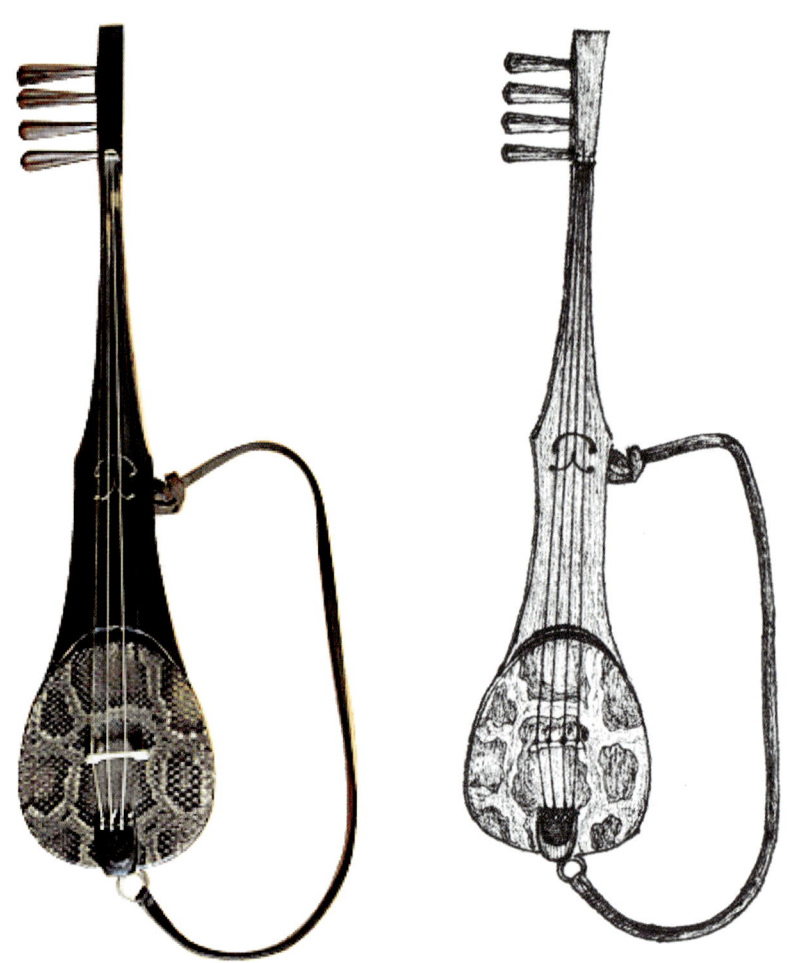

图一　纳西族苏古笃主图

苏古笃又称速古笃。速古笃是丽江纳西族的一件古老的四弦弹拨乐器,汉语称火不思、胡拨旧、浑不似等,丽江俗称胡拨。速古笃为纳西语,有两层意思:一为用坚硬的核桃木制作的乐器;二为其读音似大雁的鸣叫声,属状声命名。

速古笃原为西域乐器,在9世纪前即为新疆一带的回纥人所用,后经蒙古人之手而传至丽江。《元史·礼乐志》载:"火不思,制如琵琶,直颈,无品,有小槽,圆腹如半瓶榼,以皮为面,四弦,皮绒,同一孤柱。"丽江保留的速古笃与上述记载基本一致。相传速古笃是忽必烈南征大理时随军乐工带到丽江的,已有八百多年的历史。原先仅用于"相传为元人遗音"的纳西族风俗性丧礼、祭祀套曲《白沙细乐》的演奏,约在清末民初才被洞经乐队引用,扩大了应用范围。丽江纳西族的速古笃不但保留古老的形制、结构,还保留着传统的制作方法、调弦系统和演奏技艺。

本案例采集自丽江市古城区。琴主体由共鸣箱、琴头、琴颈、弦轴、琴马和琴弦组成。琴体全长105.5厘米，琴头长21厘米，共鸣箱长24厘米，宽19厘米，最厚的地方达6.5厘米。采用核桃木制成。琴头无装饰，琴颈上窄下宽。共鸣箱呈半葫芦形，下部蒙蟒蛇皮，在共鸣箱木质部分与皮膜相接处有一个弯月形出音孔。琴头左侧安装四个弦轴，弦槽设在琴头背面，四条丝弦从弦孔中穿出，通过置于蟒蛇皮面上的琴马系在共鸣箱下部的缚弦上。琴背安有小环，系牛皮带。演奏时，把琴的牛皮背带斜挂于右肩上，持琴颈用食指按弦取音，将右手无名指和小指立在皮面之上，主要用拇指弹奏、食指辅助拨弦。音量较小，音色柔和低沉，可以独奏、重奏或参加乐队合奏。速古笃主要用于演奏纳西族传统乐曲《白沙细乐》。

图片来源
图一　刘晓蓉　摄影
图二、图五　刘晓蓉　制图
图三、图四　程琼博　制图

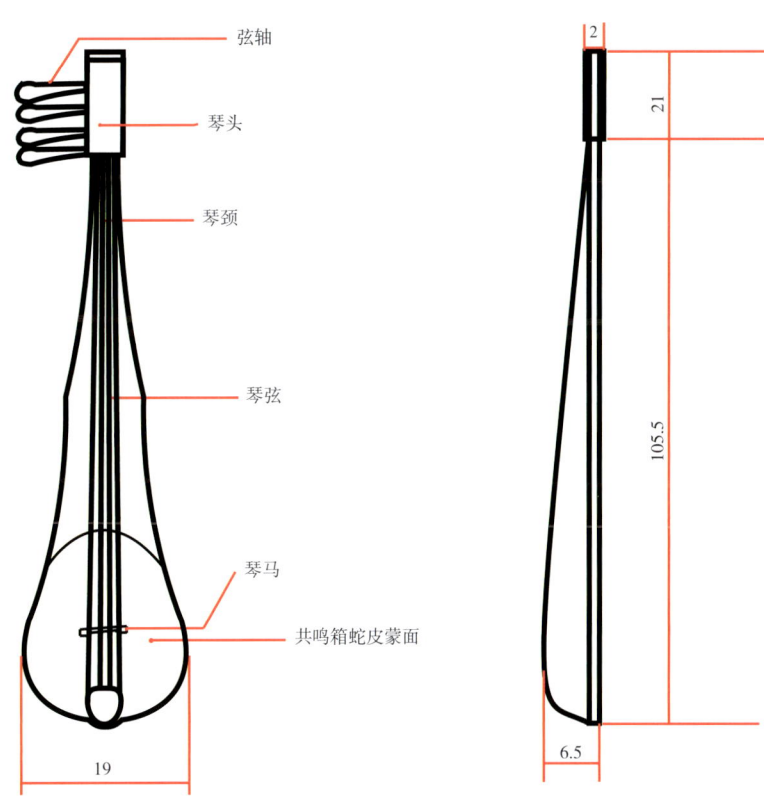

图二　纳西族苏古笃尺寸图（单位：cm）

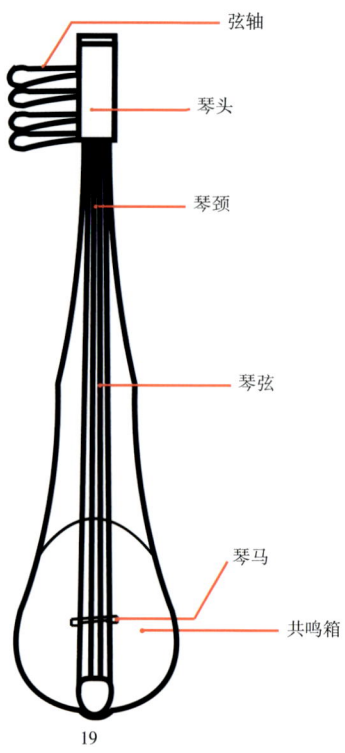

图三　纳西族苏古笃结构名称图

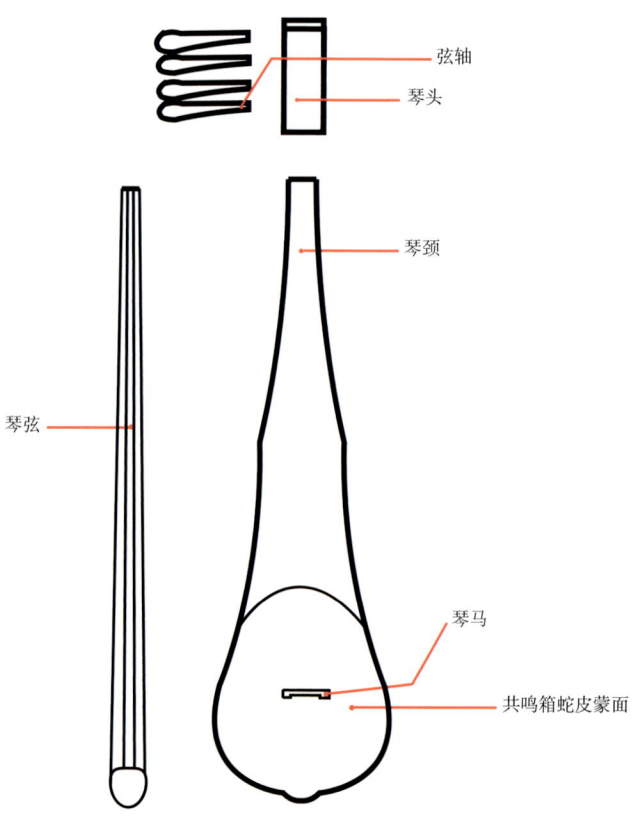

图四　纳西族苏古笃结构分解图

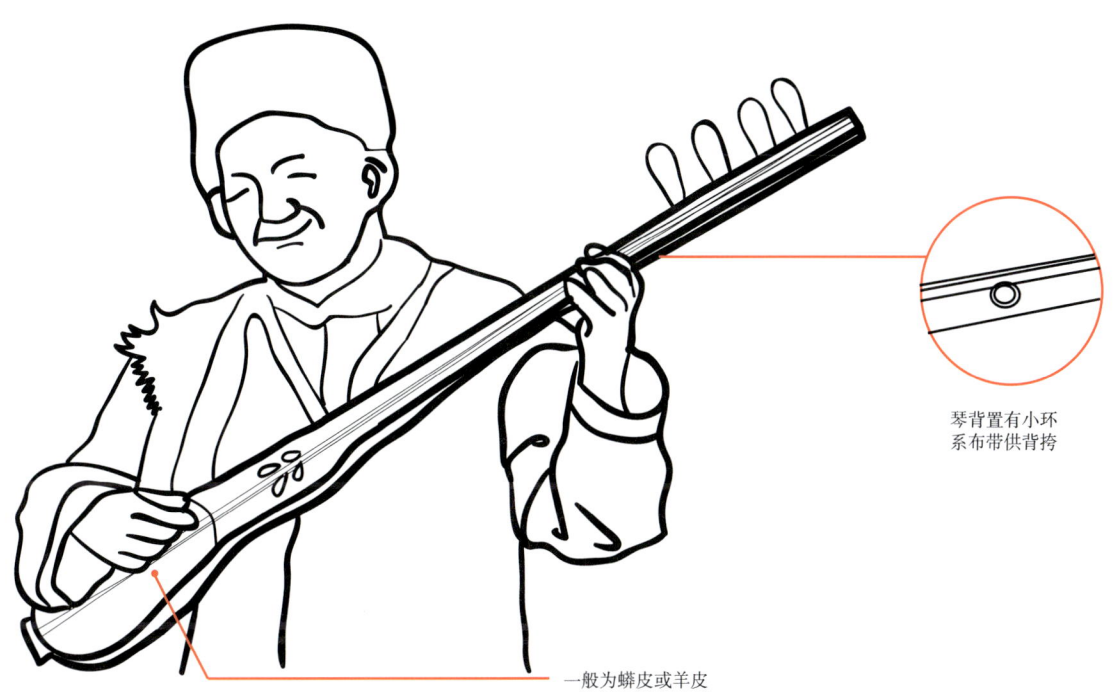

琴背置有小环
系布带供背挎

一般为蟒皮或羊皮

图五　纳西族苏古笃操作示意图

第四章　纳西族传统生活用具

纳西族红白喜事竹篓

图一 纳西族红白喜事竹篓主图

纳西族红白喜事竹篓，是纳西人在婚事或丧事上，主人的亲戚朋友用于携带礼物的竹背篓。这种竹篓很特别，除了在礼俗活动中使用外，生活中一般不用。办喜事时，竹篓里装的是米、红糖和酒；办丧事时，竹篓里装的是大米、小麦、玉米和豆类。该案例采集于丽江大研古城的"编织人家"客栈，存放在客栈的展览厅内，在白沙古镇的一户纳西人家中也能看到此类竹篓。竹篓高36厘米，底部为一中空圈足。

西南地区很多地方的百姓都有出门背竹篓的习惯，不管是出门买菜、办货、下地干活，还是带孩子，都会使用竹背篓，这也与这片地域有着丰富的竹资源不无关系。虽都有背竹篓的习惯，但竹篓的编织手法、花纹、形制、规格等还是有些许区别的，尤其有趣的一点是，背竹篓的方法，也就是所选的身体的承力点不尽相同，其中纳西族背篓尤显特别。这种竹篓分两部分完成，一是高15厘米的盛东西的竹篮，另一个是高21厘米的竹圈底，但两部分是编织在一起的。首先是编织竹篮的底部，纵向的经篾是两根一组，纬篾为单根，采用一挑一压的十字编织法，所选竹篾都约为0.5毫米。此竹篮底部为方形，往上编织时竹篾变细，篮口逐渐偏向圆形，在进行收口时，竹篾要编松些，以便插入后来的竹篾。完成竹篮后用较粗的竹篾穿入篮口处，以六角孔编织方法进行编织，直到编织到竹篮底部位置时，将篾条收拢，以两根为一经篾，另取纬篾，采用一挑一压的十字编织法，直至完成圈足的收口。因为所编圈足较薄，所以在其中空的内部以多根弓成圈状的粗竹篾作为内支撑。

从设计学来看，不同功能的竹篓的形制也不相同。用于背菜、下地干活的竹篓，体型偏大，形制简单，工艺较粗；用于礼俗的背篓偏小，手工更显精细。尤其需要注意的是纳西族富有特色的背篓方式，大多数地区的竹篓都配双肩背带，有竹的和绳的，背带与背篓常常是一体的，而纳西族的背带与竹篓是分离的，其背带为一根近5米长的宽布条，使用时将布条对折，再从背篓两侧系好的绳孔中穿出，一根搭在肩膀与臂膀的连接部位（右肩），一根搭在左侧臂膀上，再在左胸前打个活结，左手持住。这种背篓方式将物体的重量分散到肩膀和臂膀上，减轻了劳累感。

图片来源
图一　苏婷　摄影
图二至图四　苏婷　制图
图五　石永欣　摄影

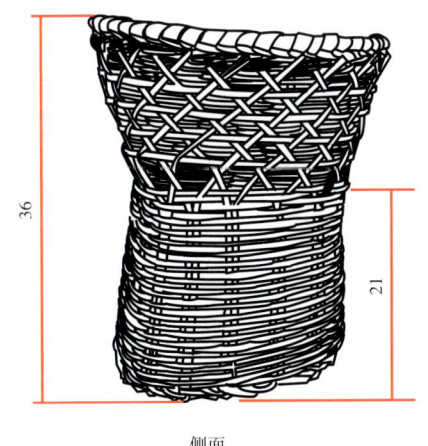

侧面

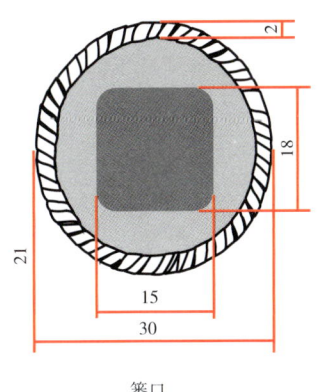

篓口

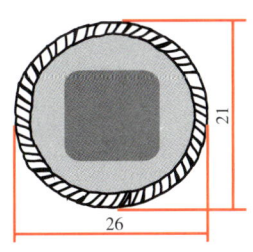

篓底

图二　纳西族红白喜事竹篓尺寸图（单位：cm）

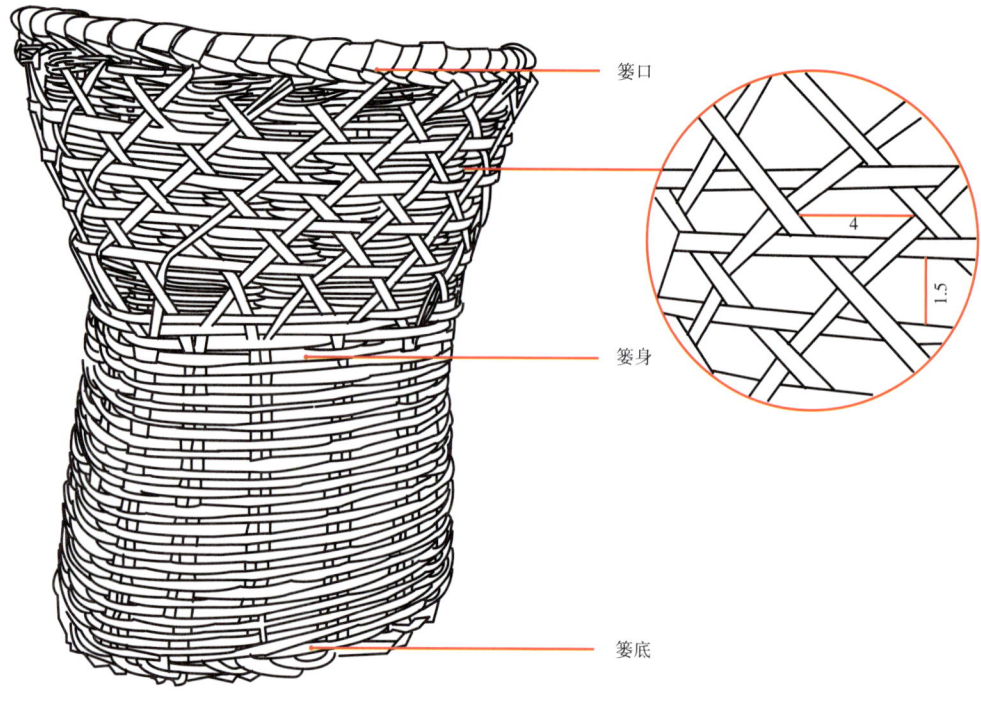

图三　纳西族红白喜事竹篓结构示意图（单位：cm）

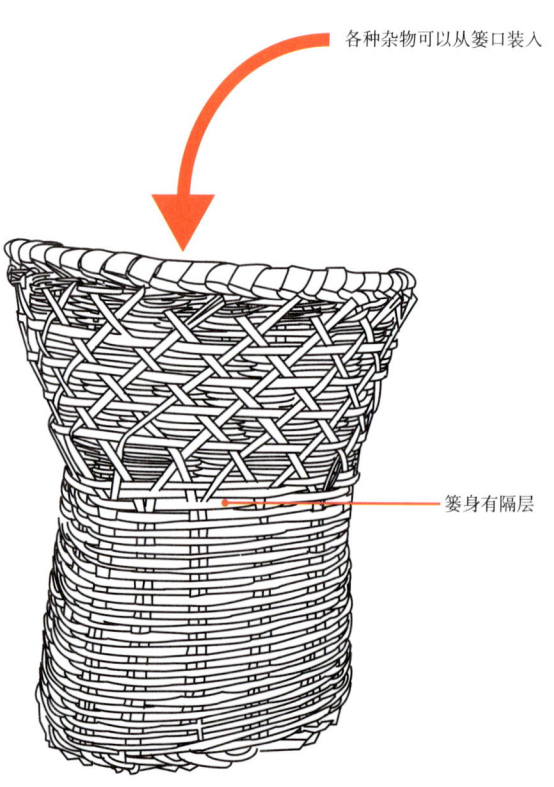

图四　纳西族红白喜事竹篓操作示意图

图五　纳西族红白喜事竹篾背法示意图

纳西族洗面盆

图一　纳西族洗面盆主图

我国早在西周时期就已出现一种洗手用的器具——匜，也是中国先秦礼器之一，用于盥手。用于洗面、手的卫生洁具发展到现在已经发生了很大的变化，现代社会中较流行的是用陶瓷、人造大理石等材料做的洗面盆，而且通常是依据卫生间的整体设计来选择材料。此案例为铜洗面盆，采集于丽江玉湖村的一户纳西族农家。铜盆边沿的直径为41厘米，盆底直径为22.5厘米，高为10厘米。

纳西族铜盆有两种，一种用于洗菜，一种用于洗面，这两种铜盆的形制基本一致，唯一的区别在于洗面用的铜盆的沿口更宽些。依照纳西族的习俗，女儿出嫁，铜器是必不可少的嫁妆，所以纳西族几乎家家户户都有铜盆。这些器具大都出自丽江古城的铜匠世家，打制铜盆一般要经过选矿、冶炼、打坯、按器修形、点冷锤等几道工序。铜匠师傅将选好的矿石经过多次冶炼后制成精铜，将几块铜饼叠到一起，在铜饼之间放上些许木炭灰以防止加热时铜饼粘在一起。这种几个铜饼叠在一起打制坯体的方式不易损坏坯体，若单个打制坯体，容易把它打烂或打不均匀。打好粗坯后，要依次取出，按器修形。纳西族铜洗面盆的形制相对其他器物要简单些，不需经过焊接这道工序，为整体打制而成。根据铜盆的器形特征，需先用盘锤将盆壁逐渐外扩，再用折边锤打出铜盆的边沿，对边沿进行回修。最后一道工序是点冷锤，就是用光锤点冷，这样可以让铜器变硬，不易变形，而且有光泽，更美观。

这种铜洗面盆最能体现设计特色的地方是其边沿。它与洗菜盆的最大区别也在于这个边沿。洗面盆的边沿有4~5厘米宽，这样的设计是为了拿起方便、省力，而且宽沿不易烫手。洗菜盆也有边沿，但由于洗菜多用凉水，通常是就地洗菜，不使用架子，所以盆沿较窄。尽管纳西族铜洗面盆有诸多优点，但随着社会的发展，这种洗面盆也渐渐淡出他们的生活,很多人搬进了洋房,用起了成套的卫生洁具,这种费时、费力、昂贵的铜盆不再是人们的首选,而那清脆的打铜声更是越来越少。

图片来源

图一　赵卫东　摄影
图二、图三　赵卫东　制图
图四　王璐璐、石永欣　制图

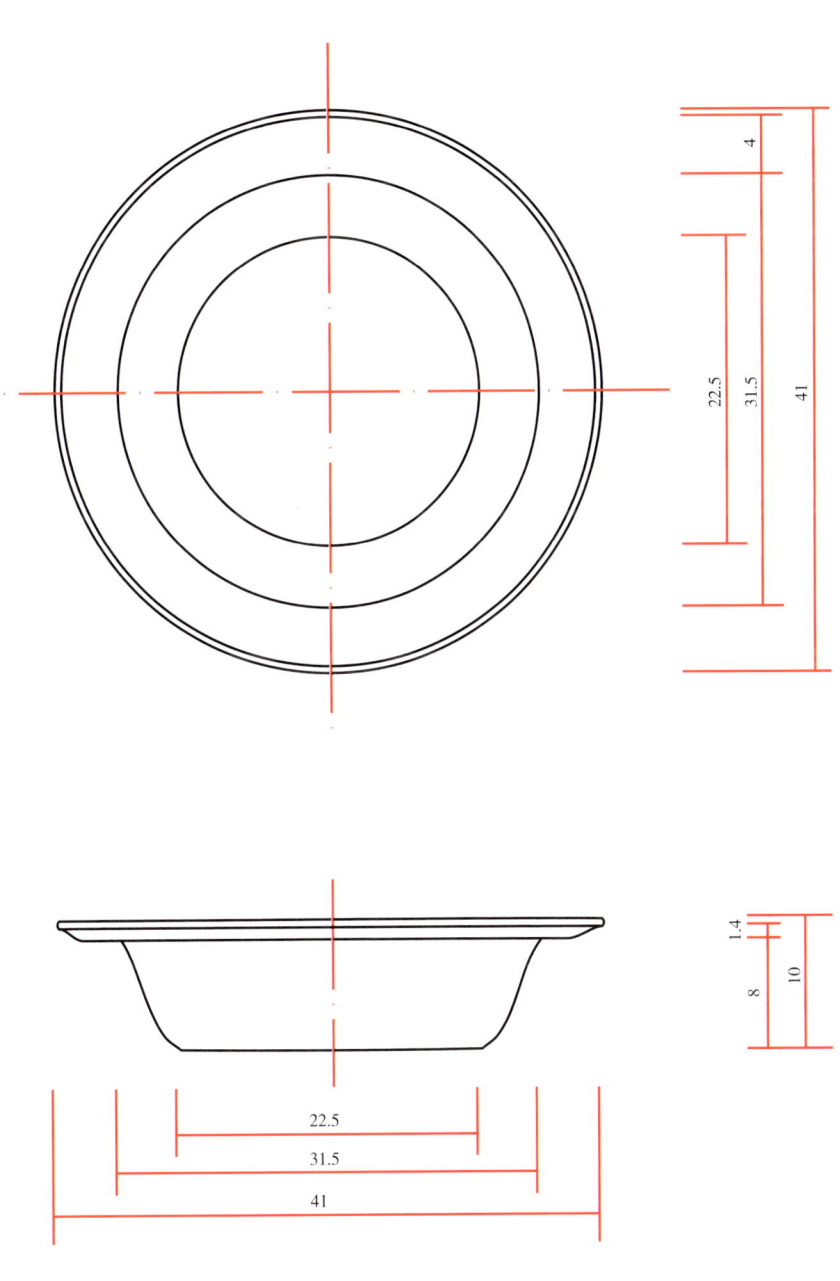

图二　纳西族洗面盆尺寸图(单位:cm)

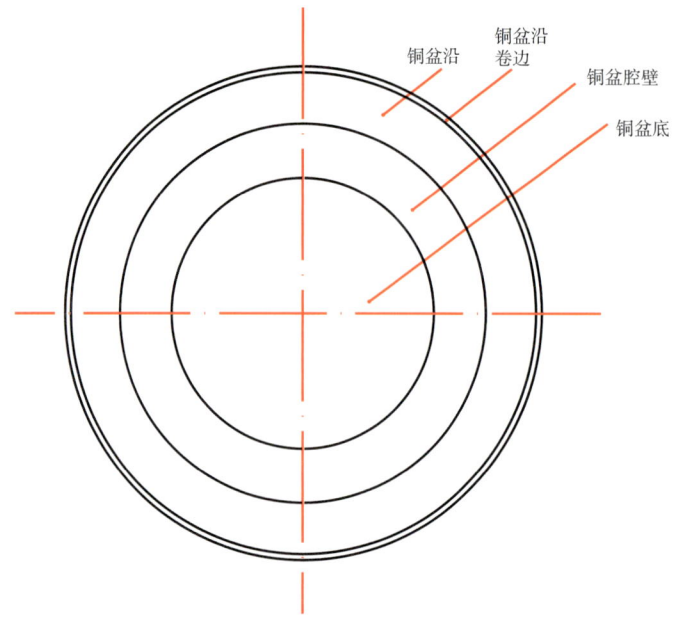

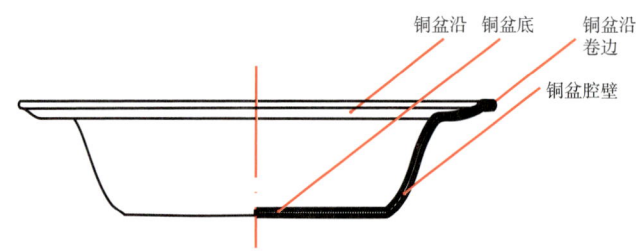

图三　纳西族洗面盆结构示意图

图四　纳西族洗面盆使用情境图

纳西族马镫

图一　纳西族马镫主图

马镫是骑马时放置双脚的用具，通常为一对，用麻绳与马鞍两侧下端连接。其结构分为镫底和镫柄。此案例采集于丽江大研古镇的一户纳西人家。该马镫的镫底为椭圆形平底，刻有镂空的花纹。镫柄为圆形，从侧面看，镫柄由窄变宽，其上刻有花纹，有一定的装饰性。其高为14厘米，镫柄宽13厘米，将双脚置于马镫上，能更好地驾驭马匹。

过去由于地少人多，长久以来纳西族主要靠走马帮来维持生活，因此马匹和马具也就成为很重要的商品。马镫则是一种非常重要的马上用具，由早先的单只马镫发展到后来的双马镫，使人能够更轻易地骑坐在马背上。在马镫的帮助下，人们的双脚得以放置，重心更稳，解放了双手，同时安全也得到保障，大大提高了人们使用马匹的效率。该马镫为金属材质，非常坚固，可承受脚部的压力。蹬柄呈圆形，打磨得光滑，可以保证马的脊背不为坚硬的马镫所伤害。底部镫脚的边缘向外翻起，可增大摩擦力，防止踩马镫时脚打滑。镫底中间的镂空花纹不仅起到装饰作用，也使底部不会积雨水污泥。

由于生产力提高，人们的生活得到很大的改善，交通更是发展迅速，那种依靠马匹的传统出行方式早已淡出人们的生活。但在少数偏远的山区，由于地理环境的限制，在物资运输方面还要依靠骡子、马匹进行驮运，而在一些旅游景点，马匹则成为游客喜欢的出行工具。马镫的价值并没有因社会生活的改变而降低，它已成为马具中的经典设计。

图片来源
图一　安星霖　摄影
图二、图三　安星霖　制图
图四　曹天彦、石永欣　制图
图五　石永欣　摄影

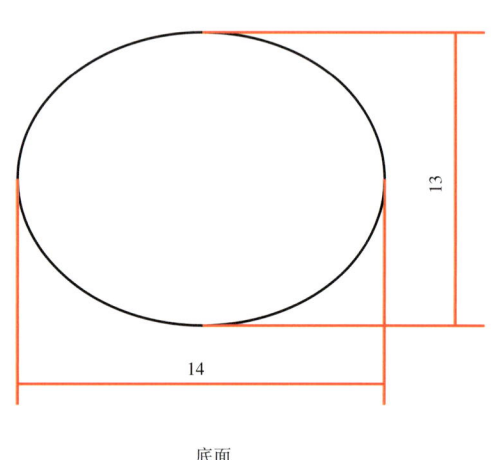

底面

正立面

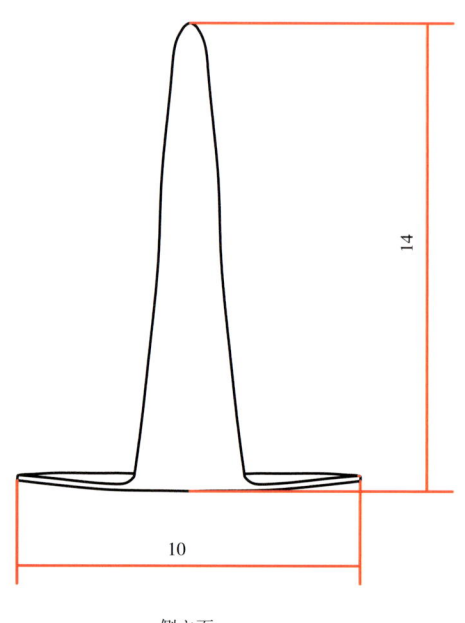

侧立面

图二　纳西族马镫尺寸图（单位：cm）

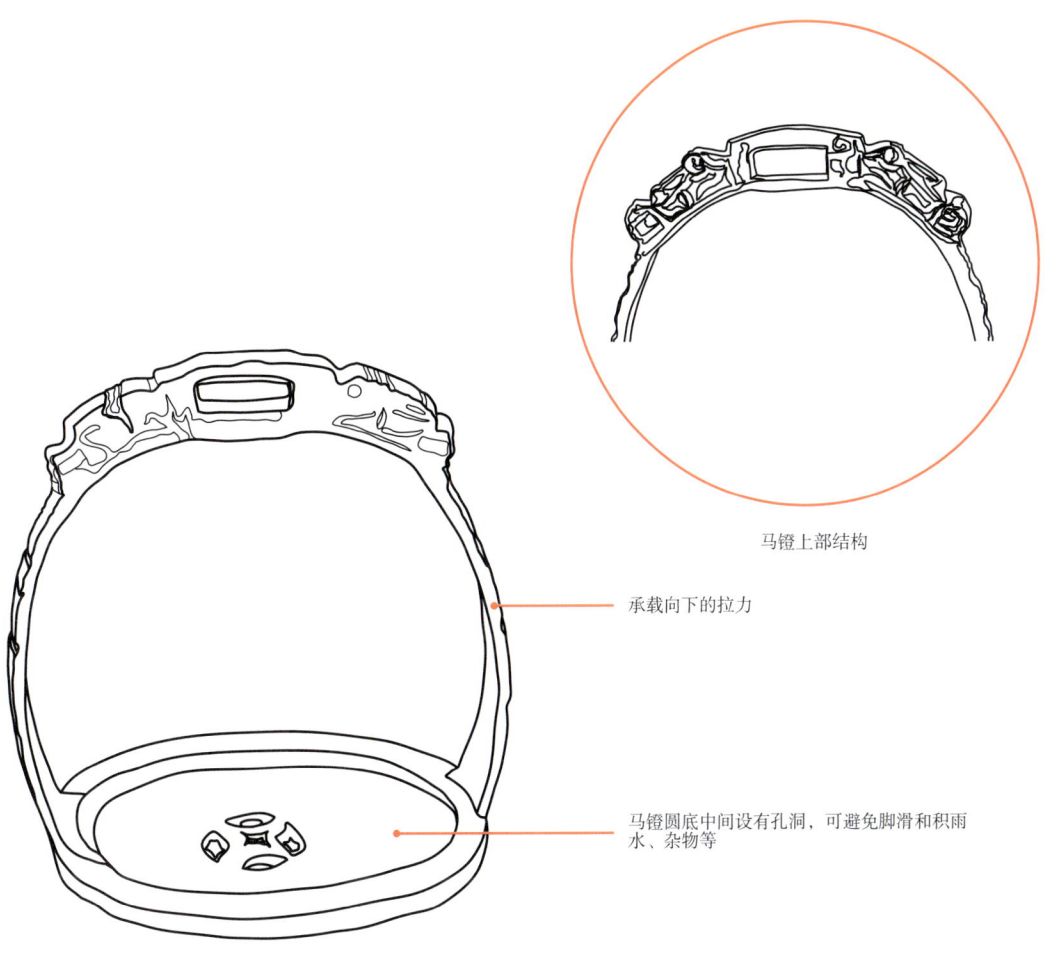

马镫上部结构

承载向下的拉力

马镫圆底中间设有孔洞,可避免脚滑和积雨水、杂物等

图三　纳西族马镫结构示意图

图四　纳西族马镫操作示意图1

图四　纳西族马镫操作示意图2

第四章　纳西族传统生活用具

279

纳西族箭筒

图一　纳西族箭筒主图

纳西族自古就有狩猎的习惯，从原始狩猎到游牧生活再到半耕半牧，进而进入农耕社会，生产方式的转变使得纳西族由早先的游牧民族转变为农耕民族。但从纳西族的日常生活中还是能看到狩猎文化的缩影，如纳西族的猎鹰习俗、映射纳西围猎场面的纳西舞蹈、放猎狗、撵山等活动，古老的东巴经典中也有有关纳西先民狩猎的描述。此案例就是纳西族狩猎时装箭的箭筒，箭筒通高为34.5厘米，带肩带，采集于云南丽江白沙古镇的一户农家。

用于狩猎的纳西族箭筒由三部分组成：筒帽、筒身和肩带。筒帽是由不同粗细的竹篾编织而成，一头开口，一头封闭，呈碗状，直径为8.5厘米，高6.5厘米，用于套封筒口，可以起到防尘、防潮的功效。筒帽从顶端起篾，先以四条竹篾为一个单位，依次重叠散开，再逐渐增加至八条竹篾，以圆形为基础，形成圆口纹。筒身是由筒壁、筒耳和箍圈构成，两个被剖开的半圆竹筒（比正半圆略小）可围合成筒壁，在围合的半圆竹筒中间插上厚度约为0.7厘米的筒耳（与筒壁等长），再在筒壁外围上下箍七个竹篾圈，用以固定筒身。这些箍圈的宽度并没有严格的规定，从1.5厘米到2.5厘米不等。用宽1厘米、长约120厘米的线织带子穿入耳部的方孔，并用一圆环连接带子两端的接口，方便以后调整带子的长度。

在整个箭筒的设计和制作过程中尤其为人称道的是整个器物没有用一钉一线，既结实耐用又美观。比如箍圈的设计就很出色。箍圈由竹篾制成，宽2厘米左右，长约30厘米，在竹篾条的两端设有可以相互扣合的卡口，一边开有三角形孔洞，一边为方形卡头，将卡头斜向插入三角形孔洞即可完成固定。这种箭筒的大小与箭的大小和数量有关，其所装箭的长度约为31厘米，可容纳约40支箭。狩猎时通常背于左侧。

图片来源

图一　芦颖　摄影
图二至图四　芦颖　制图
图五、图六　王璐璐　制图

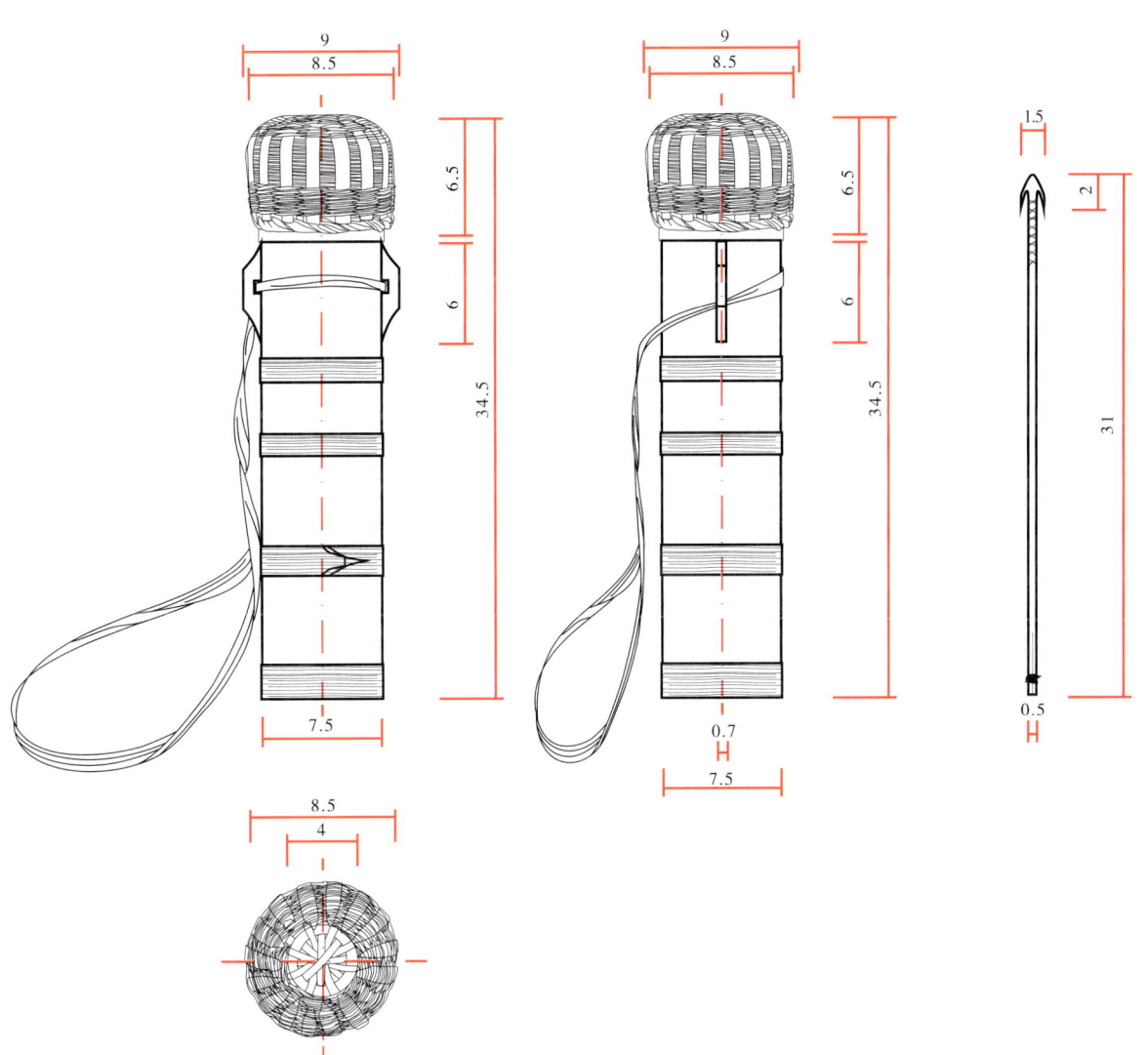

图二　纳西族箭筒尺寸图（单位：cm）

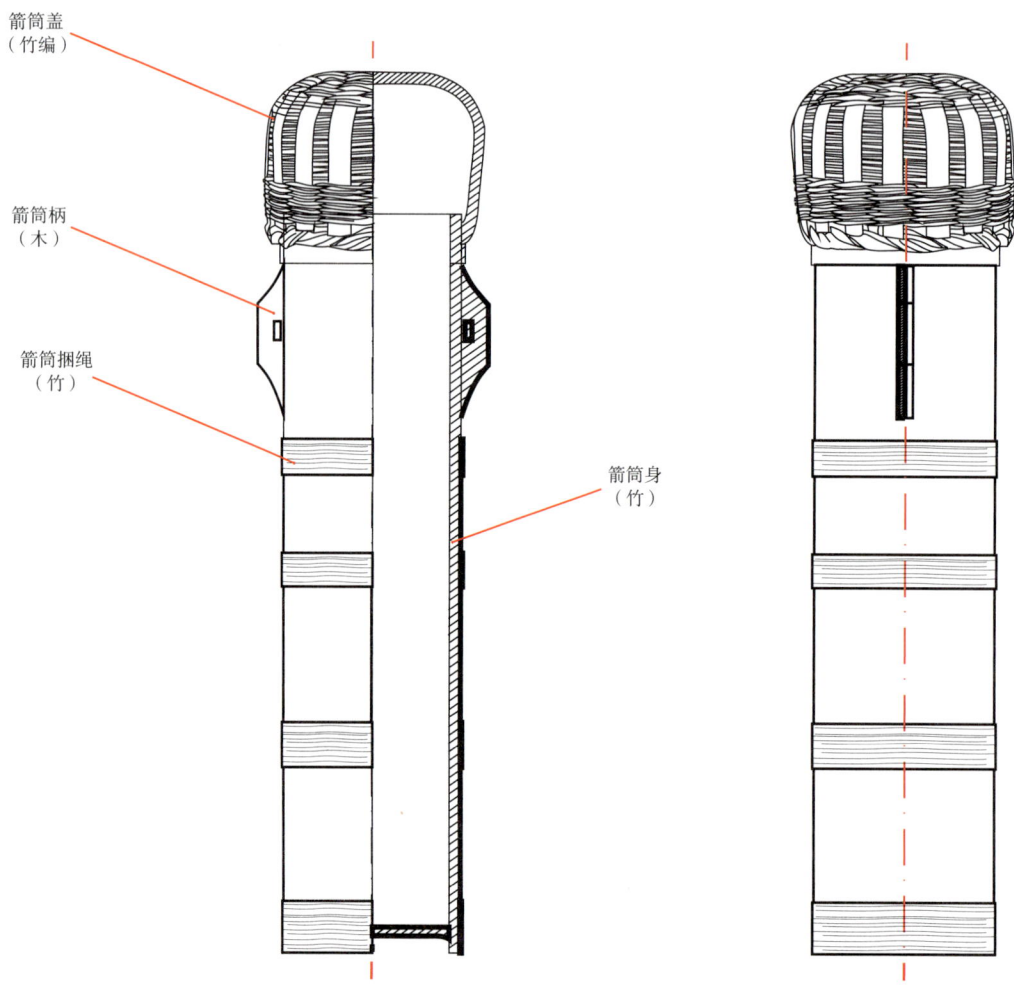

图三　纳西族箭筒剖面图

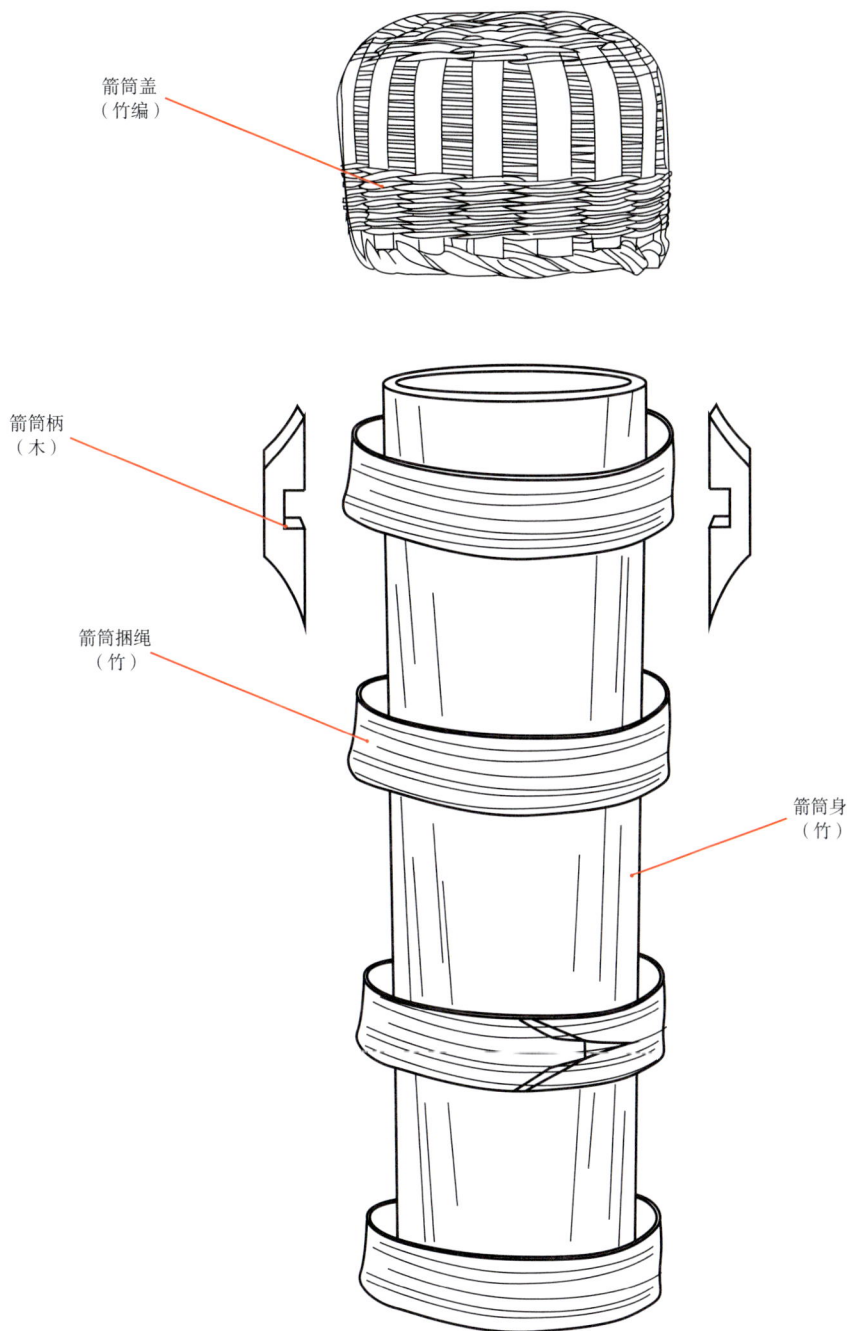

图四 纳西族箭筒结构分解图

图五　纳西族箭筒效果示意图1

图六　纳西族箭筒效果示意图2

纳西族供奉桌

图一　纳西族供奉桌主图

供奉桌是祭祀祖先神灵的专用桌,通常以实木为材料制作而成,刻有镂空的花纹。此案例采集于丽江大研古镇的一户纳西人家,这款纳西族供奉桌为长方形,长205厘米,宽39厘米,高度为105厘米,正面雕有镂空的夔龙纹、莲花纹等,边缘饰以云纹,侧面雕有镂空的回纹和如意纹,表达了吉祥如意的美好寓意。

在传统的三坊一照壁、四合五天井纳西族民居中,这种供奉桌通常被放置在正房一楼的客厅里,由上好的木料制成,桌上摆放长辈的灵位、香炉、糕点等。这种供奉桌与汉族桌子的制作方式、形制基本相同,采用榫卯结构制作而成。在打磨木材之后,便用木刀雕刻出花纹。实际上,在唐宋时期,纳西族与汉族即开始交往,元代的交往更为频繁,此时,汉族的文化开始影响纳西族文化,表现在建筑、服饰、习俗等方面,其中纳西族家具的变化最为明显,汉族地区的吉祥图案也随之被广泛运用到纳西族家具的装饰中。随着丽江古城旅游市场的开发,大研古镇的许多纳西族传统民居都不同程度地发生改变,一些传统的礼仪形式也逐渐淡化,现在一些民居的一层被开发成旅馆,供奉桌则被安置在二楼正房。

供奉桌不仅仅是用来供奉祖先神灵的桌子,更承载了纳西人对祖先神灵的尊敬,是文化传承的见证。在祭祀的过程中,纳西文化得以传承。从供奉桌上精心雕刻的花纹中,我们也能看到纳西族不乏能工巧匠。

图片来源
图一　安星霖　摄影
图二、图三　安星霖　制图
图四、图五　石永欣　摄影

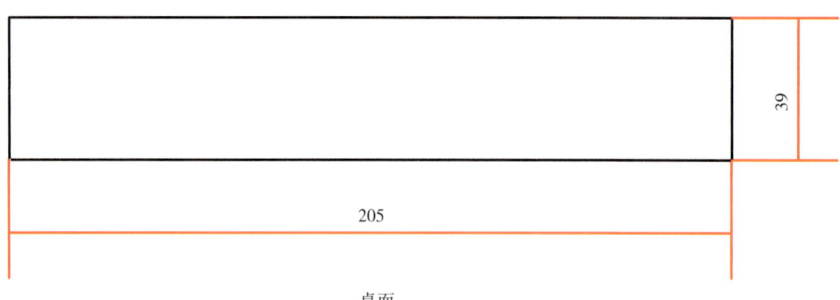

桌面

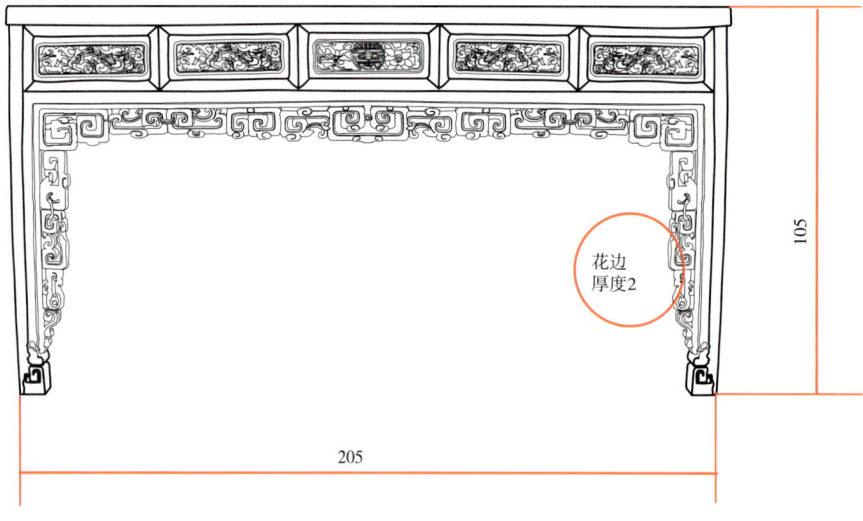
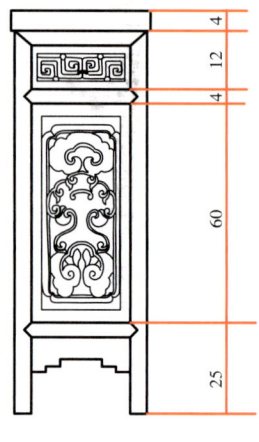

正立面

侧立面

图二　纳西族供奉桌尺寸图（单位：cm）

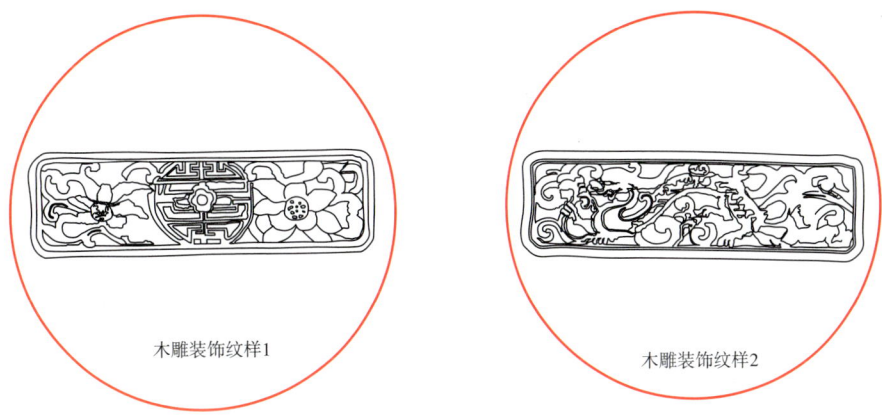

木雕装饰纹样1　　　　　　　木雕装饰纹样2

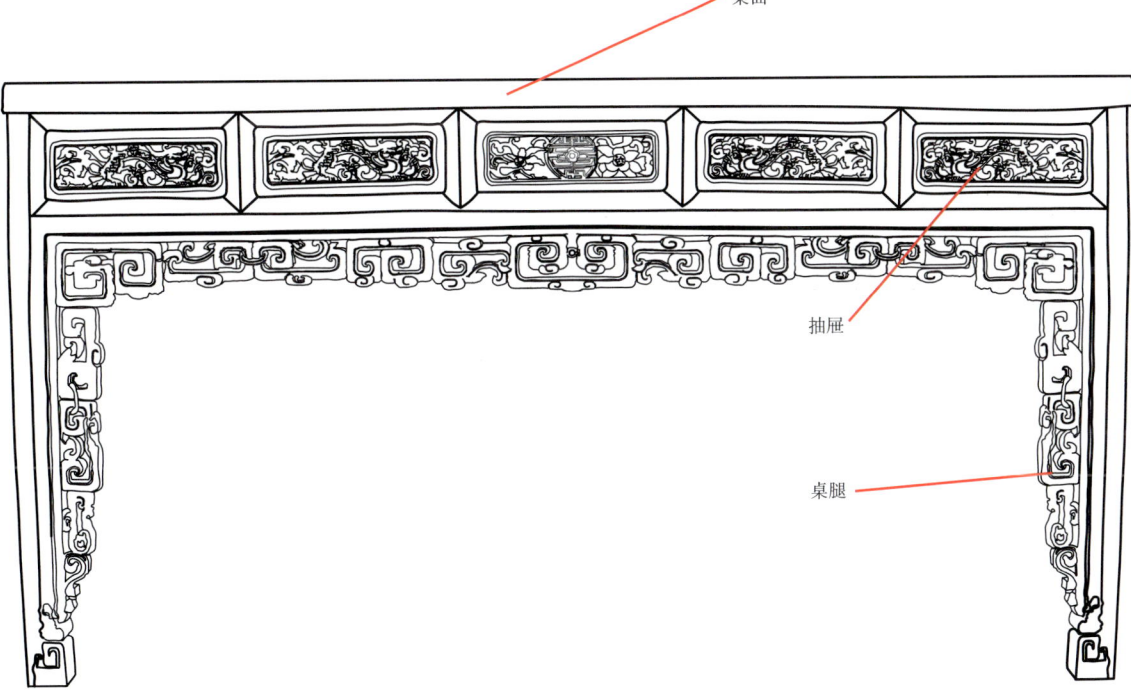

图三　纳西族供奉桌结构示意图

第四章　纳西族传统生活用具

图四 纳西族供奉桌使用情境图

拐子龙纹

夔龙纹

蜥龙纹

莲花、寿字纹

如意纹

图五 纳西族供奉桌花纹

纳西族等子秤

图一　纳西族等子秤主图

　　杆秤，是中国传统度量衡的三大件之一。杆秤又分盘秤、钩秤、戥子，重到千斤，轻到一钱，都可以称。本案例所选杆秤为纳西族传统衡器——等子秤，也叫戥子，采集于丽江白沙古镇的铜匠世家和善均的作坊，它是专门用于称金、银、贵重药品和香料的精密仪器。由于一般的木杆秤计量精度只能到"钱"，远远不能满足贵重物品的称重，所以后来才有了这种戥。

　　杆秤的前身是天平，7000多年前的古埃及人就已经开始使用天平。中国的天平最早出现于距今2600多年的春秋中晚期。天平的不足在于，一边放货物，另一边就要放等重的砝码，不方便携带。随着生产力水平的提高，天平的支点开始向一边挪移，到了战国时期，出现了不等臂天平，到了南北朝，演变成现在的提系杆秤，到了20世纪90年代，杆秤渐渐丧失在民间贸易中的统治地位，逐步被后来出现的电子秤取代。本案例中的纳西族等子秤，其形制是由中原的汉族地区传入的。该等子秤有秤杆、秤砣、秤盘以及等子秤盒子几部分组成，单纽形制。秤杆为象牙，秤砣和秤盘为铜，等子秤盒子为红木。秤杆长26.5厘米，秤盘为直径5.5厘米的圆盘式，秤砣为椭圆形，长边直径为2.8厘米，短边直径为1.6厘米，似一椭圆形饼干，上面刻有浮雕状的动物图案。装等子秤的木盒长31.5厘米，形如琵琶，由一整块木料做成。制作时，先将整块木料加工成琵琶形，然后一劈为二，厚薄不均，薄的那片作为盒盖，厚的用作盒身。接下来要对盒身内部进行雕琢，根据等子秤各部位、结构的尺寸完成放置秤杆的长槽、放置秤盘和秤砣的圆槽的制作。再在盒子把手处用一根铜钉将盒盖与盒身相连，使得盒子开合自如。

曾在商品流通中担当重要角色的杆秤，随着时间的推移、经济的发展，正在悄然隐退。这种等子秤也仅限于少数的中药店和一些贵金属店使用，它具有体量小、便于携带和移动的优点。称中药时需要在药房各药柜中移动取药，此时等子秤可移动称重的优点便凸显出来。

图片来源
图一　赵卫东　摄影
图二至图四　赵卫东　制图
图五　王璐璐　制图

参考文献
王琥.中国传统器具设计研究（卷二）.南京：江苏美术出版社，2006.

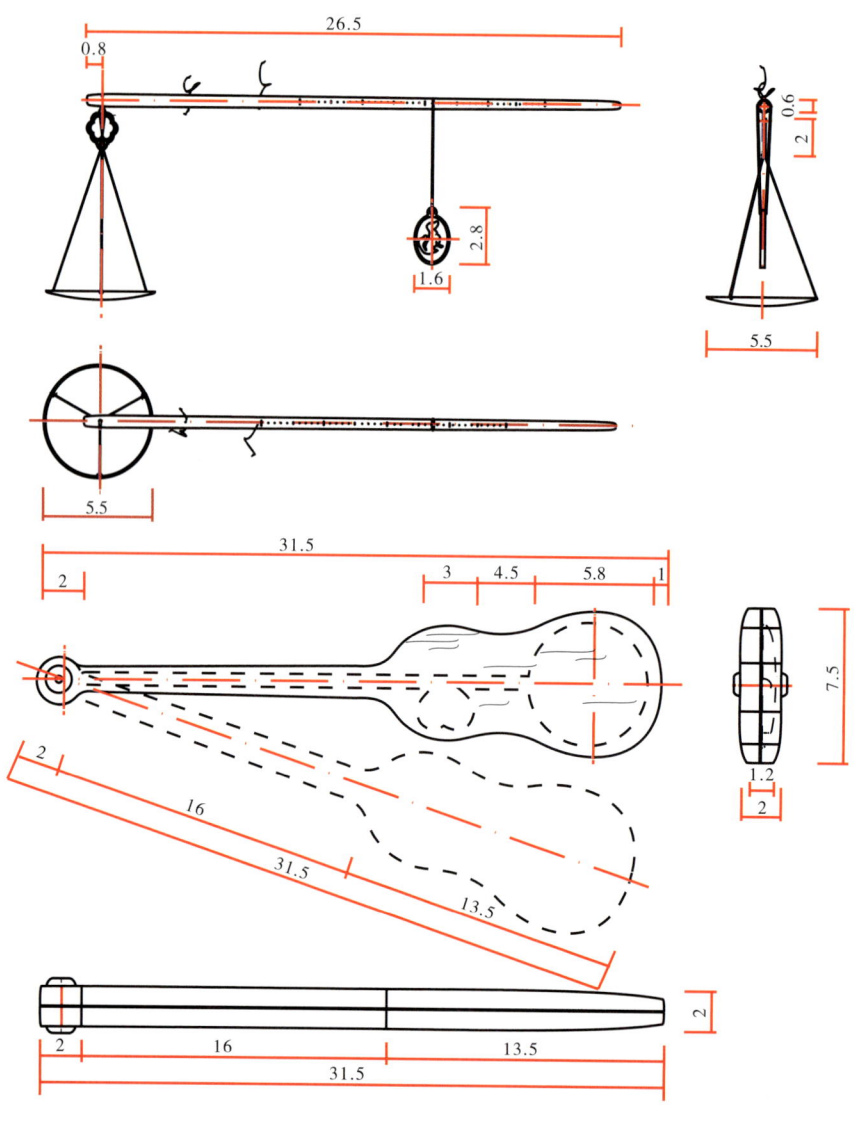

图二　纳西族等子秤尺寸图（单位：cm）

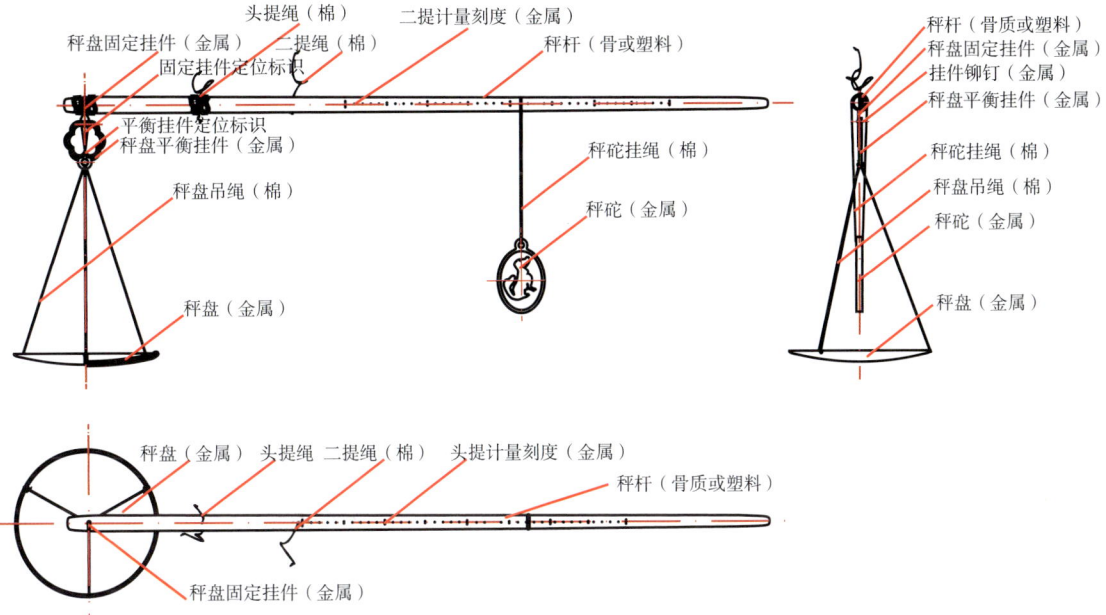

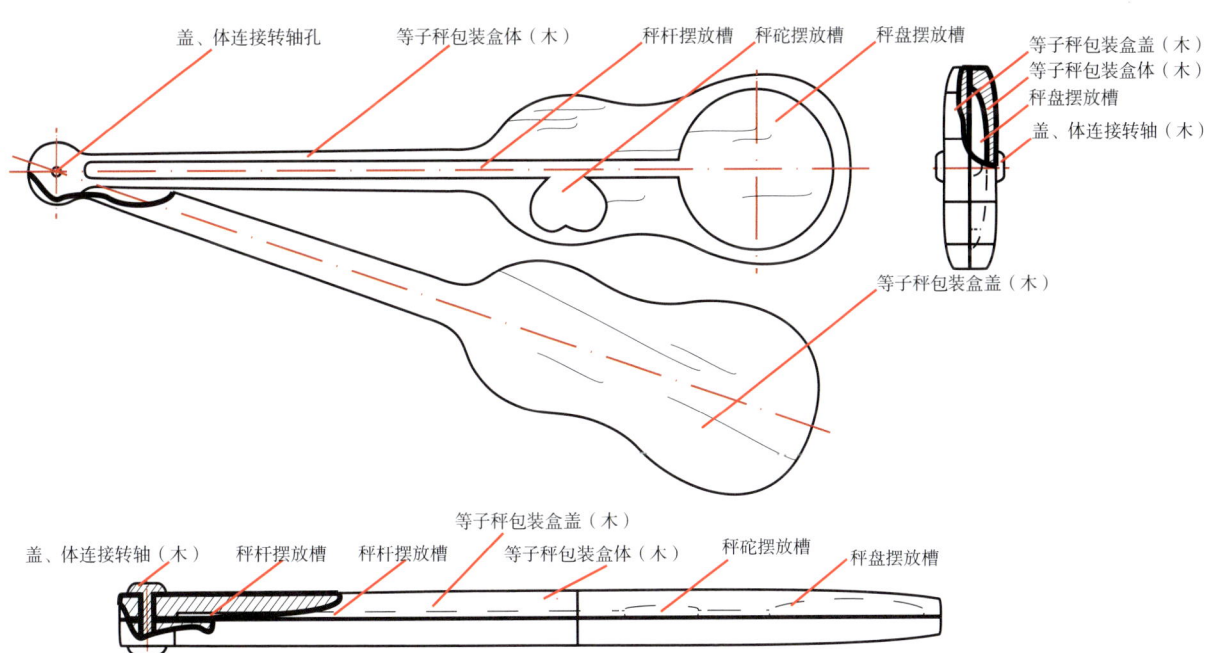

图三 纳西族等子秤结构名称图

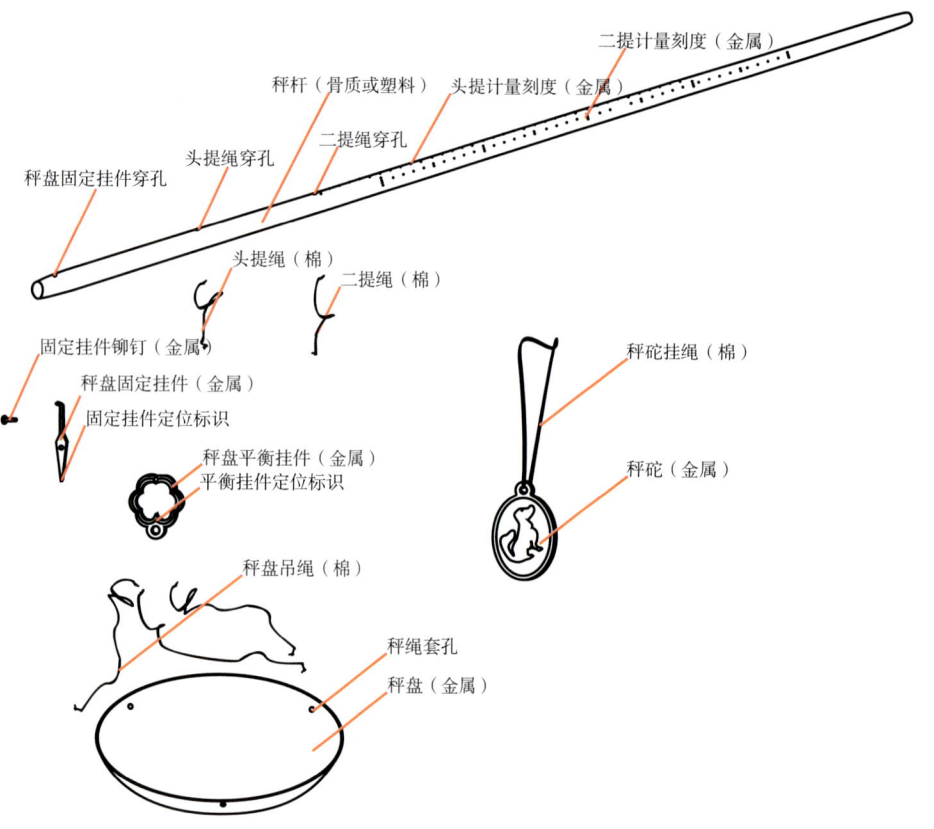

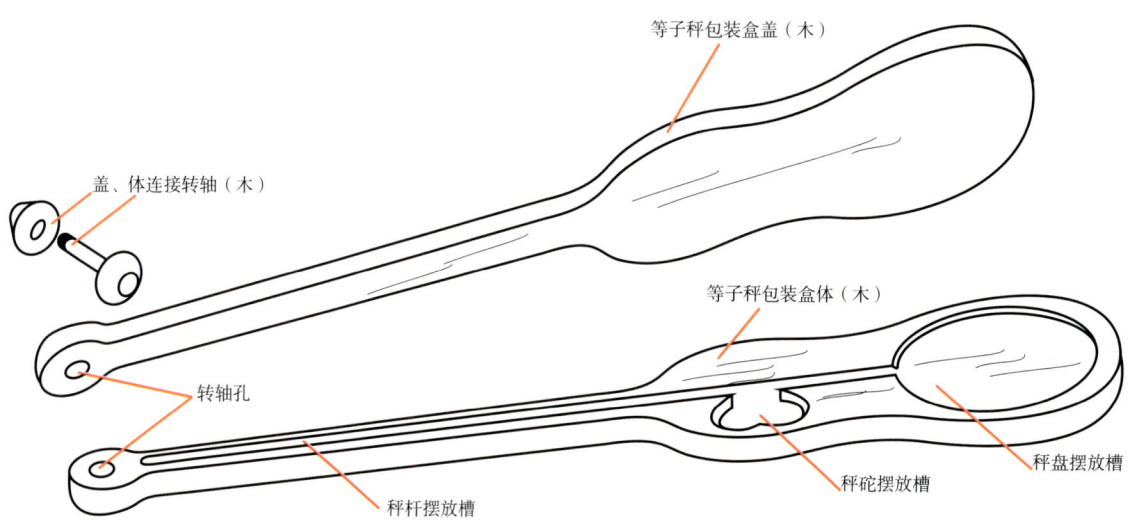

图四 纳西族等子秤结构分解图

图五 纳西族等子秤操作示意图

纳西族陶灯

图一　纳西族陶灯主图

陶灯，一种传统的照明工具，常置于几案上或神龛前。本案例为纳西族传统陶灯，采集于云南丽江东巴文化博物馆，其通高为15厘米，灯口直径为8厘米，底座直径为7厘米。

纳西族陶灯一般放置在自家供奉的神龛前，它在纳西族人生活中占据着重要的位置，是纳西族人的精神之灯。该器由灯盏、灯柱和灯座组成，以陶土为主要材料。灯盏为平底碗状，轮制而成，盏内有一带孔三角状置灯芯处；灯盏下部为灯柱，灯柱呈圆锥形，上细下粗，中空，在柱身一侧有耳。其制作流程是先用陶泥做一饼状灯座，中部开一小孔（在烧制时可防止灯体爆开），再在其上用盘泥条的方法盘出灯柱，捏出平底碗状的灯盏及置灯芯处，将灯盏与灯柱粘接，再将搓好的小块泥条压扁粘贴在柱身一侧作为灯耳。使用时，往灯盏中盛上灯油，将灯捻插入置灯芯处中间的小孔中，点燃灯捻，可以不断加灯油。

从设计的角度来看，此案例的整体形态简约，并且柱状的灯身更稳定，置灯芯处的巧妙设计使得灯捻易于点燃，灯耳的设计则使得灯具便于移动。

图片来源
图一　苏婷　摄影
图二、图三　苏婷　制图
图四　芦颖、苏婷　制图
图五　张新鸽　制图

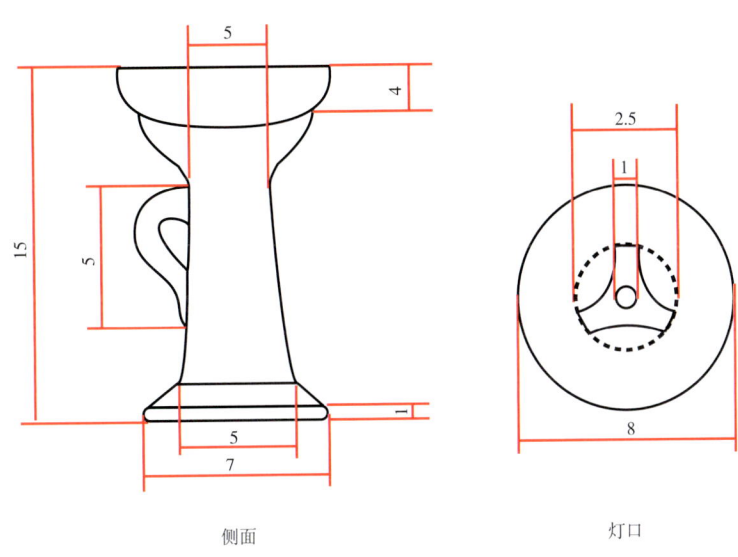

侧面　　　　灯口

图二　纳西族陶灯尺寸图（单位：cm）

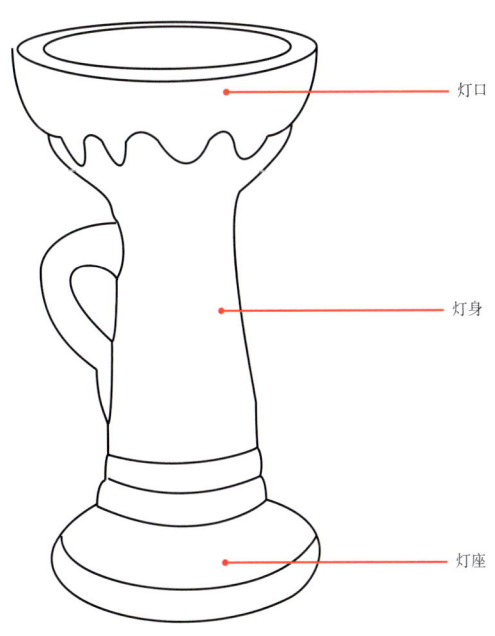

灯口

灯身

灯座

图三　纳西族陶灯结构示意图

第四章　纳西族传统生活用具

295

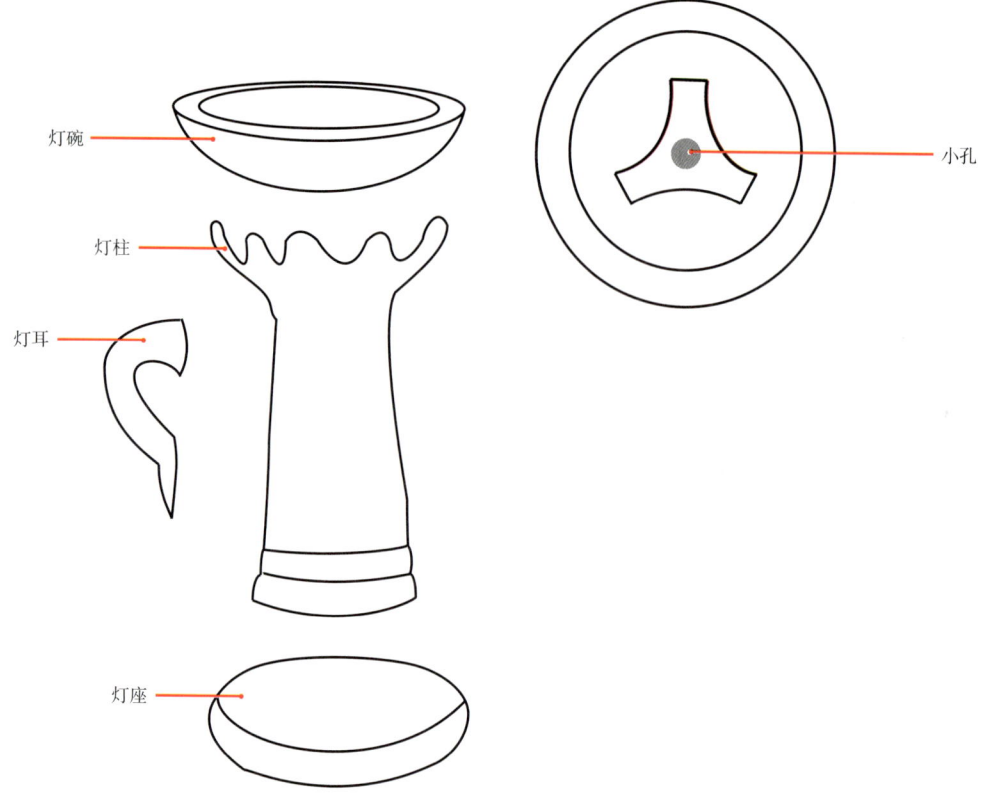

图四　纳西族陶灯结构分解图

图五　纳西族陶灯操作示意图

纳西族摩梭人皮褡子

图一 纳西族摩梭人皮褡子主图

皮褡子，是马帮的生活用具。过去纳西族由于地少人多，长久以来他们的生活主要靠走马帮来维持。此案例采集于云南丽江泸沽湖大落水村，现陈列于云南泸沽湖的摩梭民俗博物馆。皮褡子总长95厘米，用于放置行途中所带的干粮和钱财。

制作皮褡子的材料是牛皮，牛皮不仅紧致、细腻，而且更为结实、耐磨，可使用的年限更长。皮褡子的制作工艺也颇为复杂，首先要将生皮在清水中泡12小时，使其变软，用清水洗净后再用特制铲刀将枯肉铲除，将皮铲薄，使其更加匀净；然后把铲好的皮子放在灶上熏烤，在熏烤的过程中适当地洒水以免皮子烧焦，此道工序持续3~4小时；将熏熟后的皮子用脚搓揉，使其更软，成为更熟的皮子；再将搓揉后的皮子摔打，增加其柔韧性，之后放在烈日下暴晒2~3天，将其水分蒸干；对晒干后的皮子做最后的修整，使其更完美；最后就是由熟练的皮匠师傅用大号钢针和细牛皮线缝合，有时也缝制少许花纹作为装饰。

纳西族的皮褡子是纳西人长期往来于茶马古道的经验的凝结物，它适应了马帮长途跋涉中载物的需求。皮褡子的材质细腻、柔软，在行途中减少了对马匹的摩擦，提高了马帮的效率，节省了马帮的时间。

图片来源
图一 苏婷 摄影
图二至图四 苏婷 制图
图五、图六 刘慧君 制图

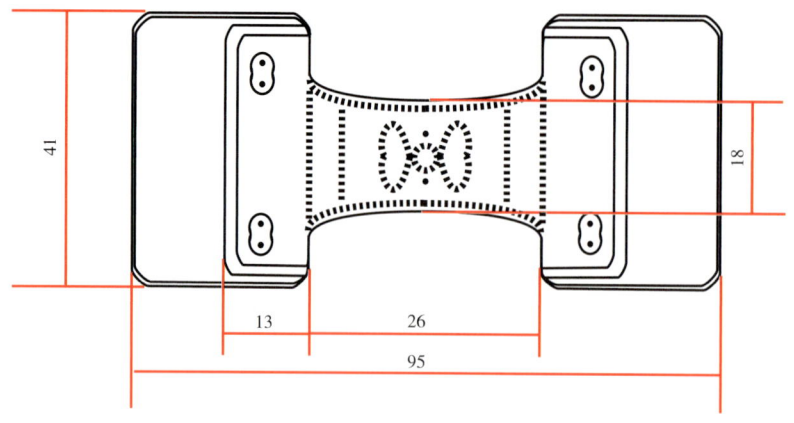

图二 纳西族摩梭人皮褡子尺寸图（单位：cm）

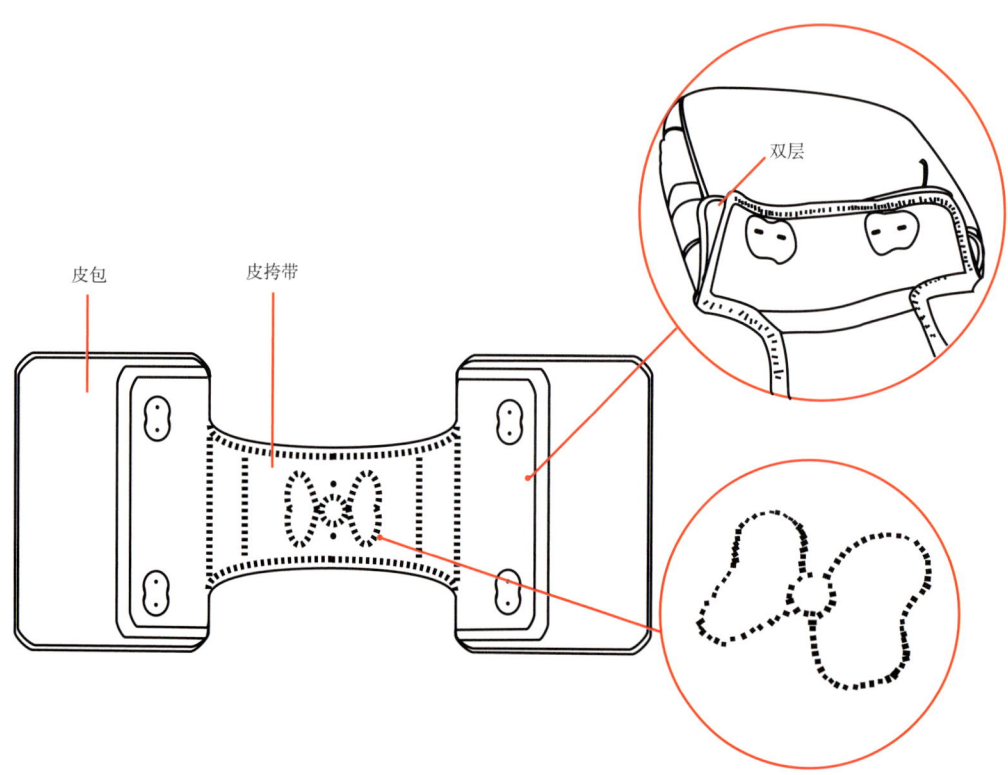

图三 纳西族摩梭人皮褡子结构示意图

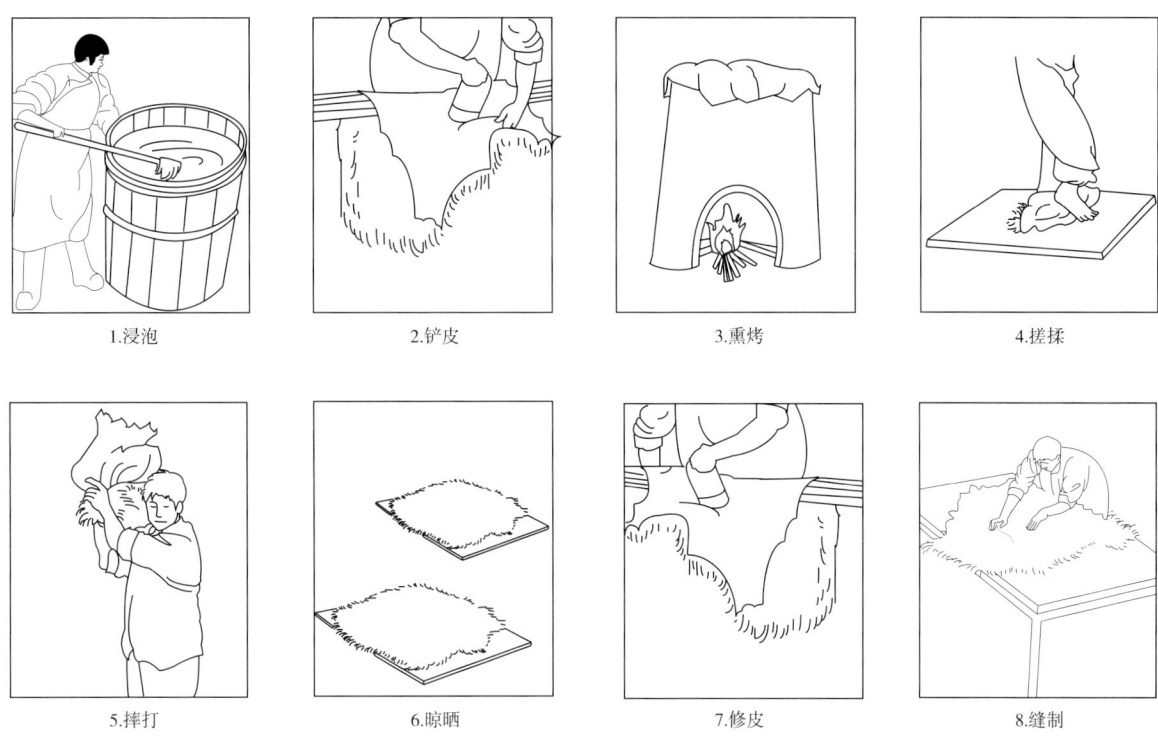

图四　纳西族摩梭人皮褡子制作流程图

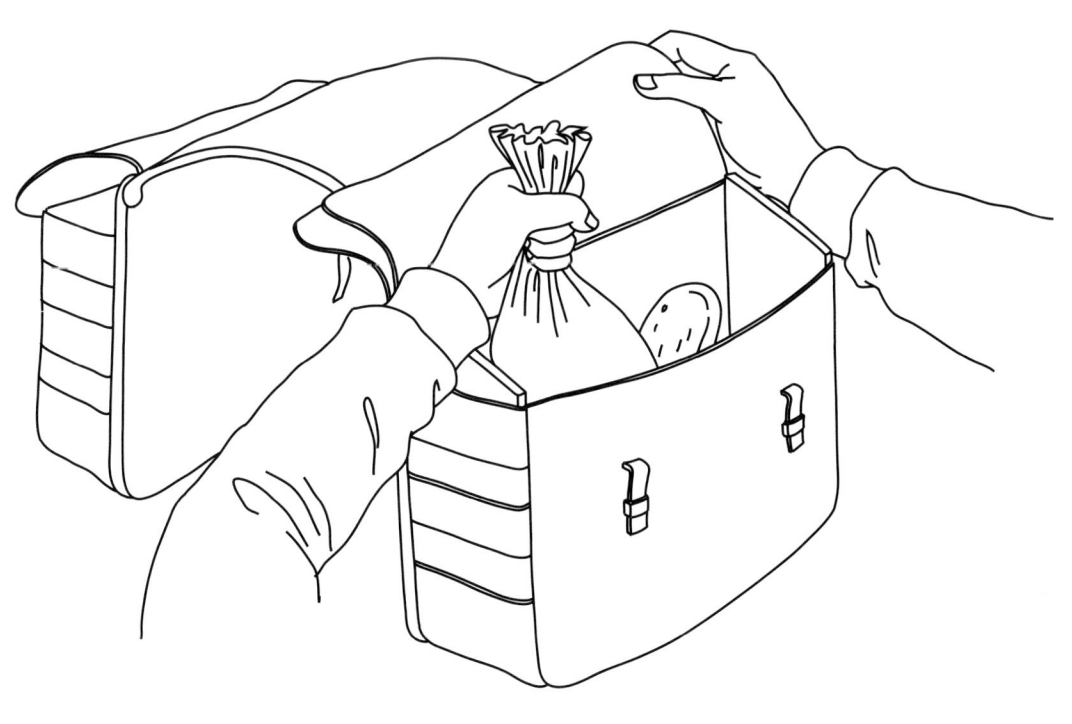

图五　纳西族摩梭人皮褡子操作示意图

第四章　纳西族传统生活用具

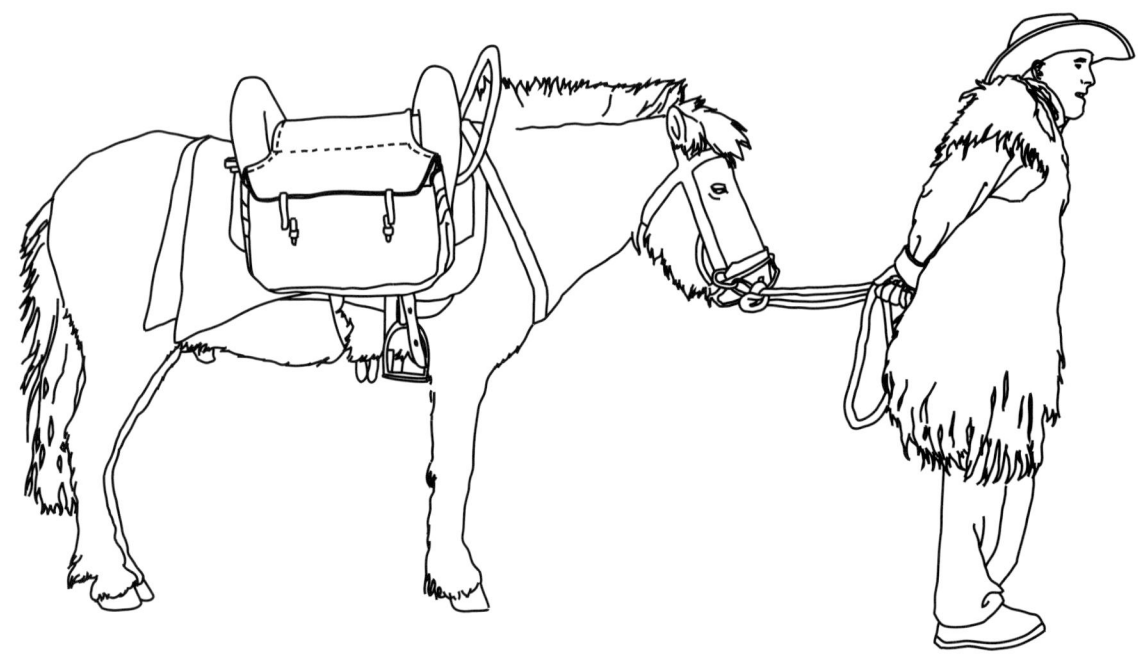

图六　纳西族摩梭人皮褡子使用情境图

纳西族铜锁

图一　纳西族铜锁主图

丽江铜锁是纳西族传统手工艺品，因其产于丽江，又名"丽锁"，以制作精良、图案美观、质地坚固为特点，受到云南各兄弟民族喜爱。纳西人常将其作为礼物馈赠友人。据民国《中甸县志》记载，"铜鼎锁匙用具必出丽江"，可见丽江铜锁素享盛名。本案例采集自丽江市玉龙纳西族自治县玉湖村赵金花家。

从结构分析，铜锁由三大部分组成，分别是锁面、锁梁和钥匙。该锁由黄铜和紫铜按一定比例融合而成，状如矩形，上下整齐。其制作工艺复杂，需用内壁挂釉的特制土罐置于1600摄氏度左右的高温中将铜片熔化，原料的比例控制严格，黄铜占三分之二，紫铜只占三分之一，否则会影响铜锁的色泽。炼铜时温度的控制也尤为重要，只有松木烧成的木炭能炼出好铜。将炼好的铜水冷却成铜饼后取出，根据铜锁需要的厚度进行锤打，使之平整密实。打铜时要注意轻重缓急，打好的铜板约7毫米厚。制作时需要先逐步制作每一个部件，故要在铜板上精确地绘出13个部件的形状，逐一打磨、套接，再焊接成铜锁。传统的焊接工艺是在锁体各部件接口处均匀地涂抹焊药，待其干后，方可入炉加热。加热过程中需注意火候，既要使焊药熔化，又不能因温度过高而损伤锁体。成形的锁体与钥匙配合方能实现其功能。丽江铜锁的特别之处在于锁孔并不在锁身的左、右端，而在锁身下方偏左或偏右位置。锁体下方还置有与钥匙齿契合的几条滑槽，以加强锁具的安全性。

丽江铜锁无论大小，其锁面、锁梁、开锁滑槽都高低错落，富有层次感。从造型上看，体现出西南少数民族粗犷、率直和追求实用的特点。手工艺人用他们丰富的艺术想象力在锁体上雕刻图案，或缠枝花草，或飞禽走兽，或求吉纳福的字样，赋予了铜锁文化价值。

图片来源
图一　李佳怡、赵卫东　摄影
图二、图三　赵卫东　制图
图四　舒闻洋　制图
图五、图六　王璐璐　制图

参考文献
铁木尔·达瓦买提.中国少数民族文化大辞典·西南地区卷.北京：民族出版社，1999.

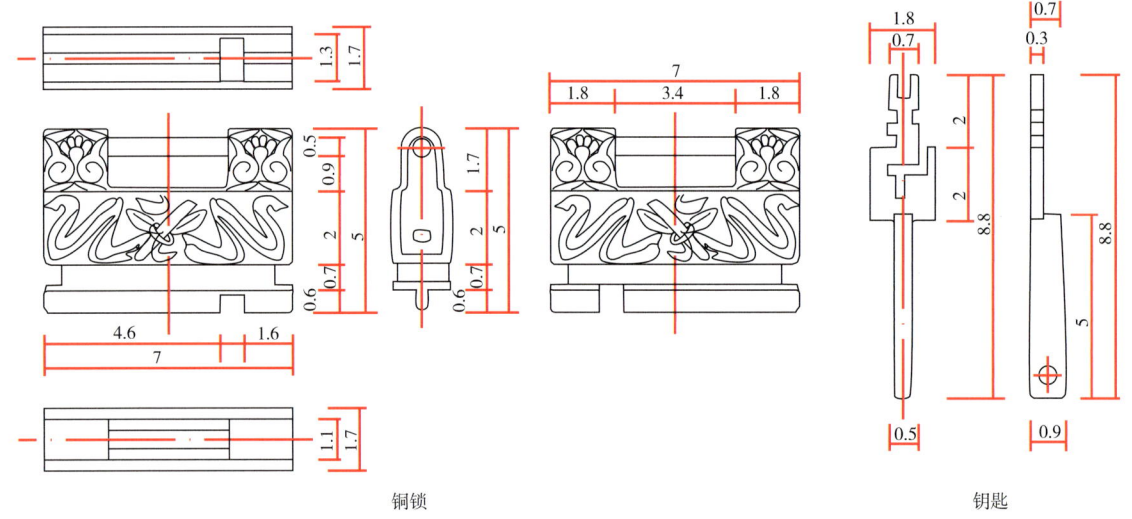

图二　纳西族铜锁尺寸图（单位：cm）

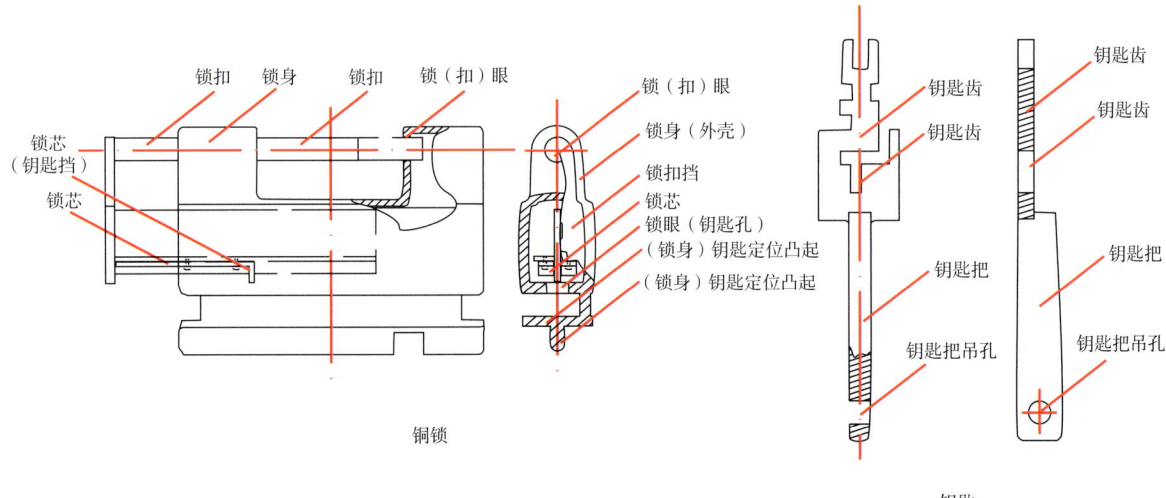

图三　纳西族铜锁结构名称图

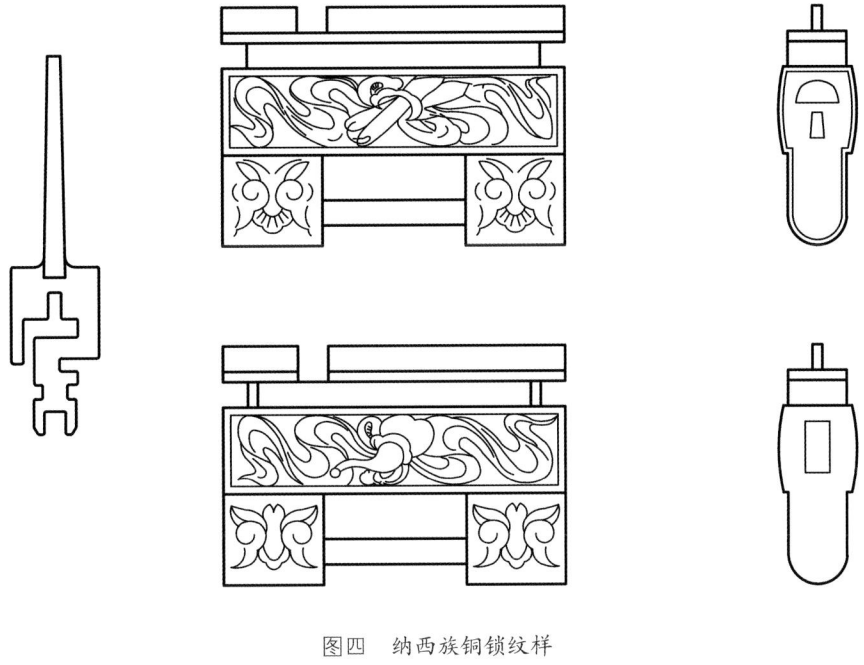

图四　纳西族铜锁纹样

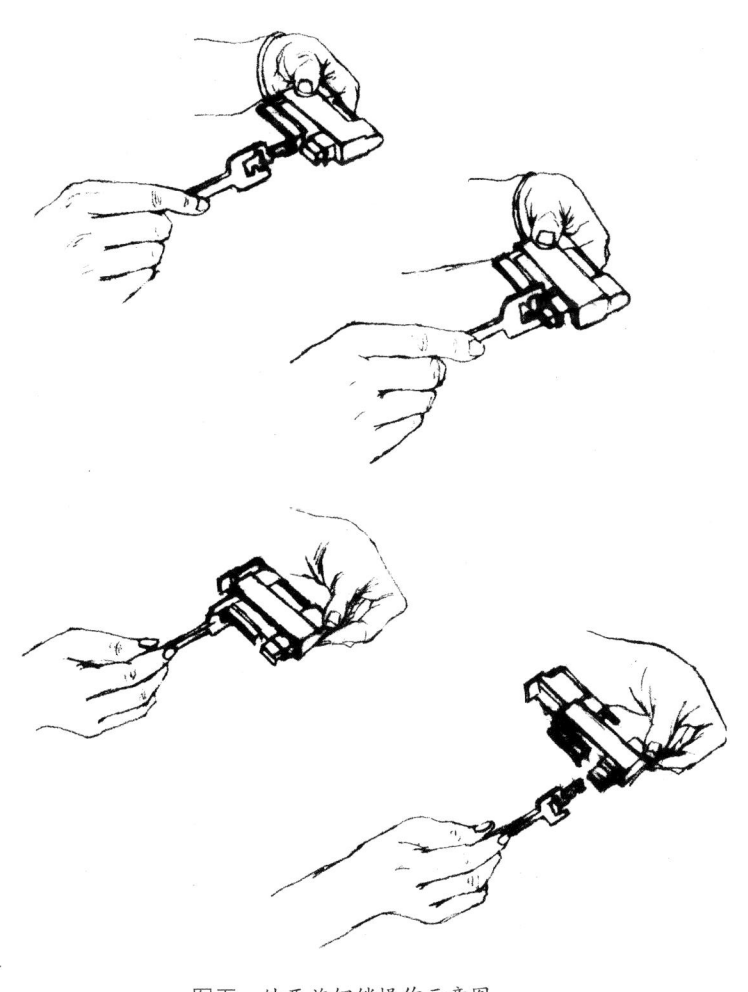

图五　纳西族铜锁操作示意图

图六　纳西族铜锁使用情境图

第五章 纳西族传统生产工具

纳西族六齿耙

图一　纳西族六齿耙主图

耙按耙头不同分为齿耙、无齿耙和圆盘耙。此案例采集于丽江玉湖村的一户农家，是纳西族常用的六齿耙，专用于在晒谷场上对谷物进行耙梳。齿耙的柄长116厘米，耙头长30厘米。

齿耙，因其材质不同又可分为木耙、铁耙和竹耙，铁耙质地坚硬，主要用于翻土和碎土，木耙主要用于打场，竹耙则既可用于打场，也可用于清除园林中的落叶、杂草等。此案例为木耙，由耙柄、耙头组成，耙头装有木齿，玉湖村的木匠都能制作这种六齿耙。制作六齿耙所选用的木料一般为杂木，木料易得，且以轻料为宜。对谷物进行耙梳时，如果木料太重，操作时则显笨重，且胳膊易产生酸痛感，而且木柄易折断，所以选择一般的轻质木料即可。六齿耙不仅具有将谷物摊开、收拢的功能，而且可以用于将晒场上谷物梳理平整，使谷物均匀接受光照，这三重功能都与六齿耙的外形、结构设计有关。六齿耙的耙头由两部分组成：木板和木齿。木板长约30厘米，宽约12厘米，厚度约为2.5厘米，选择长的一边向里削成弧状，形成坡面，以方便在摊开和收拢谷物时使用。木齿长约13厘米，宽约2.5厘米，厚度为1.5厘米，削成中间宽两头略窄的形状，并分别将六根木齿钉到木板没有坡面的一侧，用以耙梳谷物。

从设计的角度来看，纳西族的六齿耙一耙三用，每一个细小的部位都是围绕其功能设计的，使得工具达到功能的最优化，这些无不彰显纳西族人的智慧。

图片来源
图一　安星霖　摄影
图二、图三　安星霖　制图
图四　曹天彦　制图

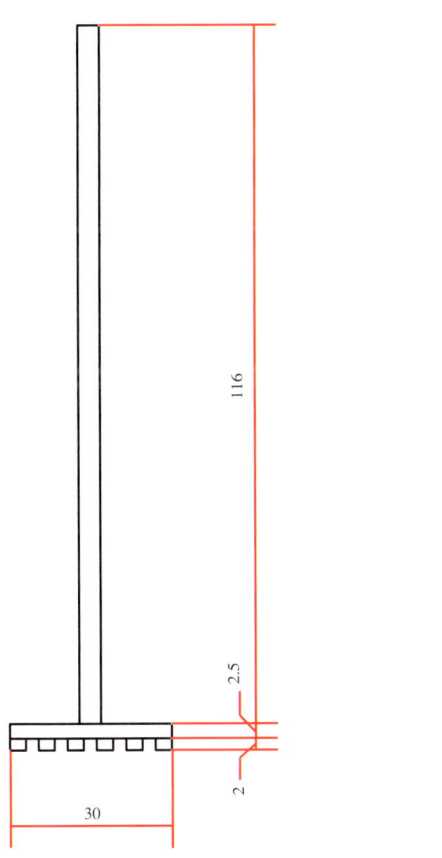 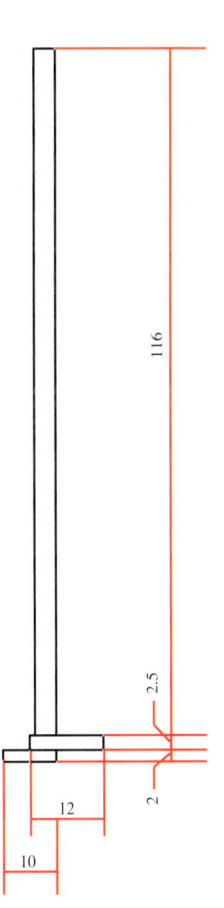

图二　纳西族六齿耙尺寸图（单位：cm）

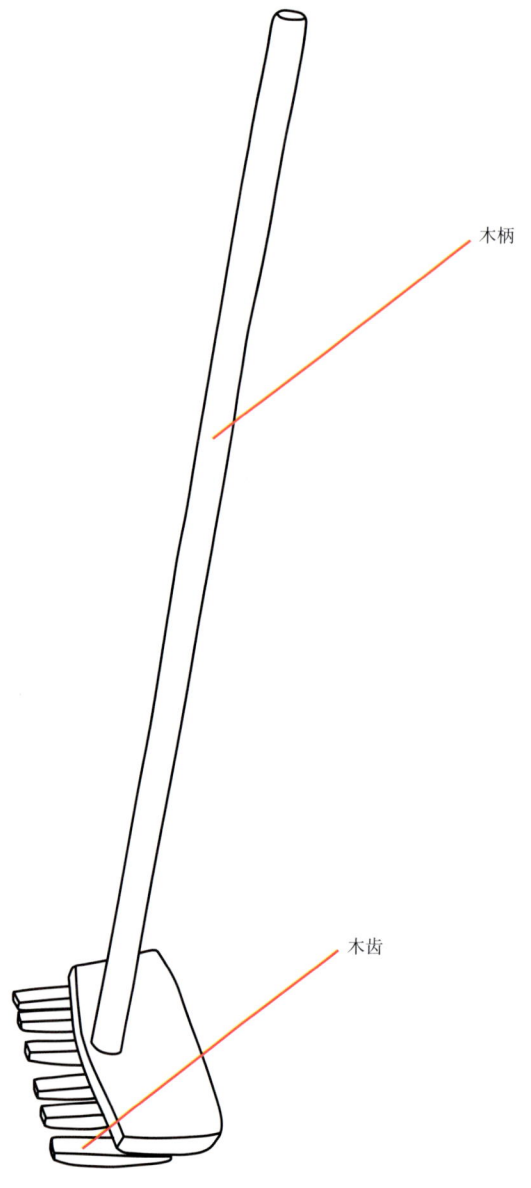

图三 纳西族六齿耙结构示意图

图四 纳西族六齿耙操作示意图

纳西族丽江锄头

图一　纳西族丽江锄头主图

　　锄头是用来松土、整地、间苗、除草的农具，已有悠久的历史，从新石器时代的石锄发展到后来的铁锄，大大提高了农业生产的效率。此案例为纳西族丽江锄头，采集于云南丽江玉湖村的一户农家，其总长为126厘米，锄板长度为23厘米，宽21厘米。

　　丽江锄头是由木锄把和铁锄板组成，锄把通常选用坚硬耐磨的硬木制成，即使长期使用也不易折断、变形。锄板是以熟铁打制而成，其呈开口略大的"U"形，锄板薄，刃口锋利，有利于贴着地皮疏松土壤。其两肩斜削，锄草时不易划伤庄稼，符合垄作法的要求。锄刃两端留有尖锐的刃角，加强了锄的灵活度。在一些株距小的庄稼地里，锄头不易施展，就将丽江锄倾斜，缩小工作面，以刃角除草和松动土壤。锄把柄头处为一圆形孔状的铁箍，将木把插入其内，并塞上小块木楔子。在使用丽江锄头时，使用者两脚自然一前一后摆开，前腿微屈，身体前倾，两手一前一后握住锄把，锄板落地时先下一角方便入土，双手向后拉锄。

从设计的角度来看，这一看似简易的生产工具蕴藏着设计的巧思，比如其木把被削成不规则的圆形，既便于手的抓握，也增加了木柄与手之间的摩擦力，方便操作；另外，小块木楔的使用也增加了木把与柄头之间的摩擦力，使锄板不易松滑、脱落。

图片来源

图一　苏婷　摄影
图二至图四　苏婷　制图
图五　曾舒　制图

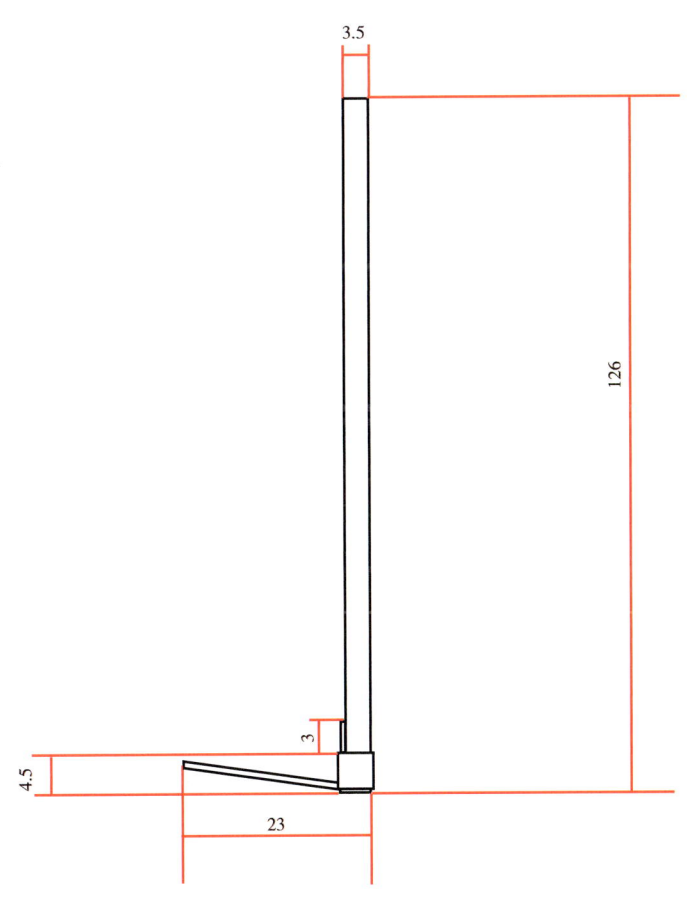

图二　纳西族丽江锄头尺寸图（单位：cm）

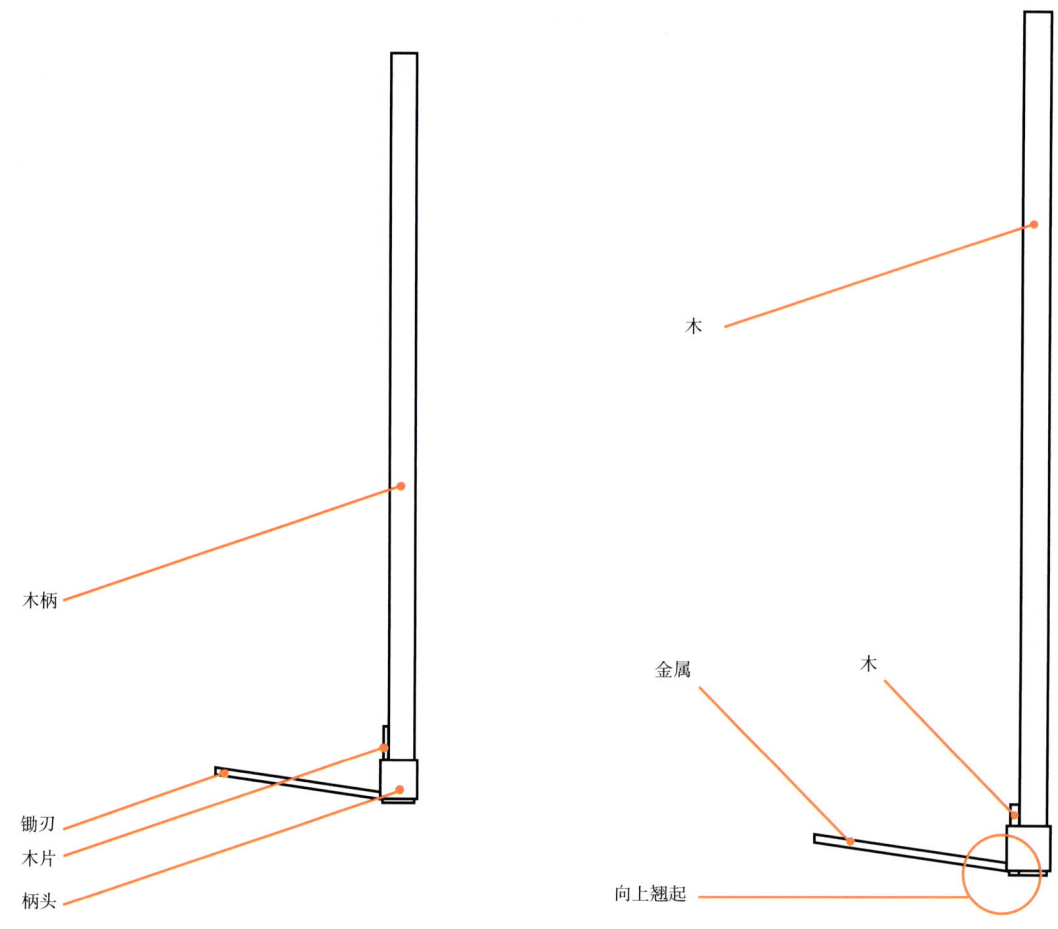

图三 纳西族丽江锄头结构示意图

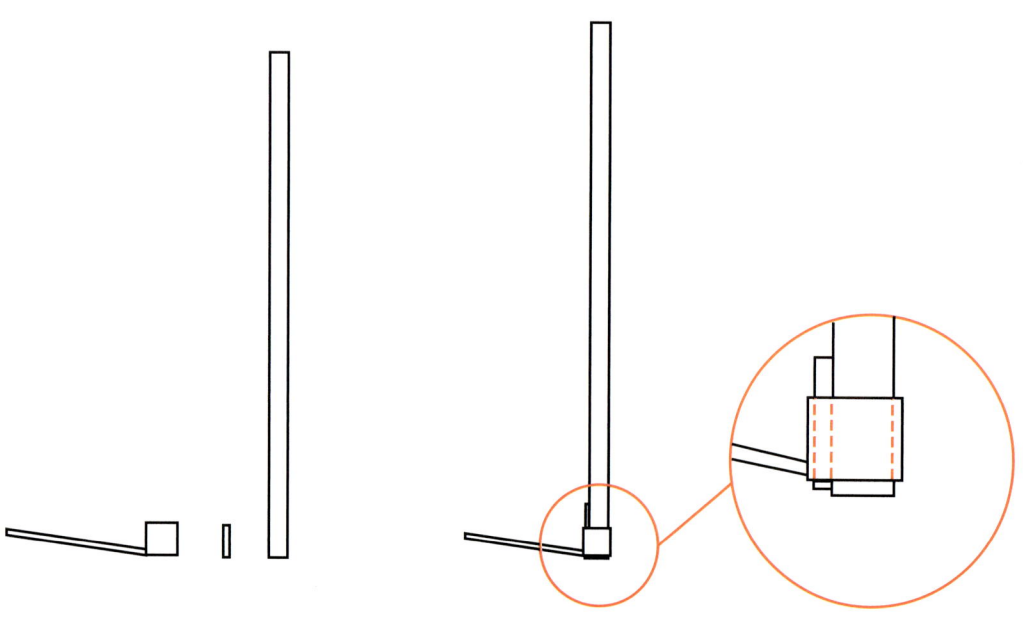

图四 纳西族丽江锄头结构分解图

图五　纳西族丽江锄头操作示意图

纳西族两头锄

图一　纳西族两头锄主图

在掘土和中耕农具中,锄出现得比较早。自原始社会的石锄至后世的青铜锄、铁锄,锄的发展大大推动了农业生产效率的提高。本案例为纳西族两头锄,采集于云南丽江玉湖村的一户农家,其总长为75厘米,锄刃长36厘米。

纳西族两头锄由锄柄和锄刃构成,锄柄用结实耐磨的硬木制成,而锄刃则由熟铁打制而成。锄刃有两个方向相反的刃口,其一呈"V"形,用以清除菜园中的杂草、疏松菜园土壤,很适合行距较小的庄稼地;另一刃口为剑刃状,可深挖土地,可在旱地栽种

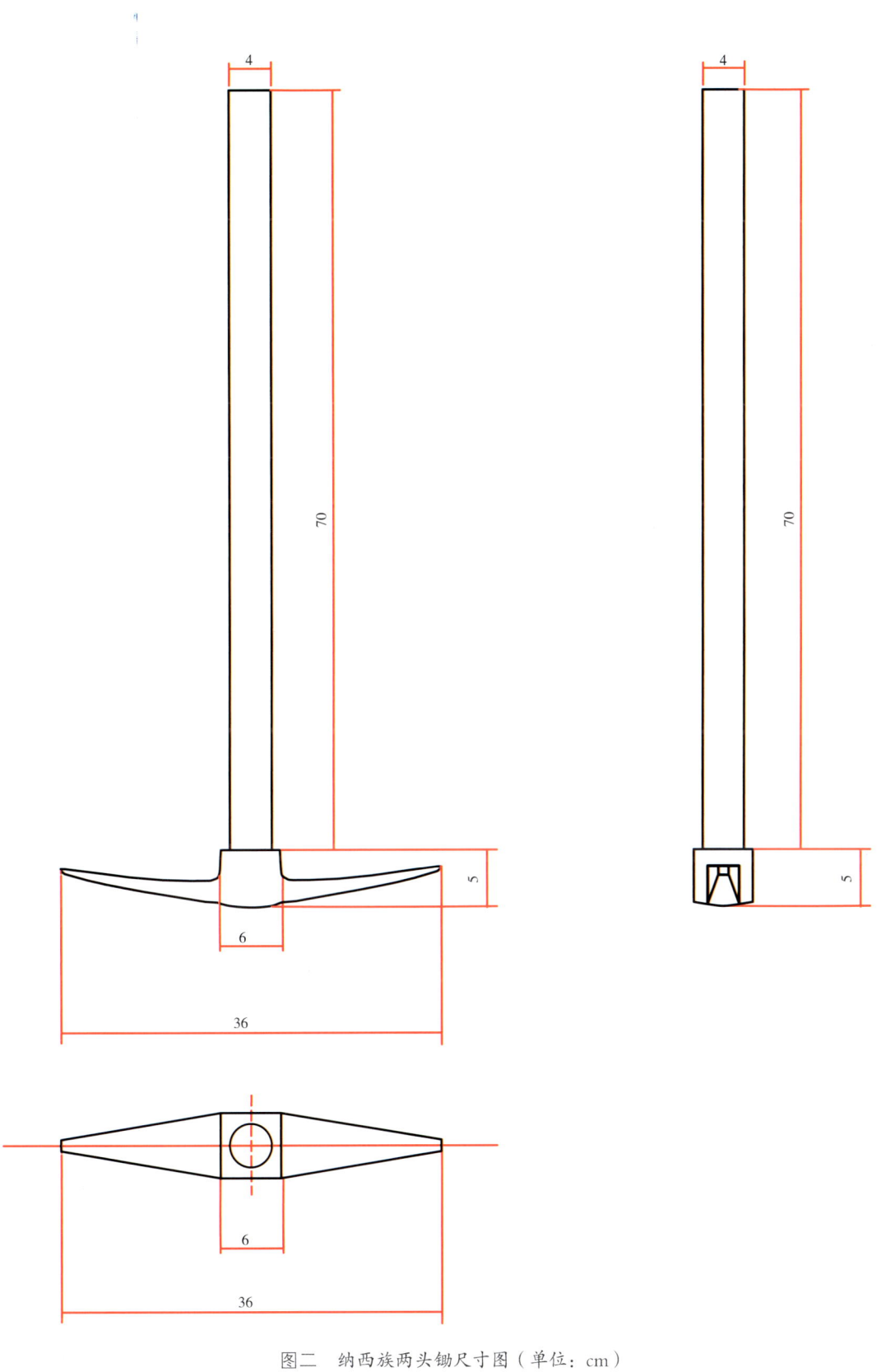

图二 纳西族两头锄尺寸图(单位:cm)

幼苗时用，也可用来挖掘农作物或树木等。另外，将长70厘米的木柄插入銎口中，即为锄柄。加塞木楔，使得锄头更加牢固，在使用时，锄刃不易滑落。操作时，两脚自然摆开，身体微屈、前倾，两手一前一后握住锄把，锄刃入土后，双手向后拉锄。

图片来源

图一　安星霖　摄影
图二至图三　安星霖　制图
图四　张新鸽　制图

参考文献

陈剑，焦成根.湖湘民间生产生活用具.长沙：湖南美术出版社，2012.

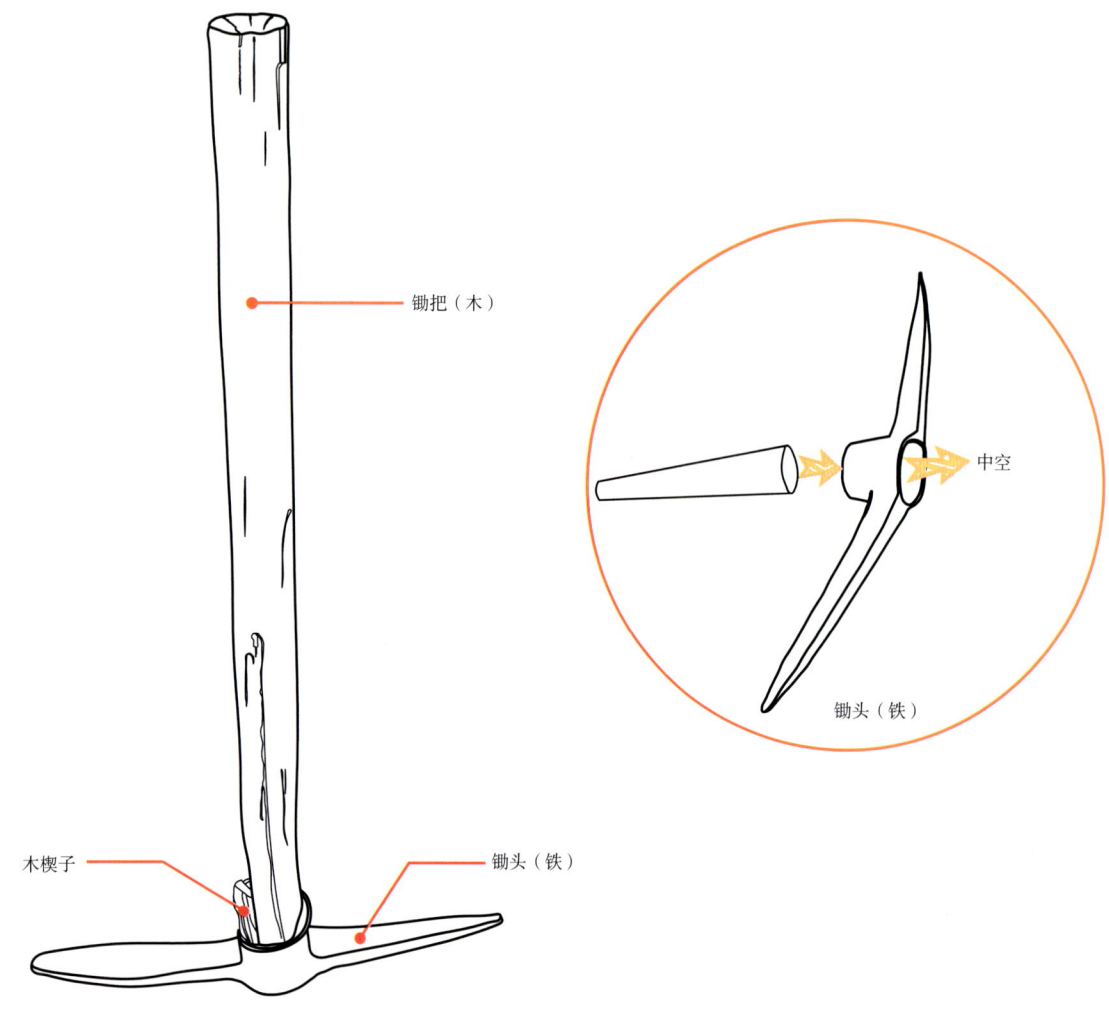

图三　纳西族两头锄结构示意图

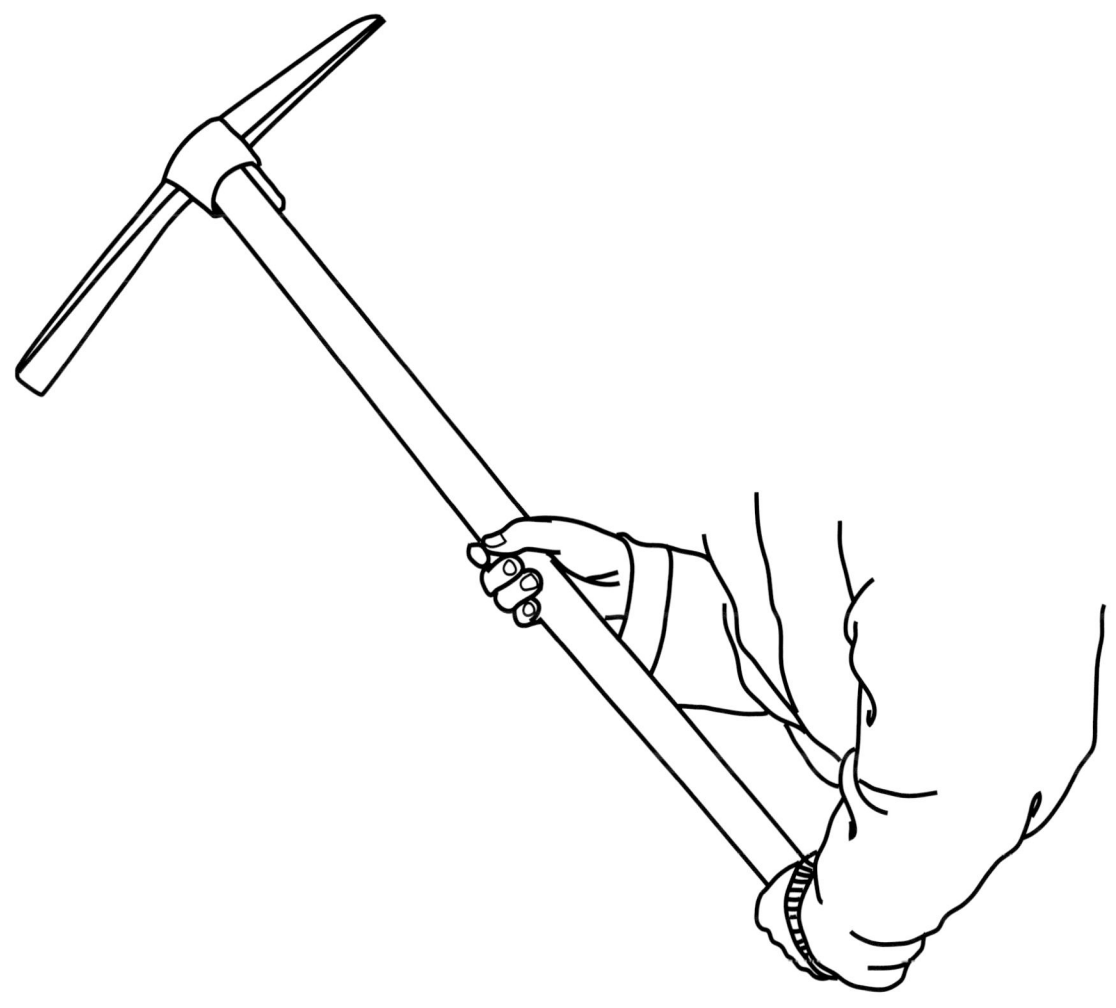

图四　纳西族两头锄操作示意图

纳西族扬场木锨

图一 纳西族扬场木锨主图

扬场木锨是用来分离粮食和草芥的农具,也可用于冬日铲雪。在一块空旷的场地上,用木锨将混着杂物的农作物向上方抛,草芥就会因质量轻而被风吹走,从而与粮食分离,这一过程俗称"扬场"。这款扬场木锨由锨把和锨板两部分组成。木锨似铲而比铲方阔,锨把较长,锨板前薄后厚,有一凹槽,便于铲物。

木锨为木制品,较轻,在使用过程中能轻易地扬起,比铁锨更适合作为扬场工具,而且成本低廉,是纳西族人普遍使用的农具。木锨的制作需经过选材、制形、打磨等工艺,较为简单。锨板上有一个孔,将锨把插入锨板上的孔即可使用。扬场一般由两个人完成，一个是扬场者，一个是扫场者。起风时，扬场者用木锨将农作物迎风扬起，随后粮食会非常均匀地散落下来，而草芥则随风飘落。在扬场过程中，另一个扫场者便站在散落下来的粮食周围，用扫帚扫由于打场不彻底而剩下的带粮谷物。

木锨是农村地区的必备农具，似乎成为农民身体不可分离的一部分。然而，随着工业化的发展，脱谷机、扬场机等现代化的机器取代了人力，打场、扬场这样的场景已经很难见到了。

图片来源

图一　刘晓蓉　摄影
图二、图三　雷霞　制图
图四　张新鸽　制图

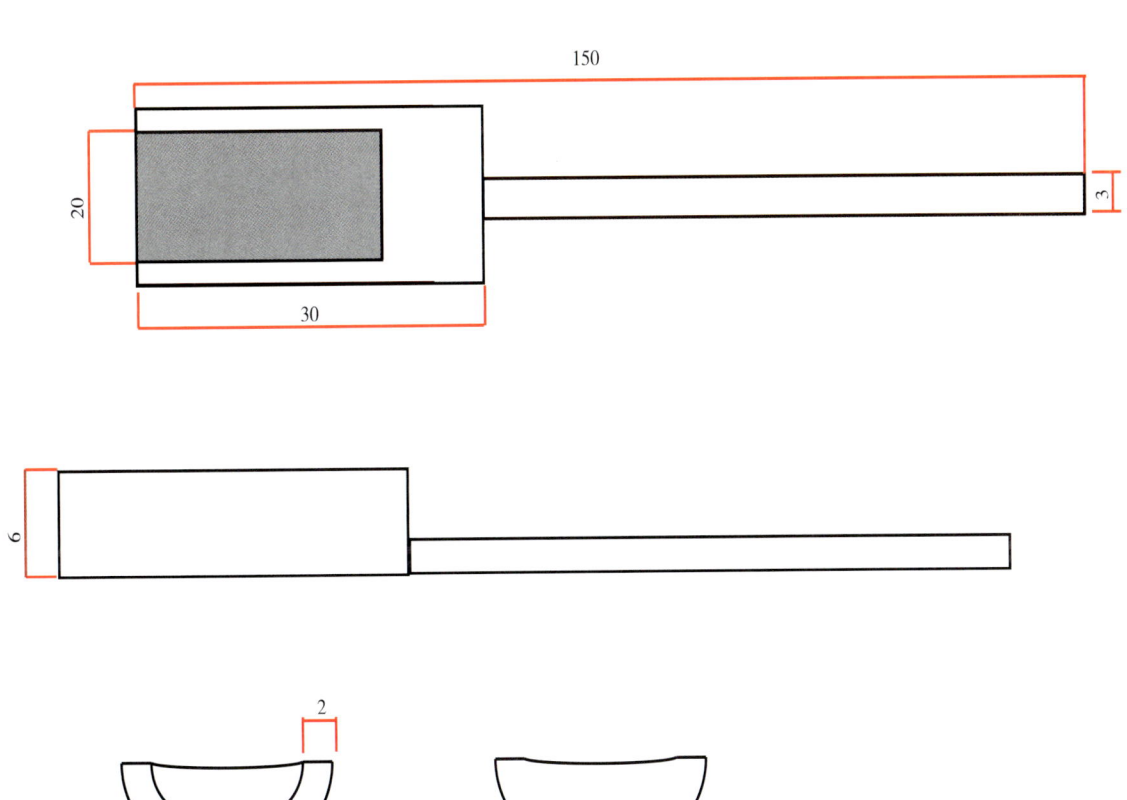

图二　纳西族扬场木锨尺寸图（单位：cm）

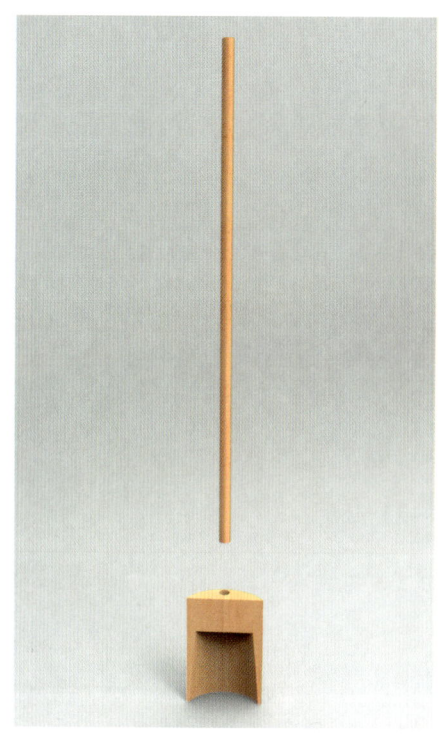

图三　纳西族扬场木掀结构分解图

图四　纳西族扬场木锨使用情境图

纳西族面粉筛

图一　纳西族面粉筛主图

面粉筛，是一种对细作粮食进行分拣的农具，可以把细的东西漏下去，把粗的留下。清代的厉荃《事物异名录·器用·筛》中有记载："《事物原始》：罫罳以竹为筐，以绢为幔，以筛米麦之粉，留粗以出细者。"这讲的就是现代的面粉筛，古代称其为罫罳（guà sī），根据宋代周密的《武林旧事·小经纪》可以得知早在南宋时临安就有专门做罫罳的手艺人。本案例采集于云南丽江玉湖村的一户纳西族农家，为纳西族常用的传统工具，高为10厘米，直径为30厘米。

过去由于农业设备落后，粮食需要经过人工推磨完成初步加工，之后再用面粉筛过一道，又被称为过筛，筛出来的细粉供人食用，不能筛过的可以充当饲料。面粉筛作为一种日常生活中的常用工具，全国各民族都在使用，但因自然环境、作物分布不同，各民族面粉筛的材质、功能及名称也不同。北方太行山地区人们所使用的筛主要由薄木板围成，除了用于筛面粉之外，还用于筛脱了皮的谷子，将糠筛掉，留下小米，当地称其为罗。而纳西族是一个以小麦、玉米、大米为主粮的民族，因此筛主要用于筛面粉或大米粉。面粉筛由筛筐和筛网组成，据当地人说，筛筐是由一种叫龙竹的本地竹制作而成，筛网多为尼龙材质，早期的筛网是由马尾毛编成，这与丽江产马有一定关联。制作筛时，先将暴晒过、裁好的长竹片围成一圈，并交叠约10厘米，在交叠的部位打孔，用细竹篾穿孔固定，并穿麻线圈以便悬挂。再做三根宽约2厘米的细竹条，将筛网罩在一根弯好的竹圈上，用另一根直径略小的竹条圈将罩好的筛网抵住（过程类似刺绣的绷），将最后一根细竹圈围在筛筐外围下端，再用小铁钉将这四层竹圈钉牢。操作时，双手握住筛筐，左右轻轻摇摆，或用一只手左右轻轻磕碰筛筐四周，面粉就可以轻松过筛。

物以致用这一思想深深扎根于纳西族民间，使得他们设计出的工具越来越便利且具有造型上的美感。筛就是要对粮食去粗取精，也可用于筛面虫。由早先的竹圈、木圈、蚕丝、马尾筛网，到现在的不锈钢、PPC塑料、尼龙网等，工具也随着时代的变化而变化。

图片来源
图一　安星霖　摄影
图二、图三　安星霖　制图
图四　曹天彦　制图

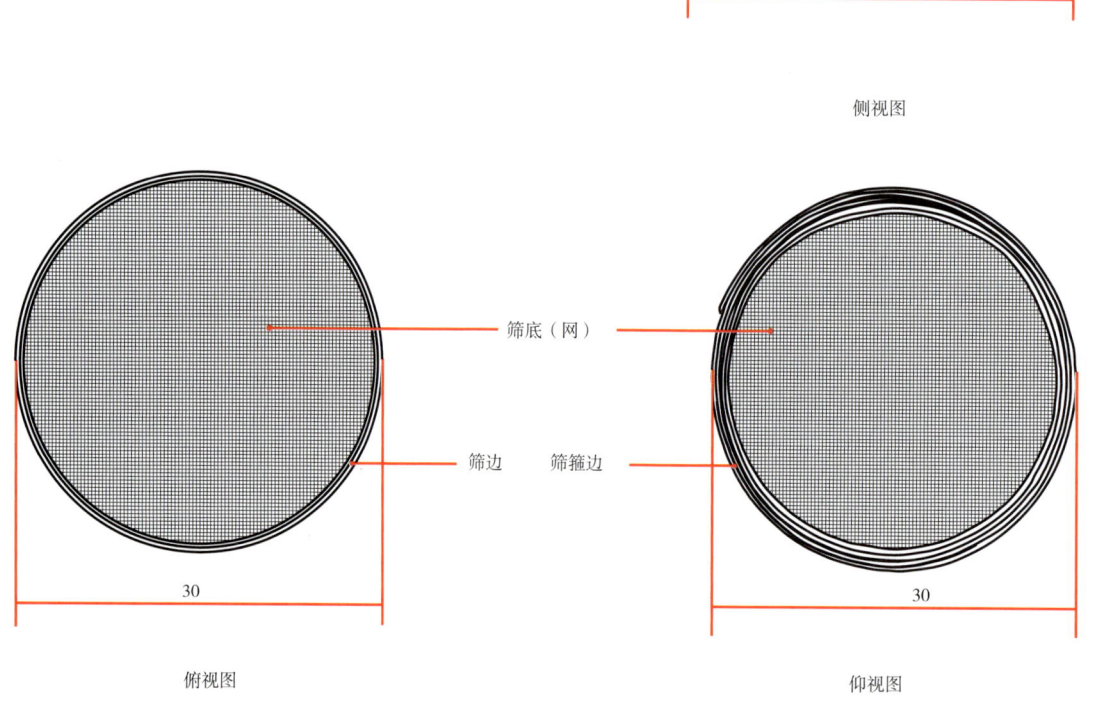

图二　纳西族面粉筛尺寸图（单位：cm）

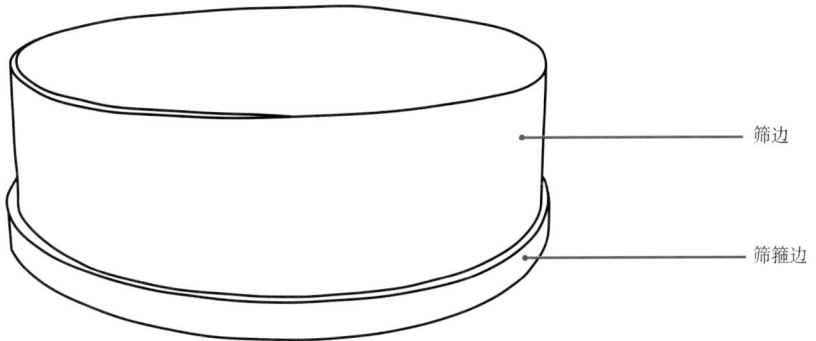

图三 纳西族面粉筛结构示意图

图四 纳西族面粉筛操作示意图

第五章 纳西族传统生产工具

323

纳西族竹筛

图一 纳西族竹筛主图

竹筛，一种用竹子编织而成的浅底网状的农具，底部分布有均匀的孔，用于筛选不同直径的颗粒，以便去粗取精。此案例为纳西族传统的农用竹筛，采集于丽江的白沙古镇，同类竹筛在丽江古城博物院亦有。人们会根据需要来制作不同大小的竹筛，大竹筛还可用来晒粮食、蔬菜。该案例的口部直径为52厘米，底部直径为42厘米，高8厘米。

由于纳西族聚居地竹子资源丰富，所以其竹编工艺相当发达。很多生产生活用具都是竹编制品，比如出门买菜、下地干活用的竹背篓，厨房用的竹锅盖，以及生活中常用的竹簸箕、竹帽、茶盒等等，都是就地取材，有些是自产自用，有些则到集市上卖。

纳西族几乎家家户户都有竹筛。竹筛虽在全国各地都比较常见，但各地编织技艺及用途有细微的差别，比如闽南地区的竹筛现多用于筛茶和晒茶。竹筛的制作要经过选材、破篾、织筛、拱圈、组合等几道工序。所选用的竹子竹节既不能太短也不能太长，太长了不好破，太短了竹节太多，做出的东西只能看到节。破篾时用破篾刀按竹纹剖开小口，并按规格破出不同的篾丝。接下来的一步是织筛，纳西族竹筛分里外两层，内层是用两三毫米的细竹篾以十字相交、一挑一编法编织，外层是用1.5厘米左右的宽竹篾以六角孔编法编织。内外层编织好后，再用细竹篾对内外层的边口进行锁边，将两者结合在一起。然后,用已备好的粗篾条弓成竹圈绷在网筛边口的内外侧,再用细竹条将竹圈钉牢。

从设计学的角度来看,竹筛的内层用于筛颗粒,以达到去粗取精的目的,因而所选竹篾较细,这层网筛也较薄。而呈六角孔的外层,孔较大,篾较粗,除了用于支撑筛面外,在放置时,也可起到保护筛面使其不受磨损的作用。弓圈,除了起到支撑作用外,也方便使用者在拿放时手握,符合人体工程学。

图片来源

图一 安星霖 摄影

图二、图三 安星霖 制图

图四 王璐璐 制图

图五 石永欣 摄影

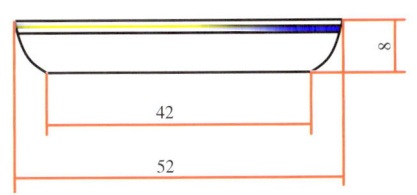
小谷筛

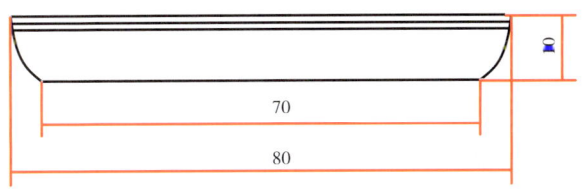
大谷筛

图二 纳西族竹筛尺寸图(单位:cm)

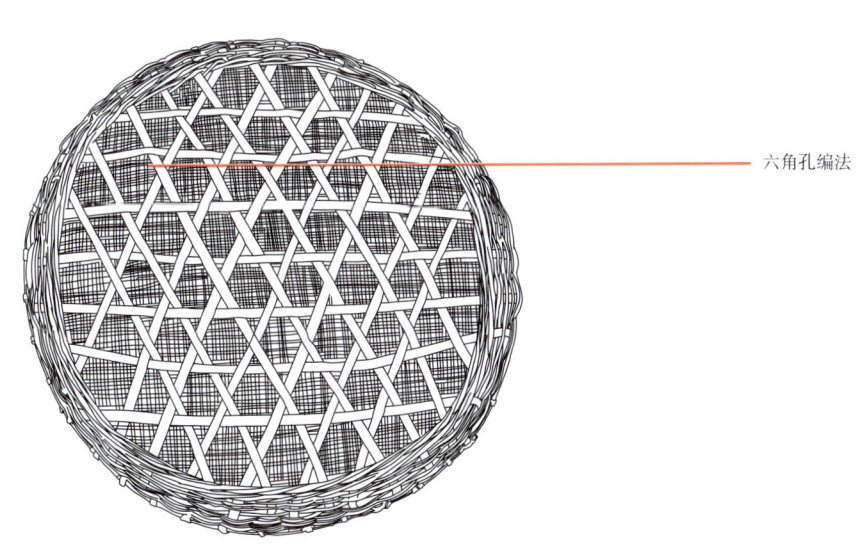

图三 纳西族竹筛编法示意图

图四　纳西族竹筛使用情境图1

图五　纳西族竹筛使用情境图2

纳西族连枷

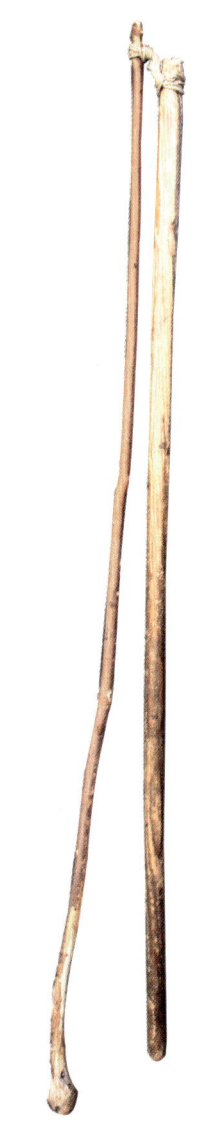

图一　纳西族连枷主图

连枷,是一种手工脱粒农具,用来拍打谷物、小麦、豆子、芝麻等,使籽粒脱落。脱粒从古至今经历了手工脱粒和机器脱粒两个阶段,在手工脱粒阶段有三种不同的方式:直接手持谷穗摔打,手持木棍、连枷拍打谷物,手推石磙磨碾。此案例采集于云南丽江白沙古镇的一户纳西农家。

历史上,连枷也不断发生着改变,有简易式也有复杂式,有木制也有竹制,此案例是纳西族常用的简易式木制连枷,由两根木棍（木柄和敲杆）、一撮绳索（绳轴）组成。不同于一般连枷，纳西族连枷的木柄稍短于敲杆，敲杆细于木柄，这使敲杆在敲打谷物时受力面积增大，而且由于两棍之间的连轴为绳子，在长期敲打过程中臂膀也不易酸痛。操作时只需上下挥动木柄，使敲杆绕轴转动拍打地上的谷物，就能很快使谷物的表皮脱落。

随着脱粒机、联合收割机等现代农机的普及，连枷正在逐渐淡出农业生产的舞台，

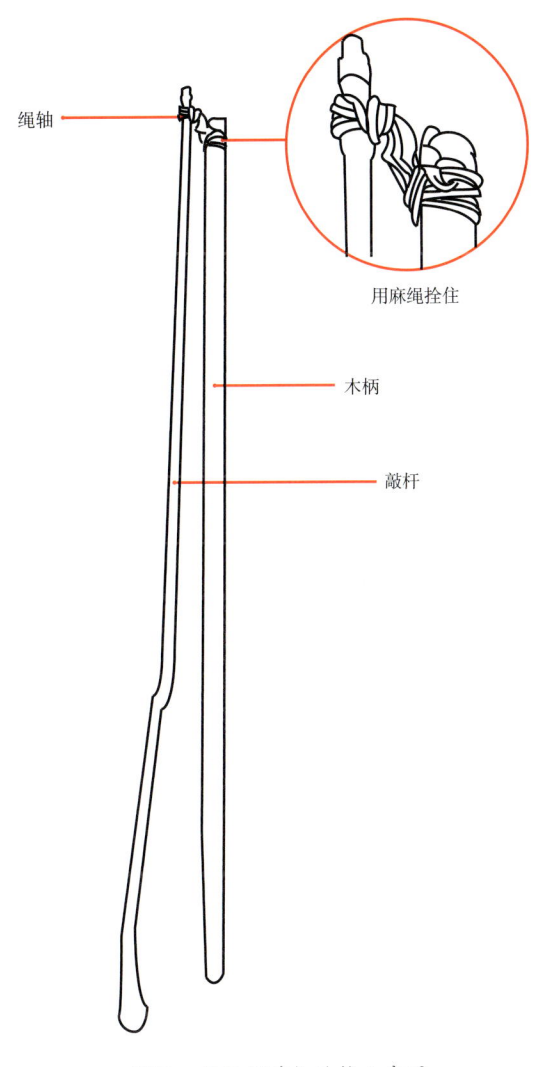

图三　纳西族连枷结构示意图

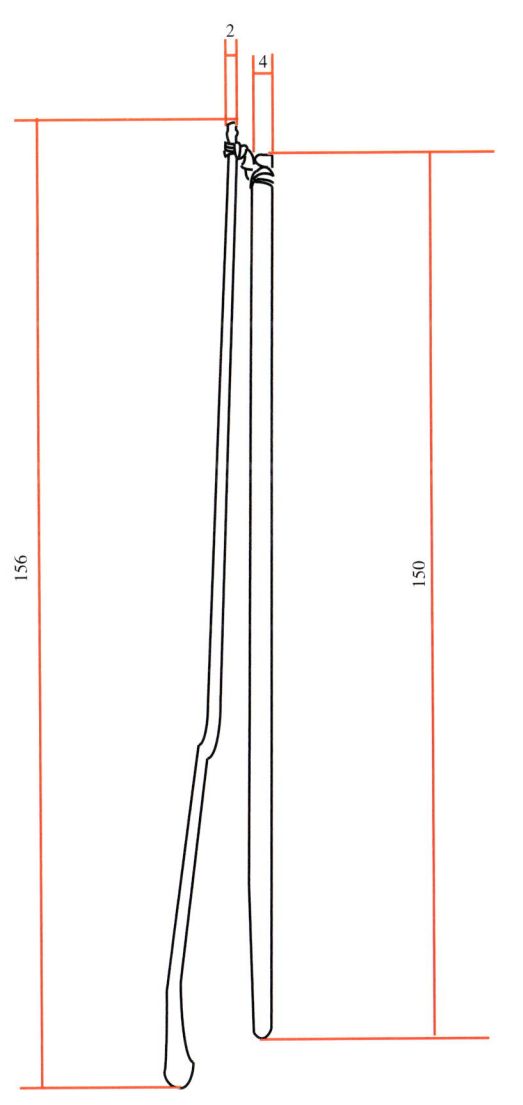

图二　纳西族连枷尺寸图（单位：cm）

但从设计角度来看，正在淡出的只是一种手工生产工具的外在形式，其设计的巧思仍值得借鉴。

图片来源
图一　苏婷　摄影
图二　苏婷　制图
图三　苏婷、芦颖　制图
图四、图五　曾舒　制图

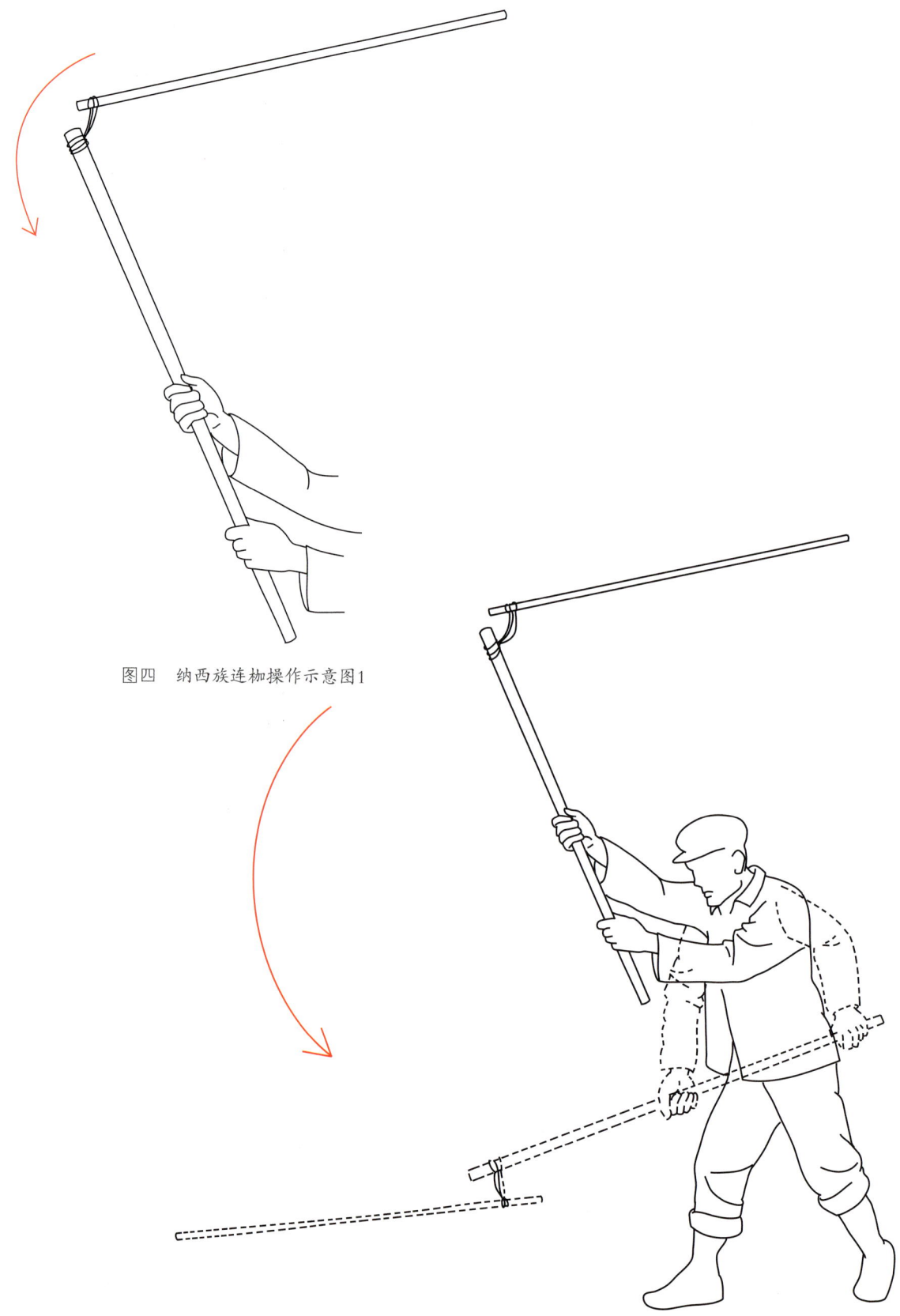

图四　纳西族连枷操作示意图1

图五　纳西族连枷操作示意图2

纳西族粮架

图一 纳西族粮架主图

粮架,一种用于挂放、晒制粮食的半活动式架体,多见于云南地区。纳西族人都喜爱使用粮架,把收来的粮食挂晒于粮架上,待干透后再进行脱粒。本案例为纳西族粮架,采集于云南丽江白沙古镇的一户农家,架体通高为6米。

粮架又分单排、双排两种。有的粮架顶部盖有木板,以阻挡雨雪,使粮食可以在粮架上储存较长时间;有的粮架顶部不盖木板,粮食在粮架上晾干后必须及时脱粒归仓。单排粮架可以围成"口"字形,四周为粮架,中间为脱粒场地。而本案例则是独户式小型单排粮架,是纳西族百姓为方便使用而设置在自家院中的。它由架柱与架杆两部分组成，其制作过程：先选择两根直径约为20厘米的架柱，其上每隔40厘米打一孔（用于安插架杆），将这两根架柱打入院中，架柱间距为4米左右，将事先准备好的直径约为10厘米的架杆插入两根架柱的孔洞中，也有在架柱上刻出架槽并将架杆卡入架槽的。

从设计的角度来看，纳西族粮架可以满足农家晒粮食的需求，而且这种粮架被设计成半活动式，也就是说人们可以根据自己的需求来调节架杆的高度以及架杆的间距。需晒的粮食多，就把架杆层层搭起，可搭出十多层；晒制的粮食少而较大、较长时，可将架杆的距离进行适度调整，非常方便。

图片来源

图一　赵卫东、芦颖　摄影
图二、图三　赵卫东、芦颖　制图
图四　石永欣、李佳怡　摄影

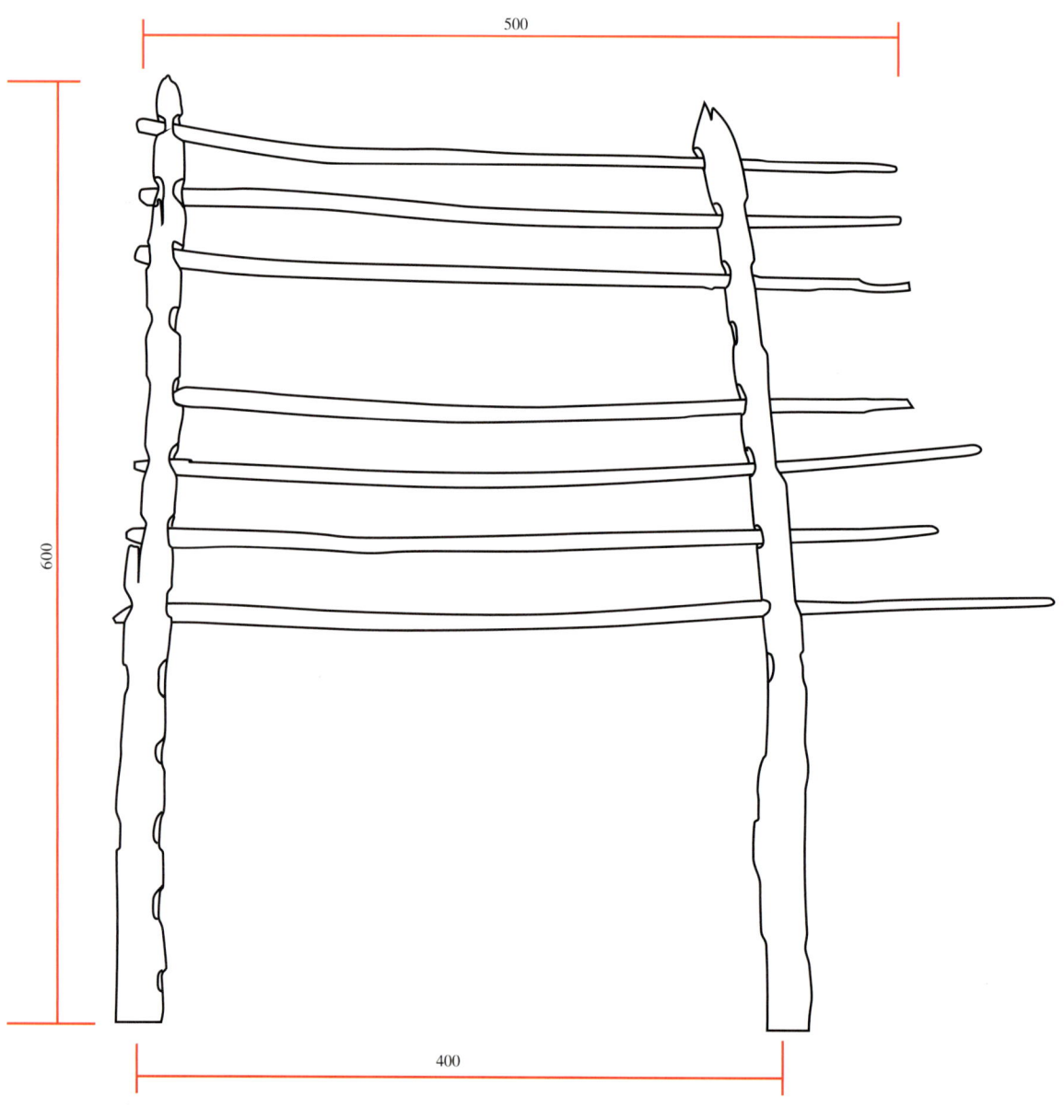

图二　纳西族粮架尺寸图（单位：cm）

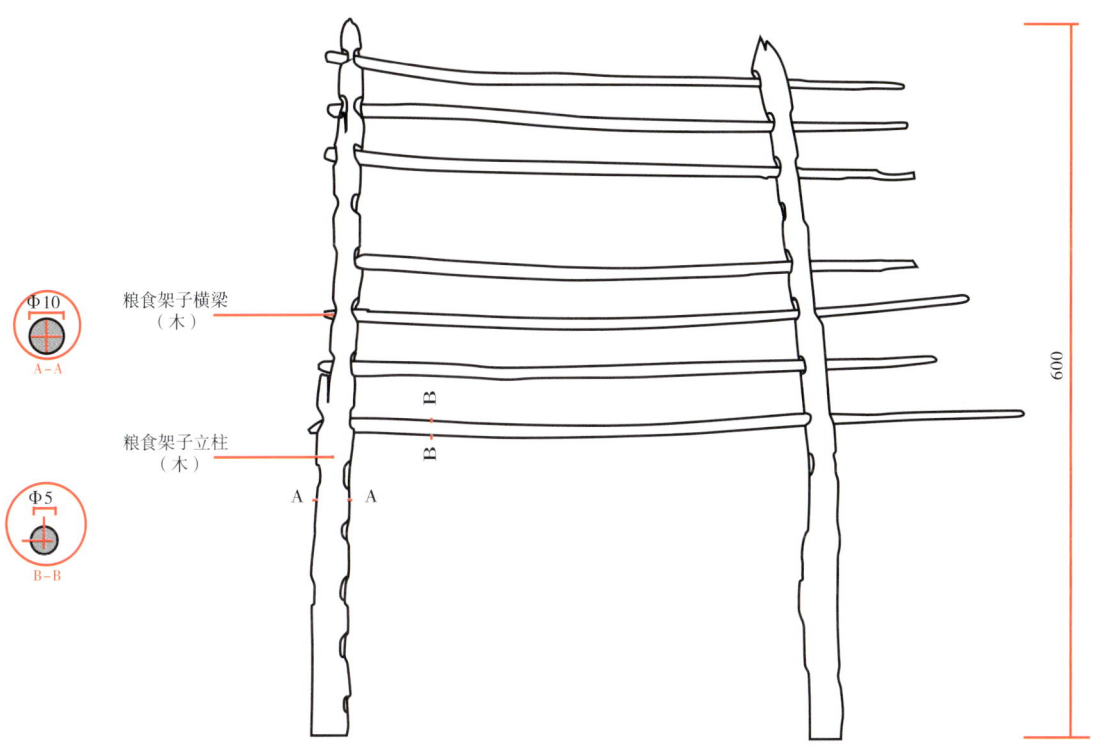

图三　纳西族粮架结构示意图（单位：cm）

图四　纳西族粮架使用情境图

纳西族编带机

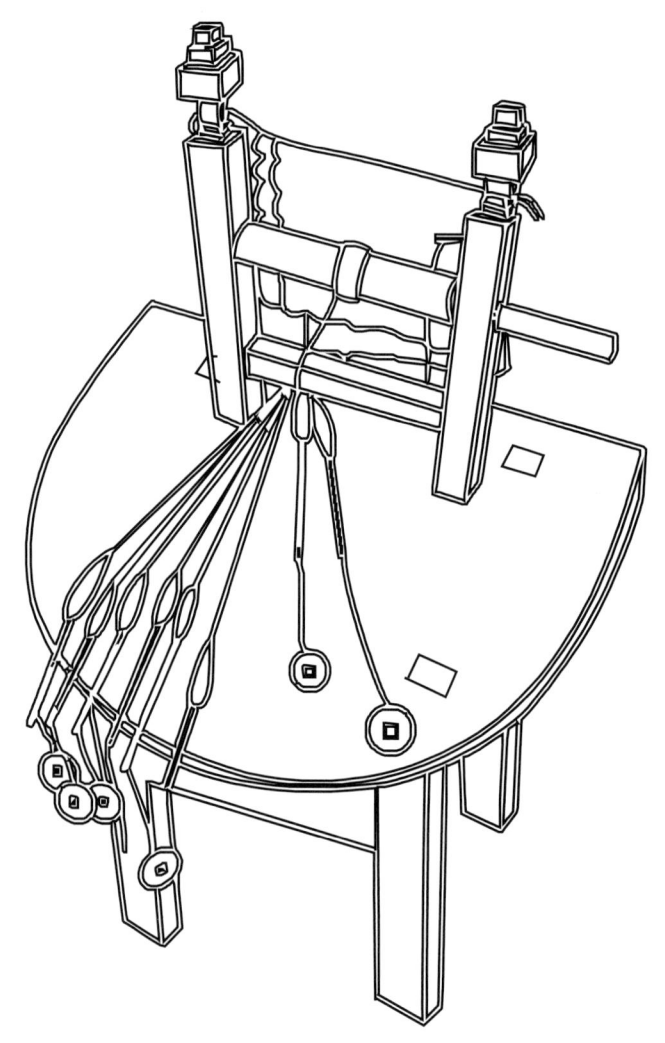

图一 纳西族编带机主图

纳西族民间编织工艺品种类较多,主要有毛编、竹编、草编、棕编等工艺品,这些编织工艺品多用于生产生活,有的也用来装饰。过去纳西族家庭中纺羊毛、织羊毛布、编毛带很普遍,也有专门的织造作坊。纺织品主要有"十字花""牛勒巴"等。纳西族还向藏族学习织地毯,丽江毛纺厂就是其主要的生产基地,产品有靠垫、坐垫、床垫等。随着旅游业的发展,根据市场需求,毛纺厂将东巴书画融入纺织品的设计制作中,推出"东巴文字"系列产品,因民族地域特色鲜明,成为丽江重要的旅游工艺品。

纳西族的竹编、草编、棕编、柳编等工艺与生产生活关系最为密切,他们通过运用十字编、穿丝编、人字编、穿插编等编织技艺和扎、缝、剪、染、熏等材料加工技艺，制作出各类生产生活用品，诸如斗笠、蓑衣、草帽、草鞋、草席、扇子等用品。在纳西族的传统中，这些产品会在三月、七月的物资交流大会和"棒棒节"上交易。

本案例采集自丽江古城七一街崇仁巷82号。编带机总体高90厘米，上部如椅子靠背，框架是两根宽4厘米、高30厘米的正方形木棒，两根木棒相距23厘米，中间由两根木棍连接，上边是一根圆木棍，圆木棍即卷带轴。中间最宽处直径为5厘米，在三分之一处削成直径为1.5厘米的细木棍，细木棍从右边椅背木棒中插出10厘米，以方便卷起编好的花带。编织机中间为一块直边宽45厘米、深40厘米、厚2厘米的半弧形木板。木板下是一个宽25厘米、深20厘米、高16厘米的抽屉，用来放置剪刀、针线等编带所需材料。抽屉下是四根"凳脚"。编带机还配有数量不等的绕线器，即20厘米长的扁形、打磨光滑的竹棍，竹棍一头削成钩状，另一头打小孔，用粗麻线把三四个铜钱摞在一起，穿挂在小孔里，以增加竹棍重量，使线在编织的过程中始终保持整齐有序，这样编出的带子也细密平整。绕线棍的数量根据所编图案增减，一般为8~12根。纳西族传统的编带图案主要有人字辫、蛇皮辫、之字辫、五彩辫、夹筋辫几种，花带宽度为0.4~0.7厘米，长度通常为300厘米或更长。五彩带用柠檬黄、玫瑰红、粉和紫色丝线编成，戴在手腕上，用来辟邪。夹筋辫为用柠檬黄、大红和翠绿色丝线将一根宽0.3厘米的牛筋编织在中间，故称为夹筋辫。夹筋辫缝绣在纳西族羊皮披肩背后代表日月星辰的圆形装饰物上。其余三种用黑白两色丝线或棉线编成，用来装饰女装内领、外衫前襟和长衫侧缝。

图片来源
图一至图四、图六　刘晓蓉　制图
图五　程琼博　制图

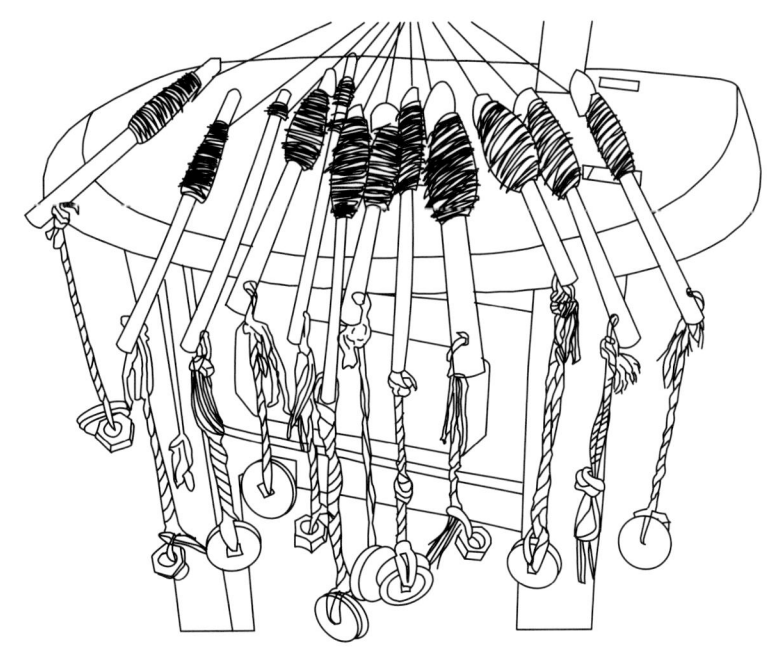

图二　纳西族编带机局部图

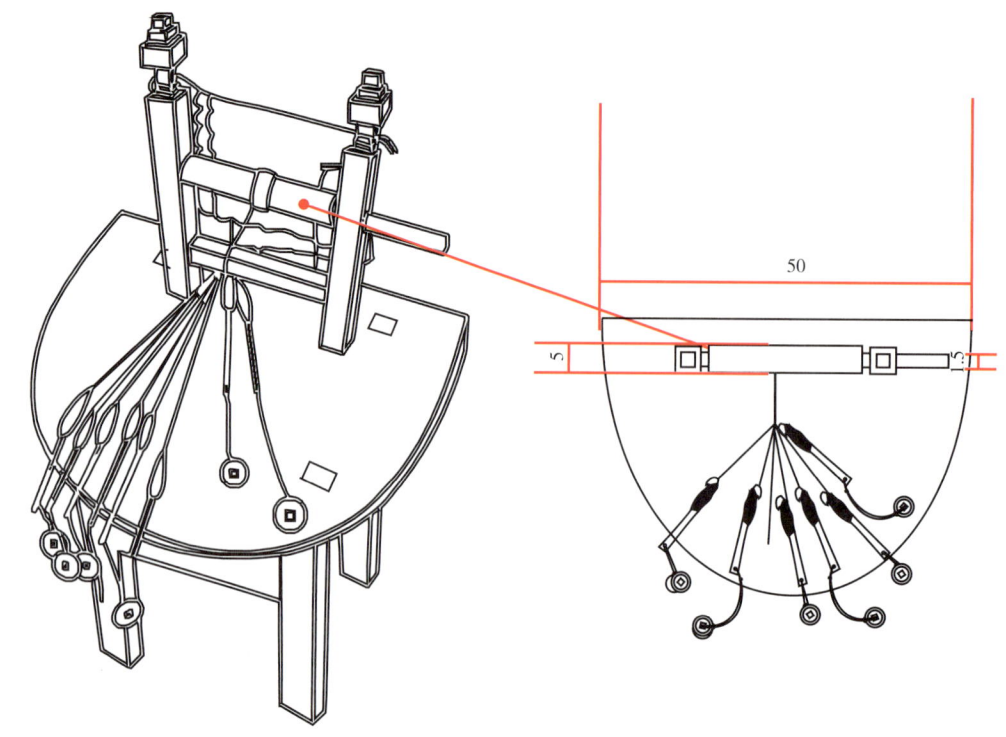

图三 纳西族编带机正面尺寸图（单位：cm）

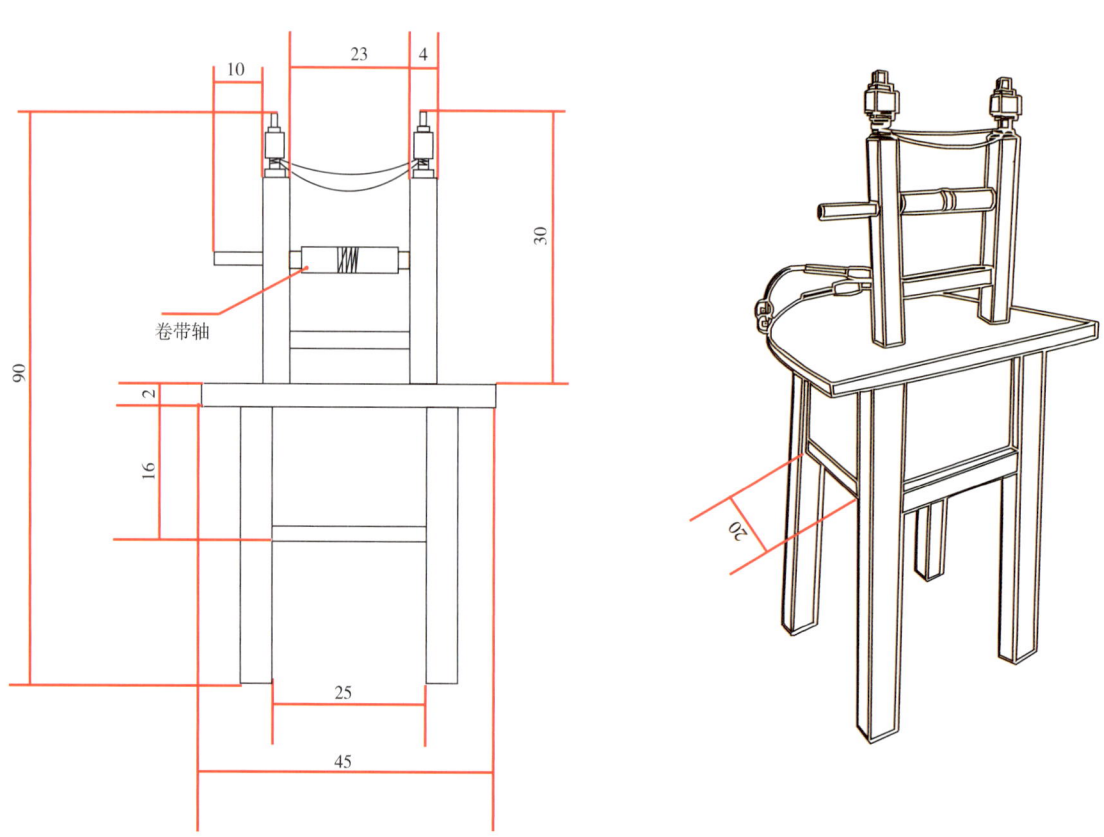

图四 纳西族编带机背面尺寸图（单位：cm）

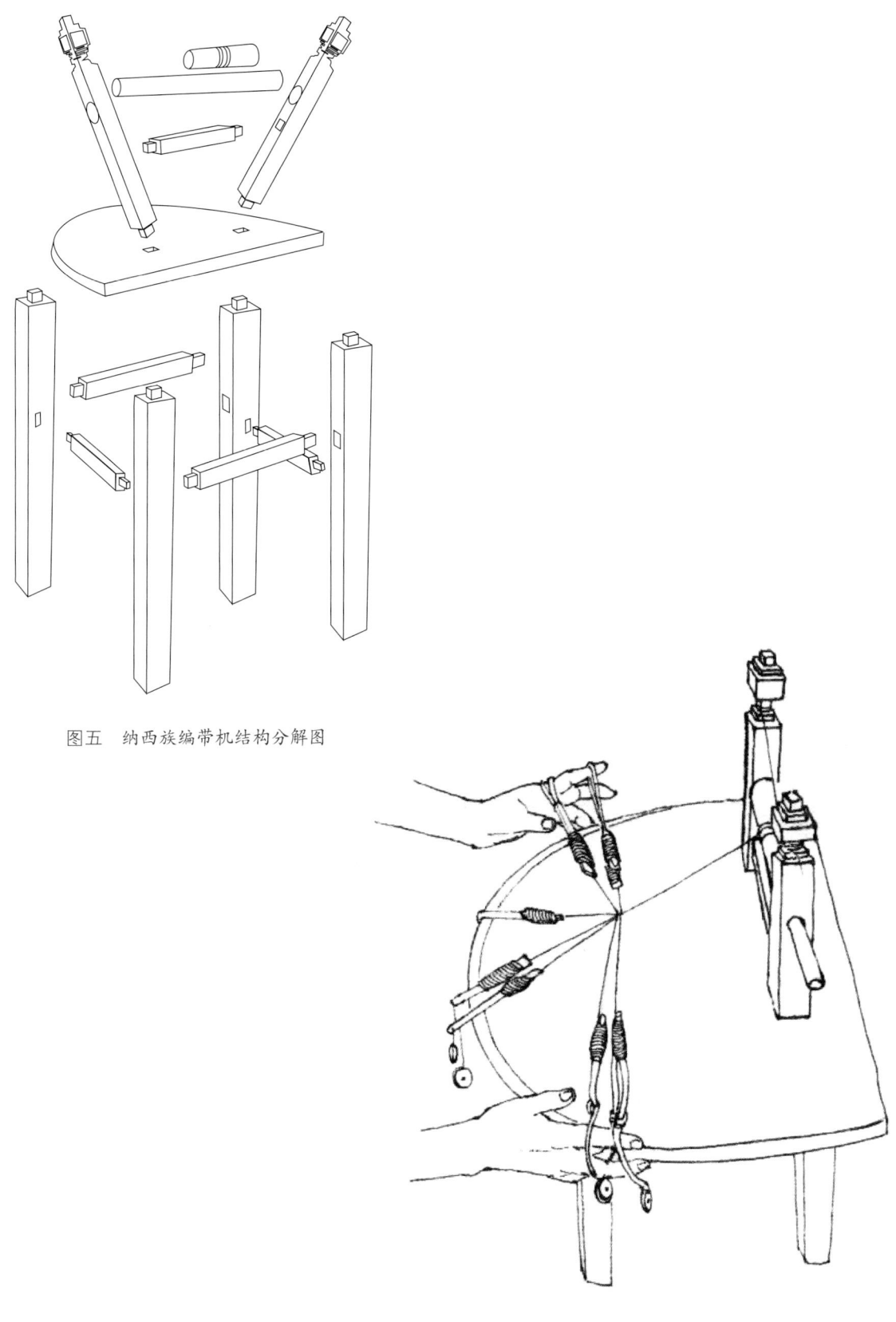

图五　纳西族编带机结构分解图

图六　纳西族编带机操作示意图

第五章　纳西族传统生产工具

337

纳西族鸡笼

图一 纳西族鸡笼主图

鸡笼，主要用来定点罩住鸡鸭，以防其走失或到处排泄粪便。鸡笼有圆形、方形，有竹制的、金属的，也有塑料的。此案例为纳西族竹编鸡笼，采集于云南丽江白沙古镇的一户农家，鸡笼通高为199厘米，呈圆柱形，笼顶略小，笼口偏大。

纳西族的鸡笼用竹篾编织而成，其制作过程是先将竹子劈成规则的条状篾条，每根篾条宽约6毫米，6根为一组，以经纬编织的方法编织鸡笼顶部，笼顶经向为六组，纬向为四组，形成规则的长方形网格。在编织鸡篓立面时，将顶部每组六根的竹篾再分成两批，每批三根，另取一组竹篾从三个方向（横向、纵向、45度斜角方向）进行交错编织，形成立面，三个方向的竹篾紧密相扣，形成密实的三角形，并且相邻之处形成一个个规则的孔洞。这种编织手法既增加了鸡篓的稳定性、牢固性，也保证了鸡笼的透气性。

这种鸡笼有时也可用于饲养小鸡，可罩住十余只小鸡且能保证小鸡自由活动。它可以防止其他成年家禽与小鸡抢食，也可以防止小鸡走散，另外还可防止小鸡被无意踩伤。由于其是由竹篾编织而成的，所以成本较低，更为轻便，并且可随时移动，现在仍被纳西族广泛使用。

图片来源
图一　苏婷　摄影
图二至图四　苏婷　制图

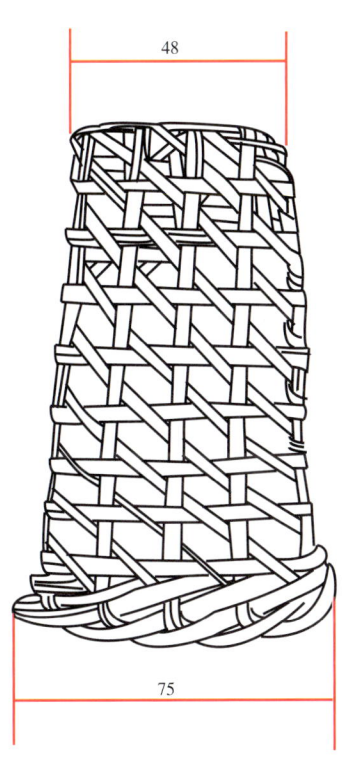 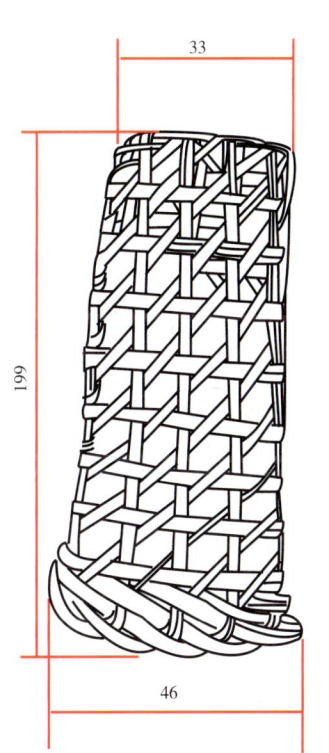

图二　纳西族鸡笼尺寸图（单位：cm）

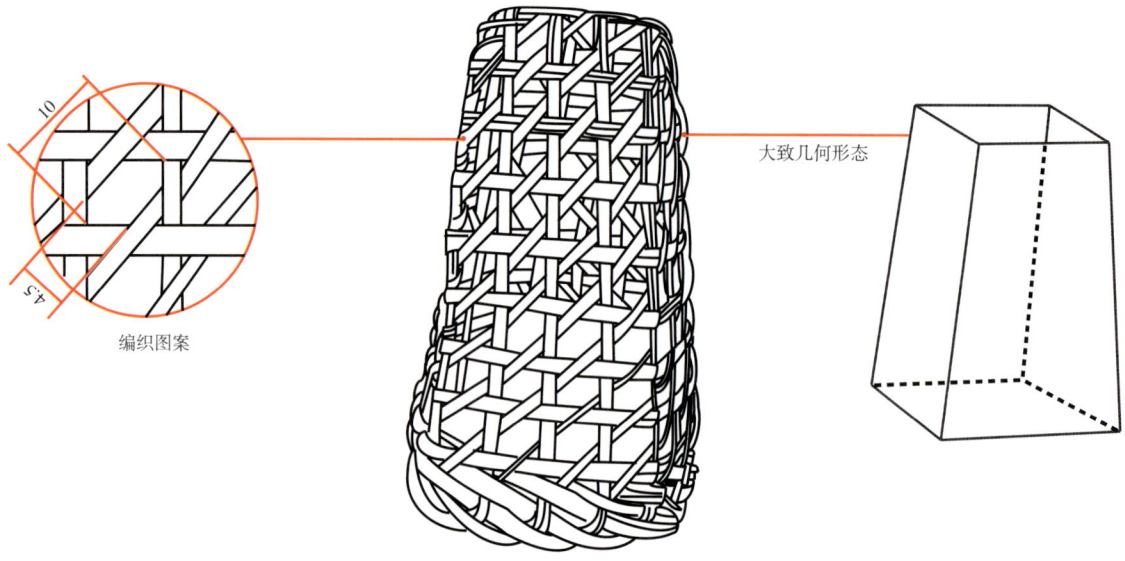

图三 纳西族鸡笼结构示意图(单位:cm)

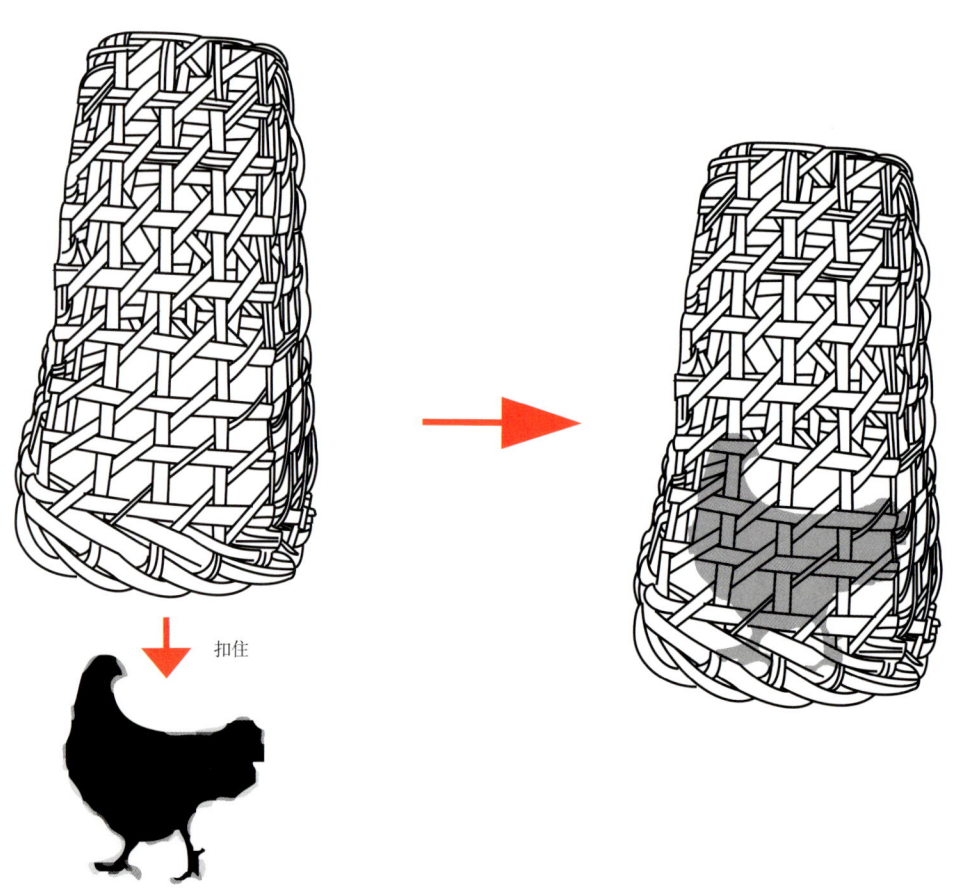

图四 纳西族鸡笼操作示意图

纳西族竹编簸箕

图一　纳西族竹编簸箕主图

簸箕，是一种农作物分拣用具，也可作为晒制农作物的小型用具。此案例为纳西族的竹编簸箕，采集于云南丽江白沙古镇的一户农家，同类簸箕在云南丽江古城博物馆亦有陈列。

早先纳西族竹编簸箕主要是用来分拣一些带皮的谷物。谷物成熟后，对其进行晾晒、碾压或敲打脱粒，再用簸箕扬去谷皮和杂质，分离良好的和不合格的谷物。它属于手工劳作用具，在操作时还要掌握风向和扬谷时簸箕的角度。不同于柳条编制的簸箕，此案例是选用极具韧性的竹篾制作而成，由支撑框架和箕体两部分构成，支撑框架是由加工得较为光滑的多根竹条制成，箕体则为匀称的细竹篾十字纵横交织而成，整体形态与现代的簸箕相似。由于现代扬谷农具出现，人们不再手工扬农作物，所以现在纳西族多用其来晾晒粮食等。

从设计的角度来看，此竹编簸箕支撑框架的厚度以及"U"形簸箕的宽度都符合人体工程学原理。厚度适宜，便于抓握；宽度恰当，手握簸箕两边时，两臂可自由摆动。而且竹子这种材质轻便、易得、耐用，在操作时也减轻了双臂长期悬空来回摆动带来的疲劳感。

图片来源
图一　苏婷　摄影
图二至图四　苏婷　制图
图五　李佳怡、石永欣　摄影

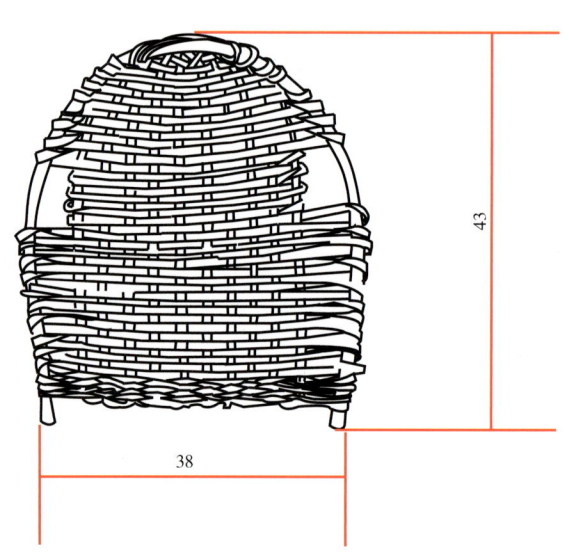

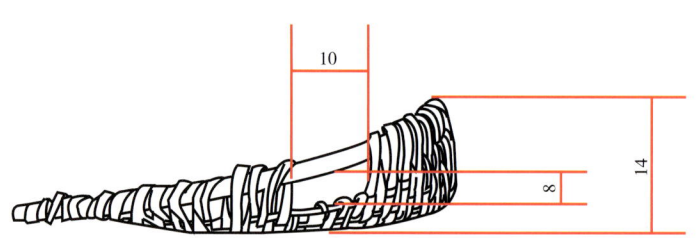

图二　纳西族竹编簸箕尺寸图（单位：cm）

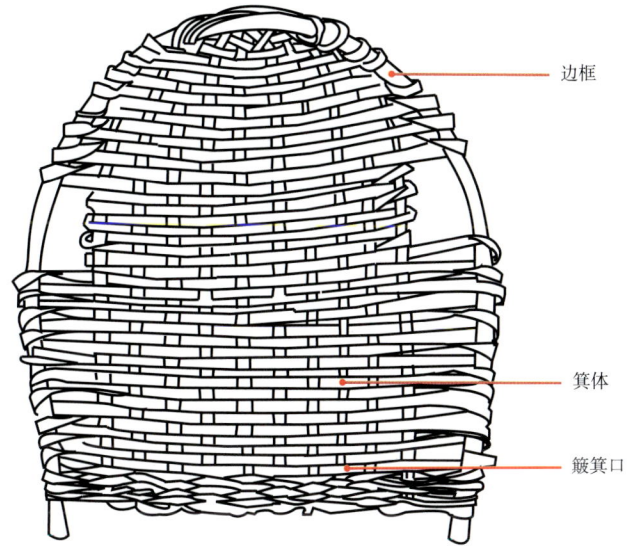

图三 纳西族竹编簸箕结构名称图

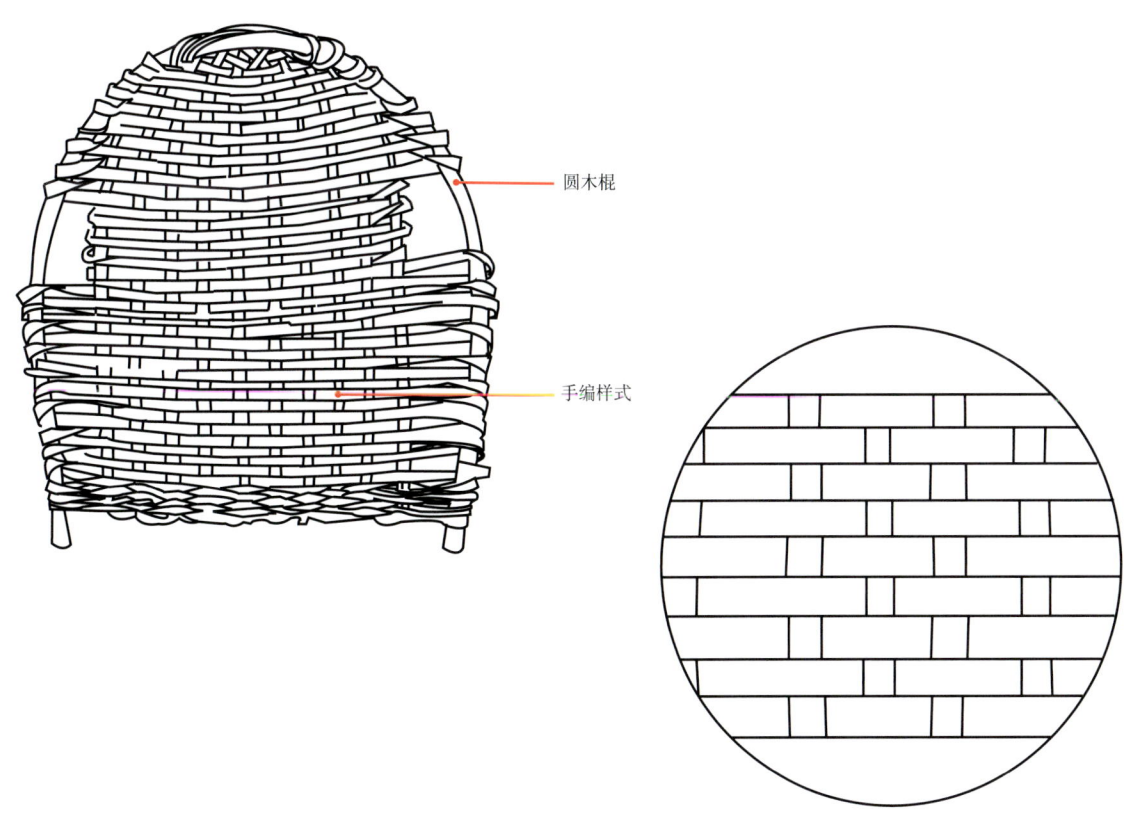

图四 纳西族竹编簸箕局部分析图

第五章 纳西族传统生产工具

343

图五　纳西族竹编簸箕使用情境图

纳西族石磨

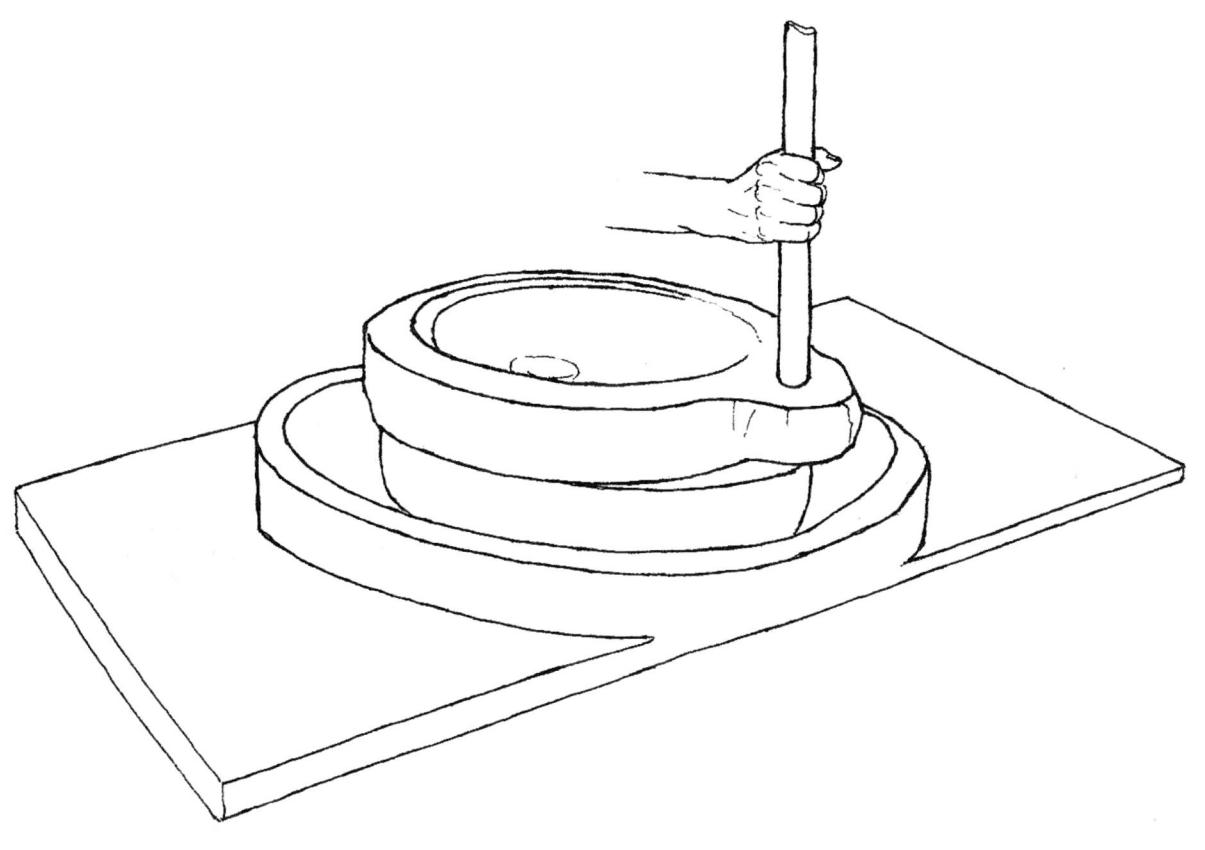

图一 纳西族石磨主图

手推石磨是丽江纳西族传统生活中不可或缺的粮食加工工具,用来磨制鸡豆粉(鸡豆凉粉是纳西族重要的食物之一)、面粉和玉米粉。本案例采集自丽江市玉龙县塔城乡署明村。

案例中的下磨盘周围环绕着木槽,木槽高10厘米,厚4~6厘米,用整块梨木挖凿而成。木槽侧壁留有一个宽15厘米、高6厘米的扁形出口,磨面时,两扇磨盘空隙中掉出的面粉落在槽里,经磨面人收集到出口取出。两扇磨盘的相对面,凿有辐射形磨齿。

上磨盘呈环状漏斗形,环形最宽处为50厘米,侧面漏斗嘴部分安装有一个短木把,作为推磨的转把。上磨盘围绕一个木轴转动,木轴从下磨盘的中心凸出来,高出下磨盘1.5厘米,上磨盘正是安在这个木轴上。

上磨盘厚5厘米,靠近磨盘中心有一个贯通上磨盘、直径为4厘米的洞,由此可添加待碾的农作物。

图片来源
图一至图四 刘晓蓉 制图
图五 刘晓蓉 摄影

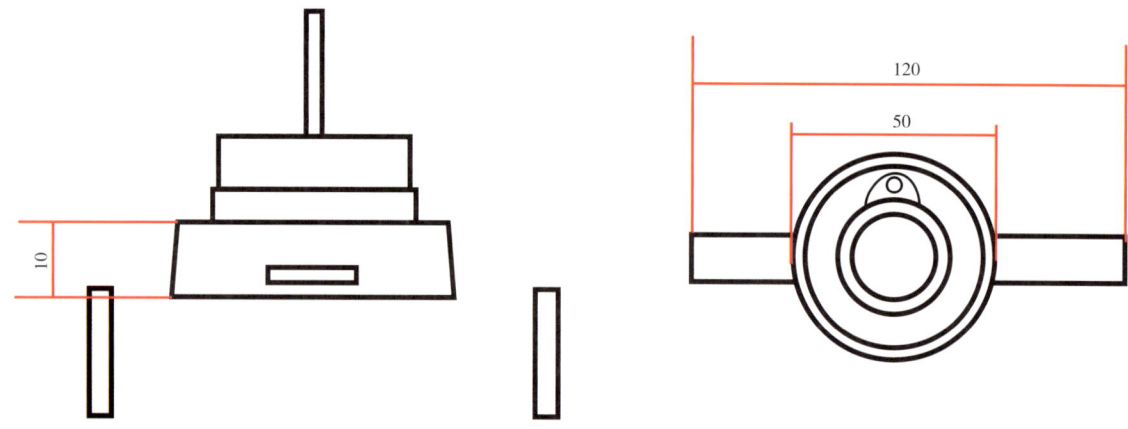

图二 纳西族石磨尺寸图（单位：cm）

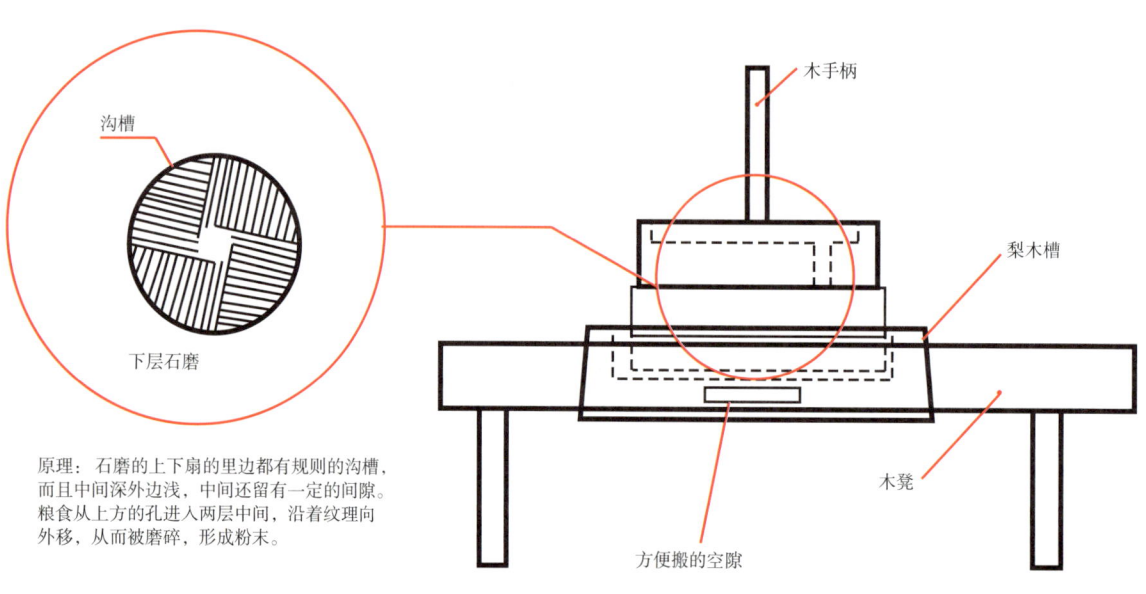

原理：石磨的上下扇的里边都有规则的沟槽，而且中间深外边浅，中间还留有一定的间隙。粮食从上方的孔进入两层中间，沿着纹理向外移，从而被磨碎，形成粉末。

图三 纳西族石磨结构示意图1

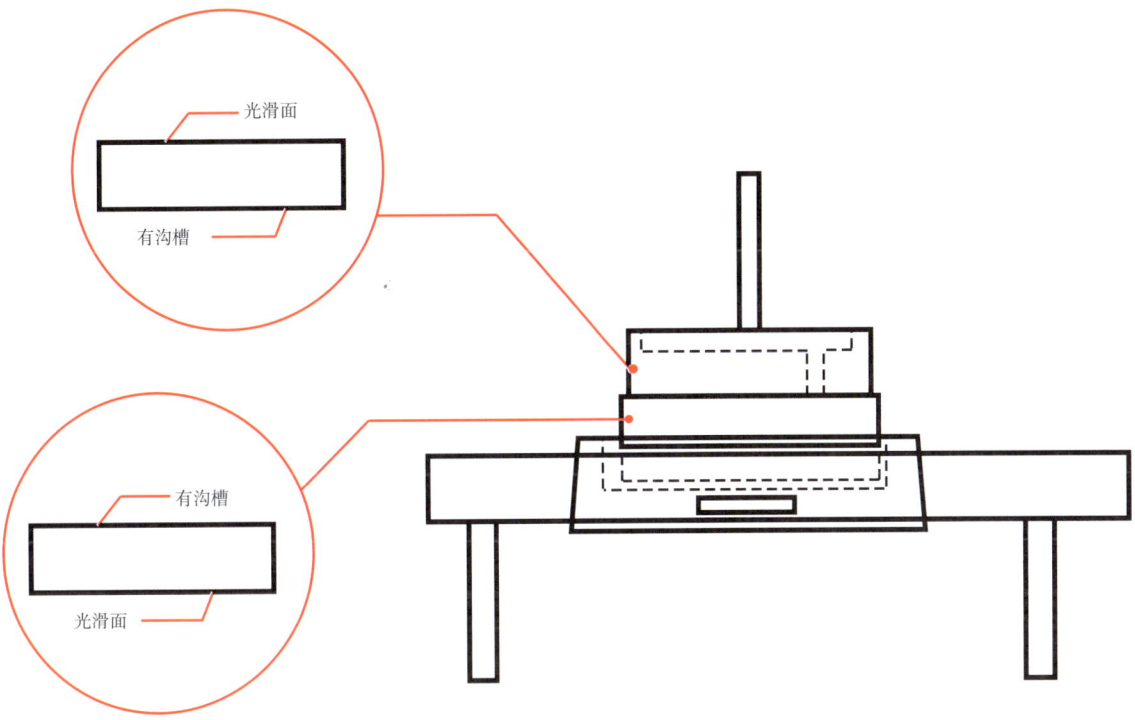

图四　纳西族石磨结构示意图2

图五　纳西族石磨使用情境图

第五章　纳西族传统生产工具

纳西族碓窝

图一　纳西族碓窝主图

　　碓窝,是一种深窝状工具,有大小之别,并配以碓窝棒,用于舂米、面、花椒粉、辣椒粉等,是一种古老用具。此案例采集于云南丽江白沙古镇的一户纳西人家。在纳西族,它常被用于舂米制作饵块。

　　纳西族历史悠久,源于中国古代西北游牧民族羌族,经历了游牧、半农半牧和农耕生活三个阶段。丽江地区纳西族以玉米、小麦、大米为主食,喜食饵块。过去,舂饵块可是一景,纳西族会在春节前制作大量饵块,选择品质好、有香味、黏性好的大米泡过之后放到木甑里蒸,蒸到六七分熟时取出，然后放入碓窝里进行舂捣。舂捣时，既可一人舂捣也可两人轮流舂捣，操作者双手握碓窝棒中间偏上的细杆部分，依靠臂力和惯性上下舂打，借助碓窝棒与米之间的摩擦作用，将米舂打成面状。舂打好后就可以取出面团，放到案板上制作饵块了。纳西族会在每年正月祭山神时将饵块带到祭祀场所烤着吃。

碓窝槽壁深厚，经久耐用。木杵相对石杵而言，原料易得，制作方便，使用起来也较省力。以前，人类的谷物粮食主要以这种古老的方式加工，如今，这种耗时费力的加工用具逐渐被方便、快捷、省力的机械设备代替，但手工打制出的味道却总是令人回味的，一些地区仍保留着使用这种碓窝的习惯。

图片来源
图一　安星霖　摄影
图二、图三　安星霖　制图
图四　王璐璐　制图

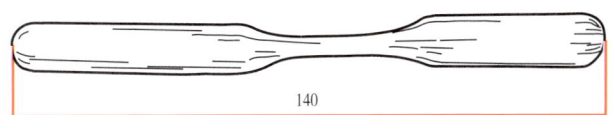

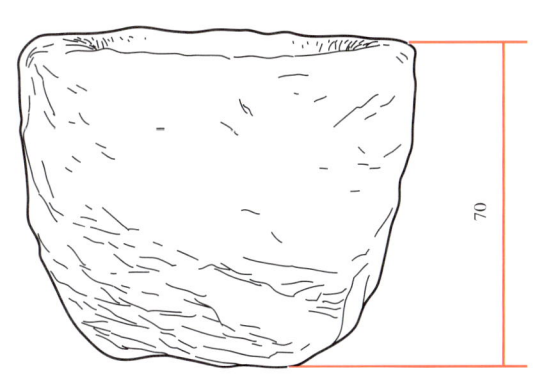

图二　纳西族碓窝尺寸图（单位：cm）

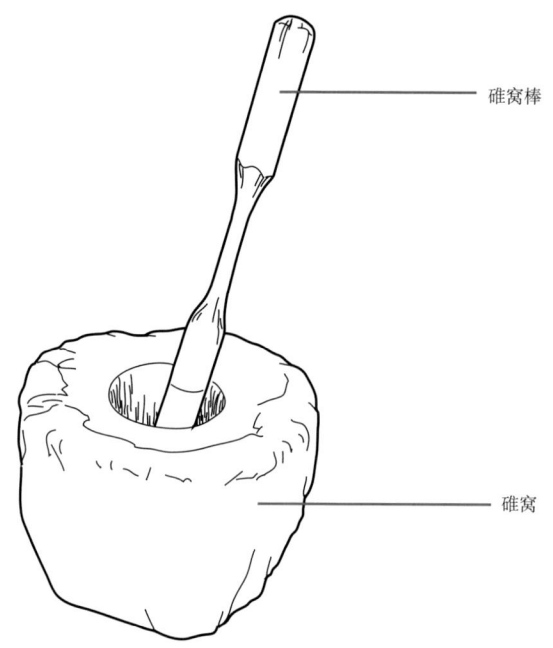

图三　纳西族碓窝结构示意图

图四　纳西族碓窝操作示意图

纳西族打铜锤

图一　纳西族打铜锤主图

纳西族擅长制作铜器，其铜器制作历史悠久。铜器质地坚固，经久耐用，是纳西人家不可缺少的日常生活用具。各式铜火锅、铜壶、铜锁、铜盆、铜勺、铜瓦，铜制的墨盒、笔架、门扣、灯盏等用具，都是当地人喜爱的生活用品，所以制铜、打制器皿用的工具也就必不可少。本案例就是纳西族工匠打制铜器时使用的打铜锤，其总长30厘米，锤头长11厘米，呈"L"状。

锤子是主要的击打工具，用于敲打物体使其移动或变形。打铜锤一般分为全木和木铁结合的两类，全木的锤头主要是用于打制粗坯，其不易划伤铜，而木柄铁锤是在再次加工铜器时使用的，适用于细致的工作。本案例为后者，它由木柄和锤头两部分构成。工匠选择质地细密的硬木并将其削成"L"状，将其短头一端插入上圆下方的中空锤头套筒内。用于打击铜片的锤头部位为方形。操作时，需要较小的击打力时可采用手挥法；需要较强的击打力时，宜采用臂挥法。

从设计的角度来看，这种专用于打制铜器的锤子与一般形制的锤子不同，常见的锤子其锤顶为圆形或方形，而纳西族的打铜锤却没有锤顶。为了在打制铜器时避免磕碰器物，又考虑到铜片的硬度相对较低，所以锤子一般较为轻巧，且手柄长度适中。

图片来源
图一　赵卫东、芦颖　摄影
图二、图三　赵卫东、芦颖　制图
图四　张新鸽　制图
图五　李佳怡、石永欣　摄影

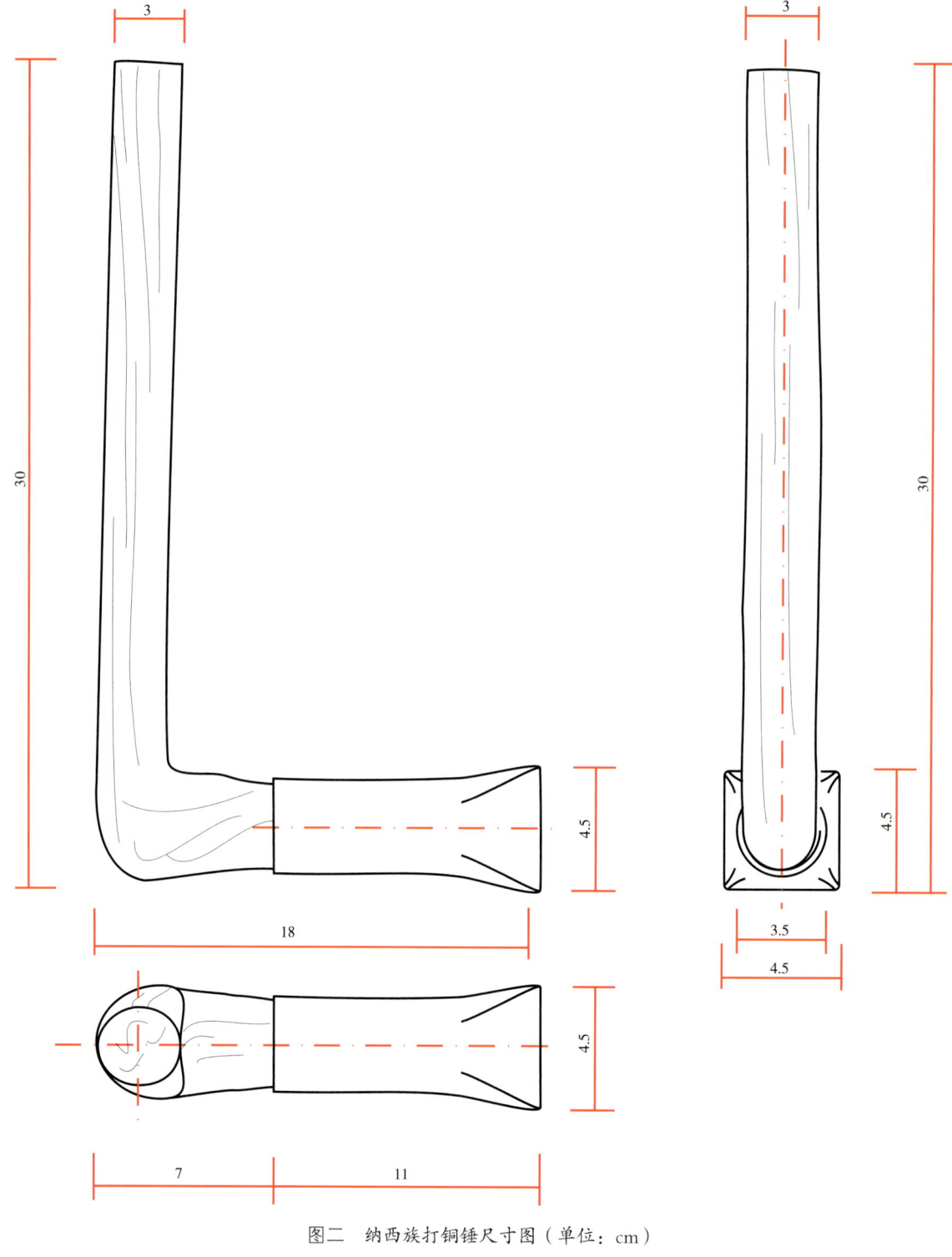

图二　纳西族打铜锤尺寸图（单位：cm）

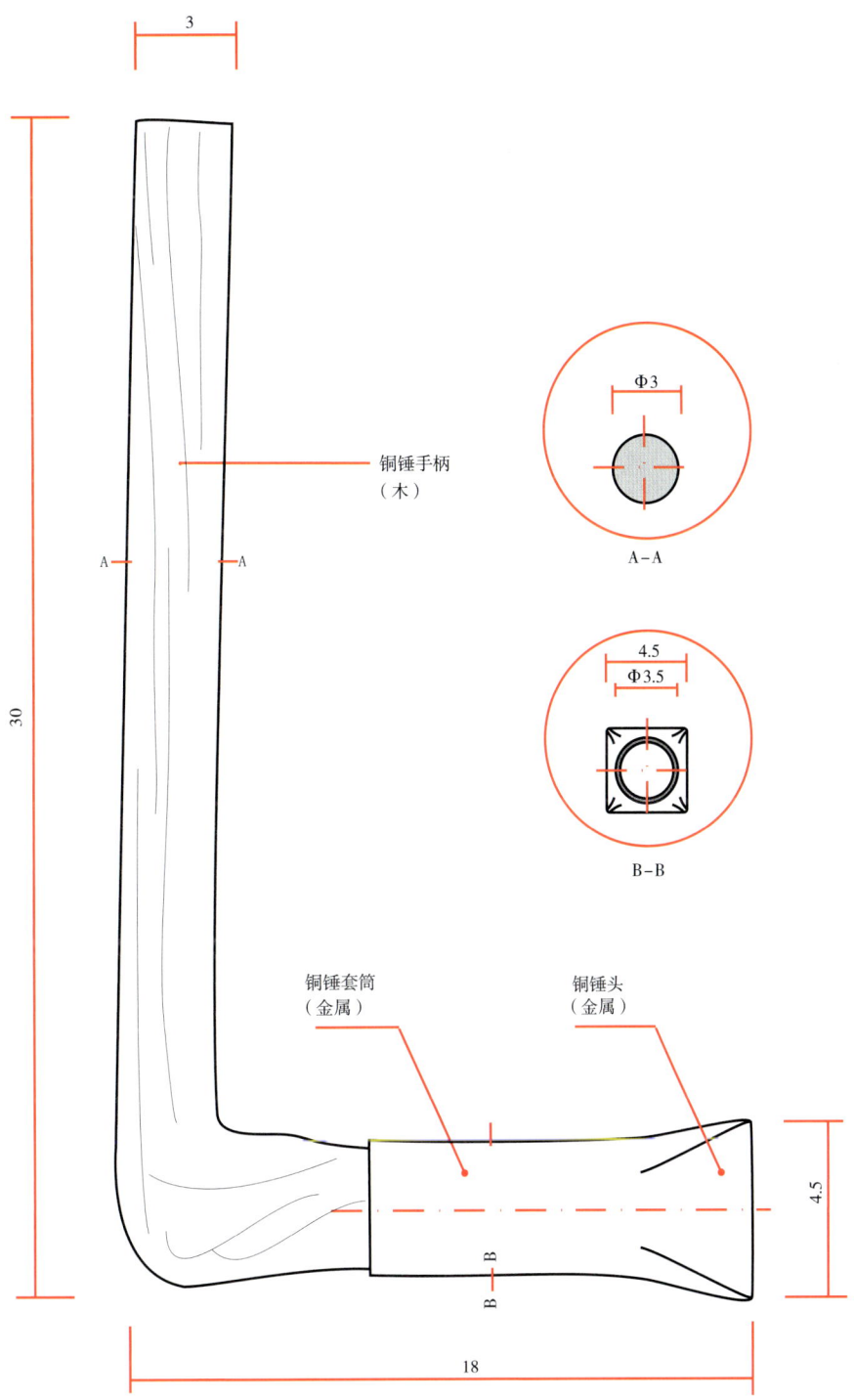

图三 纳西族打铜锤结构示意图（单位：cm）

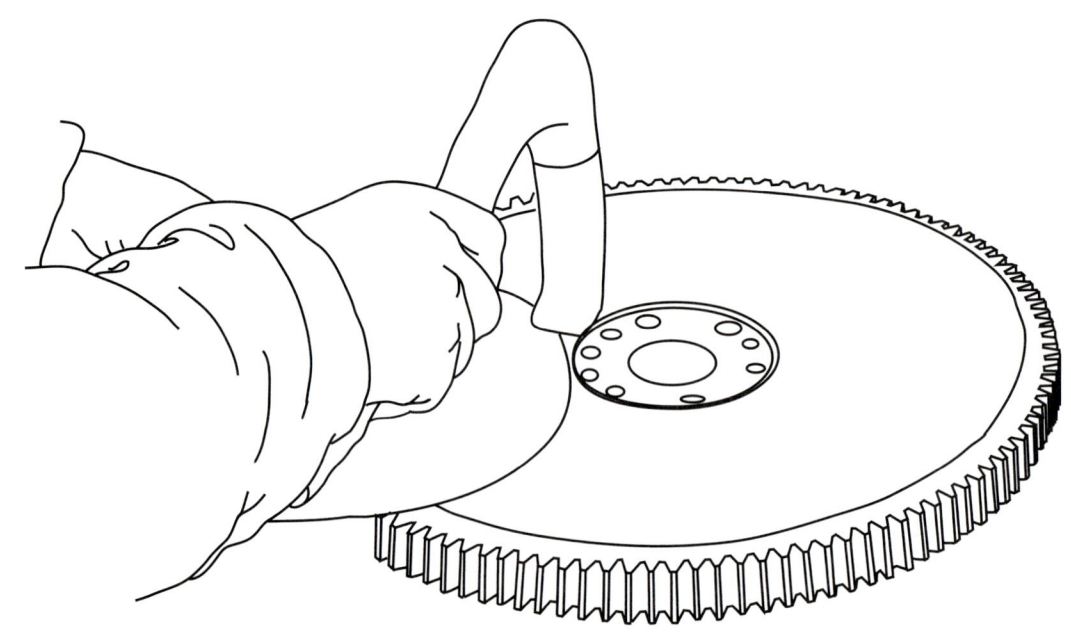

图四 纳西族打铜锤操作示意图

图五 纳西族打铜锤使用情境图

纳西族斧头

图一　纳西族斧头主图

斧，一种砍制利器，在远古时代是最重要的生产工具之一，人们用它来打击野兽，用它来砍伐森林、加工木材、制造木器和骨器等。本案例为纳西族斧头，采集于丽江白沙古镇的一户农家，总长为58厘米，斧头长15厘米，宽7厘米。

纳西族斧头由斧柄和斧刃两部分组成，斧柄多用结实耐磨的硬木，而斧刃则由熟铁打制而成，这是因为熟铁的可塑性比较强。本案例斧刃与一般斧刃形制不大一样的地方

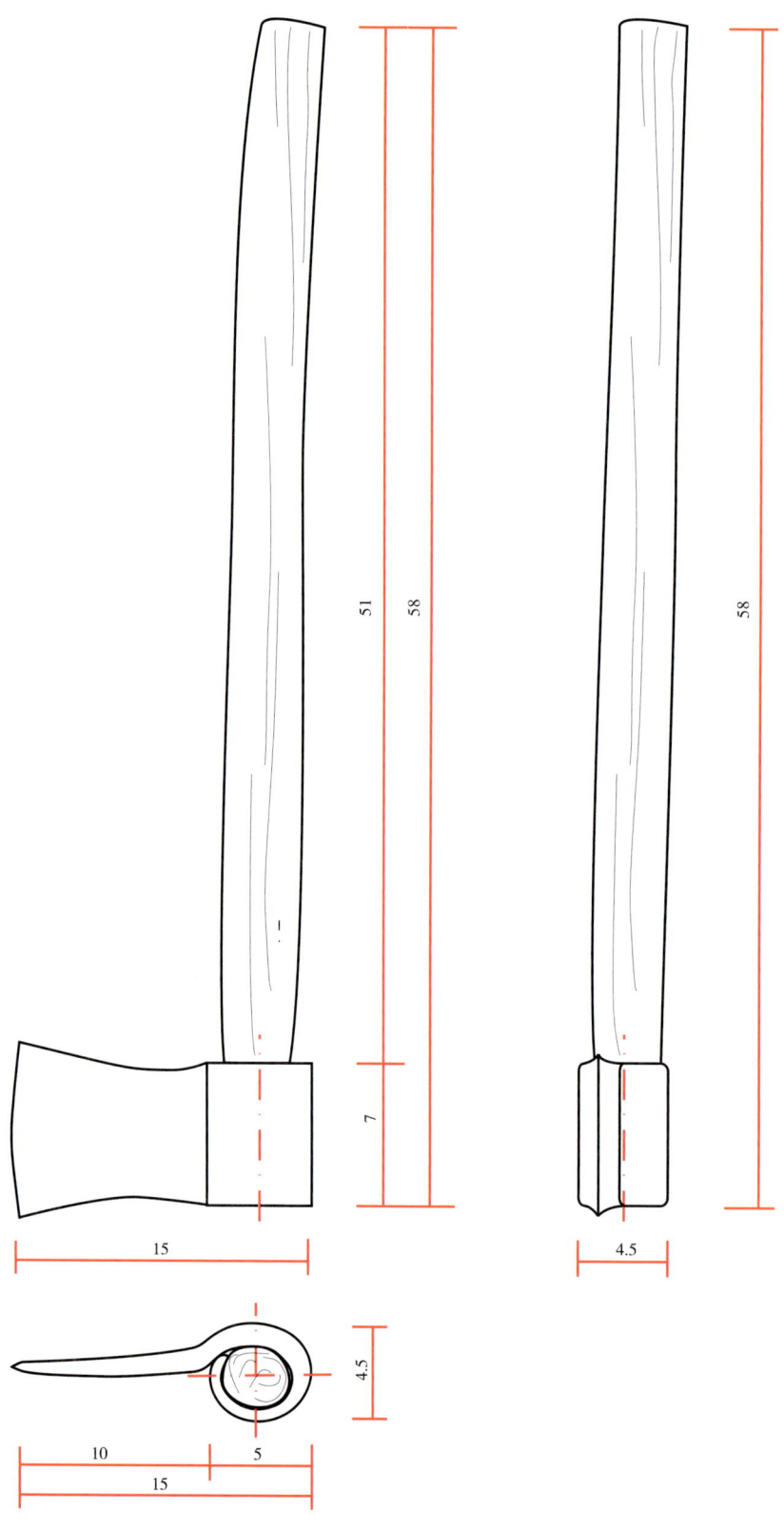

图二　纳西族斧头尺寸图（单位：cm）

在于其銎口形成方式。銎口，是斧体与斧柄连接处的孔洞，通常斧头的銎口是在成形的斧体上钻孔而成的，而本案例的銎口则是直接将扁平的斧体拉伸后弯成一环状，从而形成孔洞。为使其更加牢固，可在将木柄插入銎口后从外端向里钉上铁钉，防止木柄脱落。操作时，右手握木柄，上下砍物体。

由于农业技术的进步，斧头已没有在远古时代那样重要的地位，渐渐退出农耕作业的领域，在手工业中发挥越来越大的作用，尤其常常被用于木作中。虽然功能相同，但不同民族的斧头略有区别，纳西族的斧头就有其特点，其斧刃较薄，所以更为好用。

图片来源
图一　赵卫东、芦颖　摄影
图二、图三　赵卫东、芦颖　制图
图四　张新鸽　制图

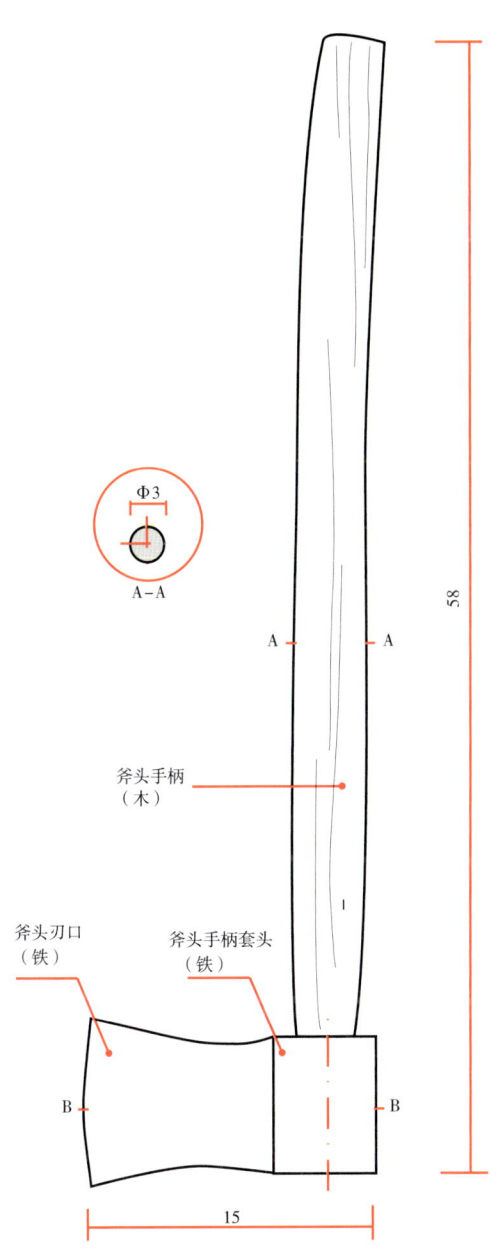
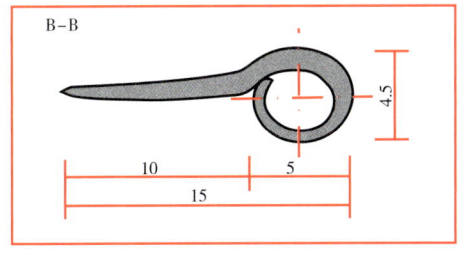

图三　纳西族斧头结构示意图（单位：cm）

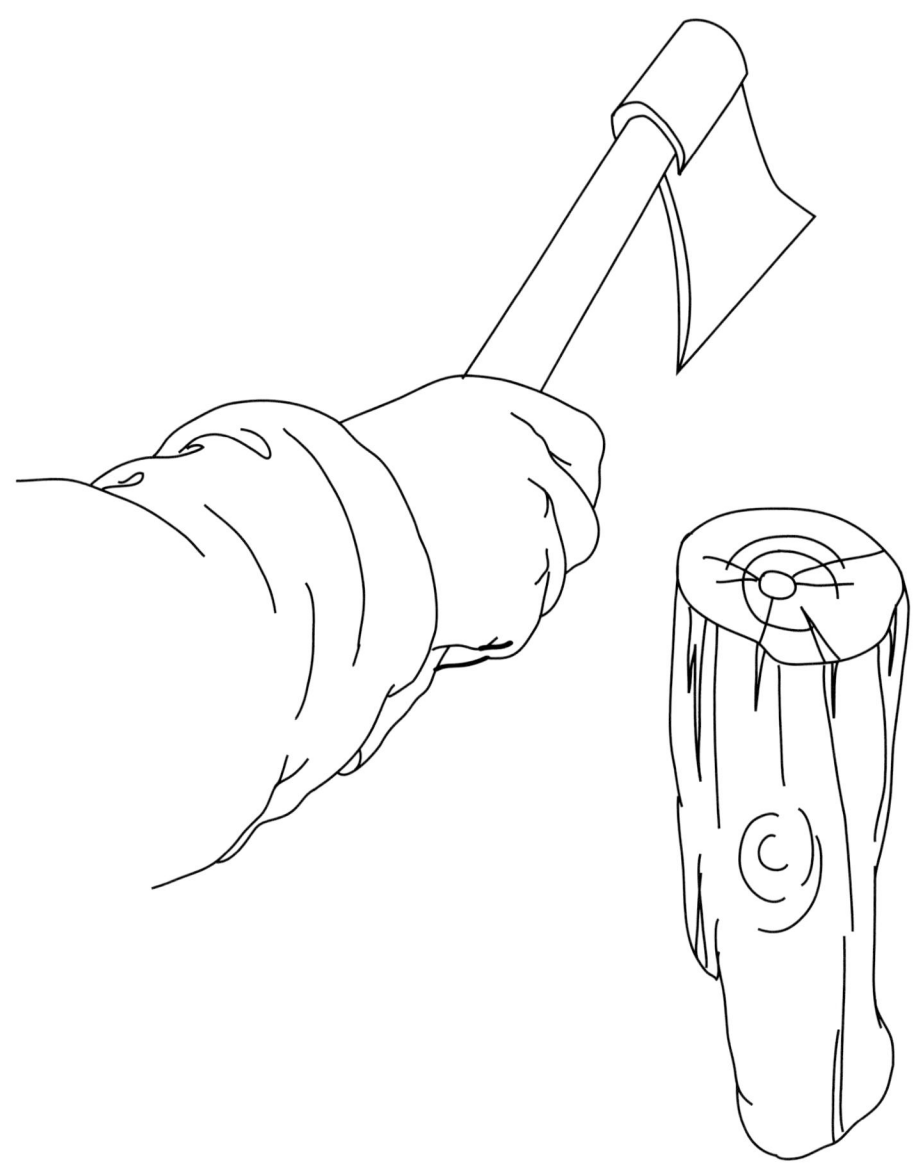

图四　纳西族斧头操作示意图

第六章 纳西族传统手工艺

纳西族月饼制作

图一　纳西族月饼制作主图

中秋节是中国的传统节日，是家人团聚的日子，各个少数民族也因自己不同的风俗习惯、宗教信仰而以自己的方式欢度中秋佳节，并制作各色美食。纳西族先民就很崇拜月亮，每年的中秋节，村村寨寨烧香供果，举行隆重的祭祀活动。纳西族又称中秋节为"月饼节"，在过节前的七八天就开始制作月饼，其月饼又大又圆，寄托着纳西人美好的愿望。

在传统的纳西族家庭，在中秋节的前几天制作月饼是一年中整个家族一件热闹的事，几家人会相约聚到一家来共同制作月饼。于是制作月饼就成了纳西族亲人聚会的热闹活动。纳西族所制作的月饼，被当地人称为红糖饼。显而易见，这跟制作月饼所用的材料有关。其制作过程大致可分为备料、和面、入模制饼、烤制等几道工序。首先是将面粉蒸熟，根据面粉的多少来控制蒸的时间,同时预备好散红糖和剥好的核桃仁。下一步就是和面了,要在蒸熟的面粉里按照比例依次放进红糖、香油、猪油、酒和香料,然后用力均匀地和。再把加了料的面粉打散直至均匀,加入水和面,和好的面团呈金黄色。接下来是将和好的面团放入模具,这种模具一般是由栗木制成,纳西族语叫"拓模"。在月饼模具中先均匀地撒上一小勺白芝麻,将揉好、压扁的面团放进模内,用手指轻轻下压,直至面团和模面齐平。再在其上附上一层红纸,将模具向下倒扣,倒出带有花纹的月饼。然后就是烤制月饼了,纳西人家中有专门烤制月饼的锅灶,叫"松鼓恒劳",由一口贴饼用的甑子状铁锅和一面用来烧炭烘烤月饼的铁盘组成。经过以上几道工序,从锅中取出的月饼就可以食用了,这种月饼可保存的时间也较长。

月饼是中秋节的传统食品,这种被称为红糖饼的月饼是纳西族中秋节必不可少的食品,与现在市面上所买的各式月饼相比,红糖饼更显"素颜"。但纳西族月饼多少年来都保持这种传统的做法和外形,多少纳西人都对它有一种割舍不下的感情。

图片来源
图一至图九　张新鸽　制图

图二　纳西族月饼制作——蒸面

图三　纳西族月饼制作——切红糖

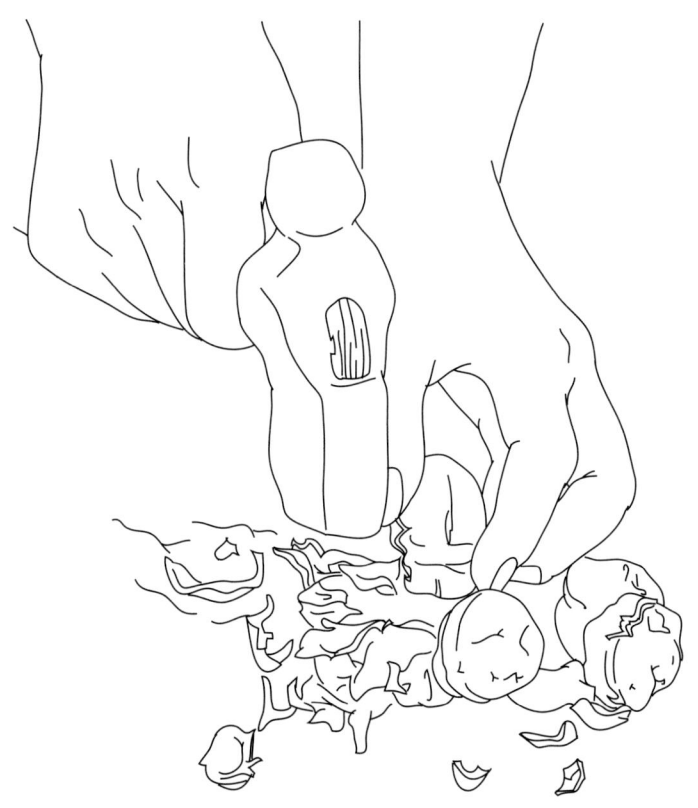

图四　纳西族月饼制作——打核桃

图五 纳西族月饼制作——和面

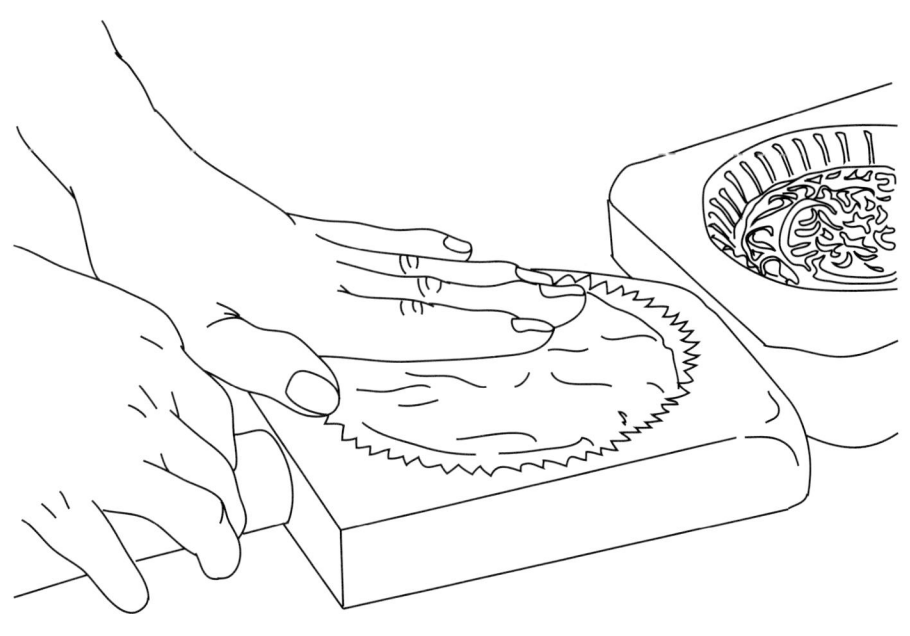

图六 纳西族月饼制作——装模具压月饼

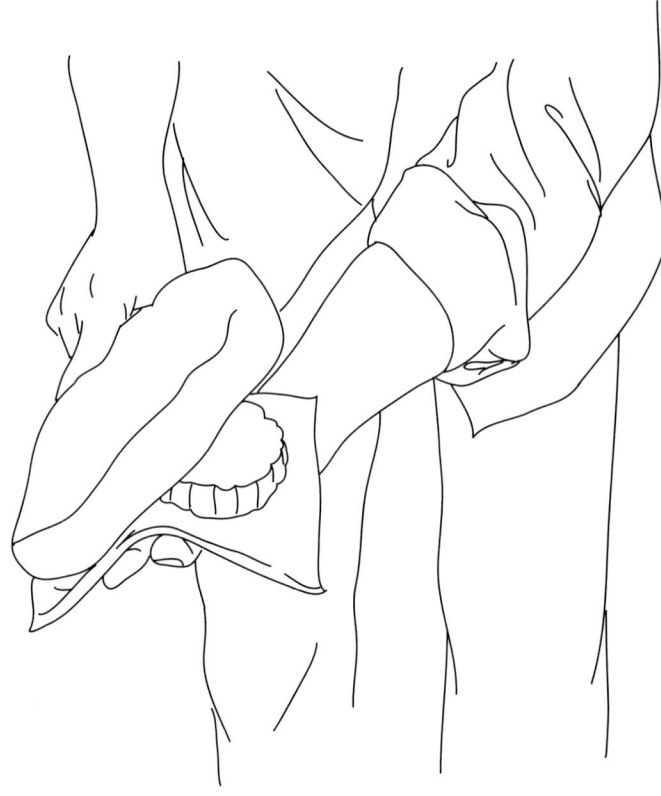

图七 纳西族月饼制作——倒月饼

图八 纳西族月饼制作——将月饼放入炭炉

图九 纳西族月饼制作——加盖烘烤月饼

纳西族月饼模具

图一　纳西族月饼模具主图

月饼模具是制作月饼时使用的模具，用硬木材雕刻而成。将配好的馅料、食材填充于印模处，压紧，然后反方向扣下，即可得到刻有精美花纹的月饼。本案例采集于丽江大研古镇的一户纳西族人家，模具呈长方体，带把手，总长36.5厘米，宽9厘米，正面有两个凹下去的印模，呈圆形，中间刻有莲花纹，边缘有两圈折线和直线，直径均为7厘米。

在中国的传统节日中秋节时，吃月饼、赏月是必不可少的活动。各地又因历史传统、风俗的差异，所食的月饼有所出入，较有名的有京式月饼、广式月饼、苏式月饼、滇式月饼、港式月饼、潮式月饼等等，不同种类的月饼在制作时所使用的工具也不相同。云南丽江的纳西族在中秋节吃的月饼，在当地又叫红糖饼，制作红糖饼时所用的模具，纳西族语叫"拓模"，这种模具一般是由栗木制成。制作模具的工艺并不复杂，选好木料以后，经雕刻、制型、打磨等工艺，即可制成月饼模具。

印模的纹样内容丰富，表现形式和表现手法多样，但形制、主题基本上大同小异，通常是满月形，寓意团团圆圆，内部图案以植物、文字为主，以花卉纹样居多，粗细相间，造型饱满，拙中见巧。使用时先在月饼模具中均匀地撒上一小勺白芝麻，将揉好、压扁的面团放进模内，用手指轻轻下压，直至面团和模面齐平，再在其上覆上一层红纸，将模具向下倒扣，即可倒出带有花纹的月饼。

中秋食月饼是一个沿袭了千余年的传统，月饼寄托了全家团圆的美好寓意，越是精致的月饼，越受人喜爱。月饼模具在制作月饼时发挥了重要作用。在工业时代，塑料模具取代了木制模具，然而，木制模具所传达的人文气息却是塑料模具取代不了的，这也就是木制模具成为民间工艺品，并为众多收藏家所喜爱的原因。

图片来源
图一　安星霖　摄影
图二、图三　安星霖　制图
图四　张新鸽　制图
图五　王卉、石永欣　摄影

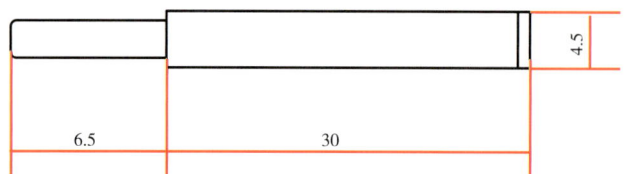
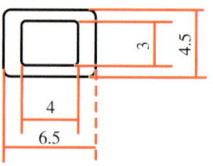

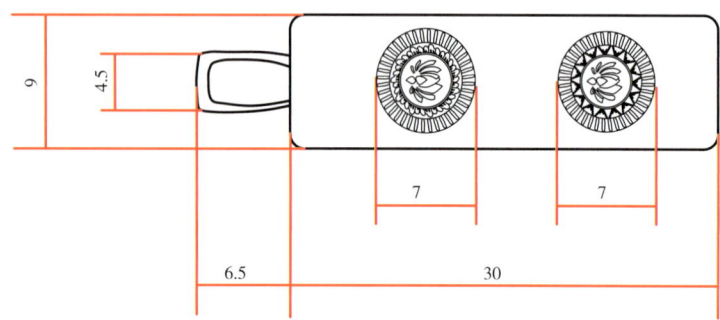

图二　纳西族月饼模具尺寸图（单位：cm）

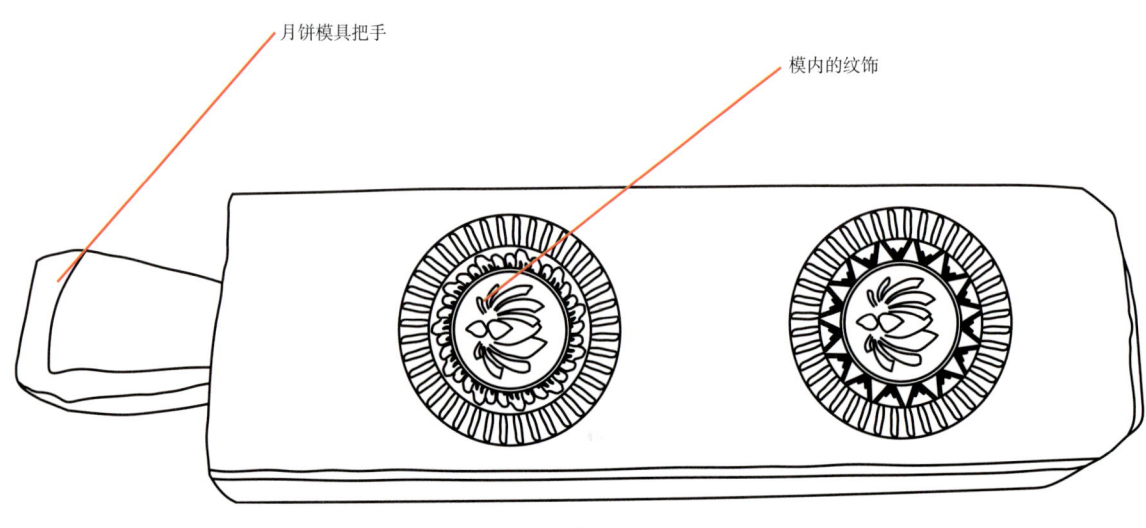

图三　纳西族月饼模具结构示意图

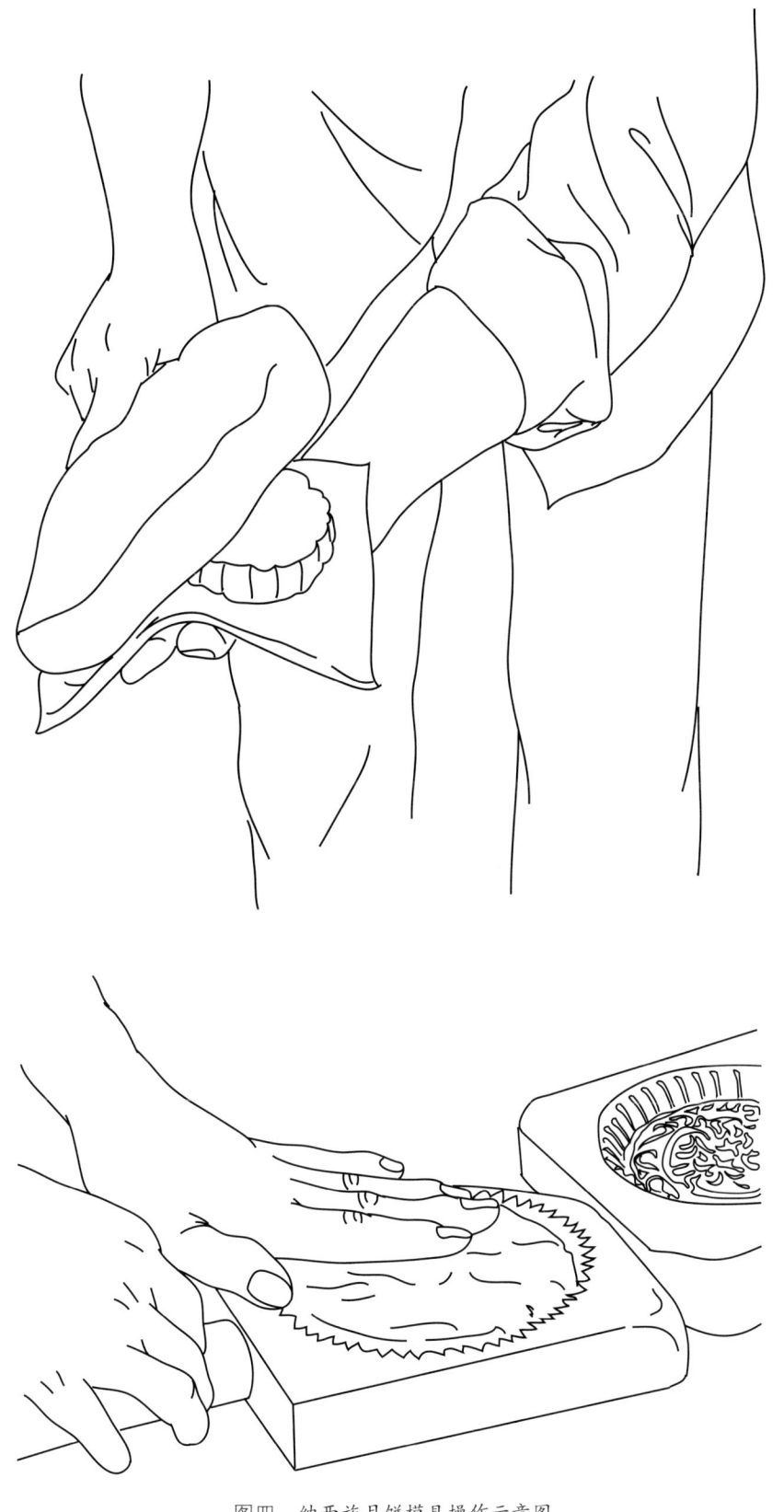

图四　纳西族月饼模具操作示意图

图五　不同图案的纳西族月饼模具

纳西族飘带刺绣

图一 纳西族飘带刺绣主图

飘带，是丽江地区纳西族女性特色服饰七星羊皮披肩上的一个重要组成部分，即羊皮披肩的背带。在传统的纳西族婚俗中，姑娘出嫁时都要陪嫁两幅飘带。本案例采集自丽江市玉龙纳西族自治县玉湖村赵金花家。

纳西族女性善绣，喜淡雅、质朴之服饰。飘带由白布制成，在尖端处绣上一段约30厘米长的图案。刺绣分两个部分，上部绣平行排列的连续纹样，一般有7到9行，纹样内容多表现农耕文化，也有吉祥花果等。下部以十字挑花手法绣一单独纹样，似蝴蝶，又像蝙蝠，其绣法精致，造型生动。飘带纹饰是在白底的棉布上用黑线绣成，黑白相宜，显得特别醒目。纹饰设计全凭经验，不画草图，一气呵成。据了解，纳西族飘带主要有三种风格，分别是寿字飘带、喜字飘带、金鱼跳龙台图飘带。寿字飘带多由老人佩戴，寓意长命百岁；喜字飘带是纳西族女子出嫁时必备的嫁妆，亦是该民族传统嫁妆之一；金鱼跳龙台图飘带较为传统，寓意好运连连，也有步步高升之意。

丽江纳西族刺绣源于古羌文化，韵致朴拙，清秀典雅，体现了纳西人率性内敛、乐天知命的民族个性和文化，与纳西族服饰本身的古朴、素雅高度统一。纳西族女性用刺绣工艺表达了她们对生活和大自然的热爱，这份热爱也是纳西族刺绣工艺得以传承和发扬的重要动力。

图片来源

图一、图六　李佳怡　摄影
图二至图四　程珊　制图
图五　张新鸽　制图

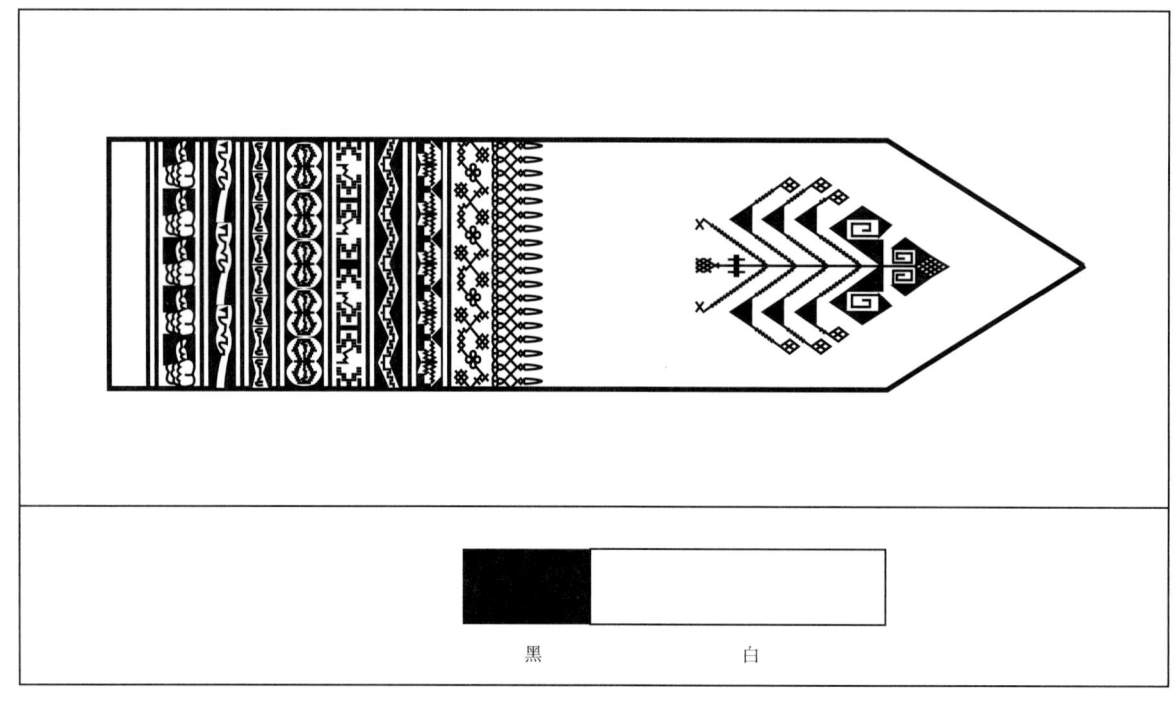

图二　纳西族飘带刺绣色彩分析图

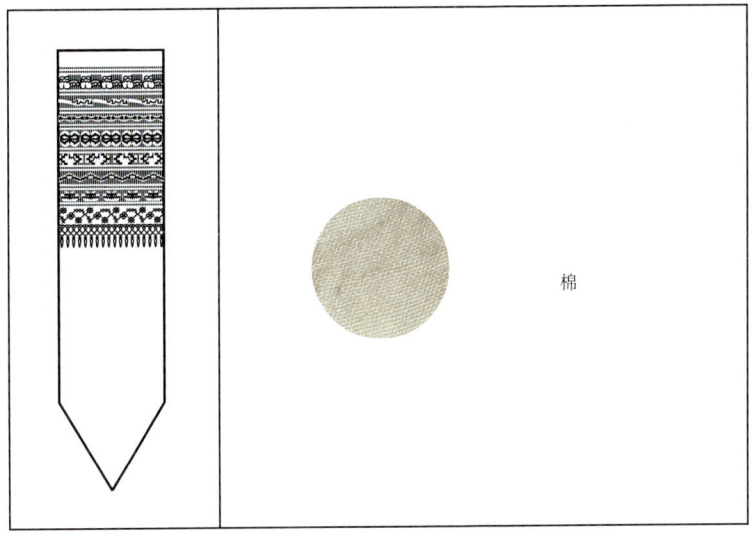

图三 纳西族飘带刺绣材料分析图

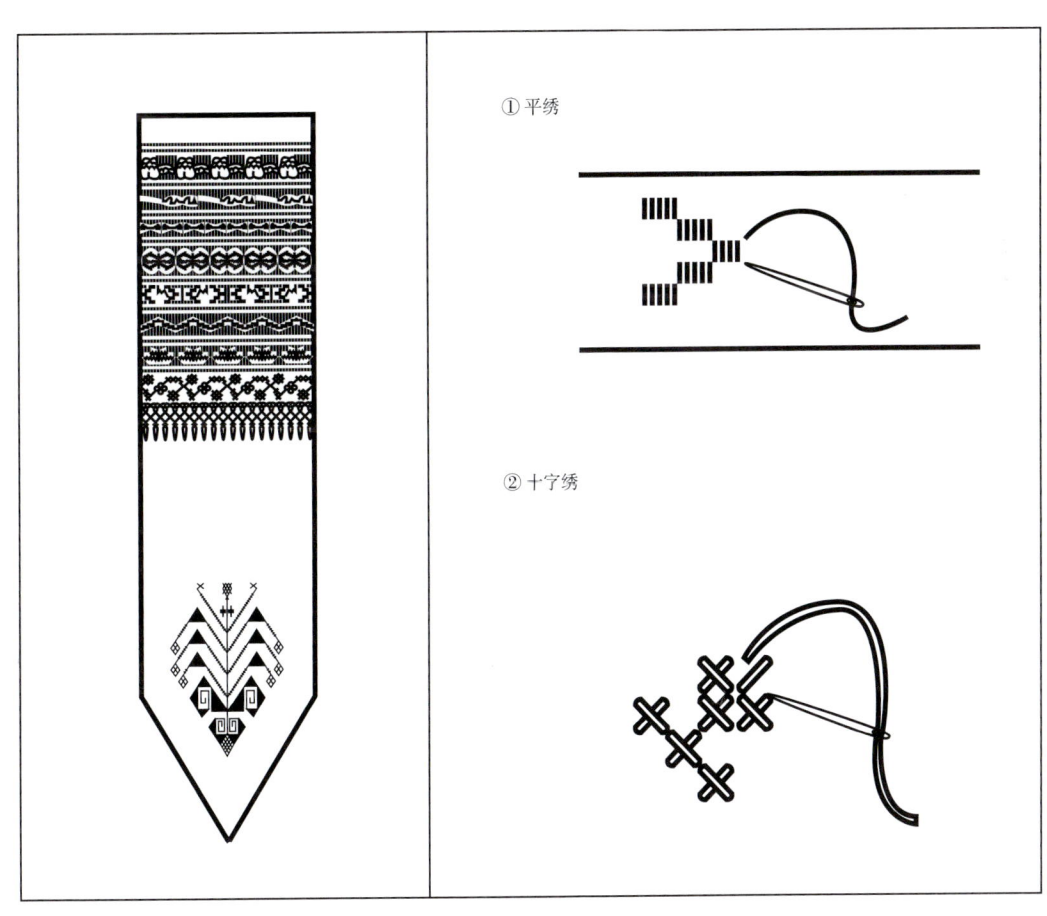

图四 纳西族飘带刺绣工艺分析图

图五　纳西族飘带刺绣情境图

图六　纳西族飘带穿着效果图

纳西族制皮工艺

开料铲刀　　　铲皮大铲刀　　　锉刀

钉板　　　夹板　　　铁锤

图一　纳西族制皮工艺主图

纳西族历史上属游牧民族，长期游牧于草地、高山、峡谷，素有"四时羊裘""男女皆披羊皮"之说。在明代，随着茶马古道商业贸易的兴起，各地能工巧匠不断涌入丽江，使当地原始的皮革加工业有了根本上的改观。束河，自明代起便成为滇西北地区著名的皮革加工中心。

皮革加工工艺复杂，从生皮到熟皮需数道工序方可完成。工序一：泡皮、洗皮，将生皮在清水中浸泡12个小时，使其变软，再用清水洗净备用。工序二：用铲刀将皮上的枯肉、油脂铲除，使皮料更均匀。工序三：将皮料放于灶上熏烤，并适当洒水，以免皮被烤焦，此工序需要3~4小时。工序四：将熏熟的皮子用脚揉搓，使之更加柔软。工序五：捶皮，将揉搓好的皮料进行捶打，增加其柔韧度。工序六：晒皮，把皮料放在木板上置于烈日下暴晒2~3天，使残留的水分得以蒸发。工序七：修皮，给干燥的皮料做最后的修剪。工序八：上色，根据需要决定是否上色，用皂矾加适量黄栗叶水作为色料在皮料上均匀涂抹。以上仅为加工生皮的主要工序。

纳西族皮具作为茶马古道上驰名的贸易品，深受滇藏地区各兄弟民族喜爱，故有"束河皮匠，一根锥子走天下"之说。在宁蒗、中甸、德钦，至今还有以束河皮匠聚居而成的皮匠村。

图片来源

图一　石永欣　摄影
图二至图六　安星霖　制图
图七至图十四　张新鸽　制图

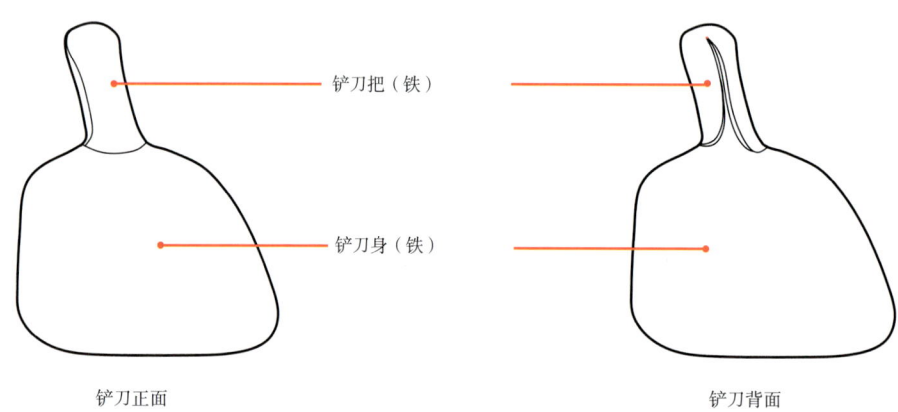

铲刀正面　　　　　　　　　铲刀背面

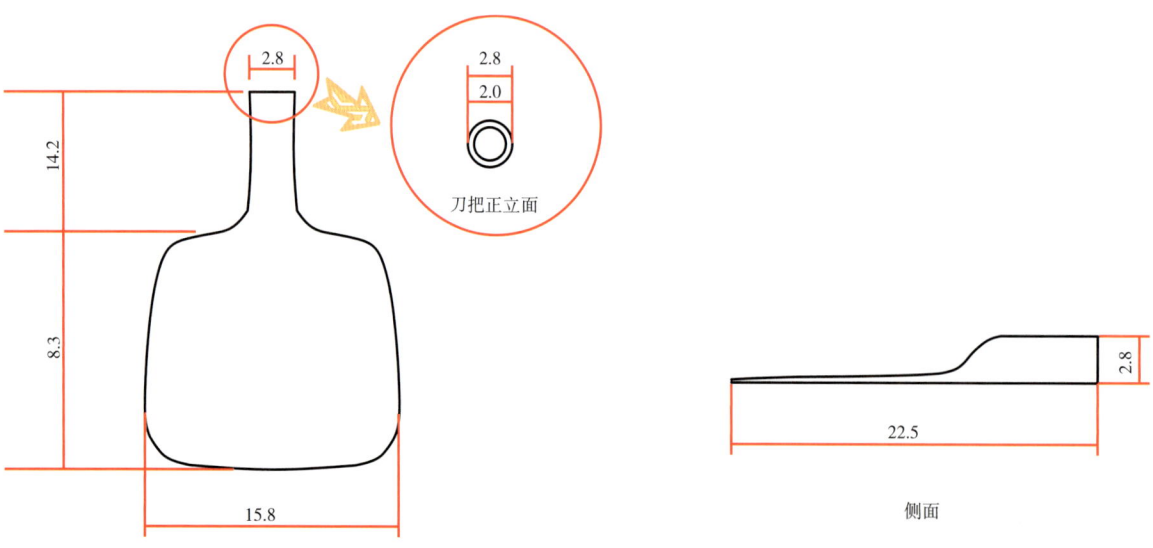

图二　纳西族制皮工具——铲刀（单位：cm）

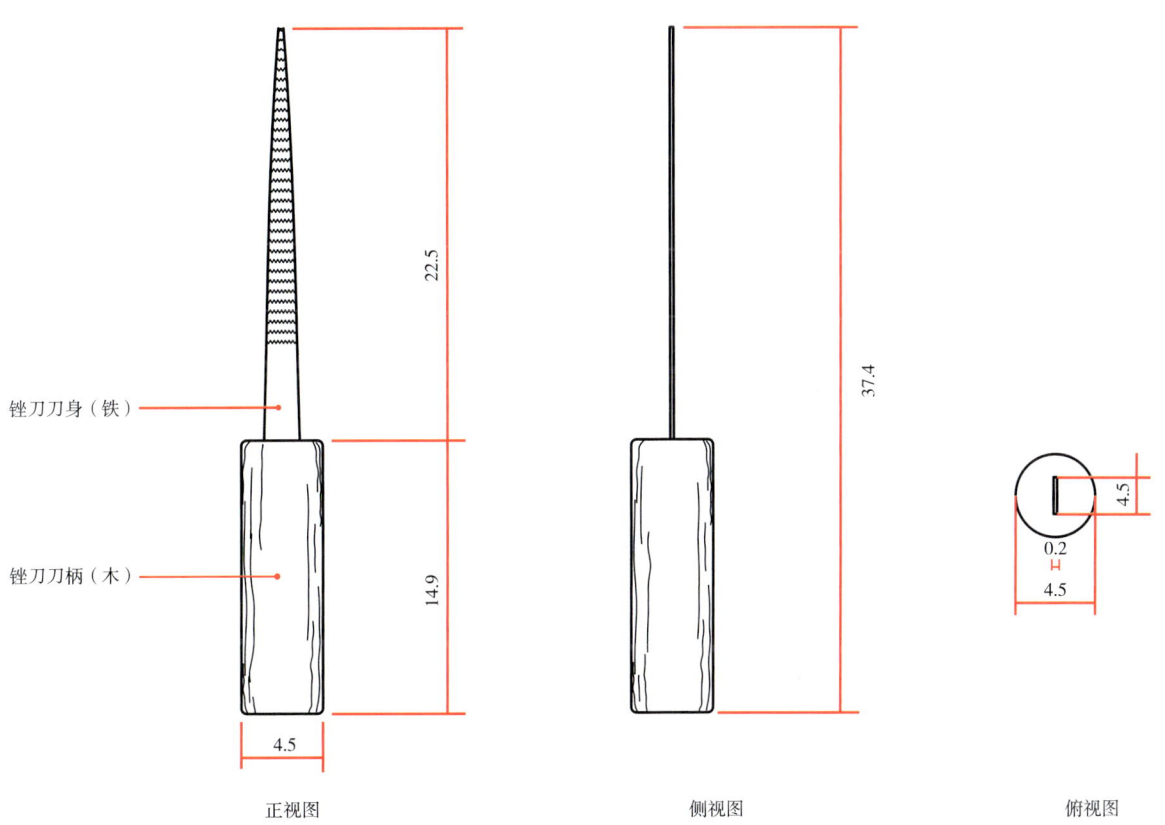

图三　纳西族制皮工具——锉刀（单位：cm）

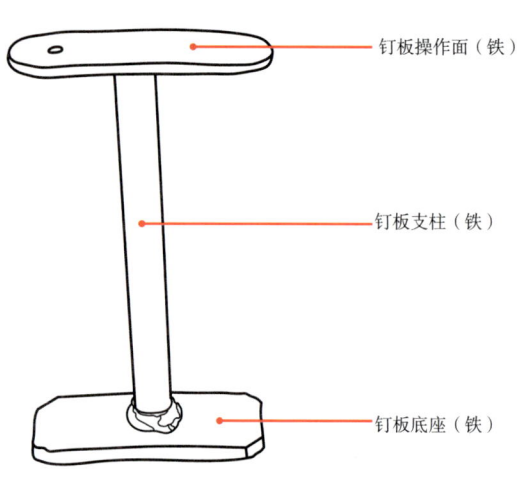
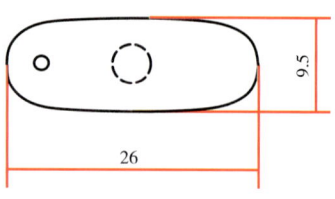

操作面

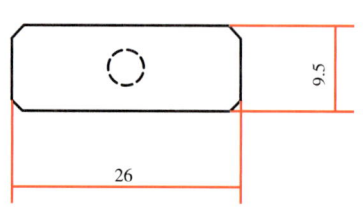

底座

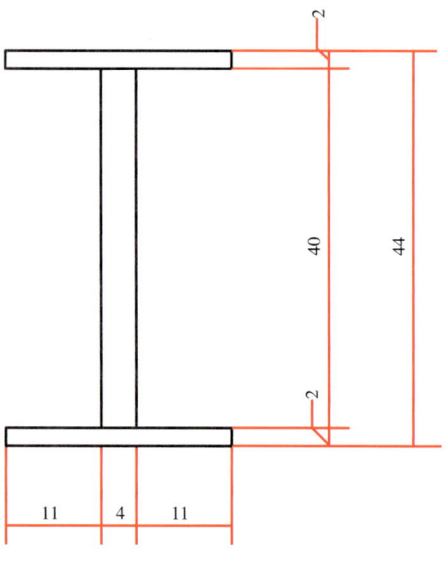

钉板操作面（铁）

钉板支柱（铁）

钉板底座（铁）

正立面

侧立面

图四　纳西族制皮工具——钉板（单位：cm）

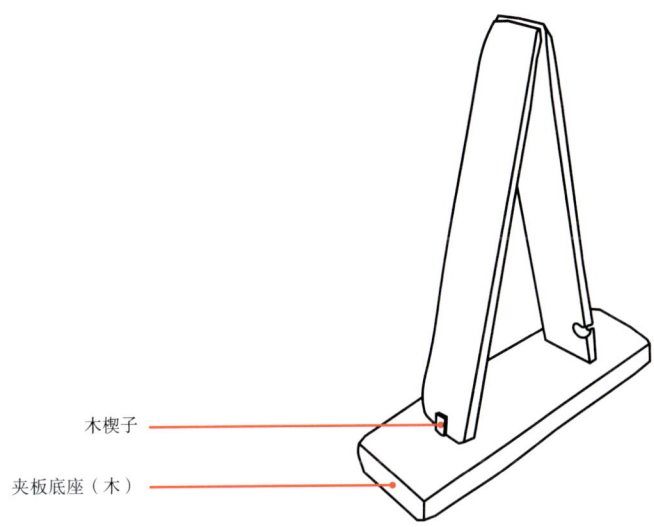

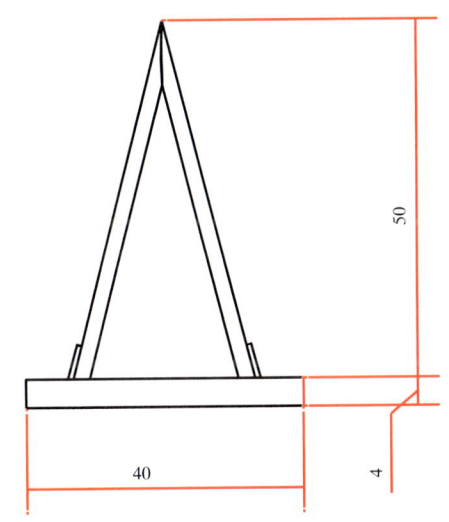

正视图

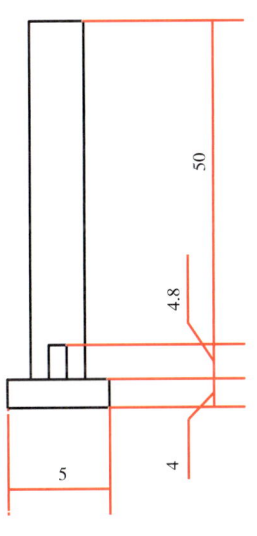

侧视图

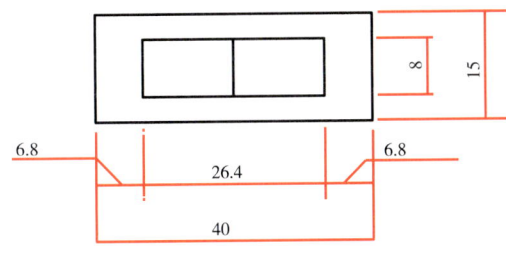

俯视图

图五 纳西族制皮工具——夹板（单位：cm）

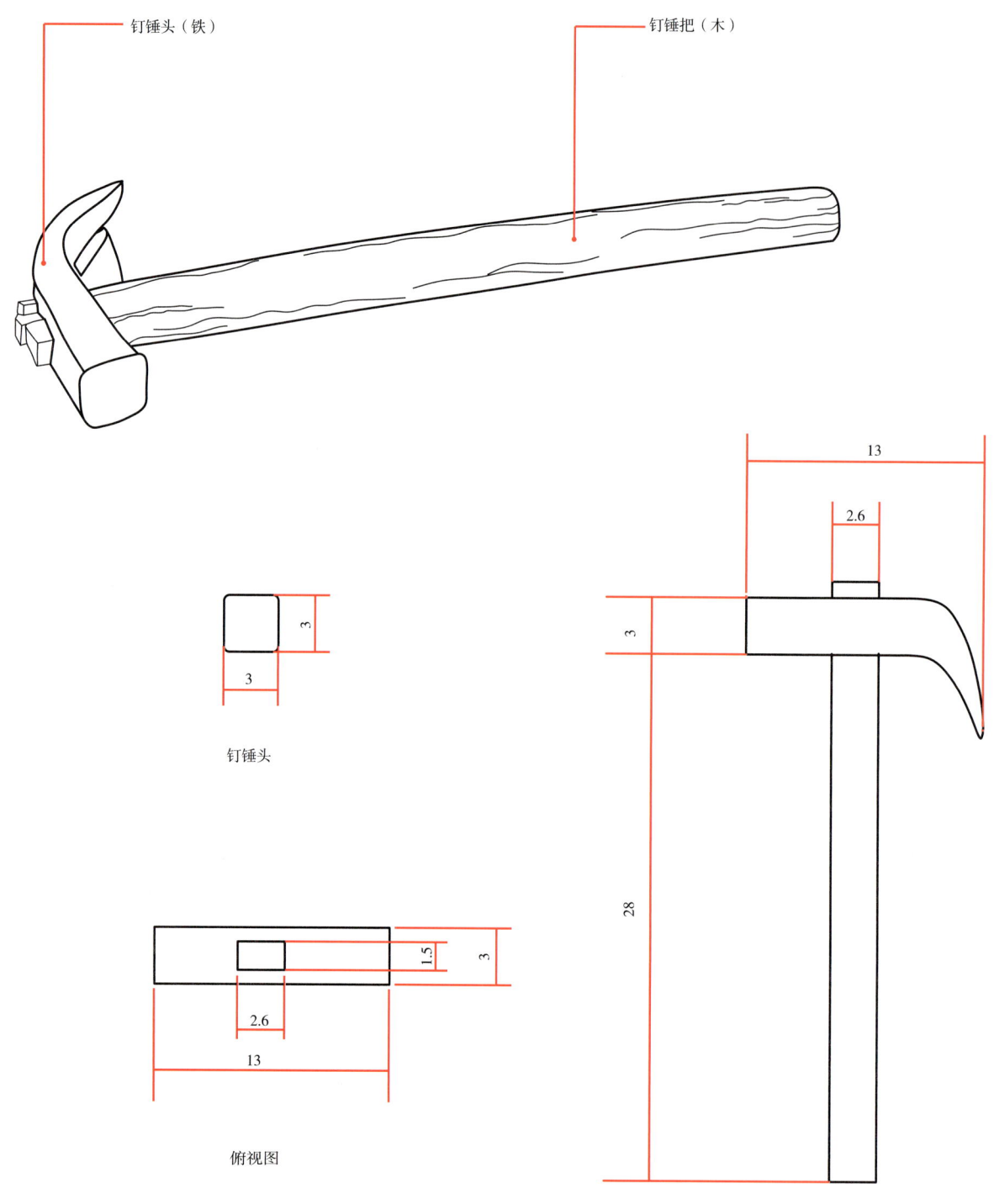

图六 纳西族制皮工具——钉锤（单位：cm）

图七　纳西族制皮工艺——洗皮

图八　纳西族制皮工艺——铲皮

图九 纳西族制皮工艺——熏皮

图十 纳西族制皮工艺——踩皮

图十一 纳西族制皮工艺——摔皮

图十二 纳西族制皮工艺——晒皮

图十三 纳西族制皮工艺——修皮

图十四 纳西族制皮工艺——上色

纳西族东巴造纸工艺

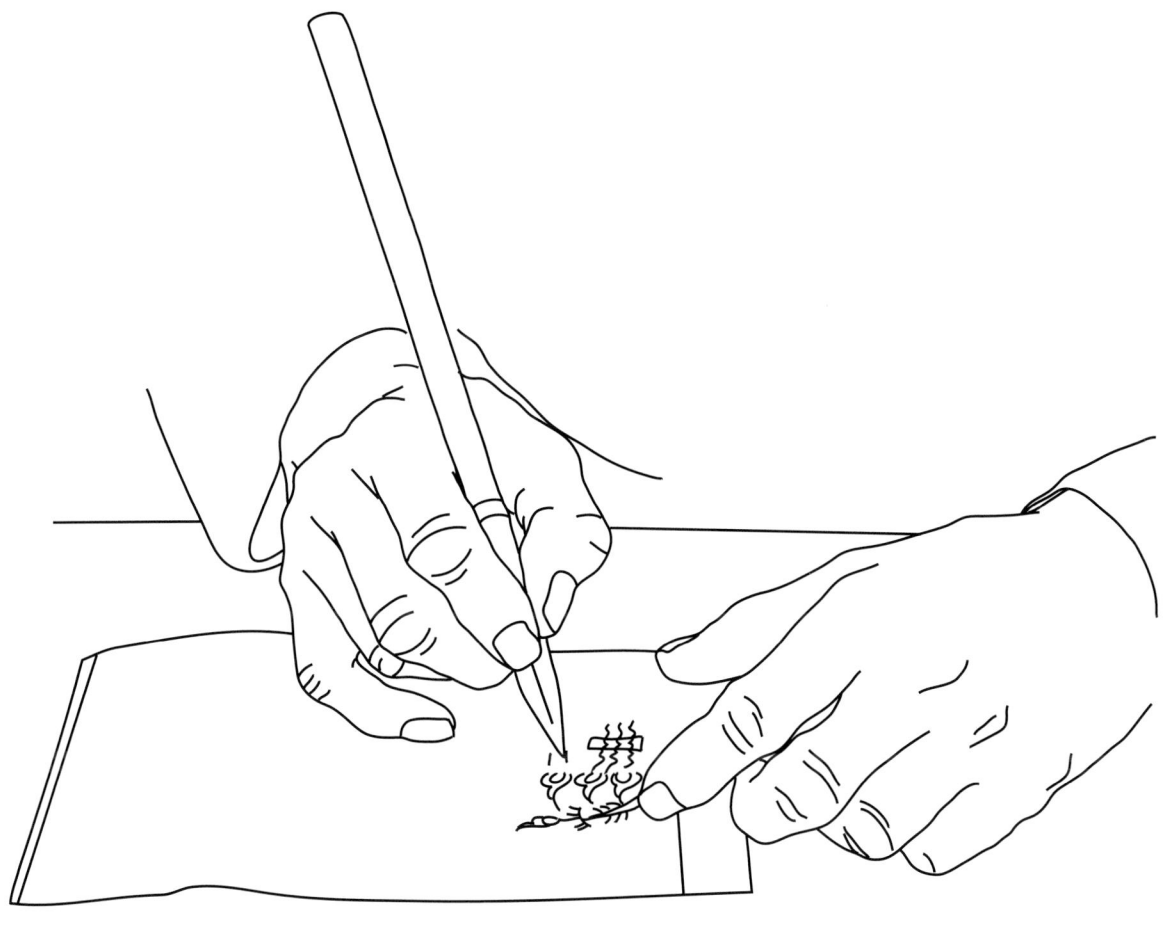

图一　纳西族东巴造纸工艺主图

东巴纸是纳西族东巴们自制的一种纸，用于书写经书和绘制东巴画。它作为一种宗教文化用品，不但承载了东巴教文化，也传承着纳西文化。纳西族东巴造纸工艺，极富民族特色，既有汉族抄纸法的活动纸帘，又有典型的浇纸法，此工艺于2006年入选第一批国家级非物质文化遗产名录。

纳西族东巴造纸工艺中所使用的工具主要有煮料锅、舂料桶、木水槽、活动纸帘、晒纸木板、砑磨棒等。制作一张东巴纸要经过采集原料、剥皮、晒干、浸泡、煮料、洗涤、舂料、搅拌、造纸、取纸、贴纸、晒纸、砑光、揭纸等十几道工序，所以其产量低，适用范围窄。

制作东巴纸的原料一般为生长于金沙江河谷两岸的荛花。将采摘的荛花剥去黑色外皮并将其晒干，放入水中浸泡2到3天，然后将泡软的荛花放入大锅中蒸煮。煮料锅有两种，一种是类似蒸米饭用的大号木甑子，把木甑子架在上水的铁锅上，将泡软的原料放入蒸桶中蒸；另外一种是金属材质的，将泡软的原料直接放入金属材质的大锅中煮（使用铜锅能增加纸的白度），一般煮两个小时。将蒸煮好的原料进行漂洗后就开始舂。舂的方式也有几种，一种是用脚碓对蒸煮过的原料舂，另一种是用木杵在舂料桶中上下舂，还有一种是直接用打制酥油的木桶来捣料。然后将捣碎的纸料揉成一个个料团，一个料团就是一张纸的原料。下一步是使用水槽和活动纸帘，但水槽里并没有纸料，每次只将一张纸的纸料浇注在纸帘里，借助水槽中漫过纸帘的清水荡匀纸料，然后提起滤水。再将湿纸倒扣在一片木板上，把木板端到太阳下晒干，用砑磨棒对纸张进行砑磨，最后将晒干的东巴纸从木板上揭下，一张东巴纸就被完整地呈现出来了。

图片来源

图一、图六至图十六　张新鸽　制图
图二至图五　苏婷　制图

参考文献

徐晴,杨林军.纳西族东巴画概论.昆明：云南人民出版社,2014.

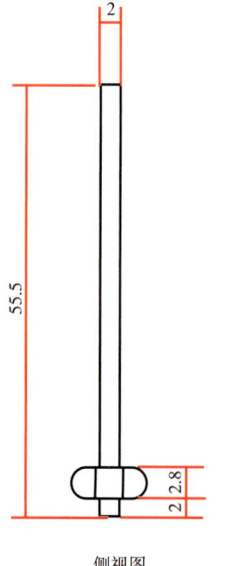
侧视图

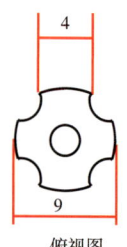
俯视图

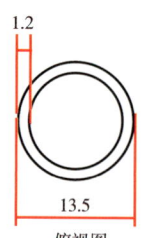
俯视图

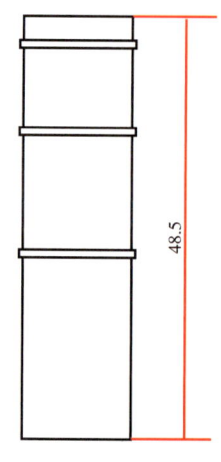
侧视图

图二　东巴造纸工具——捣料桶（单位：cm）

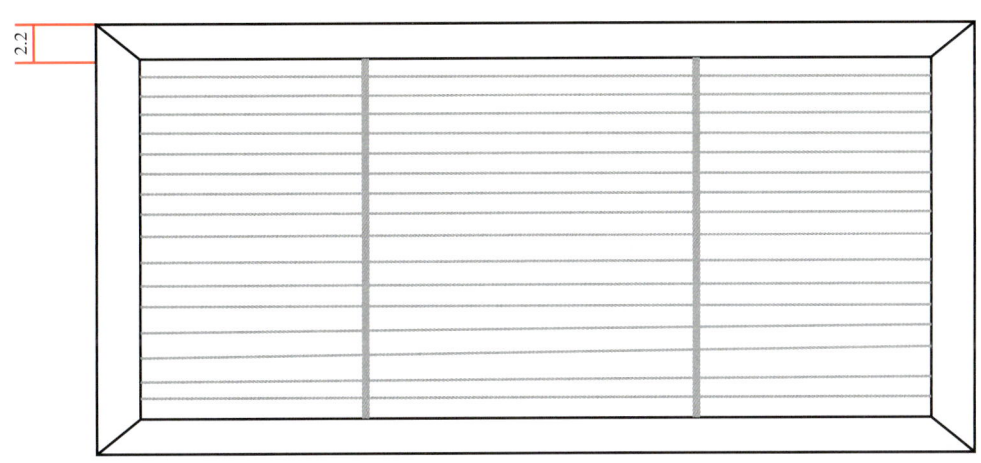

俯视图

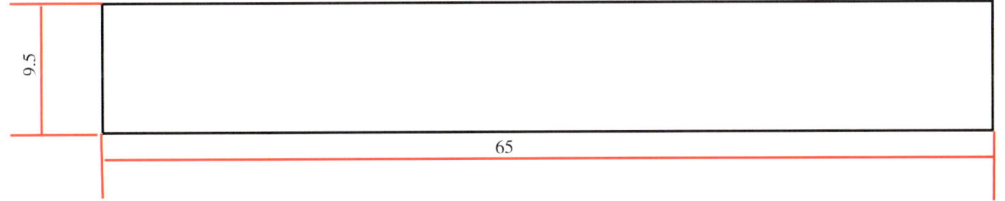

正视图

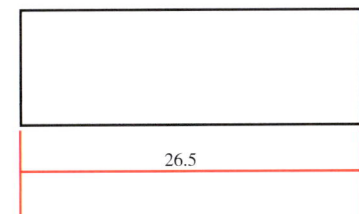

侧视图

图三 东巴造纸工具——浇纸帘（单位：cm）

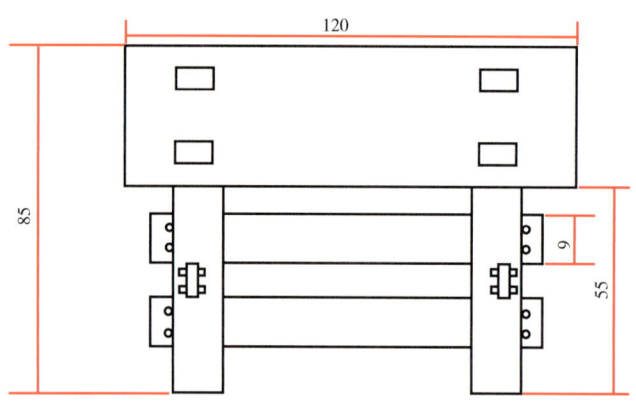

正视图

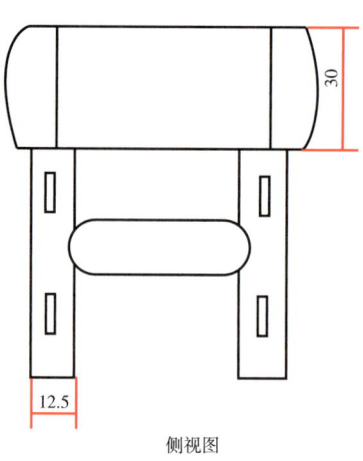

侧视图

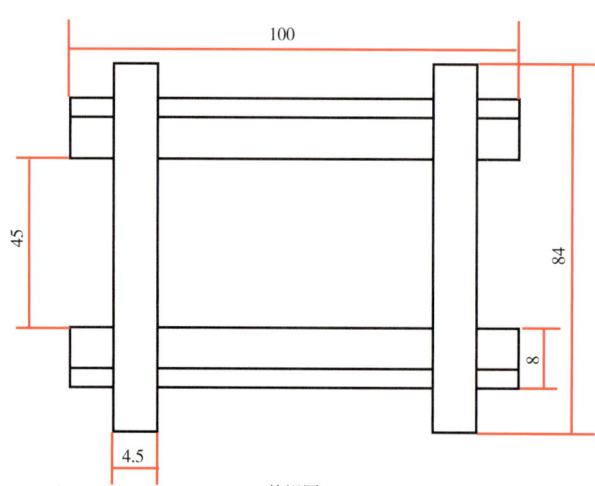

俯视图

图四 东巴造纸工具——捞纸槽（单位：cm）

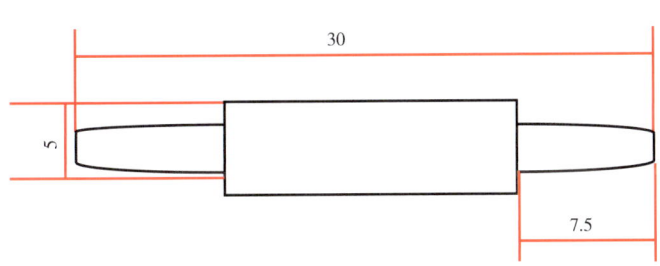
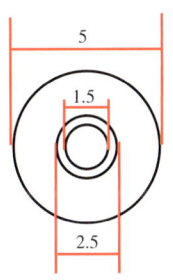

正视图　　　　　　　　　　　　侧视图

图五　东巴造纸工具——矸光棒（单位：cm）

图六　纳西族东巴造纸工艺——砍原料

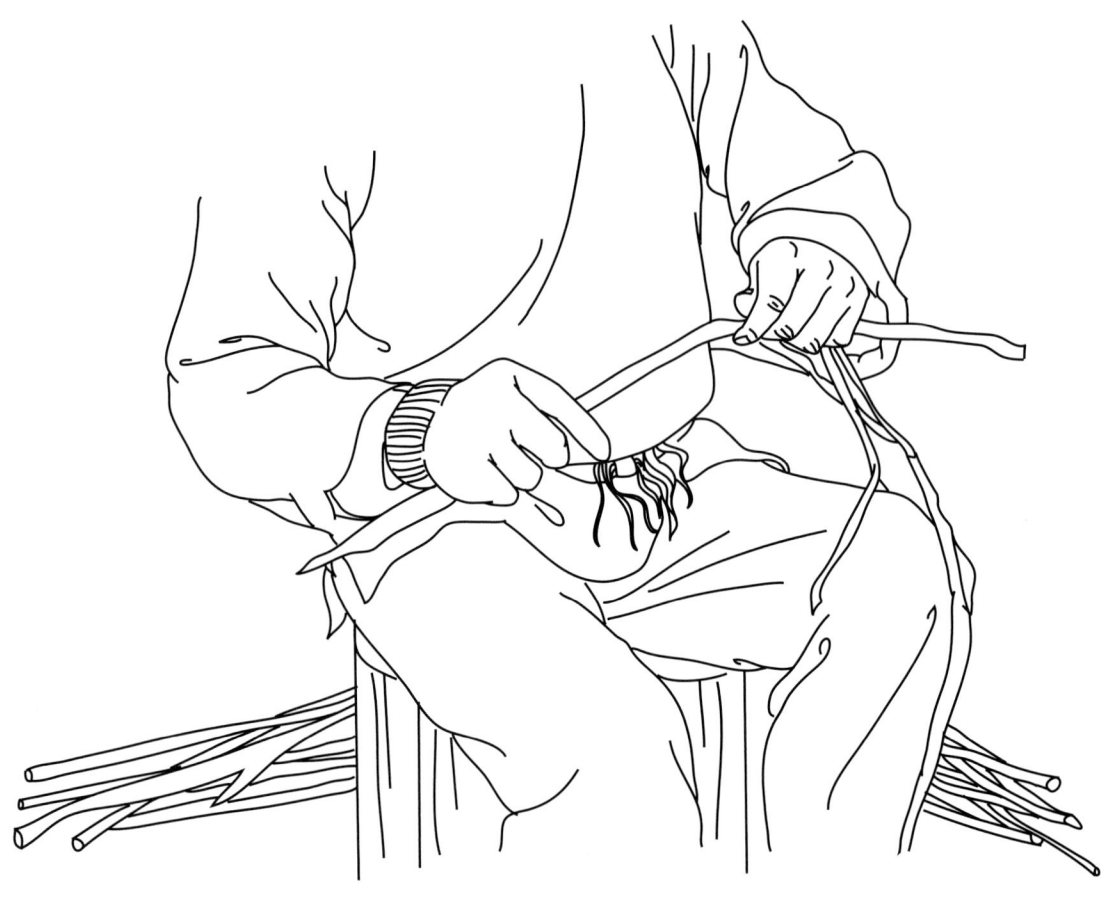

图七 纳西族东巴造纸工艺——剥皮

图八 纳西族东巴造纸工艺——煮料

图九 纳西族东巴造纸工艺——洗料

图十 纳西族东巴造纸工艺——捣料

第六章 纳西族传统手工艺

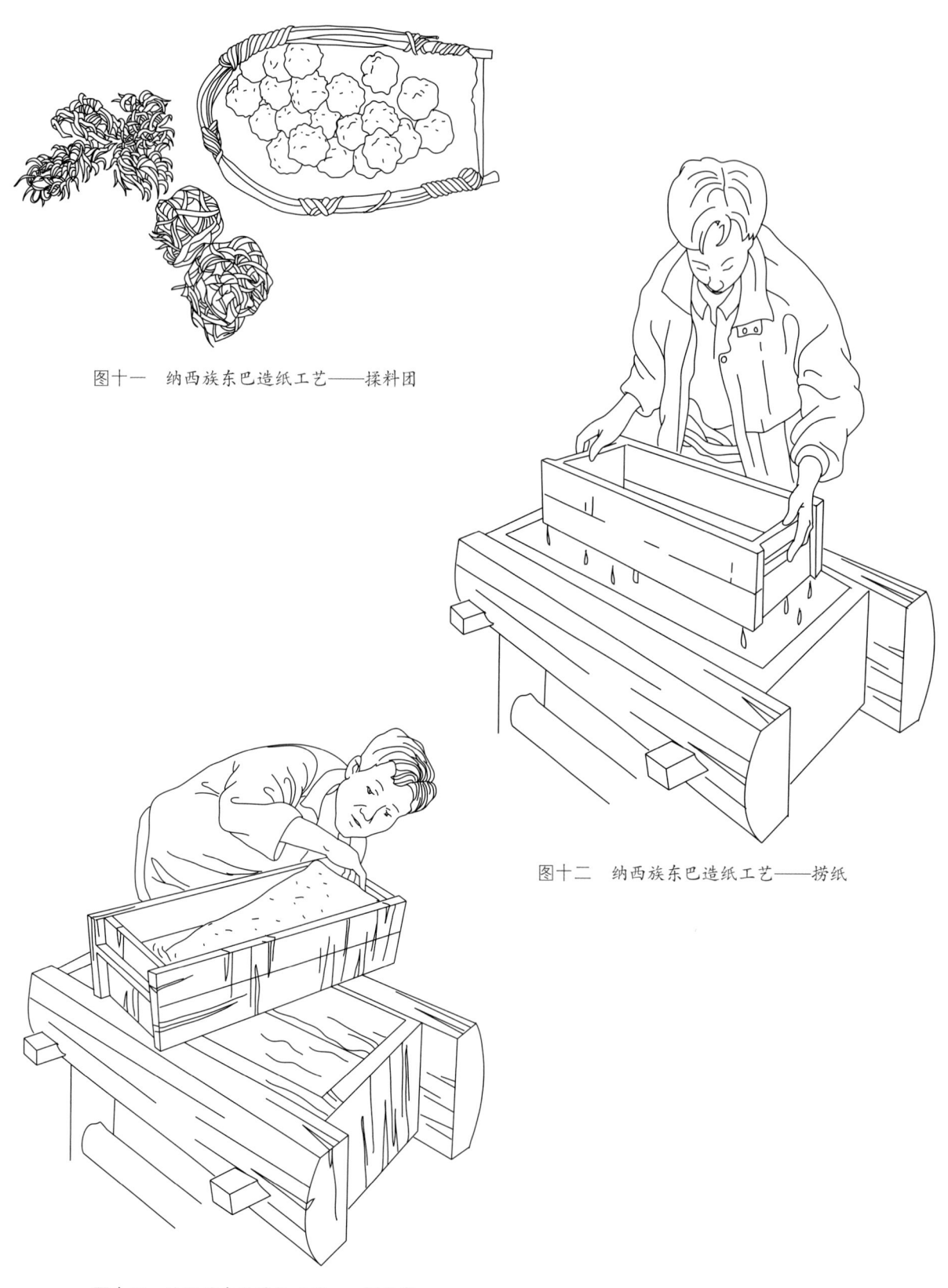

图十一　纳西族东巴造纸工艺——揉料团

图十二　纳西族东巴造纸工艺——捞纸

图十三　纳西族东巴造纸工艺——托纸帘

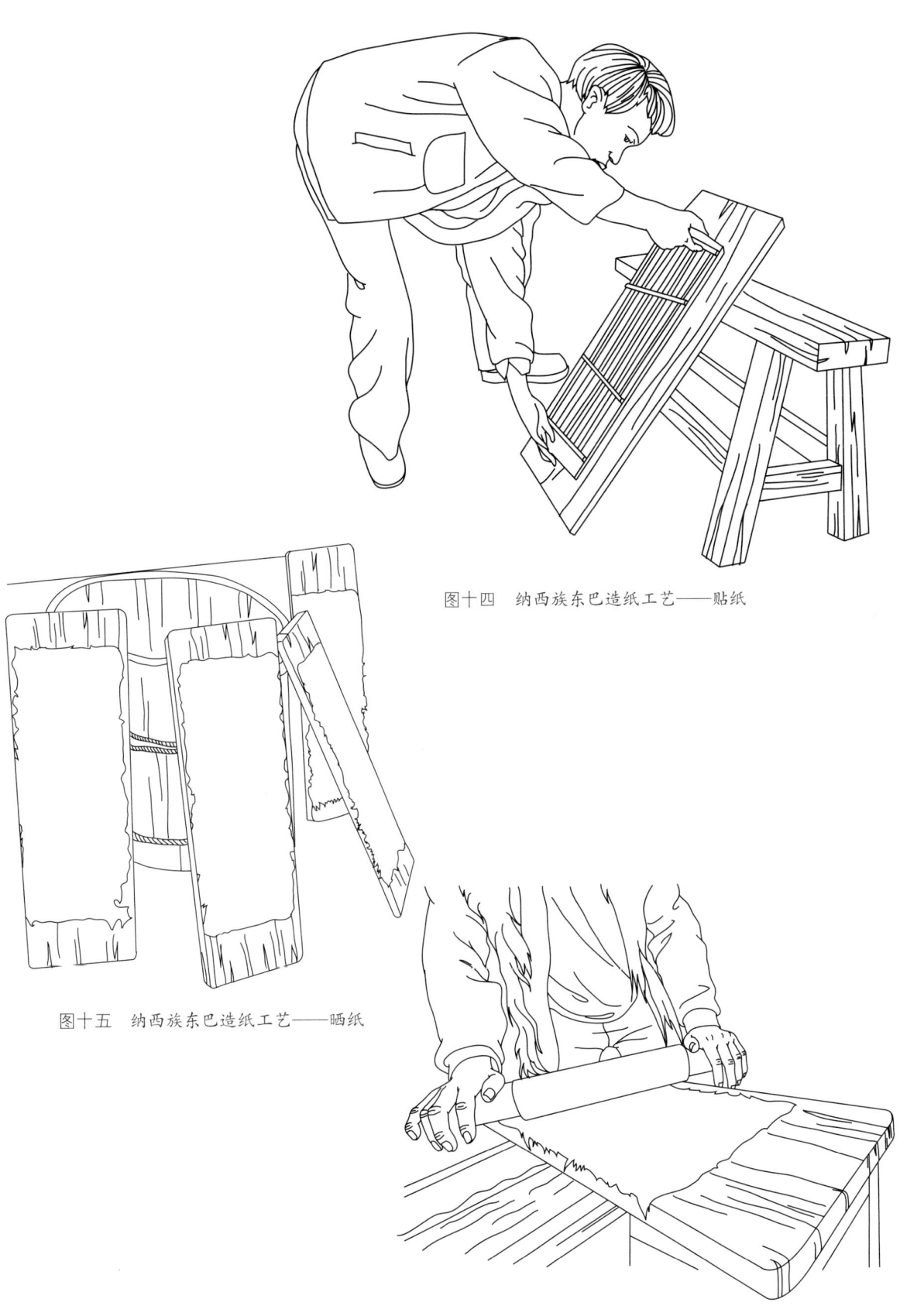

图十四 纳西族东巴造纸工艺——贴纸

图十五 纳西族东巴造纸工艺——晒纸

图十六 纳西族东巴造纸工艺——砑光

纳西族铜器制作工艺

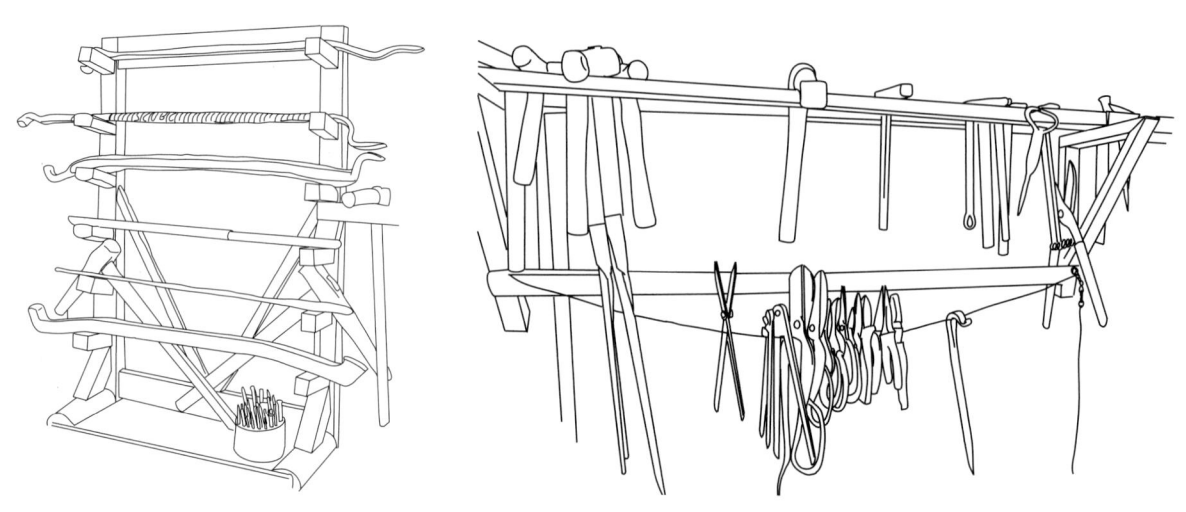

图一　纳西族铜器制作工艺主图

丽江铜器早在滇藏茶马古道的贸易中就很驰名，成为纳西族与藏汉等民族贸易中的主要商品，同时铜器在纳西族习俗中，又是女儿出嫁时必不可少的嫁妆，它承载着父母对女儿的美好的祝福。

过去丽江古城有许多打铜人家，在20世纪80年代之前他们都是自己从矿石中炼铜，制成铜饼，炼成粗铜，经过三次冶炼成精铜。上品铜器的材料则需要进行四次炼制，通过反复冶炼来提高铜的纯度和品质。后来工匠都直接用回收来的铜来炼制，这些回收来的边缘不规则、表面不光滑、呈片状的铜又称为电解铜。将这些电解铜进行炼制（也可添加少量其他金属，以改善铜的硬度或其他性能），经过一次冶炼后制成铜饼。打制器物的粗坯时，将3到5个铜饼叠起来用电动的空气锤打制，并且要在每层铜饼之间铺上少许木炭灰，以防止加热时铜饼粘在一起。

这种方式使得粗坯不易被打坏，若单个打粗坯，易把坯体打烂或打得不均匀。粗坯打好后，要依次取出，用剪子将边缘修剪均匀（此时要非常小心，易划伤手指）。下一步是对粗坯进一步打形，将单个粗坯放置在木墩上，用奶钉锤进行打制，每打一番就要进行一次烧制（铜打久了会变硬），时间控制在2~3分钟（具体可根据器形而定），温度在800~900摄氏度为佳。接下来是根据器形选择不同的工具，一般底座需要回修，要用折边锤对器物进行回修。回修后的器物基本已经成形。而做喇叭状的器物需要用盘锤，以扩大器物的边。最后是用光锤对已成形的器物点冷，纳西族传统工艺里没有抛光工艺，使用光锤点冷，可以让铜器变硬，并且使铜器不易变形，有光泽感，更美观。值得称道的是，在纳西族铜器的制作过程中，铜匠不使用焊接工艺，都采用组装、套接、扣接等方式,将各部位相连,以折叠两次的方法使之固定。这种制铜的工艺一般适用于较大器皿,比如火锅、瓢、盆等。

图片来源
图一、图三至图五　张新鸽　制图
图二　石永欣、李佳怡　摄影

图二　纳西族铜器制作工具

图三 纳西族铜器制作工艺——炼铜

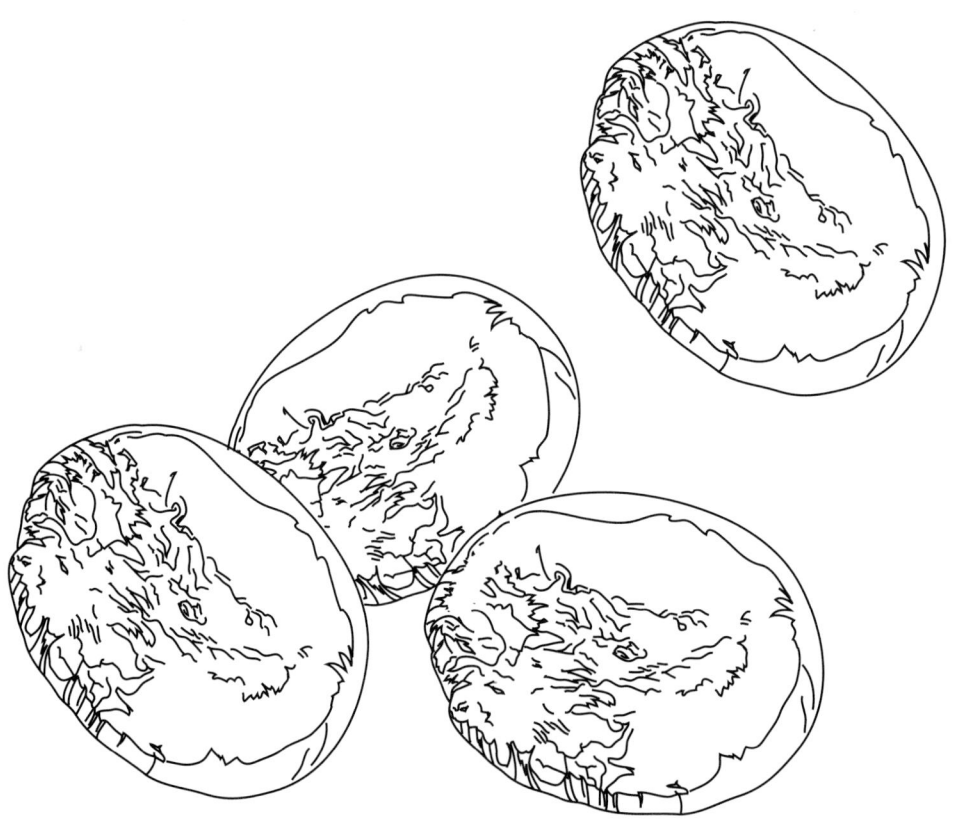

图四 纳西族铜器制作工艺——制铜饼

图五　纳西族铜器制作工艺——修形

第七章 纳西族传统民俗和宗教造像

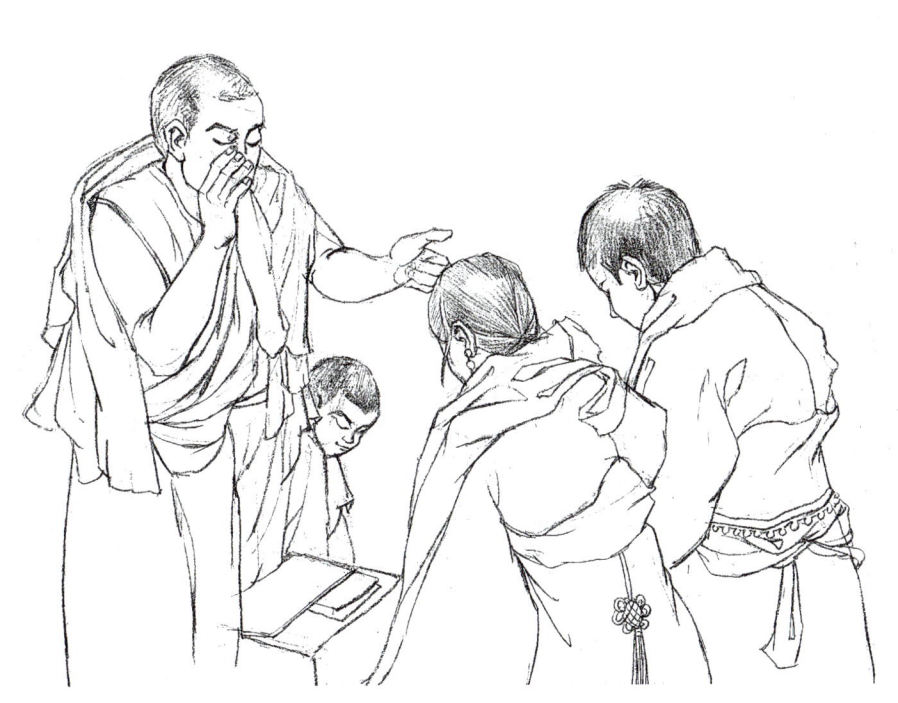

纳西族摩梭人婚礼

图一　纳西族摩梭人婚礼主图

泸沽湖畔的摩梭人有三种婚姻形式：异居走婚、同居走婚、结婚。如今受外来文化冲击，很多年轻人逐渐放弃了传统的走婚，开始自由恋爱并组建家庭。摩梭人的结婚是指经过一定的迎娶（或招赘）仪式建立婚姻关系。结婚的过程复杂，大致可分为五个程序：托媒人说媒、请对方斯日喝酒、送彩礼、婚礼、回门。

此处着重介绍婚礼的仪式。举行婚礼当天，新郎新娘都要穿上摩梭人节日的盛装。喇嘛会在祖母房的男柱前放一小木桌，将装着一坛苏里玛酒的背篓放在桌上，并用摩梭男孩的花腰带将背篓拴在男柱上，在背篓上插满新摘的松树枝，中间露出坛口。清晨六点半，仪式开始：两个男人拿起大海螺吹出洪亮的声响，喇嘛开始诵经，并用拴着红布条的竹竿往背篓里戳，他的助手则往酒坛里加水，并在旁边燃起一堆松枝，以放出青烟。喇嘛分别给下火塘和上火塘的神敬酒、敬猪膘肉。敬完神，新娘和新郎来到喇嘛跟前跪下，喇嘛会在他们头上抹上酥油，并为新人戴上事先拴好的哈达。接下来，新郎和新娘还要跪拜长辈、火神和经堂，以示感激。所有宾客都要品尝经过喇嘛诵经后的苏尼玛酒和祭祀过神的食物。婚宴一般是流水席，客人给了礼钱（礼钱不在乎多少），迎宾就会给安排座位。酒桌上的酒和饮料瓶上都用红毛线绑了一圈用来表示喜庆和吉祥。天黑时，院子里会燃起篝火，"打跳"开始了，婚礼的高潮也到了。"打跳"是当地语，就是跳甲搓。"甲"是美好之意，"搓"指舞，意即"为美好的时辰而舞蹈"。最后一曲甲搓跳完后，姑娘和小伙子们便拥着新郎和新娘热热闹闹地进洞房。

如今摩梭人的婚姻形式正悄然发生变化，但在摩梭婚礼上的抢亲、篝火晚会以及民族盛装等等都证明在很大程度上其婚姻还保持了浓厚的传统气息。

图片来源
图一、图二　阿七尼玛次尔　摄影
图三　张新宇　制图
图四至图九　曾舒　制图

图二　纳西族摩梭人婚礼——盛装

图三　纳西族摩梭人婚礼——吹白海螺

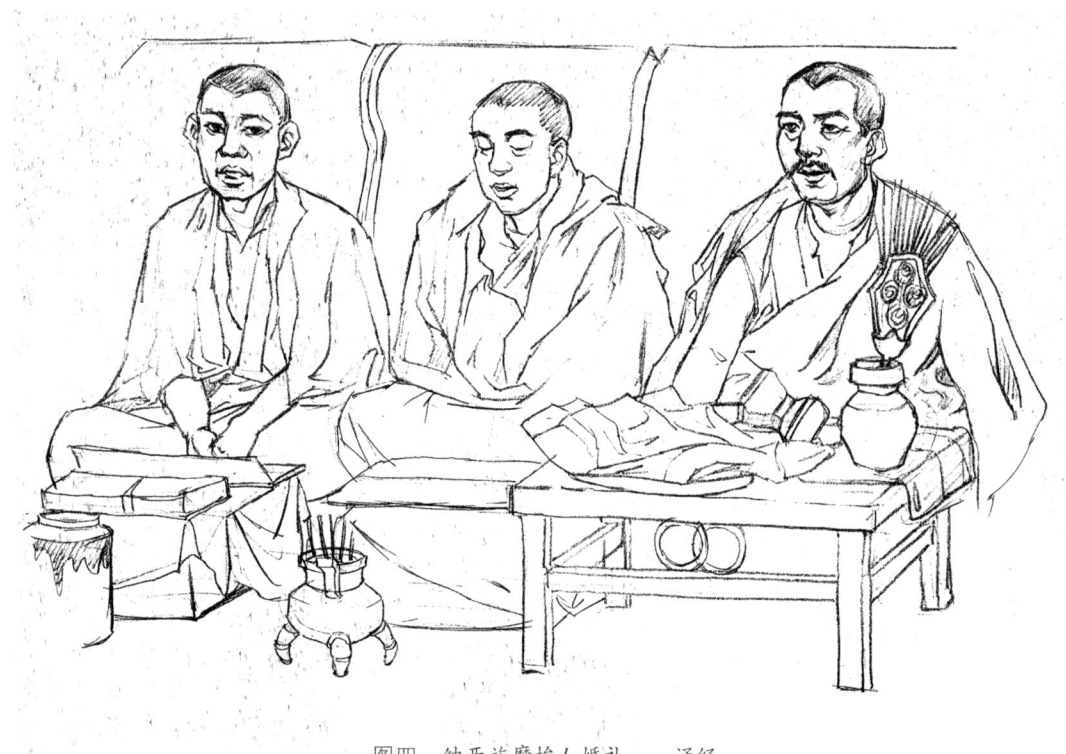

图四　纳西族摩梭人婚礼——诵经

图六　纳西族摩梭人婚礼——为新人祝福

图五　纳西族摩梭人婚礼——跪拜

图七　纳西族摩梭人婚礼——献哈达

第七章　纳西族传统民俗和宗教造像

图八　纳西族摩梭人婚礼——新人点灯

图九　纳西族摩梭人婚礼——新人给长辈敬茶

纳西族摩梭人葬礼

图一 纳西族摩梭人葬礼主图

摩梭人的葬礼又称为喜葬，在藏传佛教中，人的生命和灵魂是不断轮回的，亲人期盼离世的家人能在来世过得更幸福，所以用隆重的礼仪和热闹的场面来完成超度。丧葬的过程繁复而隆重，持续时间短则十天，长则一两个月。从死者去世到完成葬礼仪式需经历送别、报丧、洗礼、捆扎、守灵、砍树、吊唁、备马、指路、出殡、焚化、拣骨等十几道程序。

送别是指长者临终，晚辈为其准备丰盛的食物，象征性地喂入长者口中，代表"送别饭"。长者离世后，立即将一小撮碎金银、酥油等放入死者口中，往死者七窍皆抹上酥油。在死者去世后，由死者家人尽快通知亲属及本村村民，所有人收到通知后应立即停下手中事宜，迅速赶赴死者家中。为死者洗尸一般由自家男性完成，若本家无男子，则由母系氏族同一祖先的男子完成。洗尸时用白布蘸从河里挑回的清水将死者从头到脚擦洗一遍，男性死者用九碗水，女性死者用七碗水。洗毕，为死者换上寿衣、寿鞋。然后用白色麻布将死者捆扎成屈肢，并装入麻袋，安放于祖母房生死门后的地穴中，停放尸体的天数由喇嘛决定。停放尸体期间喇嘛整日念经超度。在守灵服丧期间，死者家属要前往公共墓地砍树，砍树的人数也有严格规定，死者为男性需要去九人，为女性需要去七人。将砍好的神树劈成几段，搭成"品"字形，以备焚化。吊唁将整个葬礼推向高潮，它是葬礼程序中极其重要的组成部分。吊唁活动一般分两天进行。第一天要把置于祖母屋后地穴内的尸体取出，并置于用新砍伐的松木搭建的立式棺轿内。棺轿宽约1米，高约1.6米，男性死者的棺轿为十九层，女性的为十七层，用红、绿、蓝等色描绘日月星辰、植物、飞禽走兽等。灵前供奉白酒、枯木和荷包蛋等物。前来吊唁的人都要携带一些礼品，一般是麻布、大米、肉、水果、酒和钱等，主人会详细登记在册，以备葬礼后回等价的礼。第一天参加吊唁活动的主要是本村的邻居；第二天远方的亲朋好友也全部到齐，喇嘛们从早到晚念

图二　纳西族摩梭人葬礼——准备食物

图三　纳西族摩梭人葬礼——分发米团

经,死者的晚辈跪于棺前聆听。在吊唁活动中还有一个极重要的洗马仪式,由死者的两名孝子贤孙将马牵至村外的小溪边,用三碗水象征性地清洗马身(也可由喇嘛一边念经一边用树枝蘸水清洗马身)。洗毕,将马牵回院子,由喇嘛为其念《站马经》,并戴上华丽的挽具。此马被视为死者的坐骑,带领死者北归。洗马仪式结束后的当晚,喇嘛会为死者念《指路经》。当晚子时为出殡时辰,所有亲友前往送葬,凡参加者,每人需携带一块房板、一个饭团,待火化死者时一起烧掉。送葬日,东方刚发白,出殡的队伍就牵着马、抬着棺材出寨了。走在最前边的是两个舞着竹刀的喇嘛,后边的人们扛着松枝,敲着锣鼓。火化场上,有一堆火燃着。喇嘛们换上新衣,戴上尖顶帽子。待家属向死者叩头告别之后,人们把棺材顶去掉,取出尸体,将其面向北方放入"木笼子房"(火化场内用神树搭建的火化台)。再把棺材打碎,全部装入"木笼子房"内。死者的亲属把马牵来,取下马背上的物品,把马放了,任其自由跑开。火化时,由大喇嘛指挥并诵经,左右两个喇嘛点火,并在"木笼子房"上倒酥油。火化后第二天拣骨,把骨灰装入陶罐,埋于山中。第四十九天,再请喇嘛念超度经。整个葬礼到此结束。

葬礼中所有仪式均由男性负责,这并不是因为摩梭人轻视女性,相反,摩梭文化视女人为生命之源,所以她们必须远离死亡的空间。同样道理,摩梭女人不能杀猪或杀鸡。纳西族摩梭人的葬俗反映了他们对灵魂、鬼神、来世等问题的认识,是该民族文化的缩影。摩梭人举行葬礼时,无论死者生前贵贱,死后都一视同仁,众族人都共享祸福,一人有难,众人帮忙,体现了纳西族摩梭人极强的氏族观念。

图片来源

图一、图三至图十　曾舒　制图
图二　张新宇　制图

图四 纳西族摩梭人葬礼——抬猪膘肉

图五 纳西族摩梭人葬礼——诵经

图六　纳西族摩梭人葬礼——备马

图七　纳西族摩梭人葬礼——换装

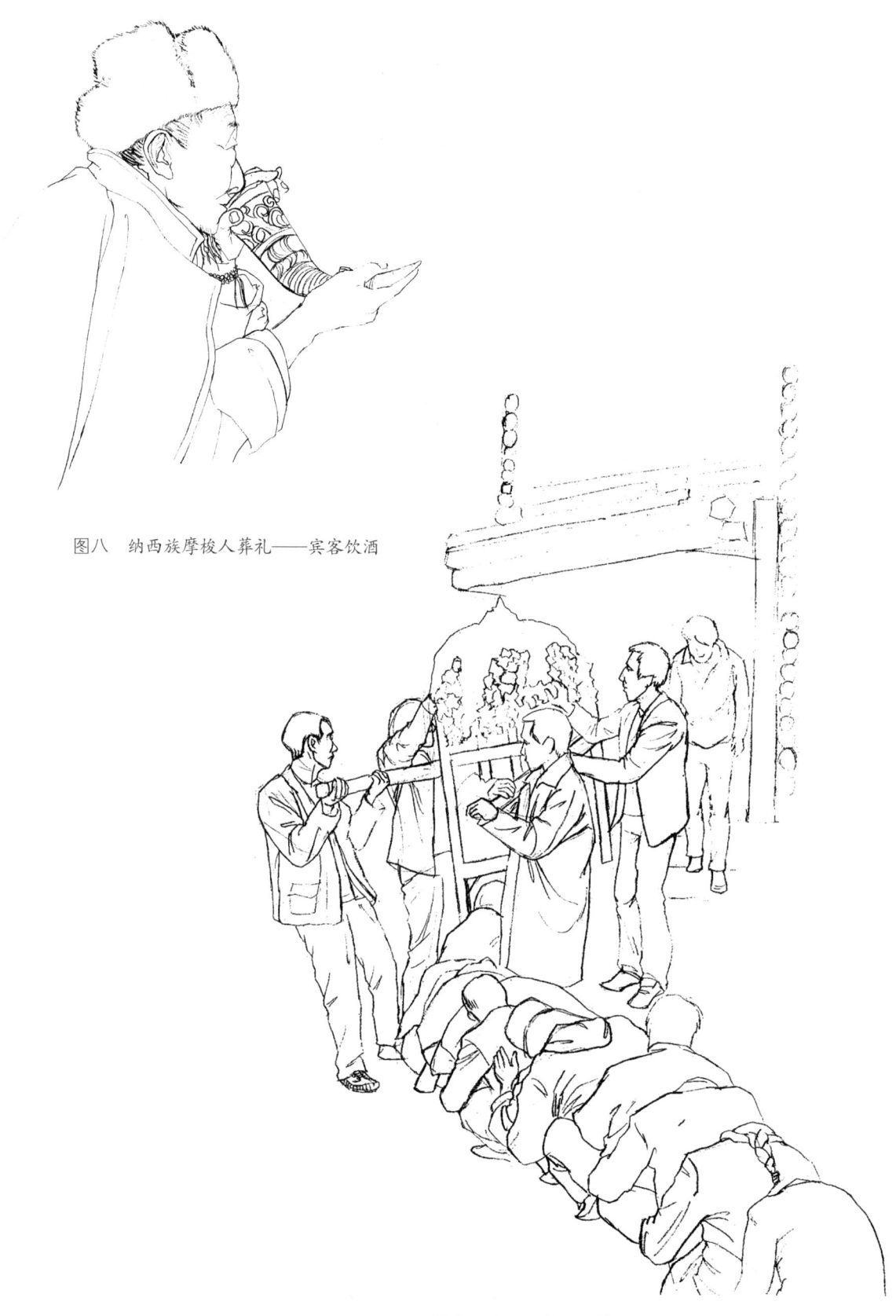

图八 纳西族摩梭人葬礼——宾客饮酒

图九 纳西族摩梭人葬礼——出殡

图十 纳西族摩梭人葬礼——家人谢礼

纳西族摩梭人成人礼

图一　纳西族摩梭人成人礼主图

　　成人礼,是大年初一清晨为虚岁13岁的男女举行的成人仪式,也是摩梭人一生当中最重要的仪式之一。成人礼摩梭语称"里给"(穿裤子)、"毯给"(穿裙子),当地人称为"成丁礼"或"成年礼"。

　　通常,大年三十晚上一家人就开始忙碌,首先要安排人请达巴或喇嘛,其余的人则准备祖母屋中的布置,他们将猪膘肉挂在女柱上,也可以直接将猪膘肉放在女柱旁边的地上,把粮食口袋放在女柱上,再将缝好的金边衣、白褶裙用塑料袋包好放在上火堂。次日清晨,先由达巴或喇嘛诵经祭祖,接着在清脆的法铃声中,少男少女分别站在正房内男、女柱旁的猪膘肉和装满粮食的口袋上,猪膘肉和粮食寓意一生幸福、衣食无忧。然后由主持人脱去少年身上的长衫,为其改装易服,提醒少年已成年,有了灵魂,可以参加生产劳动和社交活动。男孩穿宽腿长裤,女孩穿绣花百褶裙。穿戴完毕后,便由达巴或喇嘛抹酥油并念诵祝福经。最后由主持人引导接受成年礼的男女少年依次向经堂、上下火塘神、达巴(喇嘛)和年长者磕头施礼,接受被磕头者的祝福。

　　传统的摩梭人行成年礼仪式之前,无论

男女都统一穿麻布长衫,系花腰带,男女在着装上是没有差异的。现在无论哪里的摩梭人,在仪式前后都穿现代衣服,成年前后的服装已经没有差异了,但不管穿什么衣服,成年礼都必须举行。

图片来源
图一至图五　曾舒　制图

图二　纳西族摩梭人成人礼——布置

图二　纳西族摩梭人成人礼——女子换装

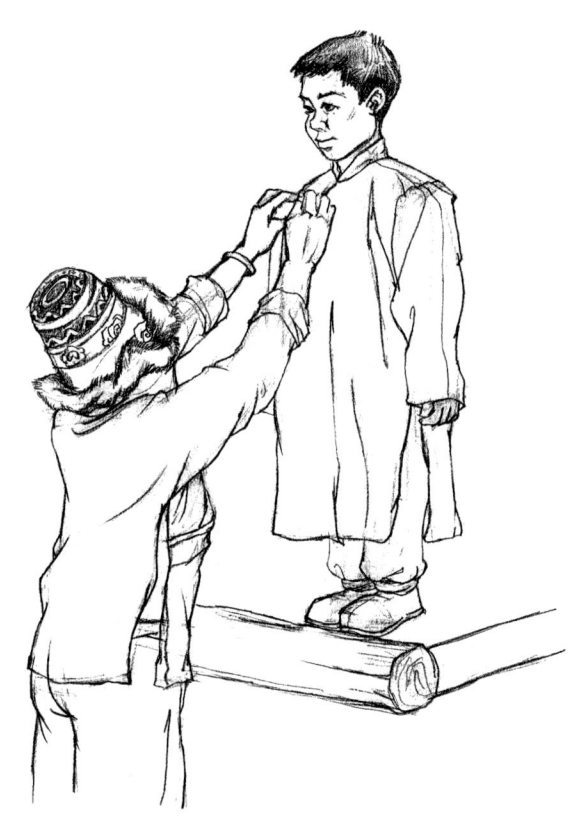

图三　纳西族摩梭人成人礼——男子换装

图五　纳西族摩梭人成人礼——喇嘛诵经

纳西族黄蜡帽

图一 纳西族黄蜡帽主图

　　黄蜡帽，纳西族东巴的法帽之一。根据纳西语音译为"诺毕箍母"或"卡箍母"，意为"最大"，该帽通常由大东巴戴，一般的东巴只能佩戴五佛冠。黄蜡帽是用毛毡制成，上插雄性雉鸡羽毛，以示神圣。帽上还有两个铁角，有刀剑之意，铁角上画有两个圆点，象征日月，意为白天太阳照道，夜晚月亮照路。铁角两边各插一把刀，刀两侧刃有豪猪刺，这些皆是驱邪镇鬼的象征，用来保护东巴。大东巴帽檐上有一圈牦牛毛，表示其威力强大。另外，帽上还饰有鹰爪，也是为了驱邪。帽带为五色彩绸。戴帽前，东巴需要先念经讲述帽子来历。东巴经师做道场时必戴帽子，以此增加镇魔压邪之威力。

该案例采集自丽江市东巴博物馆，帽身通高87厘米，其中帽子高13厘米，飘带长66厘米，帽檐直径32厘米。制作时先将帽子做好，再增加各种装饰。做帽子时，先用蒸汽蒸一下做帽子的呢料，再将呢料放在一个木制的帽模上，沿模型的形状按压，并在帽腰处捆绳固定，并用熨斗沿木模熨烫，使呢料与木模贴得更紧，利于成形。然后在帽子上画出边线，并沿线剪下。接着在帽边缝上沿条，在帽腰内部缝上汗条，在外部缝上装饰带，帽子就完成了。最后将雄鸡头、锦旗、红色装饰图样、飘带及雄鸡羽毛固定在帽上即可。

图片来源
图一　李佳怡　摄影
图二至图八　李雪婷　制图
图九　张新鸽　制图

参考文献
张明坤.云南少数民族原始宗教服饰研究.昆明：昆明理工大学,2009.

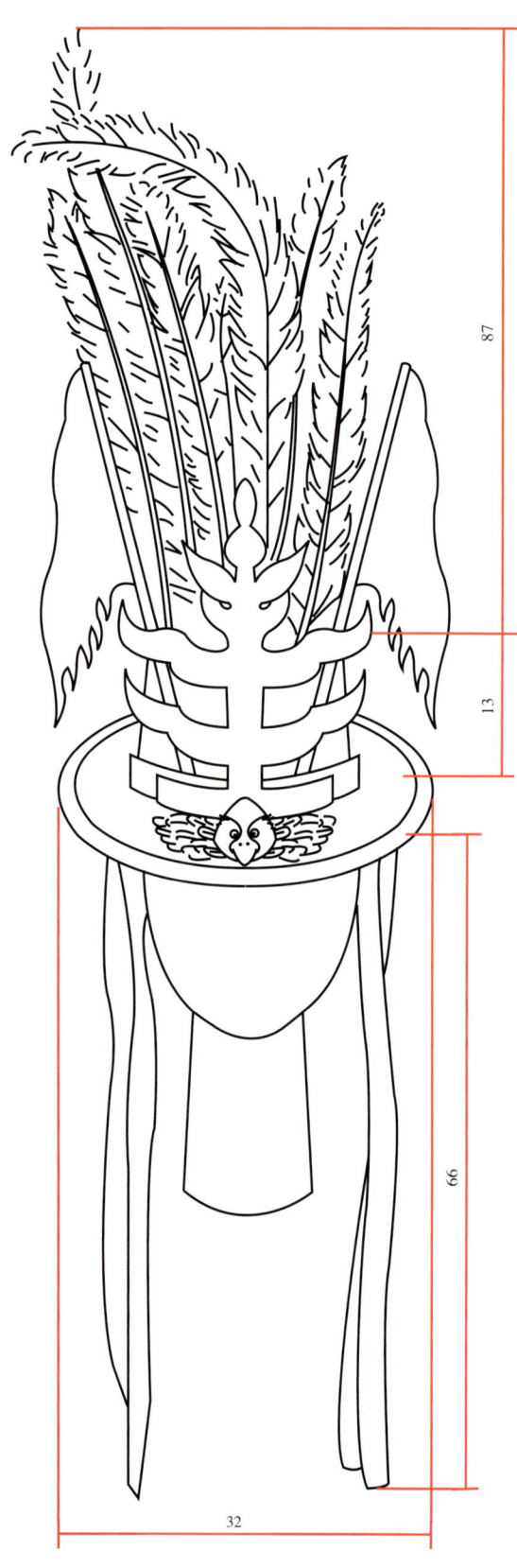

图二　纳西族黄蜡帽尺寸图（单位：cm）

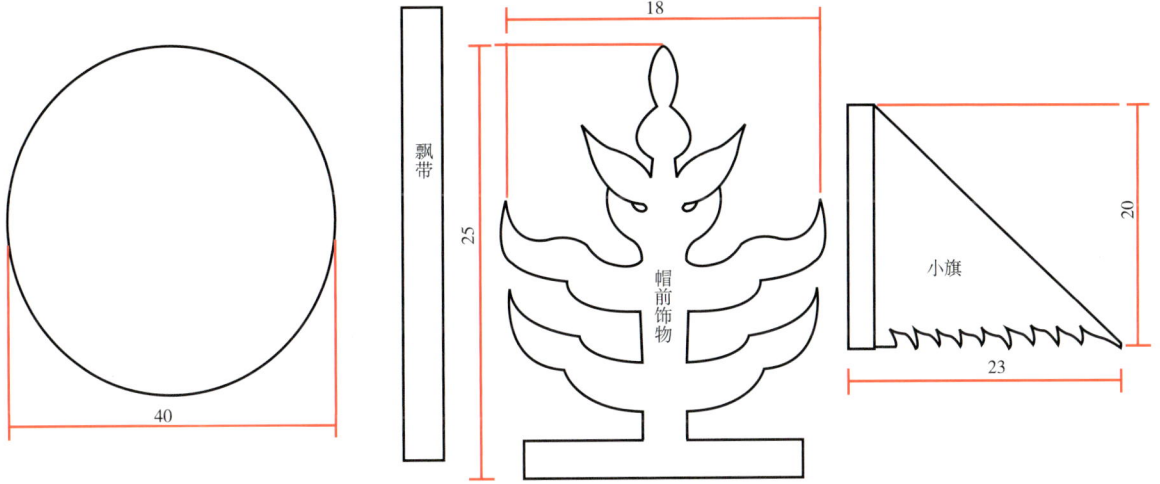

图三 纳西族黄蜡帽结构分解图（单位：cm）

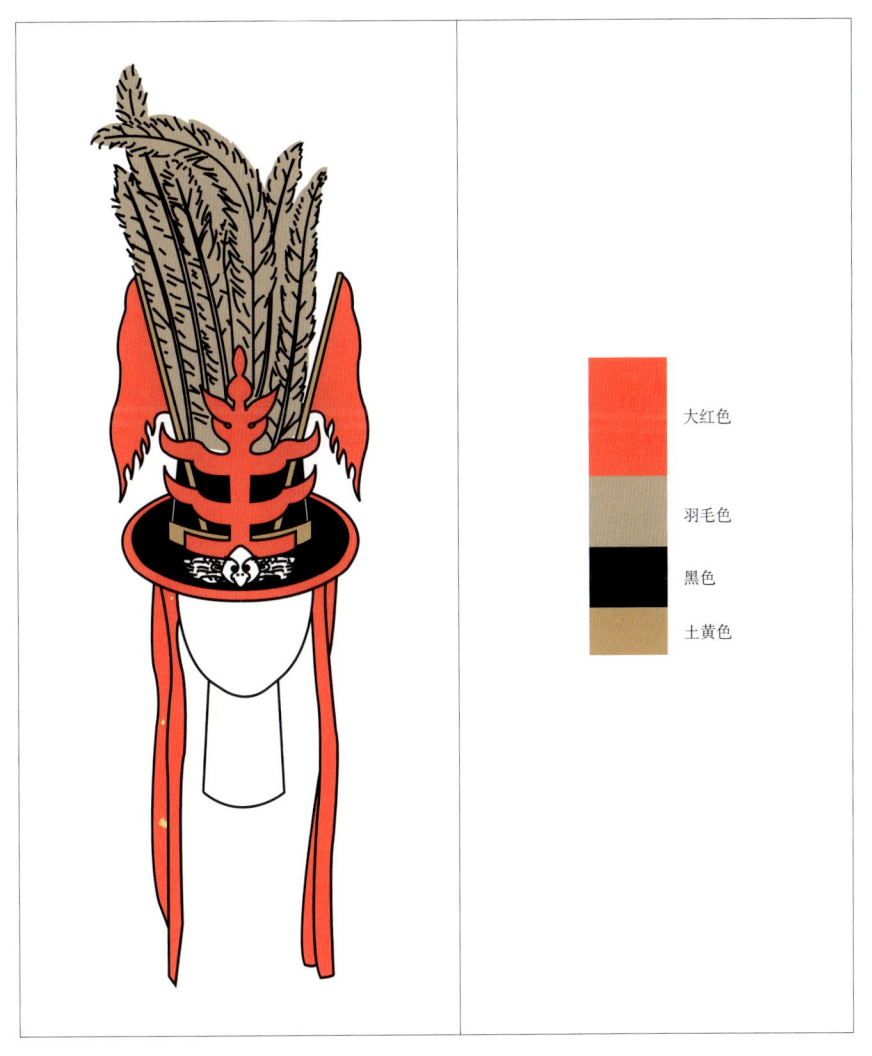

图四 纳西族黄蜡帽色彩分析图

第七章 纳西族传统民俗和宗教造像

415

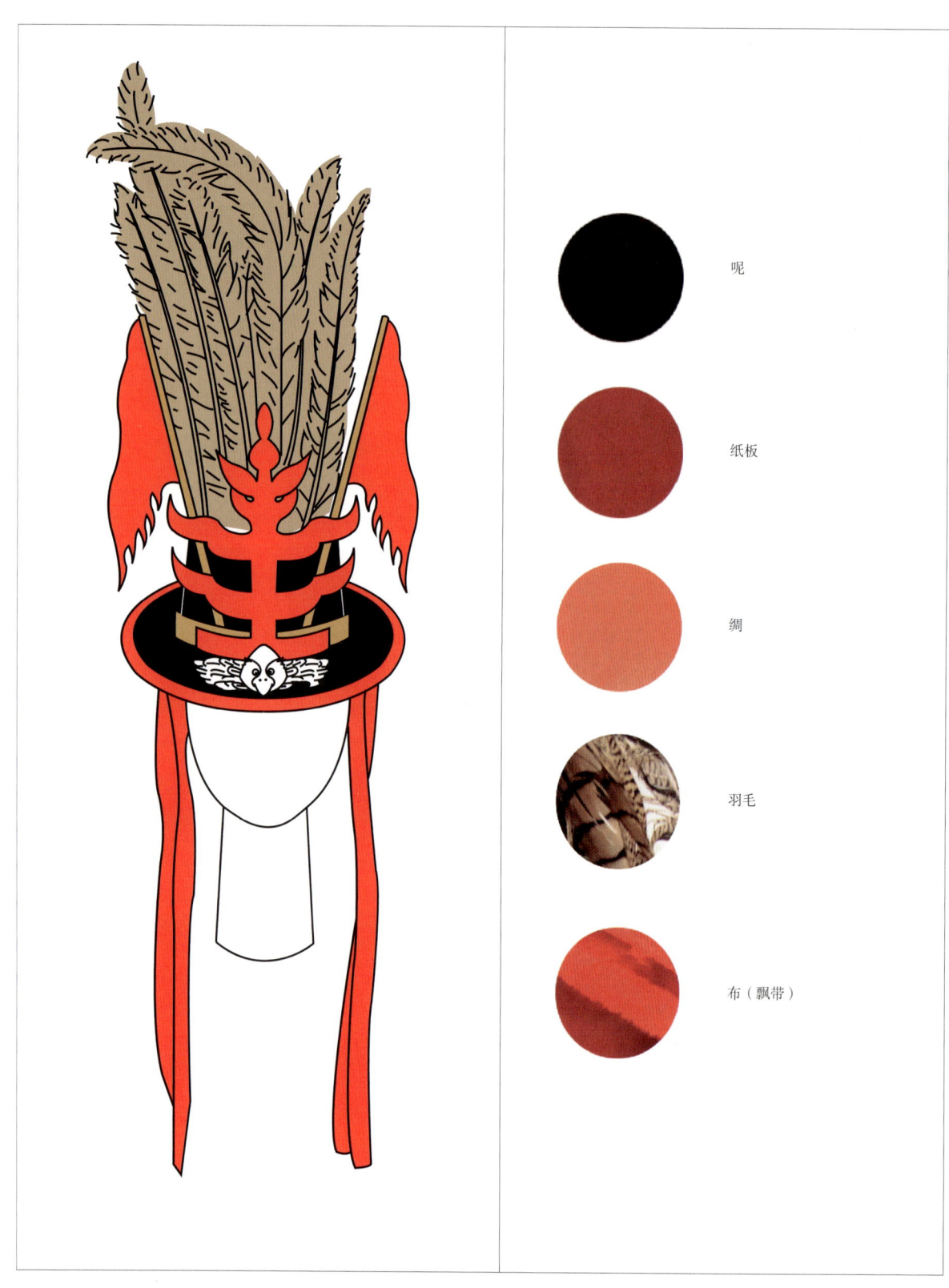

图五 纳西族黄蜡帽材料分析图

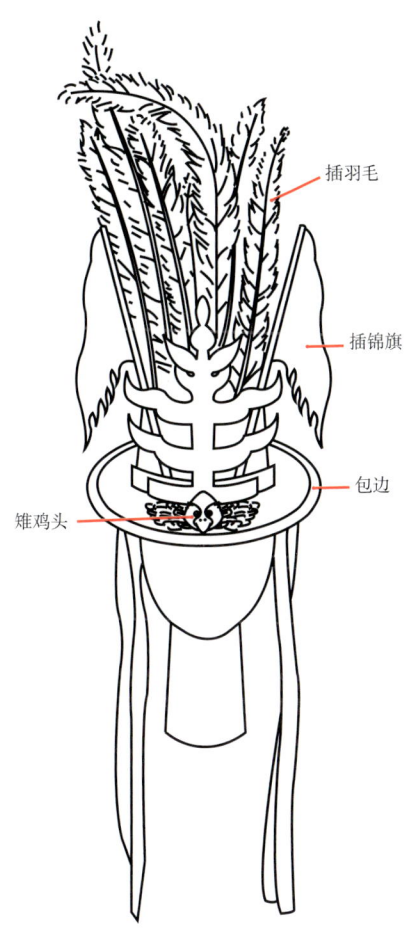

图六 纳西族黄蜡帽结构示意图

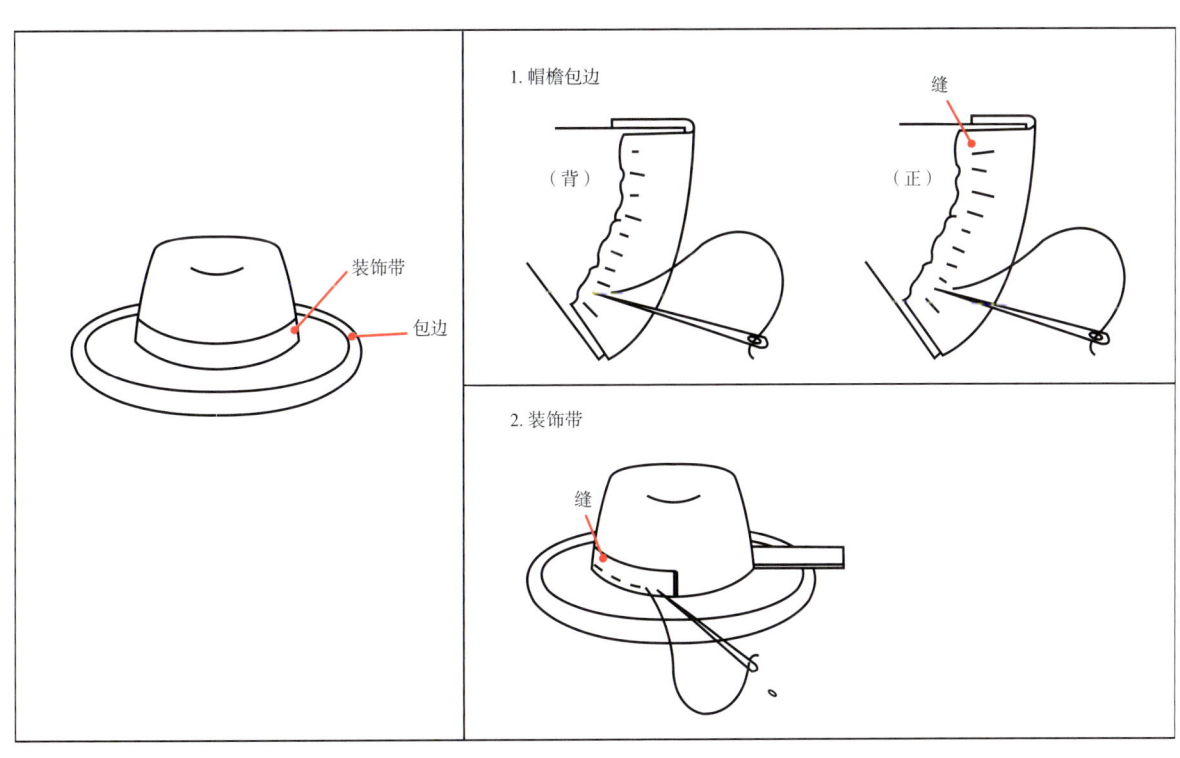

图七 纳西族黄蜡帽工艺分析图

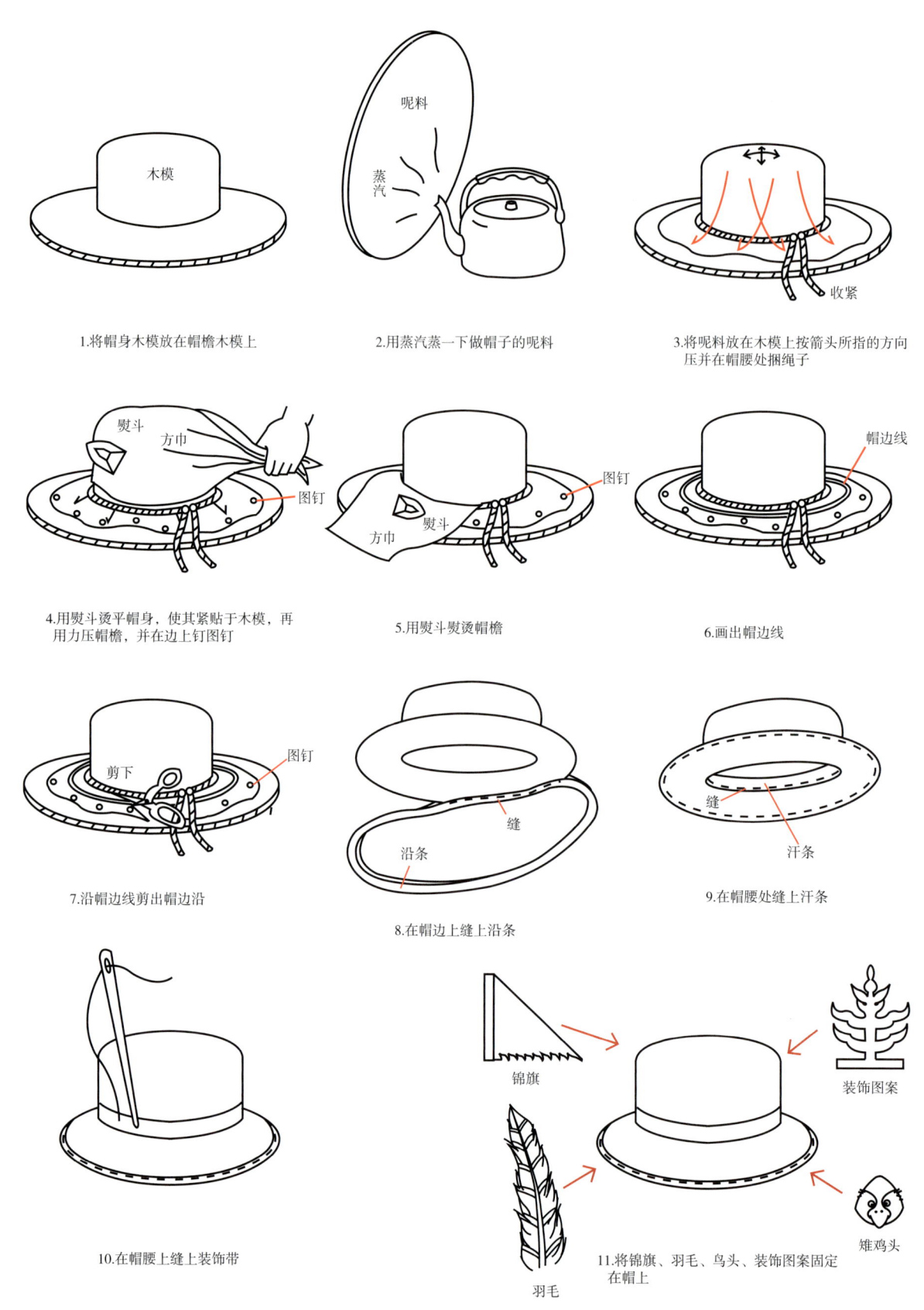

图八 纳西族黄蜡帽制作流程图

图九 纳西族黄蜡帽穿戴效果图

纳西族五佛冠

图一 纳西族五佛冠主图

五佛冠是在纳西族传统除鬼驱灾祭祀活动中东巴需要佩戴的一种帽饰。它由五片剪成尖头形的硬纸板手工连缀而成，两侧缀有长缨，五叶上有彩绘的司职各不相同的五尊大神。所绘制的神佛像有东巴祖师丁巴什罗和各位护法神。五佛冠意为将五个大神的神力、日月的威力、灵兽的灵力加在东巴身上，用来吓退和击败恶鬼。本案例采集自丽江市东巴文化博物馆。

该案例每瓣高21厘米，宽 7~12厘米。各地纳西族在五佛冠上所绘佛像略有不同。首先用东巴竹笔或铜笔蘸植物颜料在硬纸板上绘制需要的图案，再在硬纸板中上部的背面用手工针缝上约1厘米宽的布条，使五片硬纸板能够连缀在一起，最后在五佛冠的底部缝一条对折的布带，其作用是使五佛冠的佩戴更加方便。

五佛冠是东巴教常用的法器之一，被纳西人奉为神圣之物，据说可以镇压东、西、南、北、中五方妖魔鬼邪，另外五佛冠整体上又象征东巴教祖师丁巴什罗，意为丁巴什罗时刻居于东巴头上保护东巴，也象征东巴戴上此帽就成为丁巴什罗的化身。在东巴祭祀仪式中，东巴的五佛冠展现了纳西族的传统风俗与民族信仰。

图片来源

图一 李佳怡 摄影
图二至图八 程珊 制图
图九 张新宇 制图

参考文献

张明坤.云南少数民族原始宗教服饰研究.昆明:昆明理工大学,2009.

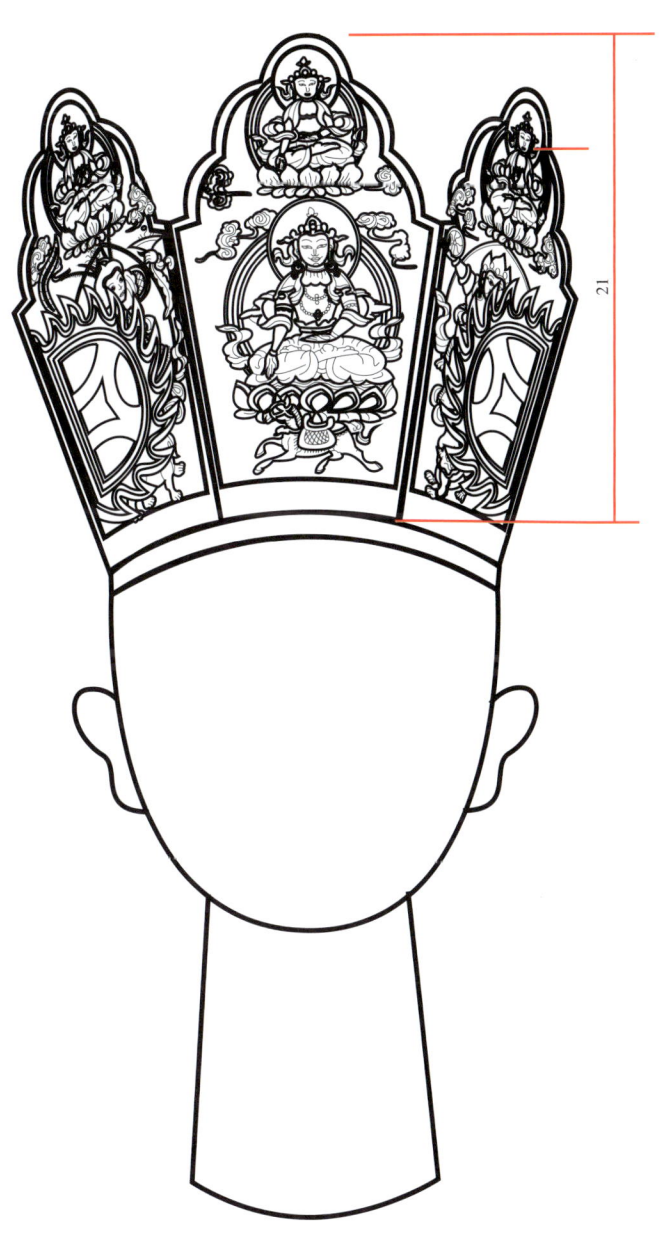

图二 纳西族五佛冠尺寸图（单位：cm）

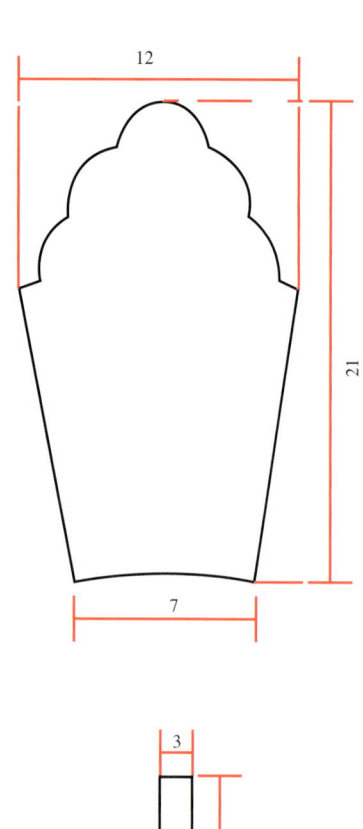
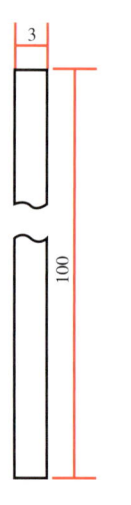
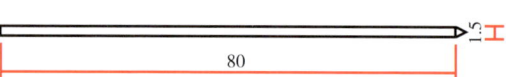

图三　纳西族五佛冠结构分解图（单位：cm）

图四　纳西族五佛冠色彩分析图

图五　纳西族五佛冠材料分析图

图六　纳西族五佛冠工艺分析图

图七　纳西族五佛冠纹样图

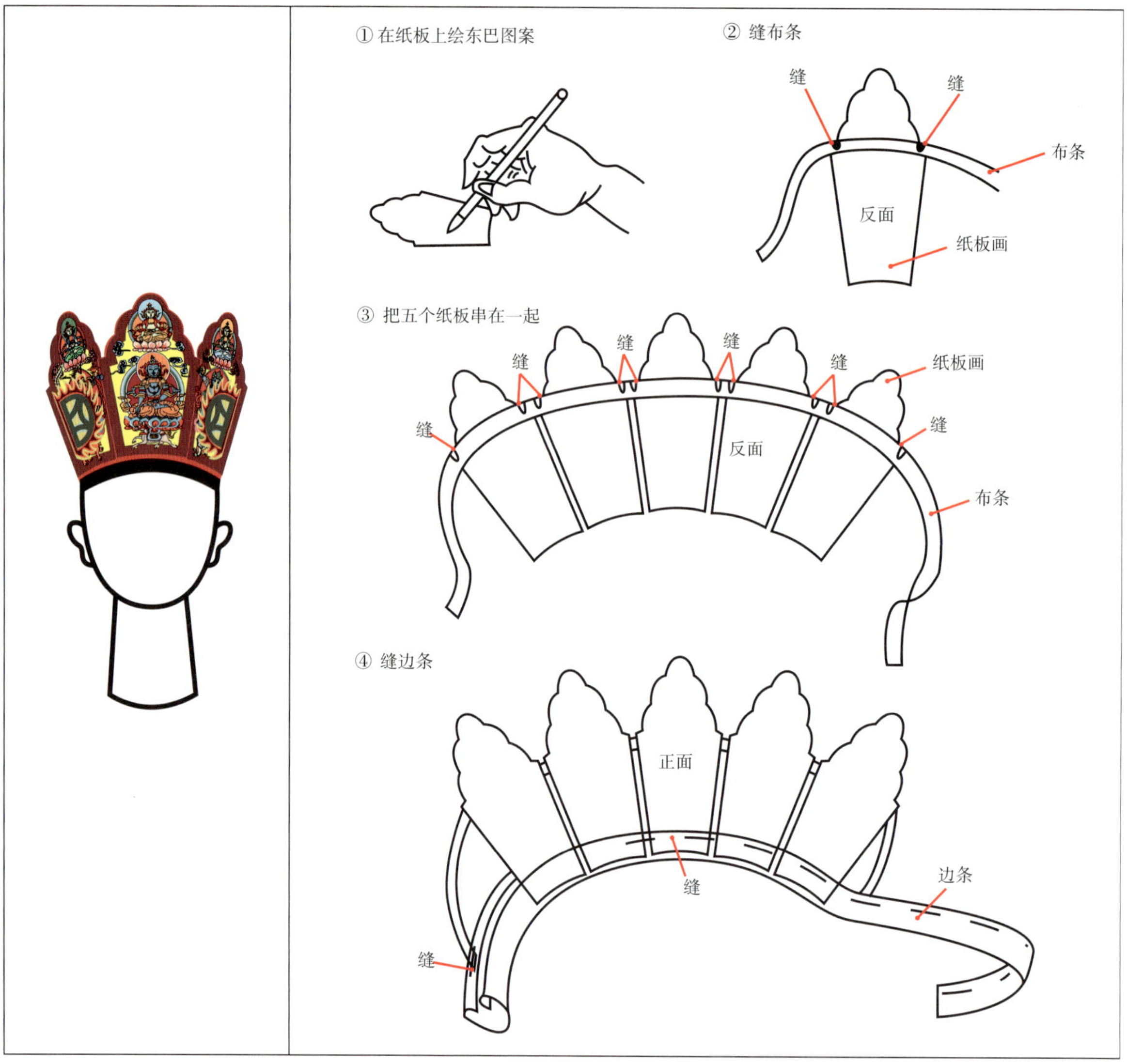

① 在纸板上绘东巴图案
② 缝布条
缝
缝
布条
反面
纸板画
③ 把五个纸板串在一起
缝
缝
缝
缝
纸板画
缝
缝
反面
布条
④ 缝边条
正面
缝
边条
缝

图八　纳西族五佛冠制作流程图

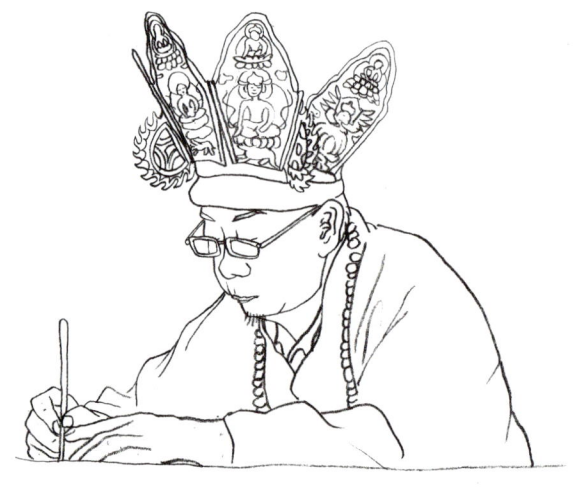

图九　纳西族五佛冠穿戴效果图

纳西族东巴教木牌画

图一　纳西族东巴教木牌画主图

木牌画，纳西象形文，称"森究鲁究"，意思是"保留在木石上的痕迹"，"森究"就是刻在木质材料上的符号和图像，由此可知东巴教木牌画出现得很早，远早于东巴文字的形成。木牌画，就是在木牌上用东巴符号和图像所做的画，用于祭祀仪式。该案例属于神灵系统的尖顶木牌画，采集于丽江大研古城的东巴纸坊院。其长60厘米，宽10厘米，厚1厘米。

木牌画分为神牌和鬼牌，神牌勾线填色较为精细，顶部绘有祥云、日月星辰、风雨雷电和其他装饰性图案，色彩鲜艳，中间绘上该牌的主神。鬼牌无论在做工还是绘制上都不及神牌，它为平顶、不上色，更显简单粗糙。上部画上木栅栏，起到阻拦鬼怪的作用，再绘上能分清人与鬼怪的卢、沈两位大神，防止妖魔侵扰人间。木牌画近代一般用分布较广的云南松来制作。将直纹的干松木用斧子劈开，粗修成所需要的牌形后，再用特制的铁划刀划平。传统的东巴木牌画，所用的颜料均从自然界获取，而且东巴们不受色彩学知识束缚，采用的是原色平涂法，极少用间色和复色，逐渐形成一套自己的完整用色规范。各种木牌画也因其具体功能的不同而插在不同的位置，尖头形木牌一般画神的形象，插于上方神坛前；平头形木牌画鬼的形象，插于下方鬼寨中。但这两种不同功能的木牌画在制作上也有相同之处，就是绝大部分的木牌画下部都较尖锐，也较长，这是为了便于将其牢固地插在特定的位置上。

图片来源

图一、图四　王卉　摄影

图二　张新鸽　制图

图三　王雅楠　摄影

图五、图六　石永欣　摄影

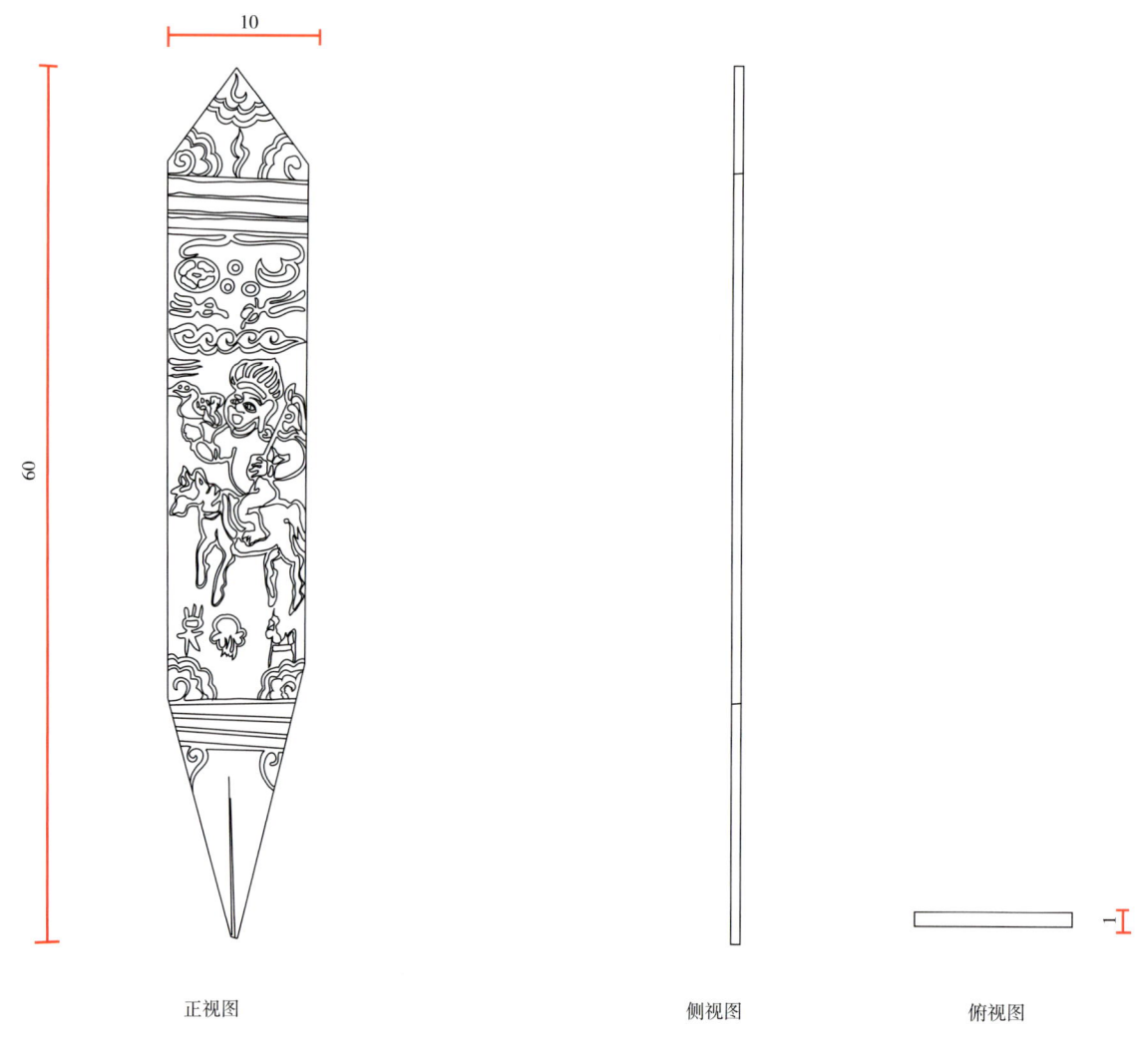

正视图　　　　　侧视图　　　　　俯视图

图二　纳西族东巴教木牌画三视图（单位：cm）

图三　纳西族东巴教鬼牌

图四　纳西族东巴教神牌

图五　纳西族东巴教神牌使用情境图

图六　纳西族东巴教鬼牌使用情境图

纳西族东巴教纸牌画

图一 纳西族东巴教纸牌画主图

东巴文化是纳西文化的重要组成部分，它是由东巴教徒们世代传承下来的，贯穿纳西族历史的全过程。他们用象形文字或图画记录下内涵丰富的纳西族传统文化。而被纳西族称为"子高勒"的纸牌画正是东巴们记录文化的一种方式。它被用于各种东巴教仪式，有长60～70厘米的大型纸牌画，也有仅10厘米长的小纸牌画。其具体用途不同，所绘制的内容也有所不同。本案例采集于云南民族博物馆。

早期东巴们是在小块的树皮、兽皮或小木片上绘制神像，随着造纸术的发明与传播，纳西族有了自产的土纸，在土纸上绘制神像，线条更流畅，色彩更艳丽，而且方便携带、传阅与收藏，纸牌画便应运而生。其早期多用竹笔画成，后来产生了用毛笔画的纸牌画。此类画从内容上大体又可分为祭祀类、占卜类和头冠画等三种。祭祀类纸牌画多描绘东巴教诸神，其中就包括众多女神——拉姆，还有各种半人半神的山神龙王——署，同时画上供奉这些神祇的动物牲品以及八宝图案；用于占卜的纸牌画略小，但数量众多，画面上有诸多人神禽兽造型以及天地日月、江河山川形象；东巴头上戴的五佛冠，中间一幅通常画教主丁巴什罗像，其他四幅画神明或各种战神、护法神。东巴画一般采用东巴纸为材料，为增加硬度和厚度，多将两张东巴纸粘在一起使用。使用时用竹棍夹住画面，插在蔓菁、萝卜或洋芋上，可随仪式移动。制作时，先用笔在制作好的纸牌上勾出所要描绘的形象，然后平涂色彩。早期所使用的颜料为植物颜料，纸牌画的底色可根据需要决定，既可平涂一层底色，亦可利用东巴纸本色作底色直接绘制。

图片来源

图一　王卉　摄影
图二　张新鸽　制图
图三至图六　王雅楠　摄影

参考文献

徐晴,杨林军.纳西族东巴画概论.昆明：云南人民出版社,2014.
戈阿干.东巴文化真籍.昆明：云南美术出版社,2001.

图二　纳西族东巴教纸牌画尺寸图（单位：cm）

图三　纳西族祭署画卡——北方署

图四　纳西族祭署画卡——南方署

图五　纳西族祭署画卡——西方署

图六　纳西族祭署画卡——东方署

图六　纳西族祭署画卡——中央署

纳西族东巴面偶

图一　纳西族东巴面偶主图

在纳西族东巴教的仪式中,除用到大量的东巴画外,还要根据不同的仪式制作神、鬼和动物面偶,纳西语称其为"多玛"。"多玛"为面偶的总称,代表神灵的叫神偶,称为"恒多玛",代表鬼的叫鬼偶,称为"楚多玛",代表自然精灵的面偶,如体现神山、神海的面偶,纳西语称为"俚多""构多"。每个面偶都有固定的形象,面偶的参考模型是木头雕刻而成的木偶。本案例采集于丽江东巴文化博物馆,它被用于东巴烧天香仪式中,东巴念诵完祭祀经文之后,将这些面塑烧进天香坛,献给天神。其用燕麦面捏塑而成。

神偶需用大麦或青稞作原料,特点是黏性适中、不易变形。做神偶的大麦、青稞从炒料到磨制面粉、揉捏成团都必须由男主人完成,妇女不得触摸。神偶一般在仪式的前一天就要完成,造型生动,自然淳朴。祭祀时东巴将一尊尊神偶放置在神坛正面的簸箕内，在簸箕中铺满供神使用的神粮（麦子或大米）。鬼偶原料为苦荞，纳西族认为苦荞面具有色黑、味苦的特点，因而只能用于塑造鬼像。现在，无论神偶还是鬼偶一般都用燕麦作材料。鬼偶可在祭祀活动中即兴捏塑，制作不必太讲究，人人都可参与炒料、磨面、揉面团。当祭祀仪式进入请鬼入场时，东巴会高举苦荞面团在祭祀主人的身上和主人家的门、床、柱子、柜子等上吸，还要到牲畜的圈门栏上吸，意为把主人家所有的妖孽鬼魅都吸附在面团上，这个仪式在请鬼的牛角号声中进行。当吸附完所有人、房屋和器具上的鬼魅后，东巴便七手八脚地将面团塑造成各种鬼怪形象，将它们请入鬼寨，先设宴款待、好言相劝，但诸鬼往往都不愿离去，最后主祭东巴要高喊："该走了，像虎豹一样迅速跃去。该走了，像鹰鹤一样闪电般飞去！"然后东巴们取所塑鬼偶到村后山岭奋力抛到山谷并高呼："别再回来，胆敢回来，定杀不饶。"

用面塑的形式，取代真正的供品进行献祭，是东巴祭祀的一个特点，因为东巴教提倡人与自然和谐相处，加之东巴祭祀是广泛分布在民间而又经常举行的，而用面塑的形式表现供品，成本低廉，简易方便。

图片来源

图一至图三　刘晓蓉　制图
图四　王雅楠　制图
图五　石永欣　摄影

 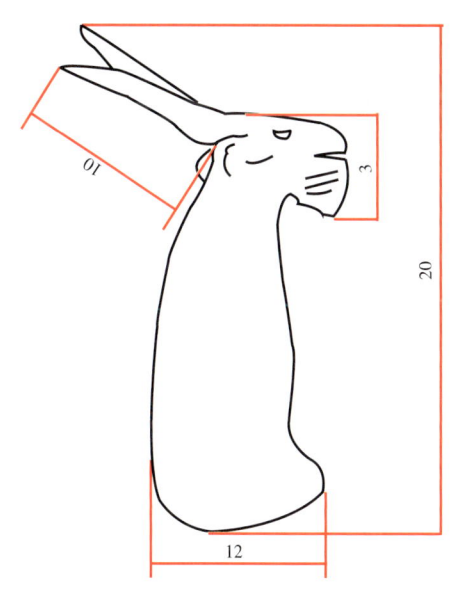

图二　纳西族东巴面偶尺寸图（单位：cm）

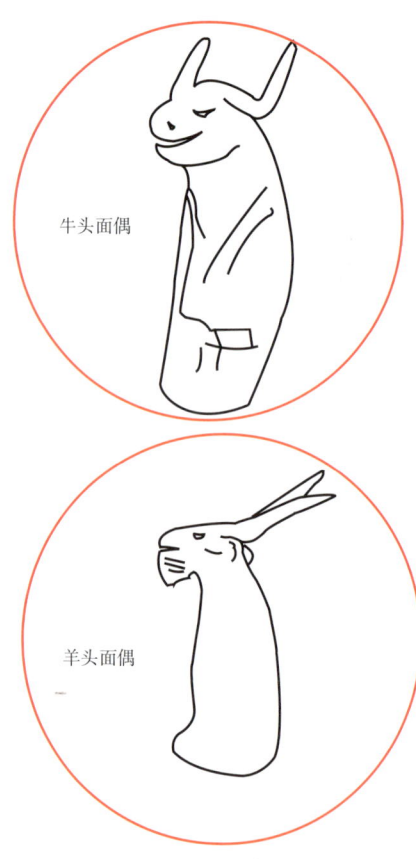

燕麦面

牛头面偶

羊头面偶

放入碗中祭祀的使用方法

图三　纳西族放入碗中的面偶

图四　纳西族神坛正面簸箕内的面偶

图五　纳西族高劳战神祭坛

图六　纳西族优麻战神祭坛

纳西族竹笔

图一　纳西族竹笔主图

竹笔，一种由竹子制成的用于书写的文具。关于竹笔的历史，《宋稗类钞·古玩》载："上古无墨，竹挺点漆而书。"一些古书均肯定了竹笔是毛笔出现以前的主要书写工具，而且中国不少少数民族都经历过以竹笔为主要书写工具的阶段，本案例就为纳西族古老的书写工具东巴竹笔。

东巴书写东巴文所使用的竹笔，纳西语称"梦奔"，是由当地质地坚韧的箭竹制成。在制作时，选择笔直光滑、直径1厘米左右的竹节，只留一个节头，煮过烘干后，将其一端削尖，再在笔尖刻出一条裂口，其形似钢笔。东巴常用这种竹笔来书写东巴经和绘制东巴画。写在东巴纸上的竹笔书法具有稚拙、粗犷的风格，别有一番韵味。操作时，经师用竹笔蘸墨汁书写，墨汁从笔尖裂口自然淌出，流于纸上。

从设计的角度来看，其书写原理与现代的钢笔基本相同，只不过钢笔事先已将墨水存于笔管中，而竹笔则是依靠少量存墨书写。相比钢笔而言，竹笔较轻，手感舒适，书写流畅，但其笔尖易磨损，使用期限较短，需在笔尖磨损后再次削制，并且储墨量较少。

图片来源
图一　赵卫东、芦颖　摄影
图二　赵卫东、芦颖　制图
图三　张新鸽　制图
图四　石永欣、李佳怡　摄影

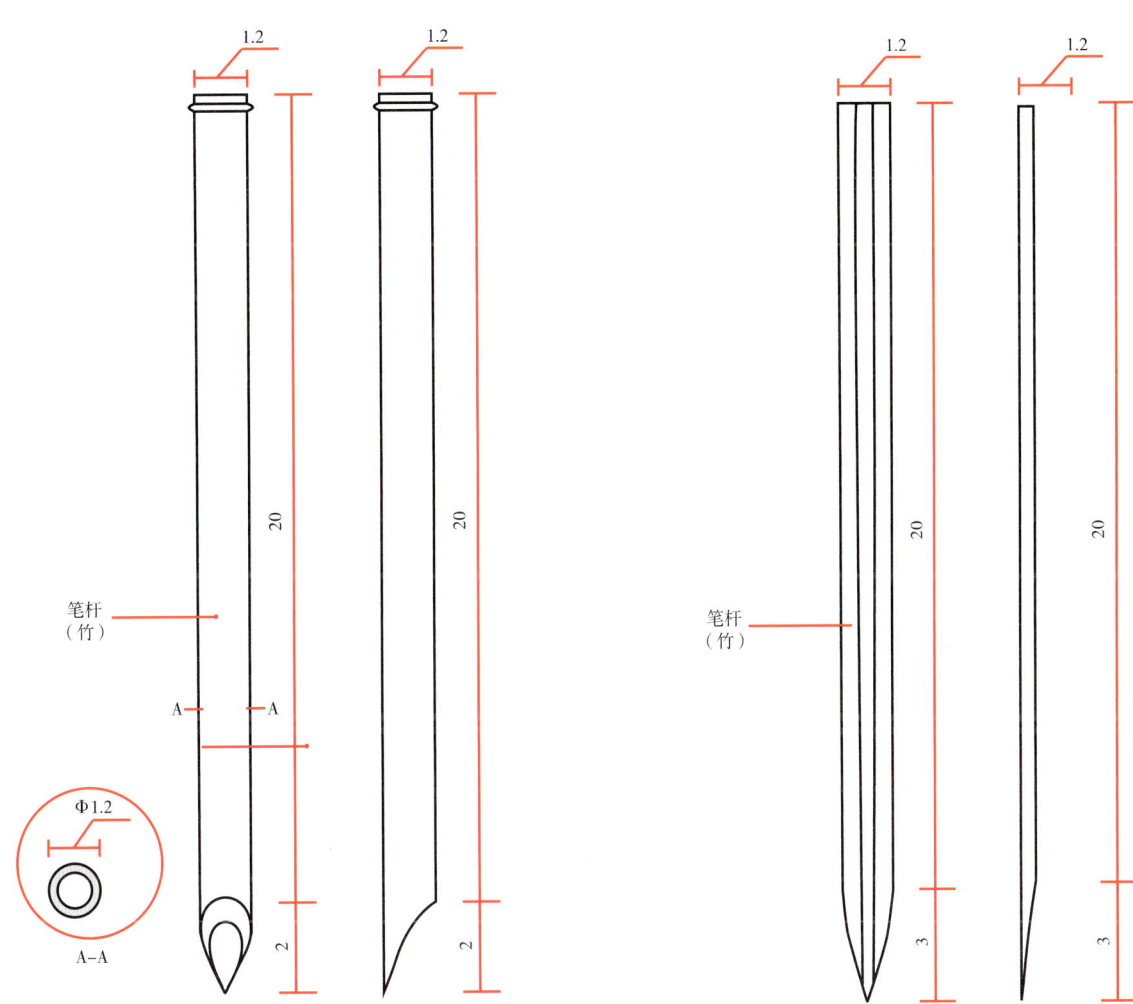

图二　纳西族竹笔尺寸图（单位：cm）

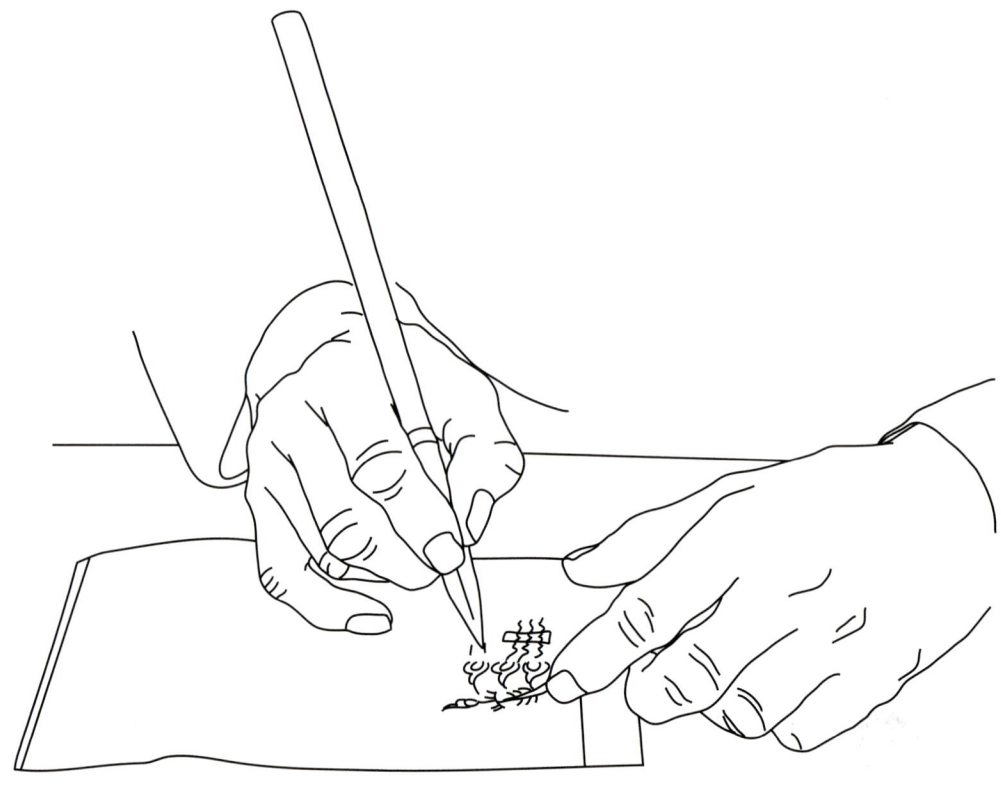

图三　纳西族竹笔操作示意图

图四　纳西族竹笔使用情境图

纳西族扳铃

图一 纳西族扳铃主图

扳铃，又称摆铃，纳西语称"展辽"，是纳西族东巴的法器。纳西族东巴做仪式时，在不同的道场使用不同的法器，而扳铃就是其中常用的法器之一。本案例采集于云南丽江塔城乡署明村，直径为22.5厘米，高2.2厘米，为扁平的圆形铜器。

扳铃的材质是黄铜。在扳铃中心凸出的部位钻出一小孔，用牛皮或红绳制成的带子穿入孔内，皮绳在凸出的一面打结，从凹面拉出的一端则系上一个高3~4厘米、底面直径2厘米的圆锥形木铎。铜扳铃凸出部分缀有五彩布以及鹰爪、熊爪、岩羊角或脚、野猪牙，这些物品被认为象征强大的神威，能驱魔压鬼。五彩布带长30~50厘米，不仅象征阴阳五行，还是东巴主持大型仪式的佐证，五彩布带越多证明这位东巴的法力越大，地位越高。常见的五彩布有红、黄、白、绿、蓝几色。东巴做法事时，右手握长刀，左手摇此铃，铃声佩以法鼓声，节奏急促，气氛肃穆。

图片来源
图一　刘晓蓉　摄影
图二、图三　刘晓蓉　制图
图四　张新鸽　制图

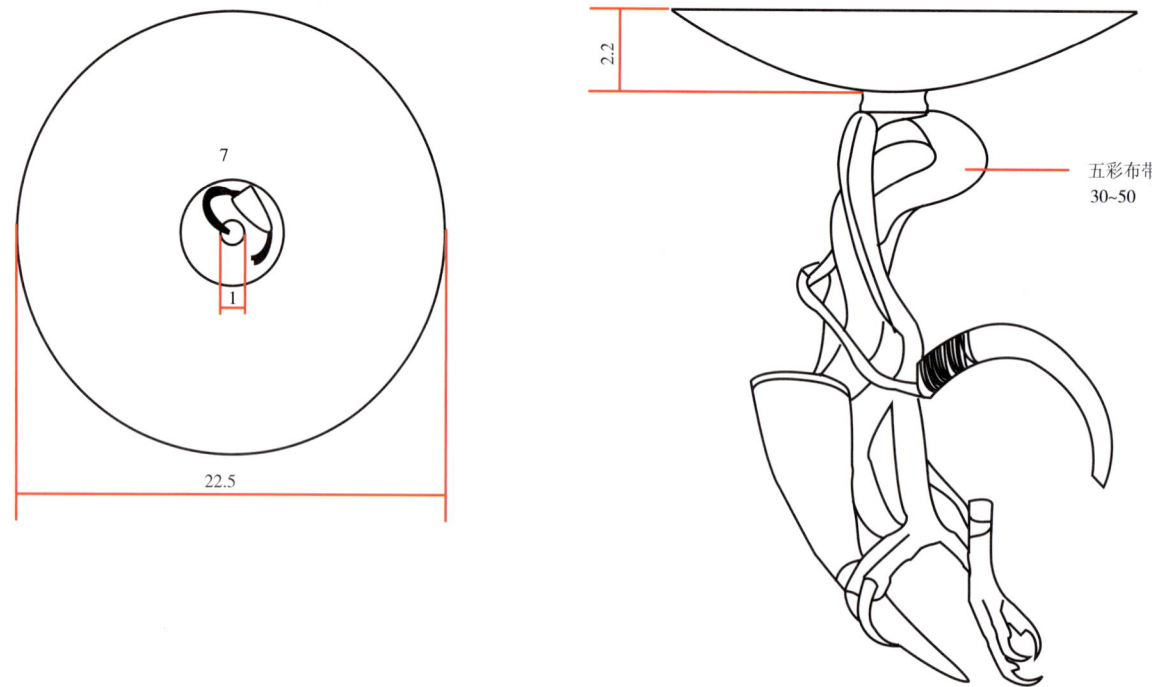

图二 纳西族扳铃尺寸图（单位：cm）

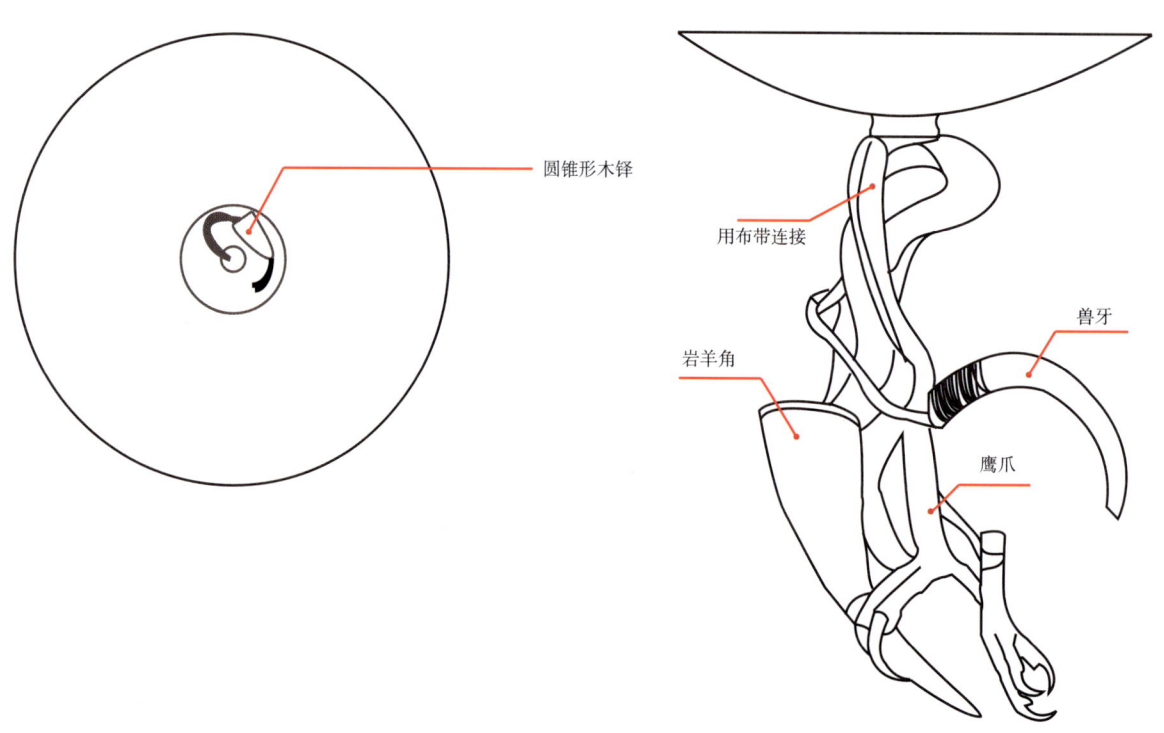

图三 纳西族扳铃结构示意图

图四　纳西族扳铃操作示意图

纳西族摇鼓

图一 纳西族摇鼓主图

摇鼓，纳西族东巴法器，又称"打克"，意为绿松石般的法鼓或绿松石手鼓，形似拨浪鼓。本案例采集于云南丽江塔城乡署明村，鼓面为椭圆形，上下直径为20厘米，左右直径为25厘米，鼓身厚约8厘米。

纳西族摇鼓的鼓面是用牛皮绷制而成。一根直径3厘米、长40厘米的木棒从鼓身中间穿过，便于手持。鼓身将木棒分为两段，上段长4厘米，下段长16厘米。鼓壁左右两边各镶一根长10厘米的牛皮带子，带子下端系有小木槌。经师在作法时，右手摇鼓柄，使鼓槌左右甩动击鼓发声。东巴在举行仪式时，一般只使用扳铃、手鼓、大鼓、铜锣、海螺、牛角号等乐器，而且摇鼓通常是和扳铃同时出现，用于配合敲打节奏。扳铃象征太阳，由左手持摇，手鼓象征月亮，由右手持转，这些乐器常用在东巴仪式的开始和结束环节，以及需要驱逐各种邪魔鬼怪时或仪式举行到一定段落时。

图片来源

图一、图四 刘晓蓉 摄影
图二、图三 刘晓蓉 制图

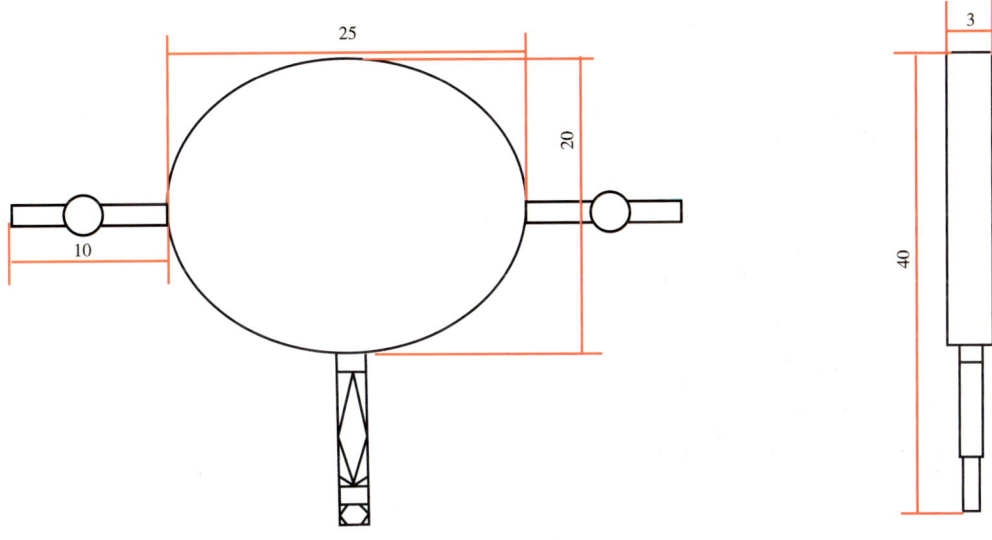

图二 纳西族摇鼓尺寸图（单位：cm）

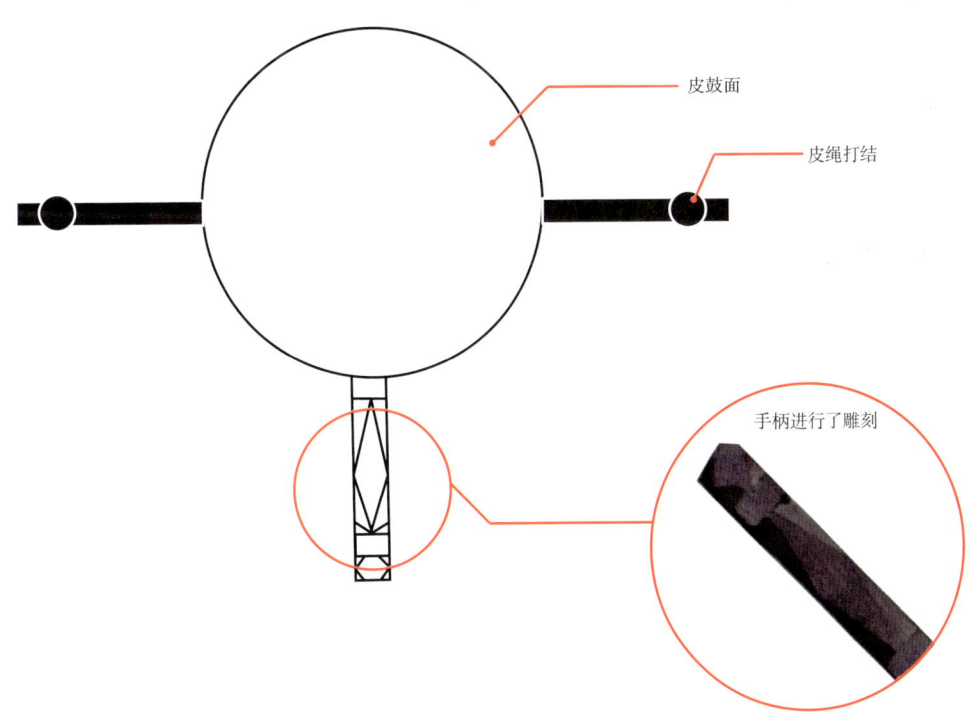

图三 纳西族摇鼓结构示意图

图四 纳西族摇鼓使用情境图

声 明

本书编写时收入的个别图片,因条件所限,未能同相关著作权人取得联系,获得授权,敬请谅解。请相关著作权人及时与编者联系,以便奉上稿酬。谢谢!